KB138431

상담전문가를 위한

진로상담의
이론과 실제

2판

상담전문가를 위한
진로상담의 이론과 실제

이재창, 조봉환, 최인화, 임경희, 박미진
김진희, 정민선, 최정인, 김수리   공저

아카데미프레스

개인의 삶은 한마디로 환경과의 적응과정이라고 할 수 있다. 자신을 포함한 환경과의 지속적인 변화에 적응하면서 사는 과정인 것이다. 이러한 변화에 잘 적응하게 되면 행복하고 만족한 삶을 살게 되고 그렇지 못하면 각종 부작용을 일으키고 불행한 삶을 살게 된다. 인간은 누구나 행복하고 만족한 삶을 살기를 원한다.

그러나 대부분의 사람들은 자신의 삶에 만족하지 못하고 불행한 삶을 살고 있다. 아니 불행하다고 생각하고 살고 있다. 왜 많은 사람들이 불행하다고 생각하며 살고 있는 것일까? 여러 가지 원인이 있겠지만 가장 큰 원인은 급변하는 변화에 제대로 적응하지 못하기 때문이다.

우리는 자신과 자신을 둘러싸고 있는 환경의 지속적인 변화 속에 살고 있다. 인간은 태어나는 순간부터 계속해서 성장, 발달한다. 육체적, 정신적 변화부터 지적, 정서적 변화에 이르기까지 각종 변화에 직면하게 된다. 이런 변화에 적응하는 것은 쉬운 일이 아니다. 우선 자기 자신의 변화가 갈등과 적응의 문제를 일으키는 근본적인 원인이 될 수 있다. 다음은 환경의 변화이다. 자신이 속한 주위환경도 계속해서 변화하고 있다. 기후나 생활환경 같은 물리적 환경의 변화는 물론이고, 정치, 경제, 사회, 문화 등 사회 환경의 변화도 지속적으로 진행되고 있다. 이들 각 영역의 변화는 개인의 적응을 더 어렵게 하고 있다.

이러한 변화는 개인으로 하여금 이전과는 다른 새로운 가치관과 신념, 생활양식을 요구하게 한다. 새로운 변화와 생활양식에 적응하지 못하면 개인의 행복한 삶은 보장되기 어렵다. 우리 사회에 만연한 기존의 획일적인 가치관과 생활철학으로는 이러한 변화에 적응하기 어렵다. 개인의 개성이 존중되고 이러한 개성이 창의성 개발에 작용해야 한다.

아직도 우리 사회는 집단주의에 기초한 획일화가 지배적이다. 사회 구성원 누구나 개인의 특성과 개성이 말살된 채 공통된 하나의 목표를 향해 달리고 있다. 목표가 같은 것은 물론 목표를 추구하는 과정과 방법도 획일화되어 있다. 누구나 같은 과정을 거쳐서 같은 목표를 향해 돌진하고 있다. 각자 가지고 있는 특성과 개성에 상관없이 오직 하나의 목표를 향해 달리고 있다.

이러한 과정에서 개인의 특성이나 개성은 고려의 대상이 아니다. 그러다 보니 이렇게 획일화된 과정을 거쳐 획일화된 목표에 도달할 수 있는 사람은 극히 소수에 불과하다. 이 소수도 어려서부터 이 과정에 들어서도록 강요된 경우가 대부분이다. 이런 소수를 제외하고는 대부분 탈락자, 낙오자의 신세가 된다. 본인은 관심도 없고 적성에 맞지도 않은 길이었는데 소수를 위해 들러리 역할만 한 격이다. 낙오자와 탈락자는 처음부터 자기들의 경주가 아니었는데 다른 대안 없이 남의 경주에 끼어들어 평생 그 상처를 갖고 사는 것이다. 그런데 문제는 소위 성공한 소수도 자신의 개성이나 가치관이 무엇인지도 모르고 소신 없이 정해진 과정을 거쳐서 도달했기 때문에 성취에 만족하고 행복해질 수 없게 된다. 우리 사회의 이런 진로획일화가 모든 국민을 낙오자, 실패자 즉 불행한 사람으로 만들고 있는 것이다.

이렇게 낙오자와 불행의 덫에 걸려 있는 사회 구성원들이 행복의 길을 찾아갈 수 있도록 하는 것이 바로 진로상담인 것이다. 진로상담의 기본철학과 패러다임이 바뀌어야 한다. 단순히 성적에 손해 보지 않고 대학에 진학하는 것, 소위 사회적으로 인정받는 전도유망한 직장에 취업하도록 도와주는 것이 진로상담이 아니다. 개인으로 하여금 자신의 개성과 특성을 발견하고 기존 사회체제의 틀을 벗어나서 생의 의미와 행복을 찾아가도록 안내하는 것이 새로운 진로상담의 역할이 되어야 할 것이다. 이러한 의미에서 오늘의 진로상담은 어느 때보다 더 역동적이고 창의적인 노력이 필요하다.

이러한 새로운 진로상담의 패러다임을 반영한 상담전문가를 위한 새로운 진로상담 전문서가 사막의 오아시스를 찾던 상담전문가들의 갈증을 조금이나마 해소하게 되었다. 집필진은 자타가 공인하는 우리나라 진로상담의 전문가들이다. 대학을 비롯한 다양한 전문기관에서 진로상담 강의를 하고, 진로상담과 관련된 다양한 연구 활동을 수행하여 연구결과를 수시로 진로상담에 반영하고, 진로상담에 필요한 다양한 도구를 개발하여 진로상담에 활용하고, 진로상담 현장에서 진로상담의 과정과 기법에 풍부한 경험을 쌓은 명실상부한 우리나라 진로상담 전문가들이다. 이들은 자신들의 교육, 연구, 개발, 현장 상담실습 경험 등을 이 책에 반영하여 이론과 실제를 겸비한 오늘 진로상담의 새로운 패러다임을 반영한 진로상담 전문서를 만들 어 낸 것이다. 무엇보다 필자들의 노고에 심심한 사의를 표한다. 이들의 노력의 결 실이 널리 활용되기를 바란다.

2판에서는 전체적인 내용의 수정 및 보완이 이루어졌다. 2장, 3장, 10장에는 국가 직무능력표준(National Competency Standards)이 반영되었고 3장에는 다중지능, 9장 에는 진로보드게임 등 최신 동향을 추가하였다. 특히 11장 '학교진로상담'에서는 교 육과정이 2009 개정교육과정에서 2015 개정교육과정으로 개정됨에 따라 진로교육 과 관련된 내용을 수정하였으며, 학교진로교육 목표 및 성취기준도 2012 학교진로 교육 목표와 성취기준에서 2015 학교진로교육 목표와 성취기준으로 수정됨에 따라 관련 내용을 전면 수정 및 보완하였다. 13장에서는 각종 통계치를 최신자료로 업데 이트하였다.

이 책은 대학과 대학원의 교재로 활용될 수 있고, 진로상담 연구 개발에 관심이 있 는 사람들에게 좋은 안내서의 역할을 할 수 있고, 진로상담 현장에서 상담 연구와 실천의 구체적인 지침서가 될 수 있을 것이다. 아무쪼록 이 책이 널리 활용되어 우리 나라에서 더 많은 사람들이 행복해지기를 바란다.

2017년 8월
홍익대학교 명예교수 이재창

차 례

—제**2**부
진로상담이론

제**3**부
진로상담의 과정과 기법

제4부
진로상담의 적용

제 **1** 부

진로상담의
기초

진로상담
의
개관

1. 진로상담의 개념

'진로(career)'를 정의하는 관점은 크게 두 가지로 나뉜다. 먼저 광범위한 관점에서 진로는 '개인이 일생을 통해 수행하는 역할들'(Niles & Harris-Bowlsbey, 2002)로 정의 된다. 이는 진로를 보다 폭넓게 바라보는 견해로서 '삶을 구성하는 사건들의 과정 (the course of events)'으로 보는 Super(1976)나 '일생동안 수행하게 되는 역할의 총체 (the total constellation of roles)'로 보는 Herr 등(2004)의 정의가 이와 같은 맥락에 놓 여 있다. 이에 비해 Sears(1982)는 진로를 '일생동안 개인이 하는 일(work)의 총체' 로 비교적 제한된 관점에서 정의하고 있으며, 미국진로발달협회(The National Career Development Association)(Sears, 1982)는 '개인에게 일생동안 발생하는 일과 여가'로 비 교적 협의로 정의하고 있다(Sharf, 2006).

이재창(2005)은 포괄적 의미로서의 진로는 일생을 통해서 갖게 되는 직업의 총체 를 의미하며, 제한된 의미로서의 진로는 직업에서 개인이 경험하는 것의 총체를 의미 한다고 보고 있다.

진로상담(career counseling)은 '상담자와 내담자가 만나 서로 대화를 통해 이루어 지는 상호작용'(Swanson, 1995)으로 그 초점은 일이나 직업과 관련된 내용에 있다. 진로상담을 보다 넓은 맥락에서 보면 '직업인으로서의 역할이 다른 역할들과 어떻게 상호작용하는지를 중심으로 생애 진로발달 과정상에 있는 개인을 도와주는 활동'이 라고 정의된다(김봉환 등, 2013; NCDA, 1997). 진로상담은 개인의 진로발달을 촉진 시키거나 진로계획, 진로·직업의 선택과 결정, 실천, 직업적응, 진로변경 등의 과정 을 돕기 위한 활동을 의미하며(김봉환 등, 2006), 개인으로 하여금 자신에 관하여 좀 더 정확한 이해를 할 수 있게 하고, 일의 세계를 포함한 환경에 대하여 보다 명백하고 체계적이며 합리적인 이해를 할 수 있도록 함으로써 내담자의 문제를 해결하고 진로에 관한 계획과 수립, 그리고 선택에 조력하는 것이다(지용근, 2005).

진로상담은 직업과 학업에 관한 계획과 의사결정에 초점을 둔 것을 제외하고는 일반상담과 별 차이가 없다. 진로상담도 다른 상담처럼 개인적인 관계형성이 중요한 역할을 하며, 개인의 가치관과 태도의 탐색이 중요하다. 다만 진로상담은 개인에 관한 정보와 자료가 일반상담보다 더 중시되고, 여기에는 진로의 인식, 탐색, 준비과정에 필요한 진로계획에 따르는 모든 활동이 포함된다(이재창, 2005). 진로상담은 전문적인 상담자가 내담자나 내담자 집단으로 하여금 진로선택, 진로전환, 직무스트레스, 구직과 같은 진로문제를 효과적으로 대처할 수 있게 도와주는 공식적인 관계를 포함하고 있다. 전형적으로 진로상담자들은 내담자들과 라포를 형성하고 내담자의 진로문제를 사정하며, 진로상담 관계를 위한 목표를 세우고, 내담자들이 진로문제에 효과적으로 대응할 수 있도록 개입하고 내담자의 진전을 평가하며, 내담자의 진전에 따라 추가적인 개입을 하거나 상담을 종결한다(Niles & Harris-Bowlsbey, 2013).

많은 경우 진로문제와 개인적 문제는 서로 뒤엉켜 있다. Krumboltz(1993)는 진로상담에서도 상담자가 다루어야 할 강한 심리정서적 요인이 있다고 보며, Bingham (2002)도 개인상담과 진로상담 통합의 중요성을 강조하면서 개인적인 문제가 진로상담에 영향을 미치고 반대로 진로문제가 개인상담에 영향을 미친다고 하였다. 이들은 다양한 측면에서 진로상담이 가지고 있는 개인적 속성을 지적하고 있다(Sharf, 2006).

또한 상담을 심리문제와 진로문제로 나누는 구분은 인위적이고 상담실제에 도움이 되지 않는다. 왜냐하면 대부분의 내담자들은 다양한 심리문제와 진로문제를 동시에 겪고 있으며, 많은 심리문제와 진로문제는 서로 연결되어 있기 때문이다. 진로문제는 흔히 심리문제와 가족문제가 되고, 그런 다음 다시 진로문제가 된다. 이 과정에는 사고, 정서, 느낌 모두가 관련되어 있다(Gysbers, Heppner, & Johnston, 1997; 김봉환 역, 2003).

진로상담에 적용되는 진로발달이론은 사람들이 어떻게 일과 진로문제를 연계하는가를 다루는 성격이론의 한 영역이라고 할 수 있으며, 성격이론, 상담이론, 진로발달이론은 서로 밀접하게 연관되어 있다. 그러므로 진로상담자는 모든 진로발달이론의 가치를 인정함과 아울러 진로발달이론과 상담이론의 연계성을 고려해야 할 필요가 있다.

오늘날의 진로상담은 내담자가 직업을 선택할 수 있도록 도와주는 것뿐만 아니라 여기에서 더 나아가 직업을 포함한 전반적인 인생의 진로계획을 세울 수 있도록 도와주는 방향으로 진행되고 있다. 내담자가 가진 진로문제와 심리적인 문제를 굳이 구분하기보다 내담자의 심리적 문제와 성격적 요소, 환경적 요인들이 진로문제와 어떻게 연결되어 있는지를 파악하고, 이들을 통합적으로 다룬다. 즉 최근의 진로상담은 내담자의 전반적인 인생역할들 간의 균형과 조화를 고려하여 전반적인 진로계획을 세울 수 있도록 돕는 통합적 접근이 요구되고 있으며, 상담(counseling)에 기반한 진로상담을 제공해야 함이 강조되면서 진로상담자들에게 상담과 관련한 능력을 갖출 것을 요구하고 있다.

Niles와 Harris-Bowlsbey(2013)는 진로상담 전문가들이 나아가야 할 미래 방향으로 다음과 같은 점을 제시하고 있다.

① 내담자의 가치에 기반한(value-based) 진로결정이 이루어지도록 조력해야 한다.
② 객관적인 평가 자료에 머물지 않고 내담자가 진로활동에서 추구하는 의미(meaning)를 분명히 찾고 확인할 수 있도록 조력해야 한다.
③ 상담에 기반한(counseling-based) 진로 조력활동이 이루어져야 한다.
④ 다문화적 진로발달이론과 개입을 강조하는 방향으로 가야 한다.
⑤ 다양한 생애역할에 초점을 두는 방향으로 가야 한다.
⑥ 사회적 정의와 신념을 진로발달 개입에 포함시킴으로써 사회변화를 수행하고 옹호하는 역할을 해야 한다.

2. 진로상담의 목표

진로상담은 개인의 진로발달을 촉진시키거나 진로계획, 진로·직업의 선택과 결정, 실천, 직업적응, 진로변경 등의 과정을 돕기 위한 활동이다. 이 과정에서 진로상담의 주요 목표는 직업선택과 직업적응으로 크게 대별될 수 있다.

직업선택이든 직업적응이든 일반적으로 진로상담에서는 내담자로 하여금 자신에 대해 좀 더 정확한 이해를 할 수 있게 하고, 직업 세계를 포함한 환경에 대하여 보다 체계적이며 합리적인 이해를 할 수 있도록 함으로써 내담자의 문제를 해결하고 진로에 관해 계획하고 선택할 수 있도록 조력하는 것이 주요 목표가 된다. 더불어 진로상담은 생애 진로발달 과정상에 있는 개인을 도와주는 활동으로 직업선택을 돕는 것뿐만 아니라 직업을 포함한 내담자의 전반적인 인생역할들 간의 균형과 조화를 고려하여 전반적인 진로계획을 세울 수 있도록 도와주는 것이어야 한다.

모든 진로상담에서 최종선택을 하는 사람은 상담자가 아니라 내담자이다. 상담 목표는 명백하든지 암묵적이든지 상담에서 필수요소이며, 상담회기에서 이루어져야 할 작업을 안내하는 역할을 한다(Sharf, 2006; 이재창 등 역, 2008). 진로상담의 목표를 종합적으로 제시하면 다음과 같다.

1) 자신에 대한 정확한 이해 증진

진로계획을 세울 때 먼저 중요한 것은 자기 자신에 대해 아는 것이다. 개개인이 가지고 있는 특성에 대한 객관적이고 정확한 이해 없이는 올바른 진로선택을 하기 어렵다. 특히 직업의 종류에 따라 요구되는 능력과 적성, 기능, 역할은 매우 다양하기 때문에 자기에게 맞는 일과 직업을 선택하기 위해서는 무엇보다도 자기의 가치관, 능력, 성격, 적성, 흥미, 신체적 특성 등에 대하여 정확히 이해하는 것이 필수적이다.

있는 그대로의 자신을 발견하고 이해할 수 있게 되면 자기가 처한 상황에서 보다 효율적인 판단과 선택이 가능해지므로, 자신의 생각과 감정을 정확하게 자각하고, 자신의 필요와 욕구를 인식하고 충족시키며, 자신의 장점과 약점, 흥미, 적성, 포부 등을 이해하고 수용할 수 있도록 도와줄 필요가 있다(연문희, 강진령, 2002). 이를 위해서는 내담자로 하여금 여러 측면에서 자신을 있는 그대로 정확하게 인식하도록 하는 자기탐색(self-exploration)의 경험을 제공해 주는 것이 필요하다(Sharf, 2004). 표준화된 심리검사나 다른 진단방법을 통해서 내담자의 특성을 발견할 수 있으며, 개인상담, 집단상담, 집단지도 등을 통해 자아를 발견하고 인식하도록 조력할 수 있다(이재창, 2005).

2) 직업세계에 대한 이해 증진

진로상담은 내담자로 하여금 일의 종류, 직업세계의 구조와 특성, 직업세계의 변화, 고용기회 및 경향 등을 이해하도록 도와주는 것이어야 한다. 즉, 직업에 필요한 요구조건, 훈련기회, 고용기회, 보수 관계, 작업조건, 장래의 전망 등 직업세계에 대해 내담자가 보다 구체적이고 현실적으로 이해할 수 있도록 도와주어야 한다. 현대사회는 직업의 전문화, 고도화가 급속하게 진전되고 있으며 이러한 현상은 앞으로도 계속될 것으로 전망되므로 일과 직업세계의 다양한 측면과 변화양상 등을 올바르게 이해할 수 있도록 조력하는 것은 진로상담의 매우 중요한 목표가 된다.

직업세계의 환경뿐만 아니라 사회가 복잡하게 발전함에 따라 개인을 둘러싸고 있는 환경의 특성도 다양하게 변화하고 있으므로 내담자들이 당면문제를 해결하고, 미래를 계획할 수 있도록 하기 위해서는 이들을 둘러싸고 있는 가정, 학교, 사회, 국가, 세계에 관한 이해와 더불어 생활에서 필요한 여러 가지 교육, 직업, 개인·사회적 정보에 대한 현실적 이해가 이루어질 수 있도록 도와주어야 한다(조붕환, 임경희, 2013).

3) 진로정보 탐색 및 활용능력 함양

내담자로 하여금 더 광범위한 직업세계를 인식하고 각 직업과 관련된 발달단계, 성숙단계, 훈련, 보상 등에 대해서 제대로 이해할 수 있도록 하기 위해서는 직업세계에 관한 정보제공뿐만 아니라 교육이 필요하다. 즉 진로에 대한 다양한 정보를 스스로 탐색하는 능력을 길러 줄 필요가 있다. 자신의 진로를 현명하게 선택하고 결정하기 위해서는 다양한 진로정보를 수집 및 활용하는 능력을 갖출 필요가 있으며, 이는 스스로 합리적인 진로의사결정을 할 수 있는 기초적인 자원이 된다.

진로상담자는 내담자가 원하는 정보를 알려 주는 역할도 해야 하지만, 내담자 스스로가 필요한 정보를 탐색하고 활용할 수 있도록 가르치고 안내해 주는 역할도 수행해야 한다. 이를 위해서는 내담자 스스로가 정보를 탐색할 수 있는 '방법'을 알려 주고 이를 수행해 볼 수 있도록 조력하는 것이 필요하다. 내담자는 스스로 정보를 찾는 과정을 연습하고 수행해 봄으로써 자기가 필요한 정보를 스스로 수집해서 활용하는 능력을 갖추어 가게 되며, 이는 진로정보의 탐색에만 국한되지 않고 나아가 삶의 모든 영역에 대한 탐색에도 적용된다.

4) 합리적인 의사결정 능력 증진

진로상담은 내담자에게 진로의사결정 능력을 길러 주는 것이다. 자신의 진로를 현명하게 계획하고 이를 추진해 나가기 위해서는 상황을 정확히 판단하고 최선의 것을 선택할 수 있는 의사결정 능력이 요구된다. 진로상담은 내담자가 스스로 계획을 세워 자신의 진로를 결정하고 이끌어 나갈 수 있는 의사결정 능력을 길러 주는 것이어야 한다. 특히 진로선택과 결정에 있어서 의사결정의 결과보다 의사결정 과정에 초점을 두고 의사결정 기술을 증진시키도록 조력하는 것이 중요한 목표라고 할 수 있다.

현명한 의사결정을 돕기 위해서 진로상담자는 내담자가 스스로 선택하고 결정하는 데 필요한 정보를 제공하고, 의사결정의 대안들이 갖는 장단점을 비교할 수 있도록 조력하며, 현명한 의사결정을 방해하는 정서적, 심리적 문제의 특성이 무엇인지 확인하고 극복할 수 있도록 도와줄 필요가 있다. 합리적인 의사결정 과정의 학습을 통해 내담자로 하여금 자신과 환경에 적합한 현명한 선택을 하고, 변화하는 사회에 적응해 나갈 수 있도록 도와주어야 한다.

5) 일과 직업에 대한 올바른 가치관 및 태도 형성

진로상담의 중요한 목표 중의 하나는 내담자가 일과 직업에 대한 올바른 가치관 및 태도를 갖도록 하는 것이다. 직업의 선택과 직업생활에 있어서 능동적이고 긍정적인 태도를 갖도록 도와주어야 한다.

일은 생계수단 이상의 의미를 가지며, 자아실현의 수단이므로 일이 갖는 본래의 의미를 깨닫고 올바른 직업관과 직업의식을 갖도록 하는 것이 중요하다. 이를 위해 진로상담자는 내담자들이 일 자체를 목적으로 하기보다 수단으로 여기는 생각에서 벗어날 수 있도록 도와주어야 하며, 직업 자체에 대한 편견과 성역할에 대한 고정관념에서 벗어날 수 있도록 도와주어야 한다(이재창, 2005).

미국진로발달협회(NCDA, 2004)에서는 진로발달지침에 진로발달 영역과 영역별 목표 및 세부지표들을 제시하고 있다. 제시된 진로발달 영역과 목표를 살펴보면 다음과 같다(〈표 1.1〉 참조).

표 1.1_ **진로발달지침**(National Career Development Guidelines Revision, 2004, http://www.ncda.org)

1. 개인사회적 발달 영역(Personal Social Development Domain)
목표 1: 자기이해를 통해 긍정적 자아개념을 형성하고 유지하기
목표 2: 다양성을 존중하는 긍정적인 대인관계 기술을 발달시키기
목표 3: 성장과 변화를 자신의 진로발달과 통합하기
목표 4: 개인, 여가인, 지역사회인, 학습자, 가족구성원, 직업인으로서의 역할 간 균형 맞추기
2. 교육적 성취와 평생학습 영역(Educational Achievement and Lifelong Learning Domain)
목표 1: 개인적 진로목표 달성에 요구되는 교육적 성취와 수행 수준 갖추기
목표 2: 다양하게 변화하는 경제상황에서 효과적으로 기능할 수 있도록 능력 향상을 위해 평생학습에 참여하기
3. 진로관리 영역(Career Management Domain)
목표 1: 자신의 진로목표에 맞는 진로계획을 세우고 관리하기
목표 2: 의사결정 과정을 활용하기
목표 3: 진로계획과 관리를 위해 정확하고 치우치지 않은 최신 정보를 활용하기
목표 4: 취업, 창업, 고용 유지 및 승진을 위한 학업적, 직업적, 일반적 고용 능력을 갖추기
목표 5: 변화하는 고용 동향과 사회적 요구, 경제적 조건을 자신의 진로계획에 통합하기

더불어 변화하는 세계에 효과적으로 대처하고 적응하기 위해서는 효과적인 진로 자기 관리기술이 요구되며, 진로상담전문가들은 이에 따른 방향으로 조력을 제공할 필요가 있다. 21세기에 요구되는 효과적인 진로 자기관리기술로는 ① 변화에 대처하고 모호함을 견뎌내는 능력, ② 직업정보를 효과적으로 획득하고 사용하는 능력, ③ 변화하는 직업세계의 요구에 빠르게 적응하는 능력, ④ 과학기술을 효과적으로 사용하는 능력 등이 요구된다(Friedman, 2005).

3. 진로상담의 내용

일반적으로 진로상담은 상담관계의 형성에서 시작해서 내담자의 진로 및 직업과 관련된 문제 및 정보 탐색과정을 거쳐 현명한 의사결정과 선택을 조력하는 과정으로 이루어진다. 진로상담의 내용은 진로상담의 목표와 관련되며, 진로상담의 목표는 진로상담의 내용을 구성하는 기본 틀이 된다.

　대부분의 진로선택은 일반적으로 고등학교, 대학교 과정 중에 이루어진다. 직업선택을 돕는 과정에서는 내담자가 이전에 일과 관련하여 만족스러웠거나 성공적이었던 경험을 다루는 것이 도움이 되는 반면 다른 직업으로의 전환을 고려하는 성인의 경우에는 현재 진로를 어떻게 선택했었는지를 탐색하고 다른 직업으로의 전환을 원하는 이유가 무엇인지 검토하는 것이 도움이 된다. 이러한 과정은 개인의 생애에서 몇 번이라도 반복될 수 있으며, 그 과정에서 이루어지는 일들은 일반적으로 다음과 같다.

　첫째, 모든 상담이 그러하듯이 내담자와의 촉진적 관계(rapport)를 형성하는 것이 선행요건이 된다. 내담자가 상담자와 상담에 대한 신뢰감을 갖는 것은 앞으로의 문제해결을 촉진하는 중요한 요소이다. 특히 상담 초기에 내담자의 성장 배경과 가정환경, 진로와 관련된 심리적 특성과 개인적인 문제 및 고충 등에 관한 탐색과정이 있게 되는데, 이는 라포형성 없이는 어려운 작업이다. 진로상담 역시 상담초기에서부터 상담을 마칠 때까지 무조건적 수용, 공감적 이해, 진실성 등을 통하여 허용적인 상담분위기를 만들고 발전시켜 가는 것이 필수적이다.

　둘째, 내담자의 심리적 특성을 탐색하고 각종 심리검사 결과를 활용하여 내담자에게 맞는 진로의사결정을 할 수 있도록 돕는다. 진로선택과 관련된 내담자의 심리적 특성을 파악하기 위하여 직업적성, 성격, 직업흥미, 직업가치관, 진로성숙도, 진로결정수준 등의 검사도구를 내담자의 특성을 고려하여 사용해야 한다. 표준화된 검사도구 이외에도 관찰법, 사례연구, 자서전법, 면접 등의 비표준화 검사를 활용함으로써 표준화 검사도구에서 측정할 수 없는 내담자의 진로관련 정보를 수집할 수 있다(지용근, 2005). 심리검사를 통한 평가결과를 사용하는 것은 진로상담의 오랜 전통이다. 최근에는 더욱 다양한 새로운 검사들이 상담과정에서 중요한 변인들을 평가하는 다른 정보들과 함께 활용되고 있으며, 컴퓨터를 통해 평가결과를 즉각 이용할 수 있게 되었다.

　셋째, 각종 직업 및 교육에 관한 구체적이고 객관적인 최신 정보를 제공함으로써 합리적인 진로의사결정을 돕는다. 진로상담은 직업 및 교육정보를 제공하는 데 치중한다는 면에서 다른 형태의 상담과 다르다. Hoppock(1976)는 상담자가 직업에 대해 잘 알고 있어야 하며 상담에 있어서 직업정보의 중요성을 인식해야 한다고 주장한다. 상담자는 필수적으로 정보의 형태와 특정 진로정보원에 대해서도 알아둘 필요가 있다. 정보에서는 상세 직업설명, 근무조건, 자격조건, 초봉 및 연봉, 직업전 망, 교육(교육과정, 전공, 학위 등), 직업정보를 얻을 수 있는 곳 등이 중요하게 다루어 진다(Sharf, 1984). 또한 진로상담자는 정보를 제공하는 것뿐만 아니라 내담자가 스 스로 정보를 찾을 수 있는 방법을 안내해 주고 탐색활동을 할 수 있도록 격려하고 촉진하는 것이 바람직하다.

넷째, 내담자 자신에 대한 이해와 직업세계에 대해 수집한 정보를 토대로 합리적 인 진로선택과 진로의사결정을 할 수 있도록 돕는다. 진로상담자는 내담자의 진로 발달 및 성숙정도를 고려하여 그 수준에 따라 진로계획을 수립하고 진로선택을 할 수 있도록 조력해야 한다. 일반적으로 진로성숙도가 낮은 내담자는 직업준비에 중 점을 두고, 진로성숙도가 높은 내담자는 정보수집과 내면화를 조력한다. 진로성숙 도가 낮은 내담자에게는 직업선택을 위한 상담보다는 선택을 위한 준비과정을 발달 시키는 상담이 필요하다(지용근, 2005).

현재 진로상담은 진로선택을 제한하는 정신건강 문제와 작업환경의 변화, 경쟁적 인 세계경제에서 근로자의 욕구 충족과 같은 광범위한 관심영역과 다문화집단과 기 타 특수계층의 욕구에 부응하는 상담절차를 재구성하는 방법 등을 포함하고 있다. 현대 진로상담자들은 이들에게 많은 진로관련 프로그램을 제공한다. 또한 많은 초, 중고등학교에서 학생들은 자신의 진로와 인생계획을 써 보도록 하는 포괄적인 상담 프로그램을 제공받고 있으며, 이러한 학교의 직업프로그램은 지역사회의 활동경험 을 통해 학생들이 직업을 준비하도록 하는 데 초점을 맞추고 있다. 대학들은 직업알 선이나 취업서비스를 제공하는 커리어센터를 운영하고 있으며, 조직에서는 진로계 획 전문가들이 근로자에게 다양한 서비스를 제공하고 있다(김완석, 김선희 공역, 2011; Zunker, 2002).

진로상담자
의
역량

진로상담자의 역할은 내담자에게 직업을 찾아 주는 것에서 더 넓은 범위로 확장되고 있다. 내담자로 하여금 최적의 진로를 찾도록 도와주는 것이 진로상담자의 매우 중요한 역할이기는 하지만 진로상담은 단순히 진로에 대해서만 상담하는 것이 아니라 진로문제를 포함한 전 인격으로서의 내담자를 통합적으로 상담하는 것이다. 진로상담자는 진로상담 기술뿐만 아니라 상담에 대한 보다 다양하고 폭넓은 배경지식과 상담전략 및 개입기술 등을 알고 이를 실제 상담에서 활용할 수 있어야 한다. 또한 진로상담자는 상담자에게 요구되는 전문적 능력과 인성적 자질을 갖추어야 하며 상담자의 윤리강령과 직업윤리를 준수해야 한다. 좋은 진로상담자는 먼저 좋은 상담자여야 함을 기억해야 한다.

진로상담자에게 요구되는 역량에 대해 미국진로발달협회(NCDA, 2003)는 진로상담자에게 필요한 지식과 기술을 다음과 같이 제시하고 있다(〈표 2. 1〉 참조).

이러한 역량은 진로상담 분야에 관심을 가지고 훈련받은 전문가들에게 요구되는 것으로서, 이를 위하여 진로상담은 직업인의 역할에 대한 정의와 그 역할이 다른 생애역할들과 어떻게 상호작용하는지에 초점을 두고 생애 진로발달 과정에 있는 개인을 돕는 과정으로 정의된다. 이러한 진술문은 특수한 분야의 직업이나 직무를 효과적으로 수행하는 데 필요한 최소한의 역량에 대한 지침을 제시한 것으로, 전문적인 진로상담자(석사학위 또는 그 이상의 학력을 소지) 또는 진로발달에 종사하고 있는 사람들은 일반 상담자들이 가지고 있지 않은 진로상담의 특수성에 요구되는 지식과 기술을 보여 줄 수 있어야 한다고 명시하고 있다(NCDA, 2003).

상담교육관련 프로그램 인준협회(Council for Accreditation of Counseling and Related

표 2.1_ **진로상담역량**(Career Counseling Competencies)

1. 진로발달 이론에 대한 지식(Career Development Theory)
2. 개인 및 집단상담 능력(Individual and Group Counseling)
3. 개인 및 집단사정 기술(Individual/Group Assessment)
4. 정보 및 자원(Information/Resources)
5. 프로그램 개발, 관리 및 실행을 위한 지식과 기술(Program Promotion, Management, and Implementation)
6. 코칭, 자문, 수행 능력 향상을 위한 지식과 기술(Coaching, Consultation, and Performance Improvement)
7. 다양한 집단의 사람들을 위한 지식과 기술(Diverse Populations)
8. 슈퍼비전(Supervision)
9. 윤리 및 법적 문제에 대한 지식(Ethical/Legal Issues)
10. 연구 및 평가에 필요한 지식과 기술(Research/Evaluation)
11. 과학기술 활용을 위한 지식과 기술(Technology)

출처: Revised by NCDA Board of Directors, July, 2003. http://www.ncda.org

Educational Programs: CACREP, 2009)는 진로발달과 관련된 표준으로 다음의 일곱 가지를 제시하고 있다(〈표 2. 2〉 참조).

표 2.2_ **진로발달 관련 표준**(2009 CACREP Standards Related to Career Development)

1. 진로발달 이론과 의사결정 모델
2. 진로, 여가, 교육, 직업, 노동시장에 관한 정보와 자원, 시각 및 인쇄매체, 진로정보 시스템
3. 진로발달 프로그램의 계획, 조직, 실행, 관리 및 평가
4. 진로발달에 있어서 다문화적 이슈를 포함하고 있는 일, 가족, 기타 생애역할과 요소들 간의 상호관계
5. 진로 및 교육계획, 정치(placement), 추수활동 및 평가
6. 진로계획 및 의사결정과 관련된 사정(assessment) 도구와 기술
7. 특수한 집단에 적용할 수 있는 진로상담 과정, 기법, 자원

출처: The 2009 CACREP Standards retrieved June 9, 2008. Retrieved from: http://www.cacrep.org/2009Standards.html

Niles와 Harris-Bowlsbey(2013)는 21세기의 진로상담자는 내담자나 학생들에게 다음의 내용들을 조력할 수 있어야 한다고 제시하고 있다.

① 진로의사결정에서 합리적인 접근과 직관적인 접근을 모두 활용할 수 있게 한다.
② 생애역할들에 참여해 봄으로써 자신이 표방하는 가치와 각각의 생애역할이 갖는 중요성을 분명히 알 수 있게 한다.
③ 모호함, 변화, 전환에 대처할 수 있게 한다.
④ 자신의 흥미, 가치, 동기, 적성 영역에서 자기 이해를 발달시키고 유지하도록 돕는다.
⑤ 직업 및 진로의식을 발달시키고 유지하도록 돕는다.
⑥ 현재의 직업과 관련된 기술과 지식을 개발하고 유지하도록 돕는다.
⑦ 평생학습 기회를 찾고 참여할 수 있게 한다.
⑧ 구직활동을 하지 않고 있을 때에도 효과적으로 직업을 탐색하도록 돕는다.
⑨ 진로멘토링을 제공하고 받도록 돕는다.
⑩ 다양한 문화에 대한 인식과 소통기술을 발달시키고 유지하도록 돕는다.

우리나라에서도 진로상담자의 역량에 관한 연구가 수행되었는데, 유현실과 김창대(2011)는 다음의 세 가지 역량군과 열세 가지 능력으로 나누어 진로상담전문가의 역량 모형을 제시하였다.

① **이론기반 역량군:** 진로상담자가 전문가로서 상담을 적절히 수행하는 데 필요한 핵심적인 이론적 기반
  • **진로이론에 대한 이해:** 진로발달, 직업행동, 의사결정 등 진로와 관련한 주요 개념에 대한 이론적 지식
  • **변화의 원리에 대한 이해:** 개인상담, 집단상담, 교육프로그램 등에 관한 주요 개념과 인간 변화의 원리에 관한 이론적 지식
  • **개인차 및 다양성에 대한 지식:** 성격, 동기, 가치, 성, 능력, 인종 등 개인차와 다양한 집단의 특성에 대한 이론적 지식

② **직무수행 역량군:** 진로상담자로서 구체적인 직무 관련 과제를 효과적으로 수행할 수 있는 능력

- **진로상담 수행 역량**: 개인상담과 집단상담을 수행하는 과정에서 요구되는 능력
- **진로검사 수행 역량**: 홍미, 가치, 성격, 능력, 적성 등 내담자의 진로와 관련된 심리검사를 실시, 해석하고 그 내용을 효과적으로 전달할 수 있는 능력
- **진로정보 역량**: 진로 및 직업정보, 지역사회 정보 등의 자료를 탐색, 관리, 활용할 수 있는 능력
- **진로 프로그램 역량**: 진로와 관련한 프로그램을 개발하고 실시하고 관리하는 과정에서 요구되는 능력
- **자문 및 연계 역량**: 전문지식을 활용하여 부모, 교사, 유관기관 관계자 등을 자문하고 지속적이며 효과적으로 연계할 수 있는 능력
- **연구 및 저술 역량**: 진로상담 및 진로개발과 관련된 연구와 전문적 글쓰기를 올바르고 효과적으로 수행할 수 있는 능력
- **조직 관리 역량**: 진로상담전문가가 진로상담 운영 조직의 책임자로서 조직을 효율적으로 운영하고 직원들을 효과적으로 관리할 수 있는 능력

③ **태도 · 개인자질 역량**: 진로상담자로서 전문적인 과업들을 효과적이고 올바르게 수행하는 데 필요한 인성, 윤리 및 가치, 성찰 등의 능력
- **개인 인성 역량**: 진로상담자로서 전문적인 과업들을 효과적으로 수행하는 데 필요한 성격적 특성
- **전문가윤리 및 사회적 책임감**: 진로상담과 관련한 직무 상황에서 전문가적 윤리와 가치에 기반을 둔 건전하고 책임 있는 판단과 행동을 수행할 수 있는 능력
- **성찰 및 자기계발 역량**: 진로상담전문가로서 자신의 업무 수행과 관련 요인들에 대하여 지속적으로 반성하고 이를 이후 전문적 수행에 반영하며 전문가로서의 자기계발에 헌신할 수 있는 능력

우리나라 진로상담자의 역량과 관련한 세부적인 직무역량은 우리나라의 NCS(국가직무능력표준) 사이트를 참고해 볼 수 있다. 여기에는 각 능력단위별로 세부적인 능력단위 요소와 각각에 대한 수행준거가 지식, 기술, 태도 영역으로 나누어 제시되

표 2.3_ NCS 능력단위 요소 '진로상담하기'(진로상담)의 직무능력

영역	수행 준거
지식	• 청소년 진로상담의 원리 • 청소년의 심리적 특성 • 청소년 관련 지역자원 현황 • 청소년의 학업성취도 평가 • 자립 및 학업 프로그램 내용 • 청소년 진로상담의 과정과 절차
기술	• 내담자의 언어 표현과 행동 단서의 반영기술 • 내담자의 언어적 메시지의 요약기술 • 내담자의 기분, 감정, 상황, 동기 및 관심사를 이해할 수 있는 공감 능력 • 내담자의 내면적 감정의 반영기술 • 언어적, 비언어적 메시지의 적극적인 경청기술 • 지역자원 활용 능력 • 청소년의 학업성취도 평가 능력 • 청소년에 대한 심리평가 능력 • 청소년의 진로발달단계 평가 능력 • 청소년의 진로관련 강점과 약점 파악 능력
태도	• 청소년에 대한 존중과 배려 • 청소년을 이해하려는 태도 • 청소년에 대해 판단하지 않는 태도

출처: 국가직무능력표준, http://ncs.go.kr (07.사회복지 · 종교 〉 02.상담 〉 02.청소년지도 〉 02.청소년상담복지 〉 24.진로상담)

표 2.4_ NCS 능력단위 요소 '상담하기'(심층직업상담)의 직무능력

영역	수행 준거
지식	• 고급 직업상담 심리이론 • 직업심리치료 이론 • 임상사례 탐구 • 동기강화 이론
기술	• 언어적 · 비언어적 의사소통 기술 • 직업심리치료기법 • 공감적 이해능력
태도	• 내담자의 경험을 수렴하려는 개방적 태도 • 가치중립적 태도 • 내담자가 처한 현실과 감정을 거부하지 않고 그대로 수용하려는 의지

출처: 국가직무능력표준, http://ncs.go.kr(07.사회복지 · 종교 〉 02.상담 〉 01.직업상담서비스 〉 01.직업상담 〉 40.심층직업상담)

어 있다.

여기에서는 능력단위 '진로상담'과 '심층직업상담' 가운데 일부 능력단위 요소만 추출하여 살펴보기로 한다. '진로상담'의 능력단위 요소는 '진로상담 구조화하기'와 '진로상담하기'로 나뉘어 있으며, '심층직업상담'의 능력단위 요소는 '상담기법 정하기'와 '상담하기'로 나뉘어 있다. 이 가운데 능력단위 요소 '진로상담하기'(진로상담)와 '상담하기'(심층직업상담)에서 요구되는 직무능력을 제시하면 〈표 2.3〉과 〈표 2.4〉와 같다.

제 **2** 부

진로상담
이론

특성-요인
이론

진로지도 및 진로상담의 시작은 Frank Parsons의 특성 – 요인이론에 뿌리를 두고 있다(Herr, 2013). 1909년 그의 저서인『직업의 선택(Choosing a Vocation)』이 출판된 이래 100년이 지났지만 아직도 Parsons로부터 시작된 특성 – 요인이론의 진로 지도 및 상담이 내담자에게 적용되고 있다(Hartung, 2010). 특성 – 요인이론은 진로상담이론 중 가장 고전적이며 기본이 되는 이론으로 진로상담자에게 비교적 간단하지만 유용한 이론적 틀을 제공하고 있다. 이 장에서는 Parsons의 특성 – 요인이론의 내용과 과정에 대해 알아보고 특성 – 요인이론의 틀이 적용된 Holland의 직업적 성격유형이론, 특성 – 요인이론의 확장으로 볼 수 있는 개인 – 환경 적합이론(Person-Environment fit approach)을 살펴본다.

1. Parsons의 특성 – 요인이론

특성 – 요인이론은 Parsons(1909)로부터 시작된 이론으로 개인(자기정보), 직업환경(직업정보) 그리고 이 두 정보 간의 관계이해를 직업선택의 주 내용으로 보는 이론이다. 이후 특성 – 요인이론은 미네소타 고용안정연구소(Minnesota Employment Stabilization Research Institute)에서 계속 연구되고 대공황과 제2차 세계대전을 겪으며 많은 적성검사나 직업정보 자료를 만드는 성과를 낳으며 이어져 왔다(Chartrand, 2001).

Parsons의 개인과 직업환경의 매칭 개념을 기반으로 한 상담모델이 경험적으로 연구되고 대학상담기관에 소개되어 더욱 발전하게 되었다. 특성 – 요인 상담모델은 개인의 특성과 진로문제의 정확한 평가의 중요성을 강조한 Williamson(1939, 1950, 1972)에 의해 더욱 발전되었다(Chartrand, 2001). 그러나 100년 동안 도시의 성장과 산업화, 정보기술의 발달, 세계화 등으로 인해 급변하는 직업세계에 적응해야 하는 과제들을 낳기도 하였다(Savickas & Baker, 2005). 또한 상담분야에 등장한 인간중심 상담이론, 발달론적 시각(Super, 1957), 사회학습적 접근(Krumboltz, Mitchell, & Jones, 1976)이 진로상담에 영향을 줌으로써 그 영향력이 쇠퇴하기 시작하였고 특성 – 요인 이론은 개인 – 환경 적합이론으로 확대되어 발전하였다(Chartrand, 2001).

1) 특성 – 요인이론의 주요 개념

특성 – 요인이론에서 특성(trait)이란 개인이 가지고 있는 특징으로 면담, 관찰, 검사를 통해 알아볼 수 있다. 반면 요인(factor)이란 특정 직무의 수행에서 요구하는 조건을 의미하며 직무내용의 특징으로 볼 수 있다. 따라서 특성과 요인은 개인과 직업이 가지고 있는 특징이라 할 수 있다. 특성 – 요인이론에서는 이러한 특성과 요인을 진로선택 및 직업결정을 위한 핵심적 정보로 보고 있다.

Klein과 Weiner(1977)는 특성 – 요인이론의 기본적인 가정을 다음과 같이 제시하고 있다. 첫째, 사람들은 누구나 신뢰롭고 타당하게 측정될 수 있는 독특한 특성을 가지고 있다. 둘째, 비록 다양한 특성을 지닌 종사자가 주어지는 직무를 성공적으로 수행하는 경향이 있지만, 직업은 그들에게 성공적인 적응에 필요한 매우 구체적인 특성을 갖도록 요구한다. 셋째, 직업선택은 직접적인 인지과정이기 때문에 개인의 특성과 직업의 특성을 연결하는 것은 가능하다. 넷째, 개인의 특성과 직업의 요구사항이 서로 밀접하게 연결될수록 생산성 증가와 직무만족도 향상 등의 직업적 성공 가능성은 높아진다(황매향 등, 2013).

Parsons(1909)는 직업을 선택하기 위해서는 이러한 특성과 요인을 파악하고 이 두 정보 간의 연관성을 매칭하는 작업이 이루어져야 한다고 보고 이상적으로 다음과 같은 정보가 필요하다고 주장하였다(Sharf, 2006). 첫째, 자기 자신에 대한 명확한 이해 즉, 자신의 적성, 능력, 흥미, 가치관, 성격, 포부, 자원의 한계와 근원 등에 대해 아는 것이다. 둘째, 직업에 대한 이해와 지식 즉, 각 직업의 요구 및 성공요건, 장단점, 보수, 고용기회, 전망 등에 대한 지식을 얻는 것이다. 셋째, 두 정보 간의 정확한 추론 즉, 이 두 정보 간의 연관성에 대한 합리적 연결이다. 이는 〈그림 3. 1〉과 같다.

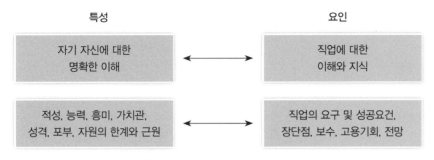

그림 3.1_ 특성-요인이론의 기본 개념

2) 자기 자신에 대한 이해

특성-요인이론 접근의 상담에서는 먼저 개인의 특성에 대한 파악을 필요로 한다. 개인의 특성은 적성, 능력, 흥미, 가치관, 성격, 포부, 자원의 한계와 근원 등이다. 이러한 특성은 면담과 관찰에 의해 확인되며 객관적인 자료로 각종 심리검사를 이용하여 파악할 수 있다. 특성-요인이론의 첫 번째 단계이자 내용인 자기 자신에 대한 이해는 진로상담에서 심리검사를 사용하는 근거가 되고 진로상담 및 교육 프로그램의 구성내용이 되기도 한다. 주요 특성인 적성, 능력, 흥미, 가치관, 성격 등에 대해 살펴보면 다음과 같다.

적성

적성은 앞으로의 과업에 대한 성공적 수행가능성을 의미한다. 개인의 능력에 대해 과거의 수행능력을 본다면 이는 성취도에 해당되고 현재의 수행능력을 본다면 능력, 미래의 수행능력으로 본다면 적성이 되는 것이다. 물론 성취와 능력, 적성은 서로 밀접한 관계를 가지고 있는 특성이다.

적성검사는 앞으로의 진학, 교육과정이나 직업훈련에서 성공할 가능성을 예상할 때 주로 사용된다. 그러나 적성은 미래의 수행가능성에 대한 예견이기 때문에 산출된 결과를 해석하는 데 있어서 신중할 필요가 있다(Sharf, 2006). 일반적으로 적성검사의 측정내용에는 언어적성, 수리적성, 사고적성, 공간지각적성, 과학기계적성 등이 있다. 또한 적성검사에는 일반적 영역의 적성을 측정하는 일반적성검사(general aptitude tests)와 교사나 과학자, 의사와 같은 특정 직업과 관련된 활동에 대한 적성을 측정하는 특수적성검사(special aptitude tests)가 있다(조붕환, 임경희, 2013). 특수적성검사로 볼 수 있는 법학적성시험(LEET)의 경우, 언어이해 영역, 추리논증 영역, 논술 영역으로 구성되어 있고 의·치의학교육입문검사(MEET/DEET)는 자연과학 추론I과 자연과학 추론II로 구성되어 있다.

능력

능력은 현재 여러 가지 과업을 수행하면서 보이고 있는 개인의 능력 특성으로 성취도과 관련된 것이다. 또한 능력은 진로와 관련된 학습에서의 성과로 볼 수 있다. 따라서 능력은 지능과 학습경험, 동기와 같은 학습자 개인 변인과 관련 있다. 이러한 능력은 업무역량과 연관되어 성과 및 직업을 통한 보상에 직접적인 영향을 주게 된다. 능력은 학생에게서는 교과 성적과 상으로 확인할 수 있고 성인의 경우에는 업무수행 평가와 실적으로 나타나며 면허증이나 자격증 취득, 각종 시험을 통해서도 알수 있다.

지능의 경우, 특정 영역이 아닌 전체적인 영역에 영향을 미치는 일반지능(g요인)이 직무수행과 연관된 것으로 주장되어 왔다(이효남, 2015). 그러나 각 직업을 수행할 때 활용되는 지능은 서로 다른 만큼 지능만으로 직업 선택과 성공을 설명하는 데는 한계가 있다. Schneider와 Megrew(2012)도 구체적 직업영역에서의 직무수행은 지능만으로는 설명될 수 없다고 주장하였다.

최근 진로상담에서 Gardner의 다중지능 개념도 활발히 적용되고 있다. Gardner는 인간에게는 여덟 가지 지능(MQ)이 있으며 이 지능은 서로 독립적이라고 주장하였다. 다중지능의 입장에서 볼 때, 성공한 사람들이란 자신들의 강점지능이 가장 빛을 발할 수 있는 분야나 직업에서 활동한 사람들이다. 또한 이러한 강점지능은 누구에게나 있으며 교육이나 훈련을 통해 개발될 수 있다고 본다(Gardner, 2007). 여덟가지 지능은 다음과 같다.

① 언어지능(Linguistic Intelligence): 언어지능은 음운, 어문, 의미 등의 복합적인 요소로 구성되어 있는 언어를 적절하게 사용하는 능력으로 이 지능이 높으면 글이나 말을 통해 자신의 생각이나 느낌을 잘 표현하고, 탁월한 언어적 기억력을 보인다. 시인, 소설가, 연설가, 정치가, 변호사, 기자, 방송인 등에게 높은 지능이다.

② 논리수학지능(Logical-Mathematical Intelligence): 논리수학지능은 숫자나 규칙, 명제 등의 상징체계를 잘 익히고 그와 관련된 문제를 잘 해결해 내는 능력을 말한다. 회계사, 통계학자, 법률가, 컴퓨터 프로그래머 등에게 높은 지능이다.

③ 공간지각지능(Spatial Intelligence): 선, 도형, 그림, 지도, 입체 설계 등의 시각적-공간적 체계를 잘 파악하고 체계를 활용하는 데 소질과 적성을 보이는 능력이다. 조종사, 항해사, 디자이너, 예술가, 건축가들에게서 이런 능력을 찾아볼 수 있다.

④ 신체운동지능(Bodily-Kinesthetic Intelligence): 동작, 춤, 운동, 연기 등의 상징체계를 쉽게 익히고 창조하는 능력을 의미하며 무용가, 기술자, 운동선수 등이 될 수 있는 소질을 보인다.

⑤ 음악지능(Musical Intelligence): 음악적 형태를 지각하고 변별하고 변형하며 표현할 수 있는 능력을 가리킨다. 작곡가, 연주가, 성악가, 지휘자, 음악평론가 등에게서 이런 능력을 찾아볼 수 있다.

⑥ 내적성찰지능(Intrapersonal Intelligence): 자기 자신을 알고 느끼고, 자기 감정의 범위와 종류를 구별해 내며 그런 감정에 이름을 붙이고, 자신과 관련된 문제를 잘 풀어내는 데 필요한 능력이다. 철학자, 작가, 종교인, 예술가, 심리학자들이 소유하고 있는 능력에 해당된다.

⑦ 대인관계지능(Interpersonal Intelligence): 다른 사람의 기분이나 느낌, 동기, 바람을 잘 이해하고 그에 적절하게 반응할 수 있는 능력, 즉 인간관계를 잘 이끌어 가는 능력을 가리킨다. 교사, 정치가, 상담전문가, 치료사, 사업가 등에게서 흔히 발견할 수 있는 능력이다.

⑧ 자연과학지능(Naturalist Intelligence): 식물이나 동물 또는 자신이 살아가고 있는 환경에 관심을 가지고, 그 인식과 분류에 탁월한 전문 지식과 기술을 발휘하는 능력을 말한다. 식물학자, 동물학자, 과학자, 조경사, 탐험가 등이 갖고 있는 지능이 이에 해당한다.

흥미

적성과 능력이 잘하는 것과 관련된 것이라면, 흥미는 호기심과 즐거움, 재미와 관련된 것이다. 개인은 여러 활동에 관심을 가지고 수행결과가 반드시 수월하지 않더라도 즐거움을 느낄 수 있다. 즉, 어떤 사람들은 잘하지 못하는 일을 좋아할 수도 있고 또 어떤 사람들은 잘하는 일을 싫어하기도 한다. 적성과 능력 같은 인지적 요인뿐만 아니라 흥미와 같은 정의적 요인도 같이 조화를 이루어야 그 일에 대한 보람, 즐거움, 행복감 등을 가져다주어 일에 대한 의미를 느끼고 일의 능률과 직업적 성공에 이르게 된다(이재창, 1998).

오랫동안 흥미는 직업선택에서 가장 중요한 특성으로 간주되어 왔으며 Tracey와 Hopking(2001)은 직업선택을 예측하는 데 있어 흥미가 능력에 대한 자기평가보다 예측력이 더 높은 것을 밝혀냈다(Sharf, 2006).

실재형(Realistic), 탐구형(Investigative), 예술형(Artistic), 사회형(Social), 기업형(Enterprising), 관습형(Conventional)으로 구분하는 Holland의 유형은 흥미유형으로 적용되고 있고 직업을 선택시 이러한 흥미유형과 일치하는 환경을 선택하게 되는 것으로 보고 있다.

최근 각 분야에서 탁월한 능력을 발휘하는 사람들에 관한 연구에 의하면, 그들은 자신의 작업을 즐기기 때문에 그 결과 열심히 수련을 거듭하고 그 과정에서 전문성이 깊어지면서 유능하게 되며(박경애, 이명우, 권해수, 김동일, 1997; 유현실, 1998) 일을 하면서 즐거움과 유능감을 동시에 경험하는 몰입을 경험하는 것으로 알려져 있다(김창대, 2002; Csikszentmihalyi, Rathunde, & Whalen, 1993). 흥미는 일과 직업에 몰입하도록 하는 강력한 변인이 될 수 있다.

가치

가치는 개인이 바라는 궁극적인 목표 상태이며 직업가치는 사람들이 직업을 통해서 추구하는 목표들의 상대적 중요성을 의미한다. Sagie, Elizu와 Koslowsky(1996)는 직업가치를 "작업 맥락에서 얻고자 하는 특정의 결과에 대해 개인이 부여하는 중요성"으로 정의하였고, 이지연(2006)은 직업가치란 사람들이 자신의 일에 부여하고 있는 의미와 이를 통해 실현하고자 하는 목표 상태를 의미하며 그 시대적 특성과 요구를 반영한다고 주장한다.

결국, 직업가치는 직업과 관련된 전반적인 태도로, 직업을 어떻게 보느냐 하는 직업에 대한 관점, 희망 종사 직업에 대한 가치부여, 직업선택에 있어서 바람직한가 여부를 판단하는 행동기준 및 개념규정, 직업선택과 직장생활에서의 동기 요인, 직장에서의 만족을 결정하는 보상 수단의 종류에 대한 중요도의 판단기준 등으로 정리될 수 있다(박정란, 2006). 일반적으로 직업가치는 내재적 가치와 외재적 가치로 구분한다. 내재적 가치는 흥미, 업무의 다양성 등 일 자체가 갖는 보상적 측면을 의미하고, 외재적 가치는 임금, 작업조건, 직무안정성 등 외적 보상을 얻기 위한 수단적 측면을 의미한다(Wollack, Goodale, Wijting, & Smith, 1971). 연구에 의하면, 연령이 증가할수록 직업에 대한 가치가 외적 가치에서 내적 가치로 변화된다(박소희, 2011; 이기학, 한종철, 1998).

성격

성격이란 개인의 독특한 적응을 결정하는 정신신체적 체계들의 역동적 조직(Allport, 1937)으로 정의되며 개인이 가지고 있는 독특한 행동방식으로 볼 수 있다. 이러한 성격에 대한 측정시 다면적 인성검사(MMPI), Rorschach 검사와 같은 투사검사들이 주로 이상 성격(abnormal personalty)을 측정하는 데 사용되고 일반적인 성격특성의 측정에는 성격유형검사(MBTI), 16PF(다요인 인성검사)와 같은 검사가 사용되고 있다.

성격유형검사인 MBTI는 에너지의 방향(외향형-내향형, E-I), 인식기능(감각형-직관형, S-N), 판단기능(사고형-감정형, T-F), 생활방식(판단형-인식형, J-P)의 4가지 지표에 따라 16가지 성격유형으로 구분한다. MBTI는 성격유형검사이지만 진로선호를 탐색할 수 있는 검사도구로 널리 사용되고 있다. Myers와 McCaulley(1985)에 따르면, 외향형(E)은 사람들과 함께 일하고 야외 같은 외부에서 활동할 수 있는 일을 좋아하는 반면, 내향형(I)은 자기만의 시간과 공간에서 일하기를 원한다. 감각형(S)은 현실적이고 세밀하게 주의를 기울이는 일을 선호하는 반면 직관형(N)은 미래지향적이며 새로운 시각으로 문제를 이해하고 처리하기를 원한다. 사고형(T)은 논리적인 분석을 선호하며 감정형(F)은 사람들을 돕고 협력하는 일을 원한다. 판단형(J)은 계획적이며 체계적인 일을 좋아하는 반면 인식형(P)은 상황에 유통성 있게 적응하길 바란다.

Holland의 직업성격유형은 직업과 관련된 성격유형으로 여섯 가지 유형 즉, 실재형(Realistic), 탐구형(Investigative), 예술형(Artistic), 사회형(Social), 기업형(Enterprising), 관습형(Conventional)으로 범주화하여 설명하고 있다.

최근 진로선택과 관련된 성격특성으로 BIG 5 성격(OCEAN)이 자주 언급되고 있는데, 이는 사람들에게 공통적으로 존재하는 성격특성을 5개 요인으로 범주화한 것이다. 첫째, 개방성(Openness)은 지적 자극이나 변화, 다양성을 좋아하는 정도이며, 둘째, 성실성(Conscientiousness)은 사회적 규칙, 규범, 원칙 등을 기꺼이 지키려는 정도를 의미한다. 셋째, 외향성(Extraversion)은 타인과의 교제나 상호작용, 또는 관심을 끌고자 하거나 타인을 주도하려는 정도이며, 넷째, 친화성(Agreeableness)은 사교성으로 타인과 편안하고 조화로운 관계를 유지하는 정도를 의미한다. 다섯째는 신경증(Neuroticism)으로 자신이 얼마나 정서적으로 안정되었고, 세상을 뜻대로 통제할 수 있으며, 세상을 위협적으로 느끼지 않는가에 대한 생각의 정도인 정서불안정성을 의미한다.

BIG 5 성격은 진로효능감이나 진로탐색행동 등 진로관련 요인들과 유의한 상관이 있는 것으로 밝혀졌다. BIG 5 성격 중 성실성과 신경증은 직무수행과 관련되는 것으로 나타나고 개방성, 외향성, 친화성 등의 성격요인은 직무수행과 관련성이 일관되게 나타나지는 않았다(이효남, 2015).

3) 직업세계에 대한 이해

특성 – 요인이론에서 자기 자신에 대한 이해가 특성에 해당된다면 직업세계에 대한 이해는 요인에 해당된다. 각 직업의 요구 및 성공요건, 장단점, 보수, 고용기회, 전망 등 직업에 대한 이해와 지식을 얻는 것은 특성-요인이론의 두 번째 단계에 해당된다.

직업세계에 대한 이해를 위해 먼저 직업정보를 수집해야 한다. 따라서 효과적인 직업정보 수집을 위해서는 다양한 형태의 직업자료 확보가 필요하다. Sharf(2006)에 의하면, 직업정보는 세 가지 측면에서 이해되어야 한다. 첫째는 직업정보의 유형으로 직무내용, 근로조건 또는 급여 등에 대한 정보가 해당된다. 둘째는 직업분류체계이다. 직업분류체계는 직업의 유사성에 따라 의미 있게 조직화된 직업군들로 직업분류체계를 이해하면 직업의 특성을 보다 다양하게 볼 수 있게 되는 장점이 있다. 셋째로 개인이 고려하고 있는 각 직업입직에 필요한 특성 및 요인 조건들이다. 방대한 직업정보를 전체적으로 이해하기는 현실적으로 불가능하므로 개인이 관심을 가지고 고려하고 있는 직업에 대한 정보 위주로 수집하여 이해해야 하는 것은 진로선택에 있어서 필수적인 과정이다.

특정 직업에 대한 종합적인 정보는 직무분석 자료를 통해 확인할 수 있다. 우리나라의 직무분석 자료에는 직무의 정의, 직무의 흐름도, 직업명세서, 직무명세서, 작업명세서가 제시되고 교육훈련 프로그램에는 직무작업/교육내용 Matrix, 직무작업/Course Matrix, 교육훈련 Road Map 등이 제시된다.

진로선택을 위한 직업정보 수집은 직무분석 자료나 각종 책자, 동영상 자료, 공공 웹 사이트(예를 들어, 워크넷, 커리어넷)와 각 직업관련 사이트 등에서 이루어질 수 있다. 진로상담자는 이러한 직업정보원을 확보하고 내담자에게 안내할 수 있어야 한다. 내담자의 직업정보 수집과 이해, 활용이 진로상담의 주 내용이 될 수 있다. 다음의 〈그림 3.2〉는 '직업상담사'의 직무분석 중 일부이다.

1. 직업분류					
직업명	직업상담원		K.S.C.O.(No)	34230	
현장직업명	직업상담원, 진로상담교사		교육훈련수준	제4 직능	
교육훈련직종명			자격종목명	없음	
2. 직무수행에 필요한 조건					
성별	남·녀	적정연령	24세이상	최소교육정도	대졸
적정교육 훈련기관	대학(원), 연수원, 특수대학원,	교육훈련기간	6개월~3년	소요 자격증	없음
견습기간(OJT)	1~3개월	신체제약조건	청각장애자, 언어장애자		
직업활동영역	· 노동부산하 인력은행, 노동관서 고용안정센터, 지방노동사무소, 시·군·구청 취업알선센터 등의 공공직업알선기관 · 초·중·고등학교의 진로상담실 · 전문대학 및 대학교의 취업보도실, 학생생활연구소 · 직업교육훈련기관의 취업지도실 · 기업체의 채용·인사관련 부서 · 사설 취업알선기관, 무료직업안내소 · 중소기업협동조합중앙회 인력정보센터, 한국경영자총협회 고급인력센터, 정부 출연기관, 소비자보호원, 여성단체협의회, 경실련, 청소년상담실 등 각 단체 · 취업전문업체(인재파견업체, Search Firm 등)				

승진 및 전직		『승진』 일반적으로 내부 직원이기 때문에 능력에 따라 승진되며, 전문직화 될 경우에는 별도의 승진체계를 둠 · 노동부산하 직업상담원 : 직업상담(3년) → 전임상담원(3년) → 책임상담원(6년) → 선임상담원 『전직』 직업상담원은 개인의 능력에 따라 전직이 가능함 · 사기업체의 인사부서 · 컨설팅회사 · 사설 취업알선기관 · 직업심리상담전문가 · 사설직업안정소 · 사회봉사기관
직업적성		직업상담원은 타인을 도와 주려는 마음을 가지고 있고, 인간과 직업세계에 대한 호기심이 강하며, 사람에 대하여 사려가 깊고, 진취적인 사고와 활동성이 강함
소요특질	정신적	직업상담원은 사람을 위해 일하므로 대화하고 상호교감을 형성할 수 있는 이해력, 판단력, 기억력, 협조력, 인내력, 대인관계능력이 요구되며, 친절, 봉사, 서비스의 태도를 필요로 하며, 또한 다양하고 방대한 고용(진로)정보나 자료를 효과적으로 처리하거나 다양하고 애매모호한 상황에 적절히 대처하기 위해서 기획력, 객관적 판단력, 분석력이 요구되고 전산운영능력 및 다학문적 지식이 필요하며, 비밀을 유지하고 정신적 스트레스와 감정의 고갈을 감당할 수 있는 정신적 에너지가 요구됨.
	신체적	직업상담자로서 상대방에게 편안함과 신뢰감을 줄 수 있는 단정한 용모와 자태가 요구되며, 실직자, 구직자 및 구인처의 요구, 특성, 처해진 상황등을 파악하고 분별하기 위해서, 각종 정보자료를 분석할 수 있는 시각의 예민성이 필요하고, 구직

그림 3.2_ '직업상담사'의 직무분석 일부(한국직업능력개발원)

최근 우리나라에서는 산업현장에서 직무를 수행하기 위해 요구되는 지식·기술·태도를 체계화하여 국가직무능력표준(National Competency Standards: NCS)을 개발하였다. 국가직무능력표준은 직업인이 공통적으로 갖추어야 할 능력인 직업기초능력과 특정 분야에서 요구되는 직무수행능력을 제시하고 있다. 직업기초능력은 의사소통능력, 자원관리능력, 문제해결능력, 정보능력, 조직이해능력, 수리능력, 대인관계능력, 자기개발능력, 기술능력, 직업윤리 등 10가지의 영역으로 구성되고 기본적으로 직업인이 갖추어야 할 공통 직무능력을 의미한다. 직무수행능력은 한국고용직업분류에 따른 대분류 24개, 중분류 80개, 소분류 238개, 세분류 887개의 직업에서 요구되는 직무능력에 관한 것이다. 직무수행능력은 능력단위분류번호, 능력단위정의, 능력단위요소(수행준거, 지식·기술·태도), 적용범위 및 작업상황, 평가지침, 직업기초능력으로 구성된 능력단위로 제시된다.

4) 특성 – 요인이론의 진로상담 목표와 내용

특성 – 요인이론 접근의 진로상담은 내담자가 개인의 특성을 파악하도록 돕고 필요한 직업정보를 수집하여 합리적 선택이 되도록 연결하는 작업으로 볼 수 있다. 따라서 특성 – 요인이론 접근의 상담자는 내담자의 특성을 파악하는 면담, 관찰, 자료분석, 심리검사에 익숙해야 하며 내담자에게 필요한 직업정보 자원도 확보하여 내담자가 가장 합리적이고 현명한 선택 및 결정을 할 수 있도록 조력해야 한다. 따라서 특성 – 요인이론의 상담목표는 내담자가 자신의 특성과 직업의 특성에 대하여 어느 정도 이해하고 있는지 탐색하고, 의사결정을 어떤 방식으로 하고 있는지 검토함으로써 진로상담을 통해 그가 현명한 선택을 하도록 도와주는 활동이라고 할 수 있다 (황매향 등, 2013).

또한 진로상담에서 내담자가 합리적이고 현명한 직업선택을 못하는 이유가 있다면 이를 해결하기 위한 상담이 필요하다. 이러한 진로결정 과정에서 발생할 수 있는 문제로 특성 – 요인이론가인 Williamson(1939)은 다음과 같은 진로선택의 네 가지 범주를 제시한다. 첫째, 진로 무선택이다. 진로 무선택은 말 그대로 진로를 현재 전혀 고려하지 않고 있는 상태를 의미한다. 자신이 무엇을 원하는지, 어떤 직업에 관심이 있는지 등에 대해 대답을 하지 못하는 내담자 범주이다. 둘째는 불확실한 선택이다. 진로 무선택과 달리, 불확실한 선택 범주의 내담자는 자신이 선택한 직업을 언급할 수는 있으나 이에 대해 자기 확신이 낮아 자신의 결정에 대해 불안감을 가지고 있는 경우이다. 셋째는 현명하지 못한 선택이다. 이 범주의 내담자는 특성과 요인 간의 연결을 합리적으로 하지 못한 경우로 내담자의 능력과 흥미 간의 불일치, 또는 내담자의 능력과 직업이 요구하는 것 간의 불일치 등이 해당된다. 넷째는 흥미와 적성 간의 모순이다. 흥미를 느끼는 직업은 있으나 그 직업을 가질 능력이 부족한 경우에 해당된다.

내담자의 진로문제가 무엇이냐에 따라 진로상담의 과정이 달라질 수 있다. 따라서 내담자가 가지고 있는 문제가 무엇인지를 진단하는 것은 매우 중요하며 진단에 따라 적절한 차별적 처치가 가능하다. Crites(1969)는 차별적 처치를 위한 진로문제의 진단체계로 다음의 세 가지를 제시하고 있다. 첫째, 적응에 관한 문제이다. 즉, 자신의 흥미와 적성, 능력 수준에 적합한 직업을 선택하고 있느냐에 관한 것이다. 둘째, 우유부단의 문제이다. 개인에게는 다양한 흥미와 적성이 존재한다. 그러나 직업을 선택할 때에는 그 중 가장 일치하는 직업을 선택해야 하는데, 우유부단한(undecided) 사람은 그러한 결정을 내리지 못하는 경우이다. 셋째, 비현실성의 문제이다. 자신이 가진 흥미와 적성 수준보다 더 높거나 낮은 직업을 선택하는 경우이다.

특성 – 요인이론 접근의 진로상담에서는 진로문제의 합리적이고 과학적 해결을 강조한다. 이에 대해 Williamson(1939)은 이 과정을 다음의 6단계로 제시한다(황매향 등, 2013).

① 분석 단계: 여러 자료로부터 태도·흥미·가정환경·지식·교육적인 능력·적성에 대한 자료를 주관적·객관적 방법으로 수집한다.
② 종합 단계: 내담자의 독특성이나 개별성을 강조하기 위해 사례연구 기술과 검사목록에 의하여 자료를 수집하고 요약한다.
③ 진단 단계: 내담자의 문제 및 뚜렷한 특징을 묘사하고 개인 목록과 학문적·직업적 능력을 목록으로 비교하여 문제의 원인을 탐색한다.
④ 예측 단계: 문제의 여러 결과와 조정 가능성을 판단한 후, 그에 따라 문제해결을 위해 내담자가 고려해야 할 대안적 조치와 중점사항을 예측한다.
⑤ 상담 단계: 미래 혹은 현재의 바람직한 적응을 한다면 무엇을 해야 하는지에 대해서 내담자와 함께 협동적으로 이야기한다.
⑥ 추수지도 단계: 새로운 문제가 발생했을 때, 앞의 단계를 반복한다. 그리고 내담자가 바람직한 행동계획을 실행하도록 계속적으로 돕는다.

특성-요인이론이 상당히 간단하기 때문에 상담자가 활용하기에 용이한 부분도 있으나 내담자의 문제를 분석하여 진단하는 과정에서 상담자의 전문성을 요구한다. 또한 특성-요인이론은 발달이라기보다는 정적 이론이기 때문에 적성, 흥미, 가치, 성격 등의 내담자 특성들이 연령과 경험에 따라 변화될 가능성을 고려할 필요가 있다.

2. Holland의 직업적 성격유형이론

다양한 교육현장, 군대, 임상 치료과정에서 상담을 해온 Holland는 대부분의 사람들이 가진 흥미, 특성, 행동을 유형으로 분류하였다. Holland의 이론은 지금까지 직업심리학에 강력한 영향을 미친 것으로 평가되고 있다(황매향 등, 2013). Holland 이론은 '개인과 환경의 어떤 특성이 진로결정의 만족과 같은 긍정적인 결과를 이끌어 내는가?' 또는 '개인과 환경의 어떤 특성이 미결정이나 결정에 대한 불만족 같은 부정적인 결과를 이끌어 내는가?', '개인과 환경의 어떤 특성이 생애진로 안정성을 변화시키는가?', '진로관련 문제를 가진 사람들에게 도움을 줄 수 있는 가장 효과적인 방법은 무엇인가?'에 대한 답을 제공한다(Holland, 1997).

1) 직업적 성격유형 모형과 주요 개념

Holland의 직업적 성격유형은 직업적 성격유형을 RIASEC이라 불리는 실재형(Realistic), 탐구형(Investigative), 예술형(Artistic), 사회형(Social), 기업형(Enterprising), 관습형(Conventional)으로 분류하며, 이러한 직업적 성격유형 모형의 기본원리는 다음과 같다(Holland, 1994).

① 직업선택은 성격의 표현이다.
② 흥미검사는 곧 성격검사이다.
③ 직업전형은 신뢰롭고 중요한 심리적, 사회적 의미를 내포한다.
④ 동일한 직업을 갖고 있는 사람들은 비슷하게 성장해 왔을 것이며 성격도 유사할 것이다.

⑤ 동일한 직업을 가진 사람들은 유사한 성격을 갖고 있기 때문에, 그들은 유사한 방법으로 어떤 상황에 반응하고 문제를 해결하며 특징적인 환경을 조성할 것이다.

⑥ 직업만족, 직업적 안정, 직업적 성취는 개인의 성격과 그들이 일하는 환경의 조화에 따라 결정된다.

Holland의 직업적 성격유형의 기본가정은 개인은 6가지의 직업적 성격유형에 해당하는 특성을 가지고 있고 6가지의 작업 및 직무 특성을 요구하는 직업환경이 있으므로 이를 진로상담에서 다루어야 한다는 것이다. 이러한 기본가정에서 보면, Holland의 직업적 성격유형에서 특성 – 요인이론과 동일한 설명틀이 적용되고 있음을 알 수 있다. 6가지의 직업적 성격유형은 Holland 6각형 모형으로 불리며 유형 간의 관계를 설명해 주고 있다. Holland 6각형 모형은 〈그림 3.3〉과 같다.

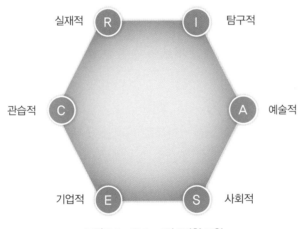

그림 3.3_ Holland의 6각형 모형

각 유형의 성격특성과 환경특성은 다음과 같다(안창규, 1996; 한국고용정보원, 2008).

실재형(Realistic)

실재형의 성격특성 실재형(R)은 현실형 또는 현장형으로 불리며 실재형의 사람은 명확하고 체계적이며 질서정연한 일을 선호하여 구조화된 작업을 잘하는 편이며 사물을 잘 다루며 신체활동을 즐긴다. 자신의 기존의 가치와 신념체계에 위배되지 않는 선에서 사고하고 행동하는 경향이 있다. 남성적이고 솔직하고 성실하며 말이 적은 편이다.

실재형 사람을 대상으로 하는 진로상담에서는 가능한 직접 경험을 하도록 하는 것이 필요하며 문서나 차트 등 구조화된 자료를 사용하는 것도 유용하다.

실재형의 직업환경　실재형(R)의 대표적인 직업분야는 기계분야로 실행/사물 지향의 특성을 가지고 있다. 기계나 도구의 조작, 신체활동 등이 주로 이루어지고 현실적이고 신중한 성격이 요구된다. 전기기사, 소방관, 중장비 기사, 목수, 군인, 운전기사, 운동선수 등의 직업이 실재형 직업에 해당한다.

탐구형(Investigative)

탐구형의 성격특성　탐구형(I)의 사람은 자연 및 사회적 현상을 비판적이고 분석적으로 관찰하고, 체계적이고 창조적으로 탐구하는 것을 좋아한다. 내성적, 독립적이며 지적 호기심이 많으며 객관적인 정보를 수집하고 학문적 문제해결 과정을 선호한다.

탐구형 사람을 대상으로 하는 진로상담에서는 자신의 진로선택과 결정과정에서 정보의 탐색과 분석과정을 즐기는 편이므로 이러한 문제해결 과정을 촉진시키는 상담이 필요하며 상담자와의 토론과 논의도 유용하다.

탐구형의 직업환경　탐구형(I)의 대표적인 직업분야는 연구개발 분야로 사고/아이디어 지향의 특성을 가지고 있다. 자연 및 사회현상의 탐구, 이해, 예측 및 통제 등이 주로 이루어지고 분석적이고 지적인 성격이 요구된다. 언어학자, 심리학자와 같은 사회과학 분야의 학자, 물리학자나 생물학자와 같은 자연과학 분야의 학자, 시장조사나 경영관련 분석가 등의 직업이 탐구형 직업에 해당한다.

예술형(Artistic)

예술형의 성격특성　예술형(A)의 사람은 창의적이며 심미적인 활동을 선호하며 사물을 인지하는 방식이 획일적이지 않으며 상상력이 풍부하고 독창적이다. 6가지 직업적 성격유형 중 가장 개방적인 사고체계를 소유하고 있으며 자신의 예술적 직감에 의존하여 문제를 해결하려는 경향이 있다.

예술형 내담자를 상담할 때에는 자연스럽고 비구조적인 접근이 효과적이며 정보의 탐색과 분석과정에서도 창의적 방식을 적용하도록 돕는다.

예술형의 직업환경   예술형(A)의 대표적인 직업분야는 예술분야로 창조/아이디어 지향의 특성을 가지고 있다. 음악, 미술, 문학과 같은 예술적 활동이 요구된다. 음악가, 화가, 디자이너, 소설가, 시인, 영화/연극 배우 등의 직업이 예술형 직업에 해당한다.

사회형(Social)

사회형의 성격특성   사회형(S)의 사람들은 사람들과 어울리기를 좋아하고 타인의 문제를 듣고, 공감하고, 도와주고, 치료해 주는 것을 선호한다. 일반적으로 사회형의 사람들은 이타적이며 감정적이고 배려심이 깊다고 여겨진다.

사회형 내담자는 상담에서도 친근하고 개방적이며 지지적인 환경을 선호한다. 또한 자신의 경험과 가치에 대해 상담자뿐 아니라 주요 인물 또는 실제 직업에 종사하고 있는 사람들과 직접 이야기를 해보는 것이 필요하다.

사회형의 직업환경   사회형(S)의 대표적인 직업분야는 교육·상담 분야로 자선/사람지향의 특성을 가지고 있다. 상담, 교육, 봉사 활동이 요구되며 대인관계 능력이 중요하다. 사회사업가, 상담가, 간호사, 교사, 성직자 등의 직업이 사회형 직업에 해당한다.

기업형(Enterprising)

기업형의 성격특성   진취형으로도 불리는 성취지향적인 기업형(E)은 조직의 목표를 이루거나 경제적인 이익을 얻는 활동을 선호하며 지배적이고, 통솔력, 지도력이 있으며, 말을 잘하고 외향적, 낙관적, 열성적 성격을 가지고 있다. 인접유형인 사회형이 타인을 이해하고 돕는 데 자신들의 사회성을 발휘한다면, 기업형은 자신이 속한 조직이나 자신의 계획에 따른 특정한 목표를 이루기 위해 사회성을 발휘하는 경향을 가지고 있다.

기업형 내담자는 직접적이고 도전적인 자극이 되는 대화를 나누는 것을 선호하고 청자보다는 화자의 입장이 되고자 한다. 진로상담에서 관심을 가지고 있는 분야에 종사하는 사람들과 이야기를 해보거나 회사를 방문한다든지 직접적인 경험을 해보도록 하는 것도 도움이 된다.

기업형의 직업환경   기업형(E)의 대표적인 직업분야는 경영분야로 관리/과제 지향의 특성을 가지고 있다. 사교, 설득, 지시, 지도활동이 요구되며 경제적 성취와 사회적 지위 획득을 위한 경험활용 및 영업능력이 강조된다. 기업대표, 고위관리자, 변호사, 영업사원 등의 직업이 기업형 직업에 해당한다.

관습형(Conventional)

관습형의 성격특성   사무형으로도 불리는 관습형(C)은 정확하고 조심성이 있으며 책임감이 강하다. 이들은 체계적이고 관습적이기 때문에 수립된 기존 체계에 적응, 순응하여 규칙을 따르며 분명하고 구조화된 일을 하는 것을 좋아하므로 서류를 작성하고 기록하는 등의 사무적인 일에 능한 편이다.

관습형 내담자는 구조적이며 체계적인 접근방식을 선호하기 때문에 진로상담에서도 이를 반영하는 것이 효과적이다. 관습형 내담자에게는 진로선택 및 탐색과정에서 뜻하지 않은 문제가 발생했을 때 유연하게 대처할 수 있도록 돕는 것이 필요하다.

관습형의 직업환경   관습형(C)의 대표적인 직업분야는 사무·회계 분야로 동조/자료 지향의 특성을 가지고 있다. 규칙을 만들거나 따르는 활동이 요구되며 현실적이고 성실한 성격과 사무처리 능력이 강조된다. 회계사, 경리사무원, 의무기록사, 비서, 은행원 등의 직업이 관습형 직업에 해당한다.

한편, Holland(1997)는 개인과 개인 간의 관계, 환경과 환경 간의 관계, 개인과 환경 간의 관계를 설명하는 계측성(calculus), 일치성(congruence), 변별성(differentiation), 일관성(consistency), 정체감(identity) 등의 5가지 주요 개념을 다음과 같이 제안하였다.

계측성(Calculus)

계측성은 6각형 모형에서의 위치 즉, 유형 간의 거리가 각 유형 간의 상관을 보여 준다는 것이다. 즉, 6각형 모형에서 서로 인접한 유형들은 반대 위치에 있는 유형들보다 유사성이 더 높다. 예를 들어, 실재적 유형(R)은 탐구적 유형(I)과 인접하므로 사회적 유형(S)보다 더 유사하다고 볼 수 있다. 인접한 유형이라면 유형 간 상관이 더 높고 반대 위치의 유형이라면 상관이 더 낮다.

일치성(Congruence)

일치성은 6가지 모형에서 개인의 유형과 개인이 속한 환경이 얼마나 일치하고 있는지를 나타낸다. 예를 들어, 사회적 유형의 사람이 사회적 유형의 학과를 다니고 있거나 사회적 유형의 직업에 종사하고 있다면 일치성이 높다고 볼 수 있다. 서로 다른 성격유형의 사람들은 각기 다른 환경을 필요로 하므로 일치성이 높을수록 개인은 자신의 직업에 더 만족하고 더 많은 보상을 받게 된다. 따라서 일치성은 중요한 상담목표로 진로상담에서 내담자는 자신의 특성에 맞는 직업환경을 찾도록 도와주어야 한다.

변별성(Differentiation)

분화도라고도 불리는 변별성은 사람이나 환경이 얼마나 분명하게 한 가지 또는 두 가지 유형에 속하는가에 관한 것이다. 어떤 사람은 한 가지 직업적 성격유형이 두드러지게 나타날 수도 있고 또 어떤 사람은 6가지 모든 직업적 성격유형에 걸쳐 흥미와 적성을 가져 낮은 변별성을 보일 수 있다.

직업적 성격유형에서 변별성이 낮은 사람들은 진로를 결정하는 데 어려움을 느끼게 된다. 따라서 진로상담에서는 이러한 내담자가 6가지 직업적 성격유형에 대한 자신의 흥미, 능력, 가치를 변별하고 이해의 폭을 넓혀 가도록 돕는 것이 목표가 될 수 있다(Sharf, 2006).

일관성(Consistency)

일관성은 6각형 모형의 위치가 개인의 흥미들이 얼마나 '내적 일관성'(Spokane, 1996)이 있는지를 반영한다는 것이다. 서로 상관이 높은 유형끼리 인접해 있는 6각형 모형에서 인접한 직업적 성격유형을 보인다는 것은 그 사람의 직업적 성격특성이 일관되게 특정한 성향을 보이는 것이라고 해석될 수 있다. 예를 들어, 실재적(A)이고 탐구적(I)인 흥미가 있는 사람은 실재적(R)이고 사회적(S)인 흥미가 있는 사람보다 더 일관되었다고 볼 수 있다.

정체감(Identity)

정체감은 개인이 가지고 있는 현재와 미래 목표의 확실성과 안정성을 말하며, 또한 직업환경의 안정성을 지칭한다(Sharf, 2006). 개인적 정체성은 분명하고 안정된 인생의 목표, 흥미, 재능을 가짐으로써 얻게 되며, 환경적 정체성은 환경이나 조직이 분명하고도 통합된 목표, 직무, 보상이 일관되게 주어질 때 생긴다(Holland, 1994).

정체성 또한 진로상담의 중요한 목표가 될 수 있다. 정체성은 일치성이라는 목표가 완수되었을 때 성취될 수 있다. 즉, 어떤 사람이 사람들을 가르치는 일에 대한 자신의 능력과 흥미에 대해 확신을 가지게 되면 가르치는 일과 관련된 직업을 갖고자 결심을 하게 되며 이러한 과정에서 정체감이 형성된다.

2) 직업적 성격유형이론의 상담

Holland 이론은 전공, 직업, 직무 혹은 여가활동의 영역을 정하고자 하는 문제를 가진 내담자에게 유용하다. 즉, 진로문제가 전공이나 직업 또는 여가활동을 결정하는 데 한정되어 있는 내담자, 진로탐색이나 진로의사결정에 비합리적 사고, 낮은 자기효능감, 잘못된 자기개념, 비효과적인 의사결정 방식 등의 진로장벽이 없어 보이는 내담자, 장기적인 진로계획을 하는 것이 아니라 특정한 선택(예, 전공결정, 새로운 직업탐색 또는 직장결정)을 하는 데 도움이 필요한 내담자이다(이동혁, 황매향, 임은미, 2013).

직업적 성격유형이론의 상담목표는 내담자의 직업적 성격유형에 대한 명확한 인식과 수용에서 시작하여 현재 진로문제의 원인을 유형상의 불일치에서 찾아내고, 결과적으로 이러한 개인의 성격유형과 일치되는 환경특성을 찾아 나가도록 조력하는 것을 상담목표로 삼고 있다(황매향 등, 2013). 일반적으로 Holland 이론에 기초한 상담은 다음과 같은 구체적인 상담목표를 갖는다(Amundson, Harris-Bowlsbey, & Niles, 2005).

① 내담자의 직업적 성격유형을 통해 내담자와 일과의 상호작용을 확인한다.

② 변별성, 일관성, 일치성의 개념을 활용하여 의사결정 과정의 어려움을 예측한다.

③ 내담자의 유형에 대한 이해를 바탕으로 다양한 진로대안과 개인의 특성을 비교, 검토하면서 적합한 진로대안을 탐색한다.

④ 학과 및 직업의 선택시 'Holland 학과/직업 코드표'를 이용하여 내담자의 유형과 일치하거나 유사한 유형의 학과 혹은 직업을 탐색한다.

결국, Holland 이론에 기초한 상담은 내담자가 자신의 직업적 성격유형에 대해 이해하고 직업적 성격유형에 대한 변별성을 가짐으로써 직업에 대한 정체감을 획득하여 자신의 특성에 일치하는 직업을 선택할 수 있도록 하는 것이다.

Holland 이론에서는 내담자가 진로를 결정하지 못하는 이유가 정보의 부족이라고 보는데(김봉환, 정철영, 김병석, 2006), 내담자의 직업적 성격유형에 대한 정보를 얻기 위해서는 표준화된 직업성격검사(직업흥미검사, 직업선호도 검사)를 사용할 수도 있고 직업카드(career card)를 활용할 수도 있다.

또한 내담자의 직업적 성격유형에 따라 진로상담의 과정과 접근방식을 선택할 수 있다. Boyd와 Cramer(1995)는 사회적(S)이고 기업적(E)인 유형의 대학생들은 회기수의 제한이 없고, 비구조화되어 있으며, 자기인식에 초점을 두고, 추수상담의 기회가 있는 상담을 선호한다고 보고하고 있다. 이들은 실재적(R)이거나 관습적(C)인 대학생들에 비해 덜 구체적인 초점을 선호하였다. 따라서 내담자의 직업적 성격유형상 특징을 고려하여 상담의 접근방식이나 기법을 선택할 필요가 있다.

진로상담에서 직업적 성격유형의 성별 차이도 고려될 필요가 있다. Holland (1997)에 의하면, 남성이 실재적(R), 탐구적(I), 기업적(E) 척도에서 높은 점수를 나타내고, 여성은 사회적(S), 예술적(A), 관습적(C) 척도에서 점수가 높게 나타난다고 하였다. 이러한 성차는 사회화와 성에 관한 문화적 기대가 반영된 것으로 보이나 실제 직업세계에는 성적 차이와 차별이 존재하고 있는 만큼 진로상담에서 이를 고려해 볼 수 있다.

3. 개인-환경 적합이론

오늘날 직업세계는 급변하고 예측하기 어렵기 때문에 단순한 개인변인과 환경변인 간의 일치로는 직업적 성공을 예측하기 어려워졌다. 이러한 면에서 개인-환경 적합이론(Person-Environment fit approach)은 개인과 환경의 상호작용을 강조한다. 개인-환경 간 일치는 수요-공급(needs-supplies)의 관점과 요구-능력(demands-abilities)의 관점으로도 구분해 볼 수 있다(Caplan, 1987; Edwards, 1991). 수요-공급의 관점에 의하면 직업이 개인의 욕구, 욕망, 또는 선호를 충족시킬 때 개인과 직무가 일치한다고 보는 반면, 요구-능력의 관점에 의하면 개인이 직업에서 요구하는 능력을 지니고 있을 때 개인과 직무가 부합된다고 본다.

개인-환경 적합이론은 직업의 선택뿐 아니라 직업적응까지도 특성-요인으로 설명하려는 시도로 특성-요인의 개념이 확장되고 발전된 이론으로 볼 수 있다. 즉, 기존의 특성-요인이론, Holland의 직업적 성격유형이론, Dawis와 Lofquist의 직업적응이론 모두 개인-환경 적합이론으로 내담자의 특성에 적합한 직업환경을 찾는 데 목적을 두고 있다. 기존의 특성-요인이론은 적성, 능력, 흥미, 가치관, 성격, 포부, 자원의 한계와 근원 등과 같은 개인의 특성과 각 직업의 요구 및 성공 요건, 장단점, 보수, 고용기회, 전망 등의 직업 요구조건 간의 매칭에 의해 직업이 선택된다고 본다면, 개인-환경 적합이론은 직업의 선택뿐 아니라 직업의 적응, 만족, 생산성 역시 이러한 개인의 특성과 직업 요구조건 간의 연결로 볼 수 있다는 것이다.

일반적으로 개인-환경 적합이론은 특성-요인이론에서 크게 세 가지 측면이 변화되었다고 보고 있다(Swanson, 1996). 첫째, 진로상담의 내용과 과정에 인지적 과정뿐 아니라 정서적 과정도 포함되었다. 둘째, 진로와 관련된 평가과정에 임상적 정보와 질적 데이터도 포함되었다. 셋째, 상담자의 역할이 직접적인 지시적 접근에 상담자와 내담자가 협력하고 의견을 조율하는 것으로 변화되었다.

특성-요인이론과 개인-환경 적합이론을 비교하여 설명하면 다음과 같다(Chartrand, 2001). 첫째, 이론적 가정 측면에서 특성-요인이론은 인간은 합리적 의사결정을 할 수 있고 개인과 환경의 특성은 신뢰롭고 의미 있게 평가될 수 있으며 개인과 환경 간의 매칭은 긍정적 성과가능성을 증가시킨다고 보았는데, 개인-환경 적합이론은 여기에 추가로 개인은 자신과 일치되는 환경을 찾고 개인과 환경 간의 적합성은 상호적이며 지속적임을 부가하였다. 둘째, 진로문제의 진단에서 특성-

요인이론은 진로선택의 어려움을 개인에 따라 차별적으로 진단하는 것에 초점을 두었다면 개인 – 환경 적합이론에서는 진로선택뿐 아니라 진로계획과 직업적응 문제에 대해서도 내담자의 문제를 차별적으로 진단해야 한다고 본다. 셋째, 상담과정 면에서 특성 – 요인이론의 대표적인 상담과정은 Williamson(1939, 1950)의 문제해결 6단계이고 개인 – 환경 적합이론에서는 Rounds와 Tracey(1990)의 정보처리 4단계를 제시하고 있다. 넷째, 상담자의 유형 면에서 특성 – 요인이론은 지지적 교수자 유형을 제안하는 반면 개인 – 환경 적합이론에서는 지지적 교수자인 동시에 내담자의 욕구에 상담자가 일치하는 상담자 유형을 추구한다. 다섯째, 심리측정 측면에서 특성 – 요인이론은 심리측정 도구는 관련 준거내용을 예측하는 데 사용되고 검사의 해석은 내담자의 자기이해를 촉진시키는 것이어야 한다고 본다면, 개인 – 환경 적합이론에서는 여기에 추가로 심리평가 과정에서 내담자가 적극적으로 참여해야 함을 강조하고 있다.

Rounds와 Tracey(1990)는 개인 – 환경 적합이론의 진로상담에서 내담자가 자기 자신과 직업세계에 대한 정보처리를 잘 할 수 있도록 돕는 것이 필요하다고 보았는데, 이러한 정보처리를 부호화, 목표설정, 패턴매칭, 실행의 4단계로 설명하고 있다(Zunker, 2002).

① **부호화**: 다양한 정보의 인식, 습득, 해석에 관련된 것이다. 예를 들어, 내담자가 어떤 직업에서의 장점과 제한점을 인식하고 이해하는 과정이다.
② **목표설정**: 목표설정은 정보처리 과정이 구체적이고 현실적 단계에 따라 순차적으로 진행되는 것을 의미한다. 예를 들어, 내담자는 특정 진로목표 성취를 위해 필요한 절차가 무엇인지를 알게 되는 과정이다.
③ **패턴매칭**: 효과적인 계획을 수립하고 대안적 해결안 만들기, 목표성취를 위한 방법 강구하기, 실행결과 숙고하기 등이 포함된다.
④ **실행**: 실행 단계에서 내담자는 이전 단계에서 나온 문제들을 해결하기 위해 적절한 행동을 선택하게 된다.

Rounds와 Tracey(1990)는 효과적인 정보처리에는 주변적 정보처리보다는 핵심적 정보처리를 하는 적극적이고 의식적인 노력이 포함된다고 지적하였다. 내담자가 정보처리의 4단계에서 유능함을 획득하는 것이 진로상담의 목표가 될 수 있다.

Parsons로부터 시작된 특성 – 요인이론은 직업의 선택에서 직업적응과 직무만족까지 적용된 개인 – 환경 적합이론으로 확장되어 진로상담에서 여전히 영향력을 미치고 있다고 볼 수 있다.

4. 특성 – 요인이론을 적용한 상담사례

소연이는 고등학교 1학년 여학생이다. 희망하고 있는 직업은 패션디자이너이나 적성이 있는지에 대한 확신이 없어 불안하여 상담을 신청하였다.

상담에서 먼저 소연이의 특성을 파악하기 위해 성격검사, 적성검사, Holland 진로검사를 실시하였다. 성격검사인 MBTI검사에서 소연이는 ISFP유형(내향형 – 감각형 – 감정형 – 인식형)이 나왔다. ISFP유형은 성격이 온화하고 타인에게 친절하며 적응력이 뛰어나며 여유 있는 일처리를 하는 편이며 개방적이고 융통성이 있는 성격이다. 적성검사에서는 수공능력과 수리력, 언어사용력, 공간지각력이 높게 나왔으며 기계추리력과 지각속도력, 어휘력은 상대적으로 낮아 전반적으로 예술 분야와 사무직 분야에 적성이 있는 것으로 평가되었다. Holland 진로검사에서는 RCA(실재형 – 관습형 – 예술형)코드로 도구나 기계를 사용하는 것을 좋아하며 규칙적인 활동을 선호하고 생산활동에 참여하는 것을 좋아하여 각종 기계 및 전자 기술자, 건축설계사, 보석세공사, 패턴사 등이 적합한 직업이 될 수 있는 것으로 나타났다.

상: 패션디자이너가 되고 싶은 이유는 무엇이지? [상담자는 내담자가 자신의 특성에 대해 얼마나 이해하고 있는지 확인하고자 한다]

내: 옷 그림 그리는 것이 재미있어요. 제가 그린 옷을 실제로 만들어 보면 더 재미있을 것 같거든요.

상: 옷을 그리는 것이 뭐가 그렇게 재미있는 걸까? [상담자는 내담자의 흥미를 좀 더 구체적으로 파악하고자 한다]

내: 패션디자인을 할 때에는 단순히 옷만 잘 그리는 것이 아니라 옷에 따라 재질이나 색깔 등을 선택해야 하는 데 그것도 의외로 재미있는 일 같아요.

상: 어떤 옷을 그리느냐에 따라 옷의 재질이나 색깔을 선택하여 손으로 그려 보는

것이 재미있나 보구나. [상담자는 내담자의 수공기능적 적성과 공간지각력 등의 적성을 고려하면서 흥미에 대해 좀 더 이야기하고자 한다]

내: 사실 저는 옷 그리는 것뿐 아니라 뭔가 만드는 것은 다 재미있어요. 처음에는 막연하게 시작해도 제가 원하는 것을 생각하면서 만들면 나중에는 멋진 작품이 나오곤 하거든요. 또 제가 잘 못하는 부분은 친구들이 도와줄 때가 있는데, 그럴 때도 우리가 뭔가 함께해서 성취한 것 같아 느낌이 참 좋아요.

상: 친구들과 함께 작품을 만드는 것도 즐거운 일이구나. [상담자는 ISFP유형이 대인 관계 지향적이며 개방적인 특성을 가지고 있음을 확인한다] 최근에 그려 보거나 만들어 본 것이 있니?

내: 얼마 전 기술가정시간에 인형 만들기를 했는데, 친구들이 상점에서 파는 인형처럼 잘 만들었다고 하더라구요. 제가 재봉틀을 이용해서 꼼꼼하게 만들었어요.

상: 재봉틀과 같은 기계도 잘 다루나 보구나. 인형 만들기를 할 때 필요한 도구에는 무엇이 있지? [내담자의 RCA 직업적 성격유형이 도구사용을 선호함을 확인한다]

내: 기본적으로 실과 바늘, 가위 등이 필요하죠. 예쁘게도 해야 되지만 꼼꼼히 해야 될 일이 많아요.

상: 그렇다면 네가 그런 작업을 잘 한다는 이야기구나. [상담자는 내담자의 수공기능적 적성과 RCA 직업적 성격유형을 참고하여 강화한다]

상담에서 상담자는 먼저 내담자가 자신의 여러 가지 특성에 대해 이야기함으로써 자신의 흥미나 적성, 성격을 명확하게 하는 것을 돕고자 하였다. 이후 상담자는 패션디자이너, 보석세공사, 메이크업아티스트 등의 직업에 대한 정보를 수집할 수 있는 인터넷 사이트를 알려 주고 내담자가 스스로 직무내용과 요구되는 조건 등을 탐색하도록 안내하였다.

내: 선생님이 알려 준 커리어넷 사이트에서 메이크업아티스트에 대한 자료를 보고 왔어요, 메이크업아티스트는 손재주도 있어야 하지만 사람들하고도 잘 지낼 수 있어야 한데요.

상: 그러니까 메이크업아티스트는 메이크업 능력도 있어야 하지만 고객과 대화하면서 원하는 메이크업을 할 수도 있어야 한다는 거네. [상담자는 메이크업아티스트에게 미적 감각, 손재주, 대인관계능력이 요구됨을 확인하고 있다]

내: 아무래도 손님들이 원하는 메이크업을 해주려면 얘기를 많이 해야 되겠죠. 화장
   법을 가르쳐 주는 일도 한데요. 또 헤어나 옷도 메이크업에 맞게 해줘야 되고요.

상: 메이크업아티스트가 되려면 어떤 교육을 받아야 되지? [상담자는 메이크업아티스트
   를 준비하는 교육과정이나 직업훈련에 대한 정보를 내담자가 습득하였는지를 확인한다]

내: 전문대학의 메이크업학과나 피부미용과, 분장예술학과 등에 가거나 미용학원이
   나 방송아카데미에서도 공부할 수 있데요.

상: 교육에 관한 정보도 많이 알고 있구나. 필요한 정보를 좀 더 알아보면 좋겠다.
   [상담자는 내담자의 직업정보탐색행동을 강화하며 직업정보를 좀 더 알아보도록 한다]

진로
생애
발달
이론

진로생애발달이론은 기존의 특성 – 요인이론처럼 한 시점의 진로선택에 관해 다루는 것이 아니라 오랜 기간 개인의 생애 전체의 진로발달 과정을 다루는 이론이다. 진로생애발달이론에서는 진로를 선택의 순간에 고정되는 것이 아니라 지속적으로 발달하는 과정으로 보고 개인이 자신의 진로를 생애 전체를 통해서 발달시켜 나가는 것이라고 보았다. 발달적 관점에서 진로를 설명한 대표적인 학자로는 Ginzberg와 Super가 있다.

　Ginzberg가 진로발달이론의 초기 이론을 구축하면서 20대 중반까지의 진로발달을 설명하였다면, Super는 Ginzberg 이론을 넘어 진로발달을 생애 전 과정에서 일어나는 것으로 보고, 개인의 심리적·생리적 특성인 '개인변인'과 의미 있는 타인을 포함하는 '환경변인'과의 상호작용을 통해 진로발달이 통합적으로 이루어지는 것으로 보았다. 진로발달이론 중에 Super의 이론은 전 생애를 다루는 가장 포괄적이고 종합적인 이론이며 생애이론 중 연구가 가장 많이 이루어진 이론이다. 이번 장에서는 Ginzberg와 Super의 진로발달이론에 대한 주요 개념과 진로상담에서 적용되는 사례에 대하여 살펴보고자 한다.

1. Ginzberg의 진로발달이론

Ginzberg, Ginsburg, Axelrad와 Herma(1951)는 진로선택 과정에 대한 연구를 통해 직업선택이 한 번에 끝나는 의사결정이 아니라 여러 차례에 걸쳐 일어나는 발달과정이라고 하였다. 또한 직업선택에 영향을 미치는 요인으로 개인의 가치관, 정서적 요인, 교육의 정도와 종류, 환경적 압력을 통한 현실의 영향 네 가지를 제시하였으며, 개인의 소망과 현실 사이의 타협에 의해서 직업선택이 이루어진다고 하였다.

Ginzberg 등은 아동 및 청소년에 대한 면담과 기존 문헌에 대한 연구를 통하여 진로선택 과정을 환상기, 잠정기, 현실기 세 단계로 구분하였다. 환상기는 11세 이전 단계로 놀이와 상상을 통해 미래 직업에 대해 생각한다. 잠정기는 11세부터 17세 사이에 해당하는 시기로 일에 대한 지식, 자신의 흥미, 능력, 가치에 대해 인식하는 단계이다. 잠정기는 흥미 단계, 능력 단계, 가치 단계, 전환 단계의 하위단계로 나누어진다. 현실기는 17세 이후에 나타나는 단계로 직업선택의 구체화와 특수화를 포함하는 단계이다(Sharf, 2006). 각 단계의 구체적인 내용은 다음과 같다.

1) 환상기(Fantasy Period): 6~11세

이 시기는 욕구와 충동이 직업선택의 주요 요인으로 작용한다. 아동은 현실여건, 자신의 능력이나 가능성과 관계없이 자신이 원하면 무엇이든지 될 수 있다고 생각한다.

2) 잠정기(Tentative Period): 11~17세

이 시기의 청소년들은 환상에서 벗어나 자신의 흥미, 능력, 가치를 고려하여 직업을 선택하게 된다. 이 시기에는 현실적인 요인들이 고려되지 않기 때문에 진로선택은 잠정적이다. 잠정기는 다음 네 가지 하위단계로 구분된다.

① 흥미 단계(Interest Stage): 11~12세가 이 시기에 속하며, 직업선택에서 흥미가 중요하게 작용한다.

② 능력 단계(Capacity Stage): 13~14세에 해당하는 시기로 능력을 고려하여 진로를 계획하지만 능력에 대한 인식이 불완전하기 때문에 선택은 잠정적이다. 자신의 미래에 대해 이전보다 현실적인 관점을 갖게 되는 시기이다.

③ 가치 단계(Value Stage): 15~16세에 해당하는 시기로 '남을 돕는 것이 좋을까?' '돈을 버는 것이 좋을까?' 등의 추상적 개념에 대해 사고할 수 있게 되면서 진로를 결정할 때에도 자신의 목표와 가치를 고려하게 된다.

④ 전환 단계(Transition Stage): 17세 전후에 해당하며, 이때부터 점차 현실적인 여건들이 중요하게 작용하기 시작하지만 진로계획은 여전히 잠정적이다.

3) 현실기(Realistic Period): 17~20대 초반

이 시기에는 실제 진로선택이 이루어진다. 흥미, 가치, 능력 등과 관련된 개인적인 요인과 자격요건, 교육기회 같은 현실적인 요인 사이에서의 타협이 이루어지는 시기이다. 현실기는 다음 세 개의 하위단계로 구분된다.

① 탐색 단계(Exploration Stage): 이 단계는 직업선택에 필요한 기회를 탐색하고 필요한 교육이나 경험을 쌓으려고 노력하는 단계이다.
② 구체화 단계(Crystallization Stage): 직업목표를 정하고, 자신의 결정에 관한 내적·외적 요소를 종합할 수 있는 단계이며 타협이 중요한 요인이 된다.
③ 특수화 단계(Specification Stage): 이 단계에서는 자신의 결정을 더욱 구체화하고 계획을 세분화시켜 의사결정을 이행하게 된다.

Ginzberg는 이러한 이론을 제안한 지 약 20년 후에 이론의 일부를 수정하였다. 20대 초반이나 중반에 진로의 최종적인 결정을 해야 한다는 기존의 주장을 번복하고 "진로선택 과정은 개인의 생애와 상호 공존하는 것이고, 언제나 선택이 가능하다"고 하였다(Ginzberg, 1972). 이외에 몇 가지 수정한 내용을 제시하면 다음과 같다(이재창, 2005).

① 직업선택과 발달과정은 전 생애에 걸친 것이며 개방적인 것이다.
② 직업선택에 있어서의 불가역성(irreversibility)은 타당하지 않다.
③ 타협(compromise)이라는 용어를 적정화(optimization)라는 용어로 대체한다. 이러한 수정은 소망과 가능성 사이에서의 타협을 강조하기보다는 변화하는 욕구와 환경 사이에서 가장 적합한 직업을 찾는, 즉 지속적인 탐색을 강조하는 것이다.
④ 구성요건(constraints)을 고려해야 한다. Ginzberg는 구성요건으로 가정의 경제적 빈곤, 부모의 태도와 가치관, 교육기관의 부적합성, 소수민족, 학교 교육과 직업세계와의 불연계성 등을 들고 있다.
⑤ 직업세계의 기회구조(opportunity structure)를 고려해야 한다.
⑥ 개인의 가치지향(value orientation)을 더 강조해야 하고 개인의 만족추구에 주요

역할을 하는 것으로 고려되어야 한다.

Ginzberg는 이론의 수정을 통해 직업선택이 일생을 통해 계속된다는 것을 인정하였다. 그는 초기에 직업선택이 변할 수 없는 것이라고 주장하였던 관점을 수정하여 사람의 마음이 변할 수 있다고 하였으나, 진로선택이 변하는 것은 개인의 진로발달 측면에서 장애물이 될 수 있다고 하였다(Ginzberg, 1984).

2. Super의 진로발달이론

1) 진로 자아개념

자아개념(self-concept)은 Super 발달이론의 근간을 이루고 있는 핵심 개념이다. Super는 직업발달을 자아개념의 발달과 이행과정으로 설명하였다. 즉, 진로발달을 진로에 대한 자아개념의 발달로 본 것이다. 그는 자아개념을 개인의 생물학적 특성, 수행하는 사회적 역할, 타인의 반응에 대한 평가가 조합된 결정체로 보았다(Sharf, 2006). 따라서 자아개념에는 개인이 자기 자신을 어떻게 지각하고 있는지에 대한 개인적 요인과 환경을 어떤 시각으로 보고 있는지에 대한 환경적 요인이 복합적으로 작용한다. '나는 누구인가'와 '세상은 무엇인가'에 대한 지각이 '내가 무엇을 할 것인가'를 결정하게 되는 것이다.

Super는 아치모형을 통해 이론의 구성요소를 보여 주면서 자아개념 형성의 여러 요인들을 설명하고자 하였고, 개인적 요인과 환경적 요인이 상호작용하여 개인의 자아개념 발달에 영향을 미친다고 하였다(Super, 1990). 아치의 왼쪽 기둥은 개인이 자기 자신을 어떻게 지각하는지에 관한 개인적 요인으로 성격, 욕구, 가치, 흥미, 적성, 지능 등이 포함되어 있다. 자기 자신에 대한 지각은 생애주기에 따라 변한다. 오른쪽 기둥은 환경과 관련된 요인으로 가족, 학교, 친구, 동료들과의 사회적 상호작용, 경제, 사회 노동시장 상황 등을 나타낸다. 이 모형에서 자아로 제시되는 아치의 상단은 Super 모델의 핵심이고 주춧돌이 된다. 양쪽 기둥의 개인적 요인과 환경적 요인의 상호작용이 이루어지면서 자아개념의 발달을 가져온다.

자아개념은 자신과 사회에 대한 개인적인 관점으로 주관적인 것이다. 자아개념이 주관적 개념이라는 측면에서 객관성을 강조하고 적성검사나 흥미검사를 통해 자아를 외부에서 측정하는 특성 – 요인이론과 대비된다. 자아개념은 생애 각 단계에서 중요한 역할과 가치가 무엇인지 평가하는 진로발달의 중요한 척도가 될 수 있다.

자아개념은 아동기부터 놀이, 학습 등 직업세계에 관한 여러 가지 경험을 하면서 형성된다. Super 등(1963)은 자아분화, 역할놀이, 탐색, 현실검증과 같은 과정을 통해 자아개념이 발달되는 것으로 보았다. 아동은 주변환경을 탐색하고 환경 내에 있는 사물과 사람을 탐색하고자 하는 욕구에 의해 자아개념 발달의 기초가 될 수 있는 정보를 획득하게 된다. 아동은 자신과 다른 사람들의 차이점과 유사점을 배우게 되고 더 나아가 아동의 삶에서 중요한 사람을 관찰함으로써 직업에서의 역할과 그 밖의 역할을 배우게 된다. 또한 주요 인물과의 경험과 정보를 제공하는 탐색활동은 결국 아동이 어떤 활동에는 흥미를 발달시키게 하고 어떤 행동에는 흥미를 갖지 않게 하면서 자신만의 흥미와 경험에 대한 분명한 윤곽을 갖기 시작한다. 자아개념이 발달함으로써 극적인 사건과 활동에 대한 흥미는 덜 중요해지고 목표의 성취가 더 큰 의미를 갖게 된다. 아동은 시간이 지나면서 계획하고 의사결정하게 되는 시기에 도달하게 된다. 물론 모든 아동이 같은 경험을 하는 것은 아니며 강력한 자아개념과 계획능력을 발달시킬 수 있는 것도 아니다. 무엇인가 계획을 세우기 위해서 아동은 충분한 정보, 흥미, 동기, 미래에 대한 통제감, 미래에 대한 조망능력 등을 가지고 있어야 한다. 상담에서 흥미발달이나 정보의 획득, 시간조망 능력의 발달을 돕는 것은 계획능력과 자아개념의 발달을 가져오기 때문에 중요하다(Sharf, 2006).

자아개념은 생애 단계를 거치면서 끊임없이 변화하며 개인은 자아개념에 바탕을 둔 의사결정을 하게 된다. 이 때 의사결정은 생애의 어떠한 역할을 수행하는 것으로 표출되며 다시 자아개념의 재형성에 영향을 미치게 된다. 이렇듯 자아개념, 의사결정, 생애역할, 다시 자아개념으로 이어지는 순환적이면서도 연속적인 과정을 통해 자아개념은 생애과정에서 끊임없이 변화한다(김봉환 등, 2013).

2) 생애단계이론

Super는 진로발달을 전 생애에 걸쳐서 이루어지는 과정으로 보았다. 진로발달은 다양한 환경과의 상호작용 속에서 이루어지는 일종의 심리사회적 발달이다. 진로발달은 청년기에 직업을 선택하고 결정한 후에 끝나는 것이 아니라 태어나면서부터 아동기를 거쳐 노년기까지 전 생애 동안 발달하고 지속되는 과정이다. Super는 모든 사람이 생애 전체를 통해 진로에 관한 발달과업을 가지고 있다고 보았다. Super(1990)는 "진로란 한 개인의 생애과정으로서, 개인은 일생동안 발달과업에 직면하고 그 과정에서 자신이 되고자 하는 모습으로 발달과업을 수행한다"고 하였다. Super는 생애 단계를 성장 단계, 탐색 단계, 확립 단계, 유지 단계, 은퇴 단계로 구분하고 각 단계별로 하위단계를 구분하였다.

성장 단계(Growth Stage): 출생~14세

주로 14세 이전의 아동기에 해당한다. 이 시기에는 '나는 무엇을 잘한다', '나는 어떤 일을 좋아한다'와 같이 일과 관련된 기본적인 자기이해가 성장한다. 가정이나 학교에서 만나는 주요 인물과 자신을 동일시함으로써 자아개념(self-concept)이 발달한다. 이 단계의 초기에는 욕구와 환상이 지배적이며 사회참여와 현실 검증력이 증가함에 따라 점차 흥미와 능력을 중요시하게 된다. 성장 단계는 다음과 같은 하위단계로 구분된다.

환상기(Fantasy)　욕구와 환상에 근거한 역할 연출이 중요하게 작용한다. 아동은 호기심을 통해 직업세계를 접하게 된다. 이 시기에 아동이 관심을 갖게 되는 직업은 현실적인 직업이라기보다는 아동의 환상 속에 존재하는 직업이다.

흥미기(Interest)　좋아하는 것이 개인의 목표와 활동의 주요 결정요인이 된다. 이 시기의 아동은 관심 직업에 대한 보다 구체적인 정보를 수집하고 직업세계와 관련된 자기이해를 좀 더 깊이 있게 하게 된다.

능력기(Capacity)　직업세계에 대한 흥미와 이해가 깊어지면서 아동은 직업세계를 보다 현실적으로 지각하게 되고 능력기가 시작된다. 아동은 관심 직업에 대한 현실적인 정보를 이전보다 많이 습득하게 되면서 직업 성공을 위해서는 능력이 중요하다는 것을 인식하게 되고, 직업에 필요한 훈련이나 자격요건을 생각하게 된다.

탐색 단계(Exploration Stage): 15~24세

주로 15세부터 24세까지의 청소년기부터 초기 성인기에 해당한다. 이 시기는 아동-

청소년-성인으로 이어지는 기간으로, 한 개인의 신체적, 인지적 변화와 성장이 가장 큰 시기라고 할 수 있다. 이 시기의 진로발달 과업은 진로에 대한 구체적인 탐색을 통해 상급학교나 구직을 위한 의사결정을 해야 하는 것이다. 탐색기는 다음 세 가지 하위단계로 구분된다.

결정화(Crystallization)   결정화 단계는 성장기로 호기심에서 출발하여 쌓인 자신과 직업에 대한 정보가 축적되면서 자신이 하고 싶은 일이 무엇인지 명확히 하게 되는 단계이다. 사람들은 자신들에게 적합한 기초적인 수준의 일을 배우고, 관심이 가는 일을 하기 위해 어떤 능력이 필요한지 배운다. 많은 고등학생들이 이러한 단계를 거친다. 일에 대한 경험과 지식은 선택을 좁히는 데 도움이 된다. 직업을 바꿀 때에는 흥미와 능력, 가치 등을 재평가하기 위해 결정화 단계를 반복할 수도 있다.

구체화(Specification)   구체화 단계는 관심을 갖게 된 몇 가지 직업들 중에서 특정한 직업에 대한 선호가 생기고 구체화되는 시기이다. 대학생들은 20대 초반 정도에 구체화 단계를 경험한다. 고등학교 졸업 후 바로 직업을 갖게 되는 경우에는 좀 더 일찍 이 단계를 경험할 수도 있다. 이 시기의 청년들은 생애 첫 직장을 선택하게 되는 경우가 많은데, 이를 위해서는 자신의 선호를 구체화하는 것이 필요하다. 진학을 하는 경우에도 자신이 좋아하는 것에 대해 보다 명확히 하는 것이 필요하다. 어떤 경우에는 일을 경험하면서 자신이 선택한 직업이 적합한지 확인해 볼 수도 있다. 구체화 시기의 중요한 발달과업은 진로선택과 관련된 의사결정 능력의 습득이다.

실행(Implementation)   실행 단계는 일을 시작하기 전에 마지막으로 거치는 단계로 자신이 선택한 특정 직업이나 진로를 결정하고 그에 대한 노력을 기울이는 시기이다. 대개 청소년 후기나 성인 초기에 나타난다. 이 단계에서 사람들은 자신의 진로 목적을 실현하기 위한 계획을 세운다. 그들은 직업을 구하는 데 도움이 될 만한 사람들을 만나면서 네트워크를 구축할 수도 있고, 대학 진로상담센터의 상담원과 이야기를 나눌 수도 있다. 이력서를 쓰고 면접 훈련을 받고, 어디에 취직할 것인지 결정하는 활동이 이 단계에 포함된다.

확립 단계(Establishment Stage): 25~44세

확립 단계는 주로 청년기 및 장년기의 성인에 해당되는 시기이다. 확립 단계는 특정 직업을 가지고 자신의 일을 확립해 가는 시기이며, 이 단계의 목표는 개인 내부와 외부 세계의 연결을 효과적으로 하는 것이다. 이 시기의 성인은 직업세계에 처음 입문하고 이후 직장 내에서 자신의 능력을 발휘하고 중요한 구성원으로 자리매김한다.

다른 단계에서도 마찬가지겠지만, 확립 단계에서는 특히 '가치'가 매우 중요하게 작용한다. 확립 단계에서는 여러 가지 경험을 통해 각 개인의 가치가 다양화되고, 성공경험을 통해 개인이 가지고 있는 가치가 강화됨에 따라 특정한 가치가 더욱 강해지게 된다. 확립 단계에는 안정화, 공고화, 발전 단계가 포함된다.

안정화(Stabilizing) 새로운 일을 시작하게 되고 그 일을 어느 정도 지속하게 된다. 안정화 단계에서는 직업에 안정적으로 적응하고 직장에서 요구하는 것을 수행함으로써 자신의 직업이나 지위를 안정적으로 유지하게 된다. 이 시기에는 자신이 현재 직장에서 일하는 데 필요한 능력을 가지고 있는지에 대해서 생각하게 되고 안정감을 확보하면서 직업인으로서의 자신의 입지를 다지고 싶어한다.

공고화(Consolidating) 자신의 직업 지위가 안정되고 나면 그 지위를 굳어지게 하고 단단해지게 하려고 노력하기 시작하며, 이는 주로 20대 후반이나 30대 초반에 일어난다. 자신의 일이나 직업에 보다 안정감을 느끼게 되면서 자신이 중요한 역할을 하며 다른 사람들에게 신뢰를 주는 사람으로 상사나 동료에게 인정받기 원한다. 자신의 지위를 공고화하고 안정감을 느끼게 되면 더 높은 지위로의 승진을 고려하게 되며, 일과 관련된 긍정적인 태도를 형성하고 직장 동료들과 좋은 관계를 이루어 가면서 직업인으로 자기 위치를 공고히 하게 된다.

발전(Advancing) 발전 단계는 확립 단계 어느 때나 일어날 수 있지만, 일반적으로 안정화 단계와 공고화 단계 이후에 발생한다. 안정화와 공고화 단계를 거치면서 개인은 직업 속에서 자신의 역할과 정체성을 확장하고, 권위를 가진 직위로 승진하는 것에 관심을 갖게 된다. 직장에서 보다 높은 급여와 책임이 많이 요구되는 지위로 승진을 하려고 노력하며, 상사에게 자신이 일을 잘 하며 보다 큰 책임을 감당할 수 있다는 것을 보여 주고 싶어 한다.

유지 단계(Maintenance Stage): 45~65세

중년기에 속하는 단계로 이 시기의 사람들은 일에 있어 기존의 상태를 유지하게 되

는 상황을 맞게 된다. 여기에는 신체적 능력, 회사의 정책, 개인의 재정상황, 동기 등
에 따라 개인차가 있다. 유지 단계에 있는 사람들은 '내가 하고 있는 일이 앞으로 몇
년 동안 유용할 것인가?' '나와 비슷한 일을 하는 사람들은 어떤 것에 관심이 있는
가?' '첨단 기술의 발달을 따라갈 수 있을 것인가?' 등의 질문을 스스로에게 하게 된
다. 이런 질문들은 유지 단계의 의미를 확장하도록 돕는다.

유지(Holding) 어느 정도 성공을 거두면 사람들은 자신이 성취한 것을 유지하는 데
관심을 갖게 된다. 자신이 있는 위치에서 경험하게 되는 변화에 적응하기 위해 새로
운 것을 배우는 활동을 하게 되기도 한다. 일부 직장에서는 조기 은퇴나 해고에 대
한 압력이 있을 수도 있다. 이러한 위험은 자신의 일터를 확고하게 유지하고 싶어
하는 동기로 작용하기도 한다.

갱신(Updating) 현대사회처럼 변화가 많고 새로운 지식이나 기술이 하루가 다르게
쏟아져 나오는 시대에서는 자신이 일하고 있는 직장을 지키는 것만으로는 충분하
지 않다. 지금까지 차지하고 있던 지위를 유지하기 위해 지속적으로 직업관련 새로
운 기술과 지식에 관한 교육을 받을 필요가 있다. 갱신 단계에서는 자신이 일하는
분야에서 일어나는 변화들을 받아들이고 새로운 기술에 관한 각종 교육이나 회의에
참석하고 최신 동향을 알려 줄 사람을 만나는 활동을 하게 된다.

혁신(Innovating) 혁신 단계는 전문성을 향상시키는 과정을 의미한다. 이 단계에서
는 새로운 것을 배우는 데 그치지 않고 그 분야에 새로운 공헌을 하는 것이 중요하
다. 그러기 위해서는 이전에 했던 방식과는 다른 방식으로 시도해 보고 더 높은 수
준의 과제를 수행하고 새로운 도전과제를 발견하는 것이 필요하다. 더 높은 수준의
일에 도전하지 않는다면 현재의 일자리를 유지하기 힘들고 자리를 잃어버릴 위험이
생길 수도 있다.

은퇴 단계(Disengagement Stage): 65세 이상

유지 단계에서 해당 분야의 지식을 갱신하지 못했거나 기존의 지식을 혁신하지 못
했다면 일자리를 잃을 위험에 처하게 된다. 때로는 신체적 한계로 은퇴해야 되는 경
우가 생기기도 한다. 은퇴 단계의 사람들은 신체적 능력이나 기억력이 저하되어 있
는 경우도 있지만, 삶의 지혜와 노하우가 축적되어 있기도 하다. 이 시기의 사람들

은 이러한 삶의 지혜를 활용하고 정신적인 능력을 사용하는 일을 하게 될 수도 있고, 그 동안 지속적으로 일했던 직장에서 나오게 될 수도 있다. 은퇴 단계에는 쇠퇴, 은퇴계획, 은퇴생활 단계가 있다.

쇠퇴(Decelerating)　쇠퇴기는 자신이 맡은 일에 대한 책임을 서서히 줄여 가는 단계이다. 어떤 사람은 일이 익숙해져서 쉽게 일하는 방법을 터득해서 일할 때 걸리는 시간을 단축하기도 하고, 다른 사람은 이전보다 일에 집중하기 힘들 수도 있다. 직장에서 어렵고 복잡한 일을 그만두고 싶고, 일에 대한 스트레스를 피하고 싶다는 생각을 자주 하게 되는 것이 쇠퇴기에 들어섰다는 신호가 될 수 있다.

은퇴계획(Retirement Planning)　은퇴계획을 일찍 세우는 사람들도 있지만, 대부분의 사람들은 은퇴계획을 인생 후반기에 생각한다. 이 단계에서는 퇴직 후의 활동이나 재정계획을 세우게 된다. 새로운 파트타임 일자리나 자원 봉사 활동을 계획하는 사람들도 있고, 이 과정에서 다시 자신의 흥미와 적성, 가치를 재평가하는 단계로 돌아가기도 한다.

은퇴생활(Retirement Living)　60대 후반의 사람들이 여기에 속한다. 이 시기에는 생애역할에서 큰 변화가 일어나기 시작한다. 여가, 가족, 봉사활동의 비중이 커지고 일에 대한 비중은 작아진다. 은퇴생활에는 현재 살고 있는 공간과 친구들, 은퇴로 인해 생겨난 자유시간을 어떻게 활용하는지가 중요하다. 평균수명이 늘어나고 노령인구가 증가됨에 따라 은퇴문제와 관련된 논의 역시 크게 증가하였다. Hanisch(1994)는 은퇴에 대한 계획을 세우는 것이 성공적인 은퇴의 관건이라고 하였다. 퇴직을 앞두고 퇴직이라는 사건을 어떻게 예측하고 있는지의 정도가 퇴직 이후의 생활에 영향을 끼친다(Jonsson, Josephsson, & Kielhofner, 2001).

재순환 단계

Super의 생애 단계는 성장, 탐색, 확립, 유지, 은퇴 단계를 거치는 전형적인 시기가 있다는 점에서 생물학적 연령과 관련이 있는 것처럼 보인다. 그러나 앞서 언급한 다섯 단계를 거쳐 연령에 맞게 생애발달 단계를 경험하는 사람도 있지만, 연령과는 별개로 동시에 여러 단계에 속해 있는 사람도 있고, 특정한 발달 단계의 길이가 길거나 짧아지는 사람도 있다. Super는 후기 이론에서 생애발달 단계는 연령발달과 관련이

거의 없다고 하였다. Super(1990)는 생애 단계의 5단계를 설명하기 위해서 대순환과정(maxicycle)이라는 용어를 사용하였고, 대순환과정인 생애발달 단계 내에서 발생할 수 있는 성장, 탐색, 확립, 유지, 은퇴 단계를 소순환과정(minicycle)이라고 하였다. 많은 사람들이 이직이나 진로변경 등으로 인해 탐색 단계로 돌아가 자신의 흥미와 가치를 재평가하게 되며 여러 단계를 다시 거쳐 순환하게 되는데, 이처럼 이전에 거쳐 왔던 단계로 다시 돌아가는 것을 재순환과정(recycling)이라고 한다.

예를 들면, 40대 중반의 중학교 교사는 대순환과정인 생애연령으로 보면 확립 단계에서 유지 단계로 진입할 시기에 놓여 있지만, 교사를 그만두고 목공에 예술가가 되고 싶어 한다. 이러한 과정에서 이 사람은 탐색 단계로 돌아가 자신의 흥미와 가치를 평가하고 평생교육기관에서 야간 시간에 목공에 교육을 받기로 결정할 수 있다. 이런 경우에는 탐색, 확립, 유지 단계를 다시 겪게 되면서 재순환과정을 거치게 된다.

Super는 이와 같은 비전형적인 변화가 진로발달 과업을 어렵게 하거나 최종 진로 성과가 덜 성공적이라는 것을 암시하는 것도 아니라고 하였다. 그는 또한 어떤 한 단계를 완료했다는 것이 최적의 발달을 영구적으로 보장하는 것도 아니라고 보았다. Super의 성인기 진로발달이론에서는 발달의 불안전성이 정상적이며 성공적인 발달적 변화에서 얼마든지 발생할 수 있다고 보았다(김봉환 등, 2010).

Super의 단계와 앞서 언급한 Ginzberg의 단계를 비교하면 몇 가지 차이점이 있다. Super의 단계에서는 흥미 뒤에 능력이 따르고 그 후에 탐색 단계로 전환되지만, Ginzberg의 단계에서는 흥미, 능력, 가치 단계 후에 탐색이 이루어진다. Super는 단계에 가치를 포함하지 않았는데 그 이유는 가치 문제가 매우 복잡하기 때문일 것이다. Super는 가치 문제는 전 생애에 걸쳐 다양한 시점에서 중요하다고 하였다. Super의 단계에서 가치 단계가 생략된 것을 제외하면 두 이론 모두 능력보다 흥미가 먼저 발달되는 것으로 보았다는 공통점이 있다(Sharf, 2006).

또한 Super는 Ginzberg에 비해 두세 살 빠른 나이에 유사한 단계에 들어선다고 보았으나, Super의 이론은 재순환 단계에 대해 언급하고 있기 때문에 Ginzberg에 비해 발달 연령이나 시기는 그다지 중요하지 않다. Super는 연령의 구분보다 진로에 대한 태도나 지식이 더 중요하다고 보았다.

3) 생애역할이론

Super(1990)는 자신의 삶에서 일을 얼마나 중요하게 생각하는지는 개인차가 있다고 보았다. 일에 얼마나 비중을 두느냐는 사람마다 다를 수 있다. 생애 전체를 보았을 때에도 개인차가 있는 것은 당연하다. Super의 진로발달이론에서 중요한 개념 중 하나는 '역할(role)'이다. Super(1980)는 개인의 생애에서 경험하게 되는 주요 역할을 주부/부모, 직업인, 시민, 여가활동자, 학생, 아동의 여섯 가지로 나누어 설명하였다. 이러한 역할은 공부, 일, 지역사회 봉사, 가정과 가족을 돌보는 일, 여가활동 등을 통해서 수행된다. 또한 이러한 역할의 중요성은 개인의 생애를 통해서 변화하고 그 역할에 대한 개입의 성격도 변하게 된다.

Super는 개인의 생애주기 역할이 얼마나 다양하게 나타나는지 무지개모형을 통해 제시하였다. 이 모형에 따르면, 개인은 전 생애과정에서 특정 시기와 장소에 따라 중요하게 작용하는 역할을 수행하게 된다. 예를 들어, 아동기인 성장 단계에서는 직업인, 시민, 부모의 역할은 최소화되는 반면, 여가활동자, 학생, 아동으로서의 역할은 중요하게 작용한다. 청소년기인 탐색 단계에서는 이전에 비해 시민과 직업인이라는 역할이 좀 더 중요해지지만 그 이후에 경험하게 되는 확립 단계나 유지 단계에 비해 그 역할이 큰 것은 아니다. 확립 단계의 기혼 직장 여성의 경우 직장에서의 역할과 결혼·출산으로 인한 역할이 부과되면서 주부/부모로서의 역할과 직업인의 역할이 중요해지고 학생의 역할은 덜 중요해지기도 하며, 이 과정에서 부모로서의 역할과 직업인으로서의 역할 간에 갈등이 생기기도 한다. 같은 단계에 속한 사람들 간에도 중심적인 역할이 달라질 수 있다. 어떤 사람에게는 부모, 직업인, 시민이 주요 역할이 되기도 하고, 다른 사람에게는 직업인, 시민, 학생이 주요 역할이 되기도 한다.

각각의 단계마다 어떤 생애역할들이 중요하게 작용하는지 살펴보게 되면 생애 단계의 주요 과제가 무엇인지, 역할로 인한 갈등이 생길 가능성은 없는지 등 다양한 부분에 대한 예측과 이해가 가능해진다. 개인이 처한 발달 단계와 연결된 생애역할의 개념은 진로상담에서 개인이 처한 현재의 상황을 인식하고 진로방향을 계획하는 데 유용하게 활용될 수 있다.

4) 진로성숙과 진로적응

진로성숙도는 발달 단계별 발달과업을 성공적으로 이룰 수 있는지에 대해 얼마나 준비되었는가의 정도를 파악할 수 있는 개념이다. 이는 진로발달 과정에서 경험하는 환경적 요구에 대처하는 준비도로서 진로문제와 관련된 개인의 발달 정도와 수준의 지표가 된다(Osipow & Fitzgerald, 1996).

Super(1965)는 진로성숙(career maturity)을 '진로발달의 연속선상에서 개인이 도달하는 위치'로 정의하고 진로계획, 직업탐색, 의사결정, 직업세계에 대한 지식, 선호하는 직업군에 대한 지식 등을 진로성숙의 하위요인으로 구성하였다. 각 단계에서 주어지는 발달과업은 발달 단계를 구분하는 준거가 된다.

Super는 일정 연령에 도달했다고 진로를 계획할 준비가 된 것은 아니라고 하였다. 개인 간에 진로성숙의 차이가 있다고 보았으며 진로성숙을 다음 다섯 가지 요인으로 기술하였다(Sharf, 2006).

① 진로선택과 직업정보 관련 사항을 다루는 직업선택에 대한 태도: 개인이 진로관련 정보를 탐색하고 있으며 주변의 자원을 효과적으로 활용하려고 하는 의지를 의미한다.

② 선호 직업에 대한 정보와 진로계획의 구체화: 직업에 대해서 어느 정도 정확하고 구체적인 정보를 가지고 있는지, 진로계획에 도움이 되는 과외 활동이나 훈련, 교육 등에 대해 어느 정도 알고 있고 계획하고 있는지를 의미한다.

③ 선호하는 직업의 분야와 수준의 일관성: 관심을 가지고 있는 분야가 어느 정도 일관성이 있는지를 의미한다. 관심 분야가 일관성이 부족할 경우 진로선택 대안을 좁혀 나가기 어려울 수 있다.

④ 흥미, 가치 등 개인 특성의 통합: 개인의 흥미, 가치 등의 특성이 통합되어 있으면 진로선택이 보다 용이할 수 있다.

⑤ 직업선택시 능력, 활동, 흥미와 선호 직업이 일치하는지를 분별할 수 있는 현실성: 현실성이란 개인의 적성과 수준에 대한 정보와 직업에서 요구되는 능력이 어느 정도 일치하는지, 실제 그 직업을 선택하는 것이 현실적인지 평가할 수 있는지를 의미한다.

Super는 청소년기의 직업선택 준비성은 연령이 증가함에 따라 뚜렷하게 증가하며 연령대별로 수행하게 되는 입학, 졸업, 진학, 취업 등의 과정이 유사하기 때문에 청소년기 진로발달 과정은 성숙의 과정이라고 보았다. 반면, 성인의 경우 처해 있는 개인적 상황이나 사회적 상황이 개인마다 크게 다를 수 있기 때문에 진로성숙이라는 일정한 틀로 평가하는 것이 어렵다고 보았다. 이에, Super와 Knasel(1981)은 성인의 진로결정에 대해서는 성숙이라는 개념 대신 '진로적응(career adaptability)'의 개념을 사용하였으며, 진로적응을 "지속적으로 변화하는 직업세계와 자신을 둘러싼 환경의 요구에 대처하는 준비 정도"라고 정의하였다.

5) Super 이론의 시사점

Super의 이론은 진로상담이론 중에서 가장 영향력 있고 포괄적인 이론 중 하나이다. 기존의 이론에 비해 진로상담의 영역을 크게 확장시켰고, 진로상담 현장에서 가장 많이 적용되고 있는 이론이다. 그의 이론은 진로 자기개념과 전 생애에 걸친 진로와 관련된 삶의 과정을 이해하는 데 도움이 된다. 또한 진로발달 단계별로 발달과업을 제시하여 발달 단계별로 진로발달을 촉진하는 다양한 진로상담 프로그램의 개발에도 크게 기여하였다. 아동, 청소년기의 진로발달 과정에 초점이 맞추어져 있던 진로발달이론을 중년과 노년층의 진로발달까지 설명하면서 전 생애로 확대시켰다. 이는 이직, 해고 등이 수시로 발생하는 불안정한 고용환경과 은퇴 후 여가나 재취업에 관심이 커지고 있는 현대사회에 주는 시사점이 크다고 하겠다.

반면, Super의 이론은 이론 자체가 광범위하고 포괄적이기 때문에 경험적 연구를 통해서 쉽게 검증하기 어려울 수 있으며(Osipow & Fitzerald, 1996), 상담의 영역이 너무 넓어 어디까지 상담을 해야 하는지 한계가 불분명하다(Swanson & Fouad, 1999)는 비판을 받고 있다. 상담자로서 한 개인의 진로선택을 도와주고 조력할 수는 있지만, 전 생애에 걸친 진로발달이 어느 정도 되었는지 평가하거나 발달을 완성할 수 있도록 돕는 것은 어려운 일이다. 또한 진로성숙 같은 개념은 조작적 정의가 일관적이지 못하고 하위 구인이 복잡하고 단일한 검사를 통해 측정하기 어렵다(Salomone, 1996). 특히, 진로발달은 개인마다 서로 다른 과정을 거치게 되는데 Super의 이론은 개인의 진로발달에 영향을 미치는 개별성을 간과하였다는 비판을 받고 있다.

3. 진로발달이론을 적용한 상담사례

1) Super의 탐색 단계 청소년 사례

서준이는 고등학교 2학년 남학생이다. 부모는 모두 공무원이다. 서준이는 어려서부터 집에 있는 기계를 조립하고 뜯어 보는 일에 관심이 많았고 컴퓨터 조작에 흥미가 있어 이과를 선택했으나 이후 대학 진학에 대해서는 확신이 없는 상태이다. 이에 반해 아버지는 안정적이고 오랫동안 일할 수 있는 직업이 가장 좋은 직업이라는 신념을 가지고 있어 서준이에게 공무원 혹은 군인이 될 것을 적극적으로 권하고 있고, 이 과정에서 잦은 의견충돌이 있었다. 공부에 크게 흥미가 없는 서준이는 수학과 체육 과목을 제외하고 반에서 중하위권 성적을 받았다.

상: 네가 앞으로 무엇을 하고 싶은지 생각해 본 적이 있니? [상담자는 내담자가 진로계획을 세울 준비가 되었는지 알고 싶어한다]

내: 아직 고3이 안 됐기 때문에 깊이 생각해 본 적은 없지만, 작년에 문과, 이과 선택하면서 좀 생각을 해본 적은 있어요.

상: 문과, 이과 선택하는 과정에서 어떤 일이 있었는데? [내담자가 진로결정을 할 때 어떤 태도와 과정을 거쳤는지 탐색하는 질문이다]

내: 저는 공대에 가고 싶어서 이과를 가겠다고 했고 부모님은 의대 진학할 게 아니면 문과에 가라고 하셔서 한참 싸웠었어요. 부모님은 제가 뭘 잘할 수 있는지 모르고 있는 것 같아요. 그냥 돈 적게 벌어도 오래 일할 수 있는 직업을 가졌으면 하세요. 저는 공무원 같은 건 별로에요.

상: 부모님이 너에 대해서 잘 모르는 것 같다고 했는데, 너는 네가 잘할 수 있는 게 뭐라고 생각하니? [상담자는 내담자가 진로발달 단계의 탐색 단계 중 결정화 단계에 있다는 것을 인식하고 있으며, 진로계획이 어느 정도 구체화되어 있는지 탐색하려고 한다]

내: 저는 어려서부터 만드는 걸 좋아했고, 컴퓨터 뜯고 다시 조립하는 걸 잘했었어요. 운동하는 것도 좋아했구요. 꼭 어떤 직업을 갖겠다고 생각한 적은 없지만, 공무원은 싫어요.

상: 결정을 한 것은 아니지만 서준이가 자신이 좋아하고 잘하는 것이 무엇인지 어느 정도 알고 있구나. [어느 정도 구체화되어 있는 진로에 대해 상담자의 지지가 필요하다]

내: 그런데 아직 무슨 과를 갈지 결정하지는 못했어요. 엄마 반대가 워낙 심해서요.

엄마는 자기가 어떤 일을 하는지 자랑스럽게 얘기하시고, 사무실에서 같이 일하는 분들하고 몇 번 만나서 진로에 대해 이야기할 수 있도록 모임에 저를 데리고 나가시기도 했어요. 그렇지만 공무원은 하고 싶은 마음이 전혀 생기지 않아요.

상: 부모님이 원하시는 진로에 대해서는 알아보고 이야기 들을 수 있는 기회를 많이 주셨구나. 그런 기회를 많이 가졌는데도 공무원은 별로 하고 싶지 않았나 보네. 네 나름대로 진로에 대해서 진지하게 생각해 보는 시간이 꽤 있었네. [내담자가 경험했던 진로탐색 과정을 지지하고 강화시키고자 하였다]

내: 부모님이 워낙 강하게 말씀하셔서 공무원 쪽도 잠깐 생각을 해봤지만 엄마, 아빠 하시는 일이나 거기에서 일하시는 분들 얘기 들어 보니 별로 재미가 없을 것 같아요.

상: 아! 그 일이 재미없게 느껴졌구나. 그럼 네가 재밌었다는 조립하는 일, 컴퓨터 관련된 일에 대해서 좀 더 이야기해 볼까? [내담자에게 흥미가 중요하다는 것을 인식하고 진로성숙의 한 영역인 개인의 흥미, 능력 등에 대한 통합 정도를 탐색한다]

내: 기계를 만지고 컴퓨터를 만지는 일은 제가 잘하기도 하고 재미있어하는 일 중 하나에요. 친구들도 컴퓨터가 잘 안 되면 저한테 와서 봐 달라고 하고, 선생님들도 교무실 컴퓨터에 문제가 생기면 저한테 와서 고쳐 달라고 해요. 그런 일을 하고 나면 보람도 느끼고 뿌듯해요.

상: 우와! 그거 대단한 능력인 걸. 네가 잘할 수도 있고 정말 재미있어하면서 보람까지 느낄 수 있는 일이구나. [상담자는 내담자의 다양한 개인 내적 요인들을 통합할 수 있도록 돕는다]

내: 그러게요. 잘할 수 있으면서도 재미도 있는 일인데요. 앞으로도 그런 일을 하고 싶어요.

상: 그런 직업을 갖기 위해서 어떤 선택을 할 수 있는지 생각해 본 게 있니? [상담자는 탐색기의 결정화 단계에서 구체화 단계로 넘어갈 수 있도록 돕는 질문을 한다]

내: 전문대 쪽에 이런 걸 배울 수 있는 전공이 있는 것 같아요. 공부를 잘 하면 좋겠지만 고3 때까지 성적이 잘 나오지 않으면 전문대나 기술학교 같은 데 가는 것도 괜찮을 것 같아요.

상담자는 진로선택 과정을 탐색하고 진로에 대해서 생각해 보고 노력했던 과정을 지지해 주면서 내담자의 진로성숙도를 높이고 보다 현실감 있게 진로를 선택할 수 있도록 도왔다. 또한 청소년기 내담자의 진로발달 단계를 염두에 두고 탐색 단계에서 진로를 구체화시키고 특수화시키는 과정으로 옮겨 갈 수 있도록 지지해 주었다.

2) Super의 재순환 단계 사례

무역 회사에서 일하고 있는 김상철 부장은 56세로 퇴직을 몇 년 앞두고 있는 상태이다. 현재 직장에서는 대학 졸업 후 입사해서 30년 가까이 재직했으며, 다른 동료들과 비교했을 때 승진도 잘 됐고 일의 성과도 인정을 받으면서 일해 왔다. 일할 때에는 주도적이고 활동적이었던 내담자는 최근에 혈압이 높아지고 몸이 부쩍 피곤하다고 느끼고 있으며 일에 대한 의욕도 떨어져 있는 상태이며 우울감도 많이 느끼고 있다. 김부장은 상담자와 은퇴계획에 대해서 이야기를 나누고 있다.

내: 이제 이 회사에서 더 이상 일하고 싶지 않아요. 매번 비슷한 일을 하는 것도 지겹고 일을 더 잘 해야겠다는 의욕도 이젠 별로 없어요. 성과 내느라 허덕이는 것도 지쳤고, 살도 너무 많이 찌고 몸도 별로 좋지 않은 것 같고 부쩍 피곤해요. 이젠 여행이나 좀 하면서 놀고 싶어요. 아침에 눈 뜨고 회사 출근하는 게 그렇게 힘들 수가 없네요. 회사에서 명예퇴직자 신청을 받고 있는데 그걸 신청할까 하는 생각도 들어요.

상: 몸도 힘들고 일에 대한 의욕도 많이 없어지신 것 같네요. 명예퇴직 신청까지 생각하고 계시네요. 퇴직 이후에 대해서는 생각해 본 적 있으세요? [상담자는 일단 내담자의 힘든 마음을 공감해 주면서 내담자가 Super의 생애 단계 중 쇠퇴기로 접어들고 있다는 것을 인지한다. 내담자는 아직 은퇴계획에 대한 단계까지 가지는 못한 것 같다]

내: 글쎄요. 여행이나 좀 다니고 심심하면 등산도 가고… 그냥 좀 놀았으면 좋겠어요. 일은 할 만큼 했다고 생각해요. 아이들도 많이 컸고, 아내도 시간제 일을 하고 있고, 퇴직금이랑 그동안 모아 놓은 돈이 있으니 당장 경제적으로 힘들 것 같지는 않거든요.

상: 많이 힘드셨나 보네요. 일단은 그냥 좀 쉬면서 놀고 싶다는 생각이 간절하시군요. 그렇게 쉬고 나면 어떠실 것 같아요? [일단 최근에 힘든 내담자의 마음에 공감하면서, '놀고 싶다'는 것이 은퇴 후 계속될 계획인지, 또 다른 계획이 있는지 탐색한다]

내: 음… 처음에는 좋을 것 같아요. 하지만 계속 놀고만 있을 수는 없죠. 막연한 불안감은 있어요. 퇴직하고도 몇 십 년을 살아가야 되는데 준비가 잘 된 것 같지도 않고, 오랫동안 일이 없으면 힘들 것 같기도 해요. 쉬고 나서 몸이 좀 회복되

면 뭔가 하긴 해야겠죠.

상: 어떤 일을 하고 싶으세요? [내담자의 은퇴계획에 대한 탐색이 필요하다]

내: 글쎄요. 봉사활동을 하고 싶기도 하고, 제가 회사에서 주로 중국어를 많이 사용하면서 일을 했으니 그런 특기를 살릴 수 있는 일이면 좋을 것 같다는 생각도 했었죠.

상: 어떤 일을 할지 생각을 좀 해보셨군요. [내담자의 은퇴계획을 도울 수 있도록 지지가 필요하다]

내: 좀 막연하긴 하지만 생각을 해보긴 했죠. 제가 사람들 앞에서 말하는 걸 좋아해서 중국어를 가르칠 수 있거나 필요한 곳에 가서 통역을 하거나… 그런 일이 있으면 좋겠다는 생각을 했어요.

상: 가르치고 말하는 걸 좋아하시는 것 같네요. [내담자는 쇠퇴 단계에서 탐색 단계로 다시 돌아가고 있다. 상담자는 내담자가 흥미 탐색을 시작하도록 격려한다]

내: 네. 남 앞에서 계속 가르치는 일을 하지는 않았지만 회사 직원들을 교육시키는 일을 할 때 재미있게 했었어요. 꼭 돈을 받고 하는 일이 아니더라도 어려운 외국인을 지원하는 센터 같은 곳에서 통역 자원봉사나 시간제로 한국어 가르치는 일을 하면서 어려운 사람들을 도와줄 수 있으면 보람 있고 좋을 것 같아요.

상: 사람들과 함께 하고 도움을 주는 일이 아주 의미 있는 일이라는 생각을 하고 계시네요. [내담자는 탐색단계의 구체화 작업을 하고 있다. 상담자는 내담자가 가치를 탐색할 수 있도록 돕는다]

내담자는 은퇴 후 계획을 세우기 위해 다시 탐색 단계로 돌아가서 자신의 흥미, 가치, 능력 등에 대한 탐색을 시작한다. 내담자는 탐색 단계에 이어서 확립 단계, 유지 단계를 다시 거치게 되면서 재순환과정을 다시 경험하게 된다. 상담자는 막연히 상담을 진행하는 것이 아니라 Super의 재순환 단계를 염두에 두고 내담자를 돕게 된다.

진로
타협
이론

어린 시절 가졌던 수많은 꿈과 희망은 나이가 들면서 조금씩 줄어들게 된다. 어린 시절에는 어떻게 그렇게 많은 진로들을 꿈꾸는 것이 가능했을까? 아동기의 자기개념은 구체적으로 형성되지 못했을 뿐만 아니라 직업에 대한 구체적인 정보에 근거하기보다는 환상에 의존했기 때문이다.

자기에 대한 개념은 단순한 수준에서 복합적인 수준으로 발달한다. 단순하게 자신의 신체적 영역에서 자기에 대한 개념을 가지고 있던 유아는 성장하면서 자신에 대해 생각할 때, 성, 능력, 흥미 등을 함께 고려하게 된다. 이 과정에서 자신을 독특한 개인으로 인지하게 되고, 그에 따라 직업도 일정한 범주로 좁혀지게 된다. Linda Gottfredson은 자기개념의 발달에 따라 직업의 범위가 형성되는 것을 제한(circumscription)이라고 불렀다. 그리고 자기 개념에 적합한 직업의 범주를 사회적 공간(social space)이라고 정의한다.

Gottfredson(1981, 2002)은 '나는 누구인가'라는 개념을 구성하는 것은 '크기와 힘', '성 유형', '명성', '흥미'라고 보았다. 나는 힘이 센가 약한가, 나는 남자인가 여자인가, 우리 가족은 어느 수준의 지위에 해당하는가, 나의 흥미는 무엇인가를 기초로 직업선택의 범위가 결정된다는 것이다. 이때, 개인의 흥미나 가치와 같은 심리적 변인은 성 유형이나 사회계층과 같은 사회적 변인에 의해 제한받을 수밖에 없다고 본다. 따라서 진로타협의 과정은 이상적으로 생각하는 직업과 현실적으로 획득할 수 있는 직업 사이를 연결해 주는 진로의사결정 과정을 말하며(Gati, 1993), 직업세계에서 이러한 이상과 현실 사이의 차이를 좁혀 가는 과정(Leung, 1993)을 직업선택의 타협과정이라고 부를 수 있다.

　　아동기 학생들이 조기에 진로를 결정하는 경우 학부모들은 매우 반가워한다. 초등학생 자녀가 "저는 NASA에서 일하는 우주항공학자가 꿈이에요."라고 장래희망을 이야기하면 매우 흐뭇해한다. 하지만 Gottfredson의 관점에 따르면 이는 아직 자기개념을 충분하게 발달시키지 못하고 직업에 대한 대안을 너무 일찍 제한한 것으로 이해할 수 있다. 즉, 자기개념이 조금 더 구체화된 후에 자신에게 더 적합한 직업을 찾을 수 있는 경우를 너무 일찍 차단한 것이 될 수 있다.

　　Gottfredson(1996)은 진로포부가 어떻게 형성되는지를 발달적 관점에서 살펴보았다. 여성 진로학자인 Gottfredson은 사회적 계층이나 인종에 무관하게 남녀 간 직업적인 포부 수준이 다르게 나타나는 현상을 이론으로 정립하고자 하였다. 그녀의 진로이론은 진로에 대한 발달적 관점과 더불어 사회적 관점을 동시에 담고 있다. 그녀는 개인이 진로포부를 형성할 때 일련의 과정을 거치면서 스스로 포부 수준을 제한하고 타협하게 된다고 설명하면서 개인의 진로기대가 어릴 때부터 성별, 인종별, 사회계층별로 차이가 나는 이유를 설명하기 위해 제한(circumscription)과 타협(compromise)이론을 개발하였다. 제한과 타협에 대한 설명은 아동기와 청소년기에 진로포부가 어떻게 축소되고 조정되는지에 초점을 둔다. Gottfredson은 인지발달에 초점을 두며 아동이 자기 자신과 자신의 사회적 위치에 대해 인식하면서 자기 자신과 공존할 수 없는 진로대안들을 제외시켜 나간다고 하였다.

　　Gottfredson의 진로발달이론은 개인이 사회적 측면과 개인적 측면에서 자기 자신을 어떻게 인식하고 있는지를 설명해 준다. Gottfredson(1981, 2002)은 진로선택시 성 역할과 포부가 중요한 역할을 한다고 강조하였다. 그녀의 이론은 개인의 자아개념뿐만 아니라 세상을 바라보는 틀, 즉 직업의 인지적 지도에 대해 설명하고 있다. 직업의 인지적 지도를 발전시키고 자아개념을 통합시키기 위해서 사람들은 자기 자신을 어떻게 보는지에 따라 적합한 직업을 결정해야만 한다. 한 개인에게 적합한 직업은 자신을 바라보는 관점에 적합해야 할 뿐만 아니라 개인이 접근 가능하거나 달성 가능한 것이어야 한다.

　　접근 가능성, 달성 가능성과 관련 있는 개념이 제한과 타협이다(Gottfredson, 1981, 1996). 제한은 성과 사회계층에 근거하여 개인이 수용하기 어려운 직업적 대안들을 제거하여 선택의 한계를 정하는 과정을 의미한다. 타협은 취업 가능성과 같은 제한 요인에 근거하여 더 접근하기 쉬운 것을 선택하기 위해 한계 내의 대안을 포기하는 진로선택 조정과정이다. Gottfredson은 개인이 이 두 개념을 적용하여 직업에 대해 어떤 결정(제한)을 할 뿐 아니라 문화, 차별, 노동시장, 타인과의 경쟁 등 외부 세계의 영향 요소들을 다룬다고 주장하였다.

Gottfredson(2002)은 생물학적 요인도 제한과 타협의 과정에 영향을 미치는 것으로 보았다. 그녀는 최근 연구에서 유전이나 생물학적 요인이 진로선택 과정에서 제한과 타협의 문제를 다루는 데 어떻게 영향을 미치는지 자세하게 기술하였다. 환경적 요소를 중요하게 보는 대부분의 다른 학자들과는 다르게, Gottfredson은 생물학적 요소가 환경적 요소에 어떻게 영향을 끼치는지에 대한 견해를 제시하였다. 그녀는 나이가 들면서 생물학적 요인은 덜 중요해진다는 사회화이론(socialization theory)에 비판적 입장을 취하였다. 사회화이론은 개인은 사회적 환경의 산물이며 사회적 환경에 따라 개인차가 발생한다고 본다. 그러나 Gottfredson은 생물학적 요인과 환경적 요인이 일생동안 개인의 경험에 영향을 주고받으면서 영향을 미친다는 현대 유전 – 양육 조합이론(modern nature-nurture partnership)을 주장한다. 예를 들면, 음악감각을 타고난 소년은 음악을 잘하게 될 것이다. 음악을 잘한다는 사실은 이 소년이 자기 자신을 바라보는 시각에 영향을 미치게 되고, 이에 따라 자신의 환경을 조성해 나가게 될 것이다. 이 소년은 음악경연대회에서 장학금을 받게 되고 자신의 음악적 능력을 발휘할 수 있는 기회를 가지게 된다. 이러한 수상자로서의 경험은 성인기의 진로선택에 영향을 준다. 40세가 될 즈음에 그는 다른 방식으로 자신의 음악적 능력을 발휘하게 될 것이다. 이제 음악적 능력은 그의 삶에서 덜 중요해질 수도 있을 것이다. 그러나 Gottfredson은 일생동안 개인은 자신이 가지고 있는 생물학적 특징과 그 동안의 경험 모두에 의해 끊임없이 영향을 받는다고 하면서, 생물학적 요인과 환경적 요인은 독립적이기보다는 상호작용하는 것으로 보았다.

성장해 나가면서 생물학적 영향과 환경적 영향 또한 상호작용하게 되고, 개인은 자신의 삶에서 활동영역을 점점 더 개발하기 시작한다. 이 활동영역은 그들의 삶을 차지하고 있는 생활환경과 역할로 볼 수 있다. 사람들은 각자 활동영역을 타고나지만, 점차 타고난 분야에서 그들 스스로가 선택하거나 창조한 분야로 활동영역을 이동하게 된다. 타고나는 신체적 능력, 지적 능력, 그외 특성은 어떤 활동을 하도록 이끌거나 멀어지게 하는 개인 내부의 나침반과 같은 역할을 한다. 그렇기 때문에 개인은 발달하면서 점차적으로 자신이 타고난 활동영역에서 자신에게 더 적합한 분야로 이동하게 된다. 여기서 그 사회의 문화는 사람들로 하여금 그들 자신을 표현할 수 있도록 도와주기도 하지만 그들이 할 수 있는 것이 무엇인지에 대해 한계를 두게 하기도 한다.

개인이 소속된 문화는 개인이 수행하고 성취하고자 하는 사회적 역할의 발달을 제한하는 한편, 개인에게 사회에서 자신만의 분야를 창조하는 기회를 제공하기도 한다. Gottfredson은 '활동영역'이라는 개념을 사용하여 태어날 때의 사회적 환경과 같은 타고난 활동영역에서 자신의 자아개념과 양립하는 '생애 활동영역'으로의 이동을 개인이 수행해야 하는 과업이라고 주장하였다. 개인은 성공적으로 자신을 개발할 수도 있고 자신의 삶을 오히려 혼란스럽게 만들 수도 있으나 자신의 활동영역을 조성할 권리를 가지고 있다. 예를 들어, 장학금을 받을 수 있는 능력을 가지고 있는 음악 영재가 사업을 하고자 하여 경영학 석사학위를 받고자 할 수도 있다. 반대로 심한 부상을 당하는 경우와 같은 어려움을 겪고 음악가로서의 성공에 대한 부담감에 압도되어 직업인으로서 음악가라는 대안을 포기할 수도 있다.

이런 면에서 Gottfredson은 개인의 기질이나 성격이 진로선택에 영향을 준다고 보았다. 그러나 그녀는 사람들이 자신의 가능성을 점점 더 보게 됨으로써 스스로에게 긍정적인 보상을 줄 수 있는 선택을 하고 자신의 삶에서 중요한 것이 무엇인지 깨닫게 되며 결국 진로목표에 도달할 것이라는 낙관적인 견해를 피력하였다. 즉, Gottfredson은 문화를 사람들에게 제공되는 선택 메뉴로 보았고 생물학적 요인은 일생동안 사람들에게 그 어떤 것보다 특정한 선택에 근접하도록 하는 요인으로 보았다. 문화와 생물학은 개인의 선택과 포부를 제한함으로써 영향을 준다.

1. 제한

진로포부는 가능성과 적합성의 산물이다. 제한(circumscription)은 아동이 자신에게 적합하지 않다고 생각하는 진로대안을 제외시키면서 '수용 가능한 대안'의 영역을 축소해 나가는 과정이다. 아동에게는 받아들일 수 없는 직업적인 대안을 제거하는 과정이 주어진다. Gottfredson은 추상적 사고능력의 발달이 아동이 세상을 이해하고 조직화하는 데 영향을 주는 것으로 보았다. 자기 자신을 어떻게 바라보는지에 대한 아동의 시각은 직업선택에 영향을 주게 되고 그러한 초기 직업선택은 다시 자신들을 보는 시각에 영향을 주게 된다.

아동은 먼저 사회적 측면의 자아를 고려하면서 자신들이 지각하는 '사회적 위치(social space)'에 적당하지 않은 직업을 제거하기 시작한다. 아동은 성 역할이나 지위 수준에서 수용되지 않는다고 판단된 직업을 거부한다. 예를 들면, 트럭 운전수가 자신에게 알맞은 직업이 아니라고 느끼는 여자 아동은 이 직업을 고려 대상에서 제거할 것이다. 이처럼 아동은 성과 사회계층에 대한 자신의 생각을 근거로 직업선택 안들을 제거하면서도 자신이 그런 작업을 하고 있다는 것을 깨닫지 못한다. 이후에 개인적인 능력과 흥미에 맞는 직업을 찾을 때가 되어서도 자신들이 선택범위를 단계적으로 줄여 나감으로써 의사결정을 하고 있다는 것을 깨닫지 못한다.

제한 단계와 타협 단계에 관한 설명은 주로 아동기와 청소년기에 진로포부가 어떻게 축소되고 조정되는지에 초점을 두고 있다. Gottfredson은 진로타협이론에서 진로포부가 어떻게 변화하는지를 인지발달 4단계를 통해 설명하고 있다(Sharf, 2006).

1단계(3~5세): 서열 획득 단계(크기와 힘 지향)

1단계 시기는 서열 획득의 시기이다. 유아는 크기와 힘을 중요하게 생각한다. 크고 힘이 센 어른을 부러워하고 자신도 그런 어른이 되고 싶어한다. 그래서 유아들은 대통령, 경찰, 소방관, 기관사 등이 되고 싶어한다. 이러한 선호는 성이나 흥미, 적성과 상관없이 나타나는 경향이 있다.

이 시기의 아동은 구체적으로 사물을 바라본다. 아동은 크다, 작다 혹은 오래되었다, 새 것이다 등 단순한 조건으로 사물을 분류하기 시작한다. 발달적 측면에서 대상영속성을 습득하게 되고, 이때 아동들은 개인을 크다 또는 작다와 같이 단순한 용어로 분류하며, 자신과 성인의 차이를 크기로 규정하여 인식하게 된다. 또한 직업 현장에서 사용되는 청진기, 불도저, 삽, 칠판, 야구공 등 도구에 따라 직업을 분류한다.

이 시기에 어린 아동들은 성인의 역할을 관찰하며 직업을 인식하게 된다. 예를 들어, 4살 여자 아이인 주하는 건축기사인 아버지가 일을 마치고 집에 오면서 가져오는 안전모, 자, 톱, 드릴과 같은 공구를 보게 된다. 주하는 자신보다 몸집이 큰 아버지만이 이런 연장을 사용할 수 있고 자신과 같은 작은 아이는 할 수 없는 일이라고 생각할 수 있다. 이때 주하는 남자 대 여자 또는 힘이 많이 필요한 직업 대 힘이 적게 드는 직업과 같은 개념을 조금씩 깨닫게 된다.

2단계(6~8세): 성 유형 획득 단계(성역할 지향)

2단계는 성 유형 획득 단계로 자신의 성(gender)이 무엇이라고 생각하는지가 중요하다. 초등학교 저학년 아동들은 좋다 – 나쁘다, 부유하다 – 가난하다와 같이 이분법으로 생각하는 경향이 있으며, 특히 관찰 가능하고 구체적인 특징에 근거하여 사람이나 직업을 단순한 수준에서 구분한다. 이 시기의 아동은 구체적인 언어와 간단히 구별하기를 좋아한다.

남자와 여자 간에 성역할이 다르다는 것을 매우 분명하게 인식하게 되고, 성별에 적합한 옷을 입고 행동을 하면서 성역할 고정관념을 형성하게 된다. 성역할에 대해 인식하게 되는 연령이기 때문에 직업을 살펴볼 때 자신의 성별에 적합한지 아닌지를 살펴보는 시기이다. 이 시기의 아동은 자신의 성이 우월하다고 믿는다.

이 단계에서는 직업을 여자만 하는 직업과 남자만 하는 직업으로 분류하는 '수용 가능한 성 유형 경계(tolerable-sex type boundary)'가 발달한다. 그래서 직업도 남자의 직업과 여자의 직업으로 각각 구별되고 다르다고 생각한다. 남자는 남자의 직업을 가져야 하고, 여자는 여자의 직업을 가져야 한다고 여긴다. 자신의 성과 반대되는 직업을 희망직업에서 배제하기 시작한다.

예를 들면, 주하는 건축기사라는 직업은 남자의 직업이어서 자신의 영역 밖의 직업으로 생각하고 건축기사를 자신에게 가능한 직업으로 고려하지 않게 된다. 이 시기에는 성별과 관련된 자기개념과 일치하지 않은 직업을 배제하기 시작한다. 이 과정에서 부모와 주변 어른들의 고정관념과 피드백이 중요한 역할을 하게 된다. 부모들은 부지불식간에 자녀의 성에 부합한다고 생각하는 직업들을 제안하고, 긍정적 피드백을 한다. 반대로 자녀의 성에 적합하지 않다고 생각하는 직업들에 대해서는 언급하지 않거나 부정적 피드백을 한다. 그 결과 남자 아이들은 사회적으로 여자들이 많이 종사하는 직업에 대해 강한 거부감을 표시하게 된다. 예를 들어, 어른이 남자 아이에게 간호사가 잘 맞겠다고 한다면 이를 칭찬으로 받아들이지 않는 것이다. 이는 남자 아이들이 '여자들의' 특성이 아닌 것을 남자의 특성으로 이해하기 때문이다. 남자 아이들이 여자와 연관된 직업을 거부하는 두번째 이유는 일반적으로 남자와 연관성이 높은 직업들이 사회적인 명성이 있기 때문이다. 어른들은 여자 아이가 군인처럼 남성성과 연관이 높은 직업을 희망할 때보다, 남자 아이가 간호사와 같은 여성성이 높은 직업을 희망할 때 더 부정적으로 반응하는 경향이 있다.

성에 따라 직업을 제한하는 것은 사회적으로 성 유형에 대한 구분이 약화되고, 양성성이 인정받으며, 개인의 개성이 강조되는 오늘날의 사회적 흐름으로 보았을 때, 적응적인 것으로 보기 어려울 수 있다. 예전에는 드물었던 남자 간호사, 남자 미용사, 여자 군인과 경찰, 여자 버스기사나 중장비 기사 등이 크게 증가하고 있다. 따라서 성을 중심으로 자기개념을 발달시키는 것은 자연스러운 특성이나 성과 직업의 연관성에 대한 고정관념에서 벗어나 적절한 융통성과 균형을 맞추는 일 또한 중요하다.

3단계(9~13세): 사회적 가치 획득 단계(사회적 가치, 능력, 명성 지향)

아동기에서 청소년기로 이행하는 단계로서 이 시기의 아동들은 사회적 지위에 대한 개념을 형성하게 된다. 이들은 점점 또래를 의식하게 되어 친구들이 무슨 생각을 하는지, 타인이 자신에 대해 어떻게 생각하는지, 친구가 입은 옷이 무엇인지, 친구 부모님이 어떤 차를 운전하는지, 친구가 사는 동네의 집은 어떤지 등에 관심을 가지게 된다.

3단계는 사회적 가치 획득 단계로서 직업에 명성이나 지위가 있음을 이해하고 자신에게 적절한 직업을 고려하는 단계이다. 직업선택은 자신이 속한 가정의 사회경제적 수준을 바탕으로 형성된 자기개념에 의해 결정된다. 이 시기의 아동 또는 청소년들은 부모의 직업, 수입, 생활수준 정도가 상대적으로 어느 정도인지 인식하게 된다. 가족의 사회경제적 수준을 인식하고 나서 형성된 아동 청소년의 자아개념은 직업선택에 영향을 주게 된다. 물론 사회적 가치 선택의 문제는 가족의 가치관, 개인의 능력 정도, 성취동기 수준, 교육제도, 지역사회 복지체계, 국가정책 등 다양한 요인에 의해 달라질 수 있다.

이 시기의 아동 및 청소년들은 자신의 사회경제적 수준에 근거한 자기개념에 못 미치는 낮은 수준의 직업들을 배제하게 되는데, 이 기준을 '지위하한선' 또는 '직업의 경계수준', '수용 가능한 수준의 경계(tolerable-level boundary)'라고 한다. 부모가 사회적으로 높은 명성을 가지고 있는 직업인이라면 그 자녀들도 사회적으로 높은 명성을 가지고 있는 직업을 목표로 정할 것이다. 이처럼 명성이 높은 직업만을 고수하는 경우 직업에 대한 포부가 크다고 볼 수 있지만, 직업의 범위는 좁아지게 된다. 반대로 어떤 학생은 사회적으로 낮은 명성의 직업도 범위에 포함시킬 것이다. 이 경우 직업의 포부가 낮다고 볼 수도 있지만, 직업의 범위는 넓어지게 된다.

개인들은 자신의 능력수준에서 벗어나는 직업을 자신이 도달하고자 하는 직업 목록에서 제외시킨다. 이때 기준이 되는 사회적 계층과 능력이라는 요소는 '직업의 경계수준' 즉, '수용 가능한 수준의 경계'를 규정하게 되는데, 이는 이 시기의 아동 및 청소년들이 고려대상으로 하는 직업의 하한선 수준이라고 할 수 있다.

3단계에서는 직업을 선택할 때 명성과 함께 능력도 고려하게 된다. 연령이 높아지면서 무조건 명성이 높은 직업만을 선택하지는 않는데, 이는 자신의 능력을 함께 고려할 수 있기 때문이다. 자신의 능력으로 도달할 수 있는 가장 높은 명성의 수준을 '지위상한선' 또는 '노력 가능한 수준의 경계(tolerable-effort boundary)'라고 하는데, 자신의 능력이 높다고 볼수록 명성이 높은 직업을 희망하고, 자신의 능력이 높지 않다고 생각할수록 명성이 높은 직업을 배제하게 된다. 즉, 자신이 생각하는 능력의 범위 안에서 직업들을 탐색한다. 이처럼 '노력 가능한 수준의 경계'란 아동 및 청소년이 직업을 얻기 위해 기꺼이 헌신할 수 있고 위험을 감수할 수 있는 노력의 상한선 수준을 의미한다. 따라서 상한선과 하한선 수준 이내에 존재하는 직업들은 결국 이들이 가질 수 있을 것으로 생각되는 직업영역을 나타내 는 것으로 볼 수 있다.

능력은 있는데 지나치게 포부를 낮추게 되면 잠재력을 활용하지 못하게 되는 반면에, 능력과 환경을 고려하지 않고 높은 명성의 직업을 희망하는 경우에는 직업을 구하지 못하게 될 수도 있다. 직업포부 수준이 높은 대학생이 의대에 진학하기 위해 여러 차례 수능에 도전하였으나 실패하고 그 과정에서 자신의 전공마저도 성실하게 이수하지 못하게 되었다. 또 다른 대학생은 공무원이 되고자 수년간 도전하였으나 실패하고 연령이 높아지면서 직업시장에서 선택의 폭이 너무 좁아져서 난감한 상황에 빠지게 되었다. 이는 지위하한선 즉, 수용 가능한 수준의 경계선을 조절하지 못해서 나타나는 사례들이다.

Gottfredson은 8학년 정도가 되면 대부분의 학생은 성인이 하는 방식과 비슷하게 명성에 따라 직업을 평가할 수 있다고 주장한다. 일반적으로 성, 문화집단, 특정 직업집단에 따라 명성 있는 직업과 그렇지 않은 직업에 대해 합의가 존재한다.

아동 및 청소년들이 생각하는 여러 직업들은 가족들에게 받아들여지지 않는 경우가 많다. 만일 주하가 9살 미만의 아동이었다면 실외벽 청소부나 야간 방범대원과 같은 직업을 자기에게 적절한 직업으로 생각했을 수도 있다. 그러나 아동 및 청소년기에 접어들면서 이러한 직업은 부모가 좋아할 만한 직업이 아니라는 것을 알게 된다. 이러한 직업은 '수용 가능한 수준의 경계' 밖에 있는 것으로 인식하고 이러한 직업들을 고려대상에서 제외하게 된다.

이 시기에 고려되는 '노력 가능한 수준의 경계'란 아동 및 청소년이 원하는 직업을 얻기 위한 노력의 상한선 수준을 의미한다. 주하가 자신의 사회적 위치 내에서 고려하고 있는 직업의 수준은 또래 친구들과 차이가 있을 수 있다. 예를 들면, 부유한 가정에서 태어난 친구들과 비교하여 상대적으로 낮은 사회경제적 수준으로 자신의 가정을 지각한다면 낮은 명성의 직업을 고려할 수도 있다.

4단계(14세 이상): 내적 자아 확립 단계(내적이며 고유한 자기 경향)

이전 1단계부터 3단계까지가 제한 단계였다면, 4단계는 타협 단계라고 할 수 있다. 4단계의 청소년들은 내적 자아를 확립하며 자신의 흥미, 가치관, 성격 등을 이해하게 된다.

특히 '나의 흥미는 무엇인가'를 중심으로 직업을 선택하게 된다. 이전의 발달 단계를 거치면서 형성된 직업범위 안에서 자신의 흥미를 기준으로 직업을 선택하게 된다. 이 단계의 청소년들은 자기 자신을 보다 잘 이해하게 되고 내적인 반성능력이 향상된다. 인지발달적 측면에서 이 시기의 청소년은 전 단계의 아동기에 비해 형식적 사고능력이 향상되며, 내적으로 형성된 삶의 목표와 자아개념을 규정하기 시작한다. 또한 그들은 현재 자신이 지각하고 있는 자아개념과 잘 호응하는 직업을 탐색하게 된다. 즉 이전 단계에서 수용 불가능한 직업 대안들을 제거해 나갔다면, 이 단계에서는 가장 수용 가능한 직업선택지가 무엇인지를 구체화한다.

이 시기의 청소년은 이제 자신들에게 어떤 직업이 적절한지에 대해 성인과 비슷한 수준의 사고를 하게 된다. 청소년은 자신들이 다른 사람에게 얼마나 매력이 있는지, 자신의 위치가 어떠한지에 대해 예민하게 느끼게 되고 동시에 다른 사람들이 자신을 어떻게 보는지에 관심을 가지게 된다. 또한 좋은 또래들과 어울리는 것이 중요해진다. 십대에는 타인에 대한 책임, 앞으로 부양하게 될 가족에 대한 생각, 가족 부양에 대한 중요성 등을 인식하게 된다. 이전 3단계의 아동은 사회적 위치를 벗어난 직업적

대안을 적절하지 않은 것으로 거부하는 반면에, 이 단계에서 청소년들은 가능한 대안들이 선호되는 것인지, 접근하기 쉬운 것인지를 탐색하고자 한다. 그들은 자신의 가치, 능력, 가족의 요구, 성격 등에 대해 인식하게 되고 이러한 기준에 맞는 직업을 선택하고자 한다.

진로포부(career aspiration)란 자신이 희망하고 기대하는 직업에 대한 수준을 의미한다. Gottfredson은 진로포부는 적합성과 접근 가능성에 의해서 형성된다고 주장하였다. 적합성이란 자아개념과 직업의 일치 정도를 나타내며, 접근 가능성이란 능력, 기회 등을 바탕으로 실현 가능한 정도를 나타낸다. 결국 진로포부란 자기개념의 발달과 직업에 대한 인식의 확장을 통해서 형성되는 것이다.

사람들은 성장하면서 자아개념을 형성하게 되고, 이에 일치하는 직업들을 선택하게 된다(Gottfredson, 2002). 자아개념에 일치하는 직업선택을 하기 위해서는 자아개념에 근거해서 직업을 분류할 수 있어야 한다. 예를 들어, 자신이 어느 정도의 남성성을 가지고 있는지를 알고 자신의 자아개념에 적절한 직업을 선택하기 위해서는 남성적인 직업과 여성적인 직업을 분류할 수 있어야 한다. 자신의 명성을 인지하고 있는 사람이 자신의 자아개념에 적합한 직업을 선택하기 위해서는 명성이 높은 직업과 낮은 직업을 분류할 수 있어야 한다.

Gottfredson은 사람들이 성 유형, 명성, 흥미를 중심으로 직업에 대해 가지고 있는 이미지를 조사하였는데, 이를 직업인지도(cognitive map of occupation)라고 한다. 직업인지도의 세로축에 명성의 수준이, 가로축에 성 유형이 표시되어 있으며, 이 두 차원에서 직업목록이 위치하고 있다. 직업인지도를 보면 특정 직업이 어느 정도의 명성과 성 유형으로 인식되고 있는지 알 수 있다.

이때 흥미의 분류는 Holland의 RIASEC 모델을 따른다. Gottfredson의 직업인지도를 살펴보면 명성과 성 유형 차원에서 대표적인 직업들의 흥미유형을 보여 주고 있다. 흥미의 유형에서 R(realistic)은 실재형, I(investigative)는 탐구형, A(artistic)는 예술형, S(social)는 사회형, E(enterprising)는 기업형, C(conventional)는 관습형을 의미한다.

Holland 유형에 따른 직업인지도를 살펴보면 Holland의 여섯 가지 유형의 직업들의 평균적 명성 수준을 알 수 있다. 탐구형(I)의 직업들이 가장 높은 명성을 보여 주고 있으며, 사회형(S), 예술형(A), 기업형(E), 관습형(C), 실재형(R)의 순서로 나타나고 있다. 여기서 주의해야 할 점은 직업인지도가 사람들이 인식하고 있는 직업에 대한 주관적 평가를 반영한다는 점이다. 그리고 이러한 순위에 대한 평가는 문화, 계층, 성격, 발달 단계에 따라 달라질 수 있다.

Gottfredson(2002)은 앞의 세 단계를 사회적 자아개념으로, 마지막 단계를 심리적 자아개념으로 분류하면서 먼저 형성된 사회적 자아개념이 더 중요하다고 주장하였다. 즉, '나는 누구인가'를 판단할 때 크기와 힘, 성, 명성 등이 흥미보다 더 핵심적이라는 것이다.

2. 타협

진로선택을 위한 의사결정 과정에서 자신이 원하는 최고의 것을 선택할 수 있다면 좋겠지만, 최상의 선택이 어려운 경우가 더 많다. 사람들은 자신이 원하는 것과 현실적으로 가능한 진로 사이에서 그 격차가 가장 작은 최선(good enough)의 것을 선택하고자 타협을 할 수밖에 없다(Gottfredson, 1996). 이때 개인은 이상적으로 생각했던 직업과 실제로 가질 수 있는 직업 간의 차이를 경험하게 된다.

타협(compromise)이란 선택을 위해 포기를 하는 과정을 말한다. 우리는 몇 가지 의미의 타협을 생각해 볼 수 있다. 첫째, 좋아하는 것들 중에 하나를 선택하는 것이다. 둘째, 좋아하는 것들 안에서 가장 좋은 것을 선택하지 못할 경우에 하는 타협이다. 셋째, 좋아하는 것과 싫어하는 것이 있을 때 좋아하는 것을 선택할 수 없어서 어쩔 수 없이 싫어하는 것을 선택하는 경우이다(Gottfredson, 1981).

사람들은 제한의 과정을 통해서 자신의 자아개념에 부합하는 직업들의 범주를 가지게 된다. 즉, 자신을 만족시켜 줄 직업들의 목록을 갖게 된다. 이때 그 목록 밖에서 직업을 찾는다는 것은 고통스럽고 힘겨운 상황이 될 것이다.

자신의 자아개념에 부합하는 직업 안에서도 현실적인 여건 때문에 자신이 희망하는 최상의 직업을 선택하지 못하는 경우가 생길 수 있다. 이때 사람들은 흥미, 명성, 성 유형의 순서대로 포기를 고려한다(Gottfredson, 2002). 즉, 사람들은 자아개념에 부합하는 직업들을 포기할 때 세 가지 요소 중에서 명성과 성 유형은 유지하지만 흥미는 제일 먼저 포기하게 되는 것이다(Hesketh, Durant, & Pryor, 1990; Hesketh, Elmslie, & Kaldor, 1990). 다음으로 다소 낮은 흥미의 직업을 선택했음에도 불구하고 여건이 좋지 않을 때, 성 유형은 유지하지만 명성은 다소 낮은 직업을 선택하게 된다. 예를 들어, 한 여성 내담자는 처음에는 직업 중에서 사회성이 보다 많이 나타나고, 명성이 높고, 성 유형에 맞는 상담사와 같은 직업을 희망할 수 있다. 그러나 실현할 수 있는 여건이 되지 않으면 사회형(S)이면서 다소 명성이 낮고 중성적인 성 유형에 해당하는 간호사를 선택할 수도 있다. 하지만 내담자는 흥미와 명성을 양보하여 간호사를 선택하지만, 성 유형의 범주에서 남성성이 강한 경찰관과 같은 직업을 선택하지는 않을 것이다.

사람들은 자신의 자아개념과 일치하는 직업의 범주(사회적 공간)에서 직업들을 찾게 된다. 처음에는 최상의 선택을 하려고 하지만 여건이 되지 않으면 적합한 직업범위 안에서 최선의 선택을 하려 한다. 이는 수용 가능한 형태의 타협이다.

그러나 타협이 불가능한 경우가 생기기도 한다. 사람들은 간혹 자아개념에 일치하는 직업을 선택할 수 없을 수도 있다. 이런 경우에 사람들은 지나친 타협을 하기보다 타협을 하지 않고 미루게 된다. 즉, 직업선택을 피하게 되는 것이다. 직업을 선택하지 않고 피하는 방법으로는 더 많은 대안을 탐색하거나, 노력의 경계를 다시 고려하거나, 결정을 막연히 미루는 방법 등이 있다. 이러한 과정이 효과적으로 잘 이루어지는 경우에는 조금만 타협하여 선택할 수 있는 직업들을 발견하게 되겠지만, 비효과적으로 이루어지는 경우에는 직업을 구하는 데 실패할 수 있다.

한편으로는 타협의 강도에 따른 선택을 해야 할 경우가 있다. 자신이 어느 정도 능력이 있고 현실적인 기회가 충분하다면 희망하는 직업을 선택할 수 있을 것이다. 희망 직업 중에서도 명성이 높고 자신의 흥미를 만족시켜 줄 직업을 선택할 것이다. 이때 자신의 욕구나 가치 등을 포기할 필요는 없다. 하지만 개인적, 사회적 요건 등에 의해 장애가 발생하거나 기회가 감소되면 선택할 수 있는 직업의 범위도 감소하게 되고, 결국 자신의 자아개념에 부합하는 직업들도 발견하기 어렵게 된다.

타협에는 포기의 과정이 따른다. 사람들은 자신에게 보다 중요한 것은 남겨 두고 덜 중요한 것을 버릴 것이다. 이는 자아개념에도 마찬가지이다. 자기 자신에게도 보다 더 중요한 측면이 있다. Gottfredson(2002)은 발달 초기에 형성되는 사회적 자아개념이 무엇보다 중요하다고 본다. 그래서 사람들은 포기해야 할 상황이 되면 흥미를 먼저 포기하고 다음으로 명성, 성 유형 등을 포기하게 된다고 한다.

앞에서 보듯이 자아개념과 부합하는 직업을 선택하는 과정은 타협을 적게 해도

되는 상황이지만, 자아개념과 부합하지 않는 직업을 선택해야 하는 것은 타협을 많이 해야 되는 상황이라고 할 수 있다. Gottfredson(2002)은 타협의 강도에 따라 사람들이 중요하게 생각하는 자아개념도 달라질 수 있다고 주장하였다. 타협의 강도에 따라 자아개념을 구성하는 세 가지 요소 중 어떤 것을 더 중요하게 고려하는지가 달라진다. 타협의 강도가 낮을 때는 흥미를, 타협의 강도가 중간일 때는 명성을, 타협의 강도가 높을 때는 성 유형을 중요하게 생각하여 선택한다.

3. 진로타협이론의 적용

Gottfredson(2002)은 진로발달을 촉진하는 일반적인 개입 프로그램들이 주로 진로와 관련한 자아개념을 결정화하고 구체화하는 시기에 도입된다는 점을 지적하면서, 보다 효과적으로 진로발달을 촉진하기 위해서는 진로를 결정화하고 구체화하는 시기 이전에 진로발달 개입 프로그램을 실시할 필요가 있다고 보았다. 즉, 청소년들이 사회적 지위나 성별 등에 의해 배제했던 진로포부들을 다시 점검하는 의식적인 과정이 필요하다고 보았다. 또한 진로상담 장면에서 내담자가 자신이 이전에 부적절하다고 제한하였던 진로대안들을 검토할 수 있도록 다음의 다섯 가지 준거를 제안하였다(김봉환 등, 2013).

① 내담자는 하나 이상의 진로선택지를 말할 수 있는가?
② 내담자의 흥미와 능력은 선택한 직업에 적절한가?
③ 내담자는 구체화한 진로대안에 만족하는가?
④ 내담자는 자신의 진로대안을 부적절하게 제한하지 않는가?
⑤ 내담자는 선택한 직업을 이행하는 과정에서 부딪힐 장애물에 대하여 현실적으로 인식하고 있는가?

내담자는 위와 같은 준거들을 상담자와 함께 탐색하는 과정에서 자신의 수용 가능한 진로포부의 하한선과 수용 가능한 노력의 상한선을 탐색하게 된다. 또한 발생 가능한 장벽과 맥락적 요인들에 대하여 현실적으로 인식하게 된다.

다음 질문들은 Gottfredson의 진로타협이론에서 다루고 있는 중요한 세 가지 요인들에 대한 것이다. 가) 질문은 내담자가 고려하고 있는 직업들이 어느 정도의 사회적 명성 수준인지를 확인하고, 그러한 사회적 명성 수준을 선택하게 된 배경을 탐색하는 것이다. 나) 질문은 노력의 상한선을 확인하고, 그 정도의 노력을 하게 된 이유를 알아보기 위한 것이다. 다)는 타협과 관련된 질문들이다. 다 – 1은 타협의 정도와 타협을 해야 하는 구체적 이유를 알아보기 위한 것이다. 다 – 2는 타협에 대한 내담자의 의사를 판단하는 질문이고, 다 – 3은 타협을 미루고 있는 내담자의 문제를 이해하기 위한 질문이다(정의석, 2013).

가-1. 당신은 어떤 직업들을 고려하고 있습니까? 그 직업들의 사회적 명성은 어느 정도인가요?

가-2. 그 정도의 사회적 명성을 지닌 직업을 선택하게 된 이유는 무엇인가요?

가-3. 당신이 생각하고 있는 직업 중 사회적 명성 수준이 제일 높은 것은 무엇인가요?

가-4. 당신이 생각하고 있는 직업 중 사회적 명성 수준이 제일 낮은 것은 무엇인가요?

나-1. 당신은 직업을 얻기 위해 어느 정도 노력을 하고 있나요? 또는 할 수 있나요?

나-2. 당신이 희망하지만 고려하는 직업이 아닌 것은 무엇인가요? 계기나 이유는 무엇인가요?

다-1. 당신은 현재 어느 정도 타협을 해야 하는 상황인가요? 그 이유는 무엇인가요?

다-2. 어떤 것에 초점을 맞춰서 직업을 선택하나요?

다-3. 직업선택을 미루는 이유는 무엇인가요?

Gottfredson의 이론은 초등학생들에게 전달할 직업정보의 내용을 담고 있다고 볼 수 있다. 직업정보의 다수는 상담실보다는 교실에서 제공되며 교육기관을 통한 직업정보의 제공 및 준비를 '진로교육'이라고 한다.

Gottfredson의 진로타협이론은 다른 주요 진로이론에 비하면 현재까지 관련 연구물이 광범위하게 축적되어 있지 않다. 또한 관련 연구물들도 주로 사회적 지위, 성,

지능 등과 관련된 제한요인의 측면을 다루고 있다. 진로타협이론에서 청소년의 진로포부를 제한하고 타협하게 하는 요인들과 이를 설명하는 원리들은 지나치게 일반적인 변인들이라는 비판이 일고 있다. 즉, 현재의 진로타협이론은 특정한 직업들이 배제되고 선택되는 과정에 대하여 보다 구체적인 원리를 충분히 설명하지 못한다는 비판을 받는다.

그러나 Gottfredson의 이론은 진로포부의 발달과 변화과정을 진로선택의 하한선으로서의 경계 개념과 동기적 차원에서 노력의 상한선이라는 개념으로 설명하면서 다양하고 흥미로운 개념들로 설명하고자 하였다.

4. Gottfredson 이론을 적용한 상담사례

아동·청소년을 상담할 때, 상담자는 중요한 타인, 정보, 흥미에 대해 이야기를 나누면서 직업적인 성역할에 대한 선택적 정보를 내담자에게 소개할 수 있다. 만일 어린 소녀가 곤충을 관찰하고 연구하는 것을 좋아하는데, 여자 아이는 곤충을 만지고 노는 게 아니라는 말을 듣는다면 상담자는 그러한 말을 한 사람의 개인적인 견해일 뿐이라는 것을 알려 주고, 곤충에 대해 학습하는 즐거움을 격려해 줄 수 있을 것이다. 이러한 상담자의 정보 제공은 내담자가 생물학에 흥미를 갖도록 이끌 수 있을 것이다. 성역할에 대한 고정관념을 제공하는 중요한 타인, 특히 부모들을 다루는 것은 참으로 어려운 일이다. 주요 인물에게 도전해야 할 때, 아동은 쉽게 중요한 타인과 자신을 동일시하거나 그들을 믿어 버린다.

주하는 지방의 소도시에 거주하는 5학년 여학생이다. 12살이 되면서 스스로 학교과제도 잘 하게 되었다. 담임 선생님과 상담을 하면서 주하는 최근 국어, 사회, 과학 숙제에 흥미가 없어진 이유에 대해 짤막하게 이야기를 나누게 되었다. 주하는 어깨를 움츠리며 이들 세 과목 모두가 재미없다고 말했다. 주하와 이야기를 나누면서 상담자는 주하의 어머니가 남편에게 집을 나가라고 말한 사실을 알게 되었다. 주하의 아버지는 건축기사이다. 주하는 아버지가 엄마에게 고함치고, 주변에 있는 물건을 던지는 사람이라고 이야기하였다. 주하와 이야기를 나누면서 상담자는 주하를 돕기 위해 무엇을 할 수 있는지를 생각하게 된다. 어머니나 아버지 혹은 두 분 모두와 이야기를 나누거나, 주하에게 제안을 하거나, 집에서 일어난 사건에 대해 자신의 감정을 표현하도록 돕는다.

내: 엄마는 아침 7시부터 오후 3시까지 병원에서 일을 하세요. 제가 하교하면 조금 있다가 바로 집에 오시죠. 엄마는 저한테 예전처럼 말을 많이 하지 않으세요. 학교에서 돌아오면 저는 바로 냉장고 문을 열고, 엄마는 방에 들어가 버려요. 저는 이런 게 싫어요.

상: 어쩌다 그렇게 지내게 되었을까? [상담자는 주하에게 무슨 일이 일어났는지 혹은 가정에서 일어나는 일을 어떻게 변화시킬 수 있는지에 대해 알아보고자 한다]

내: 전에 엄마랑 집에 있을 때는 이야기를 많이 했었어요. 학교에서 일어난 일을 물어보기도 하고 엄마의 일에 대한 이야기를 해주시기도 했어요.

상: 엄마랑 이야기를 나누면서 기분이 좋았겠네. [상담자는 이러한 상황을 좀 더 탐색하기 위해 주하에게 엄마와의 관계를 말하도록 격려한다]

내: 네! 간혹 엄마가 병원에서 일어나는 재미있는 일을 말씀해 주시는 게 좋았어요. 그런데 엄마는 제가 간호사가 되는 것은 싫대요. 엄마에게 소리지르는 환자들을 돌보는 게 이제는 지겹다고 하세요. 저도 그런 일은 하기 싫어요.

상: 간호사 일이 좋아 보이지 않는구나. [여성의 직업으로서의 간호사를 강요하지 않고, 주하의 간호사에 대한 편견 또한 강요하지 않는다. 주하의 어머니는 주하에게 중요한 타인이며 어머니에게 도전하는 것은 상담을 힘들게 할 것이다. 그러므로 상담자는 주하의 견해를 좀 더 살펴보려 한다]

내: 모르겠어요. 저는 다른 사람과 이야기 나누는 게 좋아요. 동생이 네 살인데 어린 동생을 봐주는 것도 좋아요. 동생도 저랑 노는 걸 좋아해요.

상: 동생과 무엇을 하는 게 좋으니? [주하가 주도적으로 이야기하기를 원하면서 상담자는 주하가 하는 일을 물어본다]

내: 저는 엄마 놀이를 하는 게 좋아요. 제가 동생에게 뭘 시키는 거죠. 바르게 이야기하도록 가르치고, 동화책을 읽으라고 하기도 해요. 저는 가끔 엄마처럼 되고 싶어요. 엄마는 일하는 것은 싫대요. 저도 일하는 건 싫어요.

상: 어째서 그럴까? [상담자는 직업에 대한 주하의 태도에 관심을 갖는다. 이는 집안에서 여자의 위치를 틀에 박힌 성역할로 학습하고, 중요한 타인인 어머니로부터 학습한 것이다]

내: 선생님도 다른 사람처럼 말씀하시네요. 지겨워요.

상: 주하야, 아기를 돌보는 것도 일이고 직업이야. 그리고 너는 아이를 돌보는 것을

좋아하잖니. [주하의 어머니가 직업을 가지는 것을 부정적으로 주하에게 이야기했기 때문에, 상담자는 부드럽게 주하가 긍정적인 직업의 경험을 생각해 내고, 어머니의 경험과 본인의 경험 사이에 차이가 있다는 것을 생각해 내도록 돕는다. 상담자는 주하 어머니의 의견에 도전하는 것 같고, 주하가 자신의 생각을 거부할 것 같아 두렵다]

내: 음, 맞아요. 동생과 같이 어떤 일을 하는 게 즐거워요. 지난 번에는 아빠처럼 물건을 고치기도 했어요. 전등을 바꾸려다가 깨버리기는 했지만 말이에요.

상: 무엇을 고치는 것이 좋니? [전통적인 여성의 직업역할에서 옮겨가기 위한 기회를 포착하면서 탐색을 시작한다]

이처럼 간략한 진로문제 개입은 주하에게 영향을 줄 것이며, 직업탐색 능력을 확장시키도록 할 것이다. 일에 대한 긍정적인 태도를 가지고 탐구행동을 계속하도록 도움을 줄 수 있다. 상담자가 나열된 정보 가운데에서 주하의 발달 단계를 인식하고 있었다는 사실은 주목할 만하다. 대화는 구체적인 단계에서 이루어졌으며 추상적인 개념은 아직 다루지 못했다. 주하가 고등학생이 되었을 때에 추상적인 개념을 다룰 수 있을 것이다.

최신 진로 이론

1. 진로사회학습이론

진로사회학습이론은 진로상담에 Bandura의 사회학습이론을 적용한 진로이론으로 진로의사결정에 있어서 학습의 영향을 강조하며 Krumboltz에 의해 발전되었다. Bandura는 인간의 성격은 학습경험에 의해 형성된다고 믿었고, 인간의 심리적 기능에서 사고와 심상, 행동도 학습의 영향을 받는 것임을 강조하였다(Bandura, 1986). 학습은 관찰과 경험에 의해 이루어지며, 개인의 행동을 결정하는 인지구조와 지각 시스템은 학습의 영향을 받아 환경, 개인적 요인, 행동 차원에 영향을 준다는 것이다. 또한 환경, 개인적 요인, 행동의 세 가지 요인들은 서로 영향을 주고받는다고 하였다.

Krumboltz는 이러한 Bandura의 학습이론을 적용하여 진로의사결정에서 인지와 행동의 중요성을 강조하는 진로의사결정 방법에 관한 이론을 발전시켰다. Krumboltz의 진로사회학습이론은 진로의사결정과 관련된 학습에 영향을 미치는 요인에 대해 밝히고, 진로선택 과정에서 개인과 환경이 상호작용하는 과정에 초점을 두고 있으며, 개인이 환경과의 상호작용을 통해 무엇을 학습했는지를 강조하고 있다(Mitchell & Krumboltz, 1990, 1996).

Krumboltz는 개인이 특정한 직업과 전공을 선택하는 이유를 유전적 요인, 환경적 요인, 학습경험, 과제접근기술의 네 가지 요인으로 설명하고 있으며, 이 중에서도 학습경험과 과제접근기술의 중요성을 강조하고 있다.

또한 Krumboltz의 최근 연구들(Krumboltz, 1996; Mitchell & Krumboltz, 1996; Mitchell, Levin, & Krumboltz, 1999; Krumboltz & Henderson, 2002; Krumboltz & Levin,

2004)에서는 개인과 개인의 환경 내에서의 변화를 주요하게 다루고 있는데, 특히 진로상담은 직업을 선택하는 행동을 결정하는 것으로 끝나는 것이 아니라 예기치 못하게 발생하는 새로운 문제와 위기들을 다루어야 한다는 것을 강조한다(Krumboltz, 1996). 개인의 삶에서 예기치 못한 사건이 발생했을 때 자신의 삶을 향상시키는 데 도움이 되는 방식으로 반응하는 긍정적인 접근을 '계획된 우연사건'이라고 했으며, 최근에는 '우연학습이론'이라고 명명하고 내담자들로 하여금 계획되지 않은 사건을 다룰 수 있도록 하는 데 초점을 둔 상담을 제시하고 있다(Krumboltz, 2009).

1) 주요 개념

(1) 진로의사결정의 구성요인

Krumboltz의 진로사회학습이론에서는 개인이 직업이나 전공을 선택하는 진로결정에 있어서 유전적 요인, 환경적 요인, 학습경험, 과제접근기술이라는 네 가지 요인이 중요한 역할을 한다고 보았다.

유전적 요인

개인의 특성 중 학습된 것이 아니라 부모로부터 물려받거나 생득적인 특성을 유전적 요인이라 한다. 신장, 머리색, 피부색 등의 신체적인 외모, 특정 질병에 걸릴 소인, 그 밖의 기질들을 의미한다. 일반적으로 미술, 음악, 문학, 운동 분야에서의 능력은 유전적 요인의 영향이 크다고 할 수 있다. 능력에 있어서 유전적 요인과 학습의 영향의 정도를 정확하게 구분할 수는 없지만, 일반적으로 개인의 유전적 능력이 클수록 관련 분야의 학습이나 교육에 더 잘 부응할 것이다. 예를 들어, 운동에 적합한 신체 조건을 타고난 사람의 경우, 다양한 체육활동이나 학교에서의 체육수업에 흥미를 느끼며 성취를 나타낼 것이다.

　반대로 유전적 능력이 부족한 영역에서는 학습과 훈련을 통해 개인적 능력이 향상될 수는 있지만, 능력발휘에 있어서는 한계가 있을 수 있다. 예를 들어, 음악적 능력이 부족한 사람은 음악활동이나 음악수업에 긍정적인 반응을 보이기 쉽지 않을 것이다. 그러한 사람이 오랫동안 음악수업을 듣고 음악활동을 통한 훈련을 할 경우, 음악적 능력이 어느 정도 향상될 수는 있겠지만 훌륭한 음악가가 되기에는 어려움이 있을 수 있다.

환경적 조건

환경적 조건과 사건들은 일반적으로 개인이 통제할 수 없는 것으로 사회적, 문화적, 정치적, 경제적 사항들이다. 환경적 조건과 사건들은 개인의 진로선택에 영향을 준다. 기후와 지리적 조건과 같은 요인들 또한 개인에게 많은 영향을 준다. Mitchell 과 Krumboltz(1996), Krumboltz와 Henderson(2002)은 개인의 진로의사결정에 영향을 주는 여러 가지 조건들과 사건들을 사회적, 교육적, 직업적 조건으로 분류하여 설명하였다. 각종 사회제도, 기술의 변화, 교육제도 및 진로교육 프로그램, 직업에서의 요구조건, 노동시장의 특성, 노동법 등이 이에 해당한다. 이러한 요소들은 계획될 수도 있고 그렇지 않을 수도 있지만 대개는 인간의 통제력을 벗어나는 것이다.

학습경험

학습경험은 개인의 진로 선호도를 결정한다. 개인이 어떤 경험을 하였는지에 따라 특정 직업에 호감을 가질 수도 있고, 그렇지 않을 수도 있음을 의미하는 것이다. 개인은 무수히 많은 이전 학습경험을 갖고 있으며, 이것은 결과적으로 진로결정에 영향을 미친다. 학습경험은 도구적 학습경험과 연합적 학습경험으로 이루어진다.

도구적 학습경험은 행동주의 심리학의 조작적 조건화에 해당하는 것으로 어떤 행동과 그 행동의 결과 간의 관계를 통해 학습이 이루어지는 것이다. 도구적 학습경험은 선행사건(이전 상황), 행동, 결과로 이루어진다. 선행사건은 유전적 요인, 특별한 능력이나 기술, 환경조건이나 사건, 과제나 문제와 같은 상황이나 조건을 말한다. 행동은 선행사건에 대한 반응을 말하는 데 행동은 관찰 가능한 행동뿐만 아니라 인지적, 정서적 반응도 포함한다. 이러한 행동의 결과 또한 관찰 가능한 결과뿐만 아니라 다른 사람들의 반응에 의해서도 나타나는데, 행동의 결과가 긍정적이라면 그 행동은 강화된다. 예를 들어, 수학경시대회를 앞두고(선행사건) 수학공부를 열심히 했고(행동) 그 결과 성적이 좋았다면(결과), 수학성적이 좋지 않은 경우보다 수학수업을 좀 더 열심히 듣고 지속적으로 공부할 가능성이 높아지며 나아가 수학과 관련된 분야에 관심을 갖게 될 수도 있다.

연합적 학습경험은 행동주의 심리학의 고전적 조건화에 해당하는 것으로 예전에는 중립적이던 상황이 다른 상황과 결합하여 긍정적 혹은 부정적으로 되는 것을 말하는데, 직접경험이 아니어도 관찰, 영상매체 등을 통해 학습되기도 한다. 평소 아무 느낌 없던 직업에 대해 어떤 드라마나 영화 속에서의 긍정적 혹은 부정적인 모습을 보면서 개인의 선호도가 달라지는 것이 그 예이다(Mitchell & Krumboltz, 1996).

과제접근기술

과제접근기술은 유전적 요인, 환경적 조건, 학습경험 간의 상호작용 결과로 습득한 다양한 과제를 처리하는 기술을 말한다. 과제접근기술에는 수행 수준과 가치, 업무습관, 인지적 과정, 심리적 태도, 정서적 반응이 포함된다. 이러한 과제접근기술은 상황에 대처하고 문제를 해결하며 자신에게 맡겨진 과업을 성공적으로 수행하기 위해 동원되는 기술이라는 점에서 진로의사결정에서 중요한 역할을 한다. 어떠한 상황에서 문제를 해결하고 자신에게 적합한 선택을 하게 되는가 그렇지 못한가는 개인이 가지고 있는 문제를 다루는 기술이나 자세, 즉 과제접근기술을 얼마나 갖추고 있는가가 중요한 영향요인으로 작용한다(Mitchell & Krumboltz, 1996). 특히, 진로결정에 있어서 목표수립, 가치 명료화, 미래 사건의 예측, 대안 수립, 직업정보 찾기와 같은 기술들이 이에 해당된다. 이러한 과제접근기술의 개발은 진로결정에 있어서 Krumboltz의 사회학습이론이 가장 강조하고 있는 것이다. 이는 다시 학습경험으로 작용하여 과제접근기술의 변화를 가져오거나 강화로 연결된다.

(2) 진로의사결정 네 가지 요인의 상호작용 결과

앞에서 살펴본 유전적 요인, 환경적 조건, 학습경험, 과제접근기술은 서로 영향을 주고받으면서 자기 자신에 대한 일반화와 세상에 대한 일반화된 생각, 진로와 관련된 사고와 신념을 형성하게 된다. 자신과 직업세계에 관한 신념은 궁극적으로 개인의 포부와 행동에 강한 영향을 미친다.

자기관찰 일반화

자기관찰 일반화는 자기 자신을 지속적으로 관찰하여 얻어진 자신에 대한 일반화를 의미한다. 자기관찰 일반화는 자신의 수행을 자신의 기준이나 다른 사람의 태도와 기술에 의거하여 평가함으로써 얻어진다. 개인은 자신과 환경에 대해 관찰하고 그것을 진로의사결정 시에 적용할 것이다. 자신에 대한 관찰은 능력이나 역량, 흥미, 가치에 대한 것이다. 개인은 학습경험의 결과로 자신의 태도와 기술에 관해 일반화한다. 이런 자기관찰 일반화는 명백하게 드러나기도 하고 내면과정에 머물러 있기도 한다. 일반화는 이전 학습경험의 결과로 생성되며 또다시 새로운 학습경험의 결과에 영향을 준다.

세상에 대한 일반화

사람들은 자기 자신을 관찰하는 것과 마찬가지로 주위 사람들과 자신이 살고 있는 세상을 관찰한다. 개인은 학습경험을 통해 자신만의 세계관을 형성하고 일반화하며, 이를 통해 세상을 이해하고 다른 환경과 미래에 일어날 일에 대해 예측한다. 직업에 대한 일반화는 도구적 학습경험과 연합적 학습경험을 통해 생겨난다. 다양한 직업정보를 접하는 것과 실제 경험은 세상에 대한 일반화를 할 수 있는 기회가 된다.

진로의사결정에 사용되는 과제접근기술

개인은 진로의사결정에서 그들이 공부하거나 일하면서 배운 과제접근기술을 적용한다. 직업결정 과정에서 사용하는 수행능력에는 작업습관, 정서적 반응을 포함한 정신적인 측면, 지각과 사고과정, 문제에 대한 적응이 포함된다. 진로의사결정에는 자신과 세상에 대한 일반화가 적용되기 때문에 자기 자신과 세상에 대한 일반화에 사용하는 과제접근기술의 조합이 진로의사결정에 영향을 미친다. Krumboltz와 Baker(1973)는 직업결정에서 과제접근기술의 중요성을 강조했으며, 직업결정에서 중요한 과제접근기술을 다음과 같이 보았다. 첫째, 중요한 결정상황을 인식하는 능력, 둘째, 결정이나 일을 처리하기 쉽게 하거나 실제적으로 정확히 할 수 있는 능력, 셋째, 자기관찰과 세상에 대한 일반화를 검토하고 정확히 평가하는 능력, 넷째, 다양한 대안에 대한 생성능력, 다섯째, 대안에 필요한 정보수집 능력, 여섯째, 어떤 정보가 가장 믿을 수 있으며 정확하고 관련이 있는지를 결정하는 능력 등이다.

(3) 계획된 우연사건

Krumboltz는 삶에서 일어나는 우연한 사건들의 중요성을 인식하고 있었고, 개인의 직업선택 과정에서 우연의 영향을 나타내는 연구들도 꾸준하게 지속되어 왔다(Bandura, 1982; Betsworth & Hansen, 1996; Watts, 1996). 경험적이고 실증적인 연구를 바탕으로 Mitchell과 Krumboltz는 사회학습이론을 기반으로 우연에 대해 이론적으로 정립하고자 시도하였고, 그 결과 '계획된 우연사건(planned happenstance)'이라는 개념과 '우연학습이론(happenstance learning theory)'을 제안하였다(Mitchell, Levin, & Krumboltz, 1999; Krumboltz, 2009).

계획된 우연사건이란 삶에서 발생하는 우연한 사건들의 중요성을 인식하고 우연한 사건을 활용해서 이득을 취하는 것을 말한다(Krumboltz, 1996). 계획된 우연사건은 삶에서 계획되지 않았지만 우연히 일어나는 사건들을 배움의 기회로 전환시키고 최대한 자신에게 이로운 기회가 되도록 하는 과정이 포함된 개념적 틀이다. Krumboltz는 계획된 우연사건의 적용이 사회학습이론의 확장이라고 하였다(Krumboltz & Levin, 2004; Krumboltz, 2009).

진로상담에서 계획된 우연사건을 적용하는 것은 내담자의 삶에 우연적 사건들을 인식하고 통합하도록 도와준다. 진로사회학습이론에서는 삶에서 일어나는 우연한 일들을 내담자 자신의 진로에 유리하게 활용하도록 하는 과제접근기술들을 발달시키는 방법을 제시하였다. 우연한 사건을 다루는 데 도움이 되는 기술은 호기심, 인내심, 융통성, 낙관성, 위험감수이다(Mitchell, Levin, & Krumboltz, 1999).

① 호기심: 호기심은 새로운 학습기회를 탐색하는 것이다. 개인이 어떠한 환경에 놓이거나 또는 뜻하지 않은 일을 겪을 때, 새로운 것을 탐색하고 경험해 보고자 하며 그 속에서 흥미로운 것들을 찾아내는 과제접근기술이다.

② 인내심: 인내심은 좌절에도 불구하고 노력을 지속하는 것이다. 흥미를 느끼는 것만으로는 상황이나 과제를 해결하는 데 한계가 있다는 점에서 인내심은 호기심을 보완하는 기능을 하기도 한다. 자신에게 주어진 과제나 문제 상황을 포기하지 않고 실수를 거듭하더라도 해내는 과제접근기술이 인내심이다.

③ 융통성: 융통성은 태도와 상황을 변화시키는 것이다. 한번 정한 목표와 계획을 추진하는 것도 중요하지만 진로환경이나 직업상황이 변화할 때 이에 맞게 변화하지 못하는 것은 시대에 뒤처지는 결과를 낳을 수 있다. 이에 융통성은 변화하는 상황에 맞게 대응하는 과제접근기술의 역할을 한다.

④ 낙관성: 낙관성은 새로운 기회가 올 때, 그것을 긍정적으로 보는 것이다. 개인이 뜻하지 않은 일을 겪을 때 그것을 기회로 받아들이고 스스로에게 도움이 되는 바람직한 것으로 바라보는 것을 말한다.

⑤ 위험감수: 위험감수는 불확실한 결과 앞에서도 행동화하는 것을 말한다. 계획에 없는 상황이나 문제가 발생하는 것은 때로는 두려움을 갖게 하고, 학습경험에서 쌓아온 부정적 혹은 비합리적 신념이 진로발달에 필요한 과제수행을 방해하기도 한다. 예상치 못한 새로운 사건이 일어났을 때 위험을 감수하는 것은 긍정적인 결과를 가져올 수 있다는 것을 내담자가 알도록 할 필요가 있다.

2) 이론의 적용

(1) 상담목표

Krumboltz(1996)는 진로상담의 목표는 내담자로 하여금 끊임없이 변화하는 직업환경 속에서 만족스런 삶을 살아갈 수 있는 기술, 흥미, 신념, 가치, 일 습관, 개인의 특성에 대해 학습하도록 하는 것이라고 했다. Krumboltz가 이야기한 진로상담의 목표에도 나타나 있듯이 진로사회학습이론은 학습을 강조한다. 뿐만 아니라, 진로사회학습이론에서는 개인과 개인의 환경 내에서의 변화를 강조하고 있다(Krumboltz & Henderson, 2002; Krumboltz & Levin, 2004). 따라서 사람들은 자신의 능력과 흥미 그리고 사회적, 교육적, 직업적 환경의 변화에 적응하도록 준비해야 할 필요가 있다. Krumboltz(1996)는 진로상담의 목표에 영향을 주는 세 가지 기준을 기술하였다.

첫째, 자신의 능력과 흥미를 확장할 필요가 있으며 현재의 특성에만 맞춰 결정을 내려서는 안 된다. Krumboltz는 능력, 흥미, 가치에 대한 자기관찰의 일반화는 변화하기 쉽다고 이야기했다. 따라서 개인이 새로운 취미와 직업을 탐색하도록 촉진하는 것은 진로상담에서 중요한 부분이다.

둘째, 사람들은 직무 변화에 대비할 필요가 있고 직업이 안정적으로 남아 있을 것이라고 기대하지 말아야 한다. Krumboltz는 사회학습이론에서 사회적, 교육적, 직업적 조건의 중요성을 강조하는 데 사회적, 교육적, 직업적 조건이 개인의 학습경험에 영향을 미치기 때문이다. 더구나 많은 사회적 요소들이 빠르게 변화하는 정보화사회에서의 세상에 대한 일반화는 급격한 정보의 변화에 기초하지 않으면 안 된다. 어떤 직업이든 과업의 특수성이 점점 더 줄어들고 있는 상황에서 여러 가지 직무를 완수할 유연성이 요구되고 있고, 따라서 새로운 직업적 요구에 대처할 능력을 향상시킬 필요가 있다.

셋째, 상담자는 내담자로 하여금 행동의 과정을 결정하고 행동을 취하도록 도와야 한다. Krumboltz(1996)의 관점에 의하면, 특성–요인이론은 사람들이 그들의 흥미, 가치, 능력에 따라 의사결정을 하도록 하는 데에는 도움이 되지만 직업을 찾고, 직업을 경험하고, 직업과 관련된 다른 사람들을 다루는 것과 같이 변화를 다루는 데에는 도움이 안 된다.

(2) 상담과정 및 기법

Krumboltz의 진로사회학습이론에서는 진로상담 과정에서 사용할 수 있는 기법으로 행동적 기법과 인지적 기법들을 제시하고 있다(Krumboltz, 1996; Mitchell & Krumboltz, 1996). 이러한 기법들은 자신과 환경에 대한 사고를 변화시키도록 돕고, 실행할 수 있도록 돕는 데 초점을 맞추고 있다. 또한 최근에는 우연학습이론에 따라 계획된 우연사건을 적용한 상담과정을 소개하고 있다.

진로사회학습이론에서 진로상담 과정에 적용하는 행동적 기법은 강화, 역할모델, 역할극, 모의상황 등인데 이는 내담자의 흥미, 능력, 가치와 자신을 둘러싼 세상을 탐색하는 데 도움을 주는 행동주의적 기법이다. 이러한 기법은 내담자가 실행할 수 있는 행동에 초점을 두고 있다. 강화의 방법은 내담자 행동의 다양한 측면을 긍정적으로 강화함으로써 적당한 진로대안을 선택하게 하고 직장에서의 어려운 점을 다루는 것과 같은 진로상담의 목표를 달성하도록 하는 데에 도움을 준다. 상담자의 강화는 상담의 모든 과정에서 내담자의 다양한 측면에 대해 적용할 수 있는데 내담자의 진로정보 탐색행동이나 학업 부분에서의 성취와 같은 결과에 대한 상담자의 찬성의 표현, 긍정적인 피드백 등을 들 수 있다. 진로상담에 있어서 역할모델의 제공은 내담자로 하여금 진로문제를 다루는 적절한 방법을 학습할 수 있도록 돕는다. 실제 직업현장에서 일하고 있는 사람들과 만나거나 그들에 관한 영상을 보는 것 등이 역할모델 제공의 방법이다. 역할극은 모의면접과 같은 상황을 설정하고 상담자와 내담자가 면접응시자와 면접관의 역할을 해보는 것 등이 해당된다. 이를 통해 내담자는 자신의 역할에 대한 새로운 전략을 연습할 수 있다.

인지적 전략은 내담자들이 자신과 환경에 대한 사고를 변화시키는 것을 돕기 위한 방법을 사용하고 있다. 여기에는 진로목표를 명료화시키고, 진로목표를 방해하는 신념들을 다루며, 말과 행동 사이의 불일치를 탐색하고 문제가 되는 신념을 다루는 것이 포함된다(Sharf, 2006). 인지적 전략은 내담자의 진로의사결정 과정을 방해하는 내담자의 부적절한 신념을 해결하는 방법으로 적용된다.

이 장에서는 Krumboltz가 진로사회학습이론의 확장이라고 의미를 부여한 계획된 우연사건을 상담에 접목한 우연학습이론의 상담모형에 대해 소개하고자 한다.

(3) 계획된 우연사건을 적용한 상담기법(우연학습이론 상담모형)

진로사회학습이론에서 Mitchell, Levin과 Krumboltz(1999)는 계획된 우연사건을 진로상담 과정에 통합해야 한다고 했으며, 진로사회학습이론이 우연학습이론으로 확장되면서 진로상담에 있어서 우연학습이론의 상담모형을 제시하였다(Krumboltz, 2009). 다음은 Krumboltz(2009)가 우연학습이론에서 제시한 상담과정의 5단계이다.

1단계: 내담자의 기대를 이끌기(Orient client expectations)   이 단계의 목표는 계획하지 않은 사건들이 일어나는 것은 정상적이고 상담에 필수적인 요소임을 인식하도록 내담자를 준비시키는 것이다. 내담자로 하여금 '계획된 우연사건'을 정상화하도록 하는 단계인 것이다(Mitchell, Levin, & Krumboltz, 1999).

상담자는 계획되지 않은 사건들을 정상적인 것으로 인식하도록 하기 위해서 내담자에게 다음과 같이 반응할 수 있다.

> "미래를 계획하면서 경험하는 불안은 정상적인 것이고, 오히려 신나는 모험으로 생각할 수도 있습니다."
>
> "당신이 보다 만족스러운 삶을 살도록 돕는 것이 상담의 목표입니다."
>
> "만족스러운 삶은 일, 가족, 대인관계, 취미, 사회참여, 운동, 영양, 삶의 의미, 사랑, 오락, 음악, 예술 등 다양한 요소로 구성됩니다."
>
> "진로는 평생 동안 수없이 많이 발생하는 계획하지 않은 사건들에 어떻게 반응할지를 결정해야 하는 학습과정입니다."
>
> "미래는 예측할 수 없기 때문에 모든 사람의 진로는 여러 가지 예기치 못한 일들의 영향을 받습니다."

"상담에서는 당신의 학습과정을 촉진하여 미래에 일어나는 계획된 사건, 계획하지 않은 사건에서 이득을 취하고 그러한 사건들을 만들어 내도록 할 것입니다."

"미래의 직업을 명명하는 것은 진로기회를 탐색하기 위한 하나의 가능한 출발점을 정하는 것입니다."

2단계: 내담자의 관심을 확인하기(Identify the client's concern as a starting place)
두 번째 단계의 목표는 내담자의 삶을 보다 만족스럽게 만들어 주는 것이 무엇인지를 확인하는 것이다. 상담자는 다음과 같이 반응하거나 질문함으로써 목표를 성취할 수 있다.

"지금 마음이 어떤지 이야기해 보세요."
적극적으로 경청한다.
상담자가 내담자의 상황과 감정을 잘 이해하고 있다는 것을 내담자에게 확신시킨다.
"삶에서 의욕적이라고 느꼈던 활동에는 어떤 것들이 있었나요?"
"이러한 의욕적인 활동들을 발견하게 된 계기가 무엇이었나요?"

3단계: 과거 계획하지 않았던 사건들에서 내담자의 성공적인 경험을 활용하기(Use client's successful past experiences with unplanned events as a basis for current actions)
이 단계의 목표는 과거의 성공적인 경험이 현재 행동에 본보기가 된다는 것을 볼 수 있도록 내담자에게 동기부여하는 것이다. 상담자는 과거 계획하지 않은 사건들이 어떻게 내담자의 삶이나 진로에 영향을 미쳤는지를 이야기하게 하고, 다음과 같은 탐색적 질문으로 상담을 진행한다.

"그 일이 당신에게 긍정적인 영향력을 발휘하도록 하기 위해 무엇을 했습니까?"
"기회를 어떻게 알아차렸나요?"
"그 일이 일어난 다음, 그것을 최대한 활용하기 위해 어떻게 했나요?"

"새롭게 배워야 했던 기술은 무엇이었나요?"

"그 당시 중요한 사람들과는 어떻게 연결될 수 있었나요?"

"다른 사람들이 당신의 능력과 흥미에 대해 어떻게 알게 되었나요?"

"지금 그때와 비슷하게 할 수 있는 행동이나 활동이 있나요?"

4단계: 잠재적 기회들을 알아차릴 수 있도록 하기(Sensitize clients to recognize potential opportunities)　이 단계는 계획되지 않은 사건들을 기회로 활용하는 방법을 배울 수 있도록 돕는 것이다. 상담자는 다음과 같은 반응을 할 수 있다.

"당신에게 어떤 기회가 왔으면 하는지 얘기해 보세요."

"바라는 일이 일어날 가능성을 증가시키려면 지금 어떻게 해볼 수 있을까요?"

"행동한다면 당신의 삶이 어떻게 변화될까요?"

"아무것도 하지 않았다면 당신의 삶이 어떻게 변화될까요?"

5단계: 행동의 방해물을 극복하기(Overcome blocks to action)　이 단계의 목표는 건설적인 행동을 방해하는 역기능적인 신념들을 극복할 수 있도록 하는 것이다. 상담자는 다음과 같은 질문을 할 수 있다.

"당신이 정말 하고 싶은 것을 못하도록 방해하는 것이 무엇인가요?"

"당신이 원하는 것에 다가가기 위해 제일 먼저 할 수 있는 것이 무엇이라고 생각하나요?"

"첫 시도를 하지 못하도록 막는 것이 무엇이라고 생각하나요?"

"만약 당신이 적절한 행동을 취한다면 당신의 인생이 얼마나 더 만족스러워질까요?"

"우리가 다음에 만나기 전까지 무엇을 시도해 볼 수 있을까요?"

"몇 월, 몇 일, 몇 시에 행동에 옮겨 보았다고 저한테 이메일을 보낼 수 있을까요?"

진로상담의 목적은 상담이 끝난 이후에 내담자가 실제 세상에서 생각하고, 느끼

고, 행동하는 방법에 영향을 미치는 것이다(Krumboltz, 2009). 따라서 효과적인 진로
상담의 효과성을 평가하는 것은 실제 세상에서 내담자의 사고, 감정, 행동이 변화된
정도를 확인하는 것이다. 성공적인 진로상담에 대한 판단은, 첫째, 내담자가 자신의
삶에서의 만족감이 증가되었음을 표현할 때, 둘째, 내담자가 이득이 되는 계획되지
않은 우연사건을 만들기 시작할 수 있을 때, 셋째, 내담자가 새로운 학습기회의 이
점을 획득했을 때, 넷째, 내담자가 행동하는 데 있어서 외적, 내적 장애물을 극복했
을 때이다(Krumboltz, 2009).

2. 사회인지진로이론

사회인지진로이론(Social Cognitive Career Theory: SCCT)은 Bandura의 사회학습이론
을 바탕으로 한 이론으로 Bandura의 자기효능감 개념을 진로에 적용하여 1980년
경에 등장하였다. 초기에 Brown, Hachkett, Lent 등의 학자들이 여성들의 진로선택
에 있어서 자기효능감이 어떤 역할을 하는지에 대해 많은 연구를 하였으며, 당시에
는 '진로 자기효능감 이론(career self-efficacy)'으로 불리었다. 자기효능감이 행동에 있
어서 자신의 능력에 대한 관점인 만큼(Bandura, 1986), 사회인지진로이론은 어떤 일
을 성공적으로 성취할 수 있다는 스스로에 대한 믿음이 흥미와 가치, 능력에 영향을
미쳐 진로선택에 핵심적인 역할을 한다고 본다. 따라서 사회인지진로이론의 접근방
법은 내담자에게 자신의 효율성에 대한 믿음과 잠재적인 결과와 목표에 대한 기대치
를 높일 수 있도록 하여 내담자가 학업이나 진로에 있어 더 좋은 선택을 할 수 있도
록 하는 것이다.

사회인지진로이론은 개인의 진로선택과 실행에 영향을 끼치는 맥락적 요인으로
관점이 확대되었는데, 1980년대에 처음 소개된 이후에 많은 경험적인 연구들을 통해
이론적 모형이 제시되었고 진로상담에까지 확장되었다.

1) 주요 개념

(1) 자기효능감

Bandura(1986)는 개인이 행동의 실행을 결정하는 것은 무엇을 해낼 수 있다는 자신

감이라고 가정하였다. Bandura(1986)에 의하면 자기효능감(self-efficacy)은 "어떤 성과를 얻기 위해 필요한 행동들을 조직하고, 실행해 낼 수 있는 능력에 대한 개인의 평가"로 정의할 수 있다. 개인이 스스로의 능력이나 잠재력에 대해 바라보는 관점은 진로선택과 학문적 선택, 그리고 그 외의 다른 선택에도 영향을 미친다. 자기효능감이 낮은 사람은 어려운 일이 닥쳤을 때 이를 잘 견디지 못하고 좌절감을 느끼거나, 일이 주어졌을 때 그 일을 잘하지 못할 것이라고 생각하며 일에 압도당할 수 있다. 초기 사회인지진로이론에서는 여성에게 진로선택에서의 자기효능감을 적용하여 여성들의 전통적인 진로선택 과정을 설명하였다(Hackett & Betz, 1981). 즉, 낮은 자기효능감이 여성들로 하여금 진로선택 범위를 축소시킬 수 있음을 밝혔다.

진로선택에 영향을 주는 자기효능감은 주로 개인의 과거 수행경험에서의 성취에 의해 형성되는 것이라고 보고 있으며, 이외에도 대리학습, 타인의 설득, 특정 영역에서의 생리적, 정서적 경험 수준이 영향을 미친다. 예를 들어, 과거에 수학성적이 우수했고, 수학에서 좋은 경험이 많은 학생은 자신이 수학에 재능이 있다고 생각하고 수학경시대회나 수학을 통한 선발전형에 응시할 확률이 높을 것이다.

이렇듯 수행에 영향을 미치는 자기효능감은 상황에 따라 변화하는 내적인 신념체계이며, Brown, Lent와 Gore(2000)는 개인의 능력에 대한 평가보다 자기효능감에 의한 평가가 직업적 흥미나 진로선택과 더욱 밀접하게 관련된다고 하였다. 예를 들어, 수학성적에서 평균 B학점을 받는 학생이지만 자신이 수학을 좋아하지 않을 뿐만 아니라 대부분의 학생들이 수학을 어려워하며 자신 또한 수학을 못한다고 생각하고 수학에 대해 부정적인 느낌을 갖고 있는 학생은 실제 자신의 수학성적과는 상관없이 수학과제를 해내지 못할 것이라고 생각하고 수학과 관련된 수행을 피하려고 할 확률이 높다. 이 경우, 실제 수학적 능력과 자기효능감은 차이가 있다. 실제로 Hackett와 Betz(1981), Lent, Brown과 Larkin(1986)의 연구에 의하면 자기효능감은 객관적으로 측정되는 능력과 다를 수 있으며 실제 능력과 수행을 매개하는 역할을 하게 된다. 즉, 어떤 과제를 수행하기 위해서는 그에 맞는 능력과 함께 자신의 능력에 대한 믿음이 필요하다는 것이다.

(2) 결과기대

결과기대(outcome expectation)란 개인이 어떤 일의 결과 가능성을 어떻게 평가하는가를 의미한다. 즉, 자신이 어떤 일을 하면 무슨 상황이 벌어질까에 대해 예측하는 것이고, 그 행동의 결과로 얻게 될 것에 대한 기대를 의미하는 것이다(Bandura, 1986). 결과기대는 자기효능감과는 다르다. 예를 들어, '내가 이 일을 할 수 있을까?'는 자기효능감이고, '내가 이 일을 한다면 무슨 일이 벌어질까?'를 예측하는 것이 결과기대이다. 자기효능감은 무언가를 성취할 수 있는 능력에 대한 평가와 관계있지만, 결과기대는 무엇이 벌어질까와 관련된 것이다.

Bandura(1986, 1997, 2002)는 결과기대를 물리적, 사회적, 자기평가의 유형으로 분류하였다. 물리적 결과기대는 일에 대한 보수가 그 예이고, 사회적 결과기대는 사람들로부터 칭찬을 듣는 것과 같은 것이며, 자기평가 결과기대는 자신이 성취한 것에 대한 만족감을 말한다. 이 중 개인이 중요한 가치를 두고 있는 측면에서의 결과기대는 행동의 수행에 중요한 동기가 된다.

사람들은 어떤 판단을 내리는 데 있어서 결과기대('내가 이 일을 하면 무슨 일이 벌어질까?')와 자기효능감('내가 이 일을 할 수 있을까?')을 결합시킨다. Bandura는 일반적으로 어떤 행동을 결정짓는 데 있어 자기효능감이 결과에 대한 기대보다 더 중요하다고 하였다. 예를 들어, 수학성적이 평균 B학점인 학생이 자신이 숙제를 열심히 하고 모르는 것을 교사에게 질문하면 A나 B+의 성적을 받을 수 있을지도 모른다고 생각한다(결과기대). 하지만, 이 학생이 수학에 대한 자기효능감이 낮다면 자신이 이러한 일들을 해낼 수가 없을 것이라고 생각할 것이다. 그러므로 결과기대보다도 그 학생의 자기효능감이 실제 수학 공부에 더 강력한 요인으로 작용하게 된다.

한편, 결과기대와 자기효능감 중 어떤 것이 실제 수행을 더 잘 예측하는지에 대해서는 그 수행의 특성에 따라 달라진다는 논의가 있다. 수행의 질이 결과를 보장해 주는 상황에서는 자기효능감이 행동의 주된 원인이 되고 결과기대는 부분적인 설명력만 가지는 데 비해서, 행동이 수행의 질과 밀접하게 관련되지 않은 경우에는 결과기대가 동기와 행동에 독립적인 영향을 미친다는 것이다(Bandura, 1989). 진로발달과 관련해서는 결과기대가 자기효능감과는 독립적으로 영향을 미치는 경우가 많다(Lent, Brown, & Hackett, 1994).

(3) 목표

목표(goals)는 특정한 활동에 열중하게 하거나 미래에 어떤 결과를 이루겠다는 결심이다(Bandura, 1986). 사람들은 목표를 세움으로 인해서 행동을 조직화하고, 일정 기간 동안 자신의 행동을 이끌어 간다. 즉, 목표를 통해 필요한 행동을 실행하고 성취를 추구하게 된다(Bandura, 1986). 예를 들어, 변호사가 되고자 하는 대학 신입생은 변호사가 되기 위한 하위 목표를 세우고, 목표를 달성하기 위한 행동을 할 것이다. 목표는 개인을 동기화하며, 목표를 성취한 후 느끼는 만족감은 의미가 크다.

이러한 목표와 자기효능감, 결과기대는 서로 관련이 있으며, 상호 영향을 끼친다. 예를 들어, 사회복지사가 목표인 학생은 대학에 진학해서 봉사활동에 참여하고 자격증을 취득하면 목표를 이룰 수 있으리라는 결과기대가 있다. 하지만 학업에 대한 낮은 자기효능감을 갖고 있다면 낮은 자기효능감은 결과기대에 영향을 미치고, 목표를 수정하게 할 수도 있다.

(4) 맥락적 요인

맥락적 요인(contextual factors)은 자기효능감, 결과기대, 목표에 영향을 미치는 개인의 다양한 상황과 환경적인 요인을 의미한다. 사회인지진로이론에서는 맥락적 요인을 배경 맥락적 요인(background contextual factors)과 근접 맥락적 영향(contextual influences proximal to choice behavior)으로 구분하였다(Lent, Brown, & Hackett, 2000, 2002). 사회인지진로이론에서 성(gender), 인종이나 민족, 신체적 건강상태, 장애, 유전적 재능 등의 개인적 요인들은 독립적으로 진로에 영향을 미치기보다는 사회문화적 환경과 상호작용하면서 개인의 경험을 형성하고 진로흥미나 진로선택에 영향을 미치게 된다(Sharf, 2006). 예를 들어, 여성이라는 개인적 특성을 가진 한 개인이 여성은 남성과는 다른 행동을 하기를 바라는 사회적 분위기를 내면화시켜 형성한 성역할 사회화로 인해 특정 직업에 대한 자기효능감과 결과기대의 영향을 받아 결과적으로 제한된 범위 내에서 진로를 선택할 수 있다. 맥락적 요인들은 개인의 진로선택을 지지할 수도 있고, 방해할 수도 있다.

배경 맥락적 요인들은 개인이 속한 사회, 문화 속에서 배우고 상호작용하면서 내면화된 것으로 자기효능감과 결과기대에 영향을 미치고, 직업적 흥미 형성과 학문적 선택, 진로선택에도 영향을 준다. 근접 맥락적 영향은 학문적 선택이나 진로선택의 시점에서 직접적인 작용을 하는 환경적 요인을 말한다. 직업선택을 지지하거나 방해하는 것은 대부분 배경 맥락적 요인보다는 근접 맥락적 영향과 관련이 있다. 예를 들어, 미술에 흥미를 가지고 있으나 어려운 집안 형편으로 인해 미술과 관련된 진로선택을 하지 않는 것이 진로결정에 있어서의 근접 맥락적 영향의 직접적인 예가 된다. 또한 개인의 흥미와 관계없이 부모의 강요나 선택으로 진로를 선택하게 되는 경우도 근접 맥락적 영향의 예이다.

사회인지진로이론에서는 개인의 흥미가 진로목표나 실행으로 이어지기 어렵게 하는 근접 맥락적 영향을 진로장벽으로 설명하였다. 진로장벽이란 진로를 선택하고 실행하는 과정에서 개인의 진로목표 실현을 방해하거나 가로막는 내적, 외적 요인들로 정의된다(Swanson & Tokar, 1991). 맥락적 요인 중에서도 근접 맥락적 영향에서의 방해요인이 진로장벽이며, 이러한 진로장벽은 진로상담을 통해 변화시킬 수 있는 부분이라는 점에서 중요한 요인으로 다루어지고 있다. 예를 들어, 경제적 형편이 어려운 가정환경 자체를 변화시키는 것은 어렵겠지만, 경제적 어려움을 해결하기 위해 도움을 요청할 수는 있으며, 경제적으로 힘들긴 하지만 부모나 교사의 격려는 지지적 요인이 될 수 있다.

2) 사회인지진로이론의 진로모형

사회인지진로이론은 진로선택을 비롯한 진로 행동과 관련된 요인들의 경로를 예측하기 위한 모형을 제시하였다. 사회인지진로이론의 모형은 교육과 직업적 흥미 발달, 선택, 수행, 만족/안녕감을 이해하기 위한 것이다. 1994년 흥미발달모형, 선택모형, 수행모형이 제시되어 많은 경험적 연구에 의해 모형이 검증되었으며 2008년 이후에는 만족/안녕감 모형이 제시되었는데 이 4가지 모형의 내용은 서로 중첩되어 있다. 흥미발달모형, 선택모형, 수행모형은 사회인지진로이론의 주요 개념들인 자기효능감, 결과기대, 목표, 개인변인을 포함한 맥락적 요인들이 진로와 관련된 흥미, 선택, 수행과정에 어떻게 영향을 미치는지를 설명하는 것으로(Brown & Hackett, 1994), 사회인지진로이론의 전통적인 모형이라고 할 수 있다. 만족감/안녕감 모형은 기존의 사회인지진로이론에 주관적 안녕감을 통합한 것으로 Lent와 Brown(2008)은 주관적 안녕감의 주요 요소인 삶의 만족과 진로만족을 예측하기 위해 다양한 요인들의 복합적인 작용을 설명하는 통합적인 모형을 제시하였다. 사회인지진로이론의 모형은 지속적으로 발달하고 있고 최근 Lent와 Brown(2013)은 전 생애에 걸친 진로적 응행동 관점을 설명하는 사회인지진로 자기관리 모형을 제시하였다.

(1) 흥미발달모형

흥미발달모형에서 흥미는 자기효능감과 결과기대에 의해 형성된다고 본다. 사람들은 자신을 유능한 사람으로 지각할 수 있고 가치 있는 결과를 기대할 수 있는 활동들을 통해 흥미를 발달시킨다는 것이다. 만약 어떤 활동을 자신이 잘 할 수 없다고 여기거나 해당 과업을 성취했을 때 자신이 가치 있다고 여기는 강화를 받을 수 없거나 혹은 처벌의 결과가 온다고 생각하면 그 일에 대하여 흥미를 발달시키기 어렵다. 그리고 어떤 분야에 흥미가 생기면, 의지를 가지고 특정한 활동을 하려고 계속 노력한다. 결국, 자기효능감 및 결과기대는 다시 흥미와 함께 활동의 의도 및 목표, 활동의 선택과 실행에 영향을 미치며 궁극적으로 수행결과에도 영향을 미친다. 수행결과는 다시 자기효능감과 결과기대를 높이거나 저하시키고, 다시 흥미에 영향을 준다.

(2) 선택모형

선택모형은 자기효능감과 결과기대, 목표형성, 행동선택, 결과와 맥락적 요인 사이의 상호작용을 나타내는 복잡한 모형이다(Sharf, 2006). 이 모형은 크게 세 부분으로 나눌 수 있는데 흥미발달, 진로관련 목표의 형성, 목표를 달성하기 위한 실행과 실제 성취 부분이다(Lent, Brown, & Hackett, 1994).

흥미발달 부분에서는 개인적 요인(유전적 요인, 성, 신체적 건강상태, 장애 등)과 배경맥락적 요인(사회, 문화 속에서 배우고 상호작용하면서 내면화된 것)들이 서로 영향을 주면서 학습경험에 영향을 미치고 학습경험은 다시 자기효능감과 결과기대에 영향을 미치며 이러한 자기효능감과 결과기대를 통해 흥미가 발달하는 과정을 설명하고 있다. 개인이 특정 영역이나 분야에 자신감을 갖고 있고 그 영역에서의 성취의 결과로 자신이 가치를 두고 있는 강화물을 얻을 수 있다고 믿을 때 이것은 특정 영역과 관련된 진로흥미의 발달에 직접 영향을 준다.

이렇게 발달한 흥미는 목표선택으로 이어지는데 여러 가지 진로관련 흥미들 가운데 주된 하나의 목표를 형성하게 된다. 특정 영역에 대한 증가된 흥미와 자기효능감, 결과기대는 해당 영역에서의 활동에 참여하고자 하는 의도를 증가시키고 활동의 내용도 좀 더 높은 수준의 것을 선택하도록 목표를 형성하게 할 것이다. 예를 들어, 과학에 대한 자기효능감과 결과기대의 향상 그리고 이로 인한 흥미의 증가는 더 다양한 과학과목을 수강하게 하며 보다 높은 수준의 내용을 공부하게 할 것이다.

이렇게 개인은 자신이 설정한 목표에 따라 무엇을 해야 할지 결정하고 행동에 옮기게 되는데 이것이 실행이다. 예를 들어, 높은 수준의 과학을 공부하기로 결심한 학생은 영재 과학 교실에 참여하거나 대학에서 사용하는 교재를 구입해서 보고 과학 관련 잡지나 논문들을 읽을 것이다. 이렇게 자신이 세운 목표를 이루기 위해 필요한 행동을 실천함으로써 수행에 따른 결과, 즉 실제 성취를 얻게 될 것이다.

사회인지진로이론에서는 진로흥미가 진로목표와 실천으로 이어진다고 보지만, 실제로 개인의 흥미가 진로목표와 실천으로 이어지지 않는 경우도 있다. 사회인지 진로이론은 그 이유를 근접 맥락적 영향으로 설명하고 있다. 예를 들어, 개인이 비록 특정 영역에서의 흥미를 형성하더라도 진로를 선택할 당시의 사회경제적 상황이 좋지 않아서 해당 영역에서 원하는 일자리가 제공되지 않는다든지, 부모를 비롯한 중요한 인물이 해당 영역에 속한 직업을 갖는 것을 반대해서 다른 진로를 선택하는 경우가 그 예이다. 사회인지진로이론의 선택모형에서는 이러한 선택의 시점에서 작용하는 환경적 요인인 근접 맥락적 영향이 진로관련 목표를 형성하고 목표에 따르는 행동을 선택하는 과정에서 직, 간접적으로 영향을 주고 있음을 설명하고 있다.

(3) 수행모형

수행모형은 개인이 선택한 영역에서 목표를 추구하는 행동을 어느 정도까지 얼마나 지속할 것이고, 어느 정도 수준의 수행을 해낼 것인지를 예측하는 모형이다. 수행모형은 개인의 수행수준과 수행의 지속성을 설명하는 데에 능력, 자기효능감, 결과기대, 목표를 제시하고 있다. 개인의 그 이전 수행성취도는 자기효능감과 결과기대에 영향을 미치고, 이것이 수행목표에 영향을 미치고, 최종적으로 성취수준에 영향을 준다(Lent, Brown, & Hackett, 1994).

능력은 주로 개인의 과거 수행수준으로 판단되며 개인의 수행의 지속성과 성취 수준에 직접적으로 영향을 주기도 하고, 자기효능감과 결과기대를 통해 간접적으로 영향을 미치기도 한다. 예를 들어, 과학적 능력이 우수한 학생이 과학경시대회에 참가하여 높은 성적을 거두는 것은 능력이 성취수준에 직접적으로 영향을 주는 것이다. 반면에 자신의 과학적 재능에 대해 제대로 인식하지 못하고 자기효능감이 낮다면 이는 성취수준에 간접적으로 영향을 미치게 되어 높은 과학적 능력에도 불구하고 처음부터 과학경시대회에 참가하지 않거나 참가하더라도 좋은 성적을 거둘 가능성이 낮아진다.

(4) 만족감/안녕감 모형

만족감/안녕감 모형은 기존의 사회인지진로이론의 모형에서 더 나아가 직무만족 과정을 성격, 정서, 인지, 행동 및 환경 변인들 사이의 관계로 이론화한 모형이다. 이 모형은 직장을 가진 성인들의 직무와 삶의 만족을 보고자 기존의 사회인지진로이론에 주관적 안녕감을 통합한 것으로 통합모형으로 불리기도 한다(Lent et al., 2011). Lent와 Brown(2008)은 사회인지진로이론을 기반으로 직무만족과 성격/정서적 특질, 목표지향활동, 진로 자기효능감, 근로조건 및 결과기대, 환경적 지지나 장애물, 전반적인 삶의 만족 간 관계의 속성에 초점을 맞춰 모형을 제시하였다. 만족감/안녕감 모형은 직무만족과 삶의 만족에 영향을 미치는 중요한 요인으로 환경적 지지나 장애물과 성격적 및 정서적 특질을 들었다.

개인의 목표 및 효능감과 관련된 환경적 지지나 장애물은 직무만족에 영향을 주는 중요한 원천이 된다. 개인의 목표지향활동과 관련된 지지 및 자원은 직무만족을 촉진할 가능성이 있고, 반대로 목표지향적인 활동을 저해하는 환경적 장애물은 진로만족도를 떨어뜨린다고 볼 수 있다. 이러한 개인의 목표 및 효능감과 관련한 근로환경이나 조건은 직무만족도에 직접적으로 관계되는 것뿐만 아니라 목표지향활동을 돕거나 방해함으로써 만족에 간접적인 영향을 미치는 것으로 간주하였다. 모델링, 격려 및 성과 피드백과 같은 특정한 환경적 지지는 목표 달성에 영향을 미치는 자기효능감과 결과기대를 가능하게 함으로써 간접적으로 진로만족도에 영향을 주기도 한다.

또한 직무 불만족에 대한 잠재적 특질의 영향을 고려하는 것이 중요한데, 직무만족과 관련된 성격이나 정서적 특질 변인에는 긍정적 정서, 외향성, 부정적 정서 또는 신경증, 성실성이 있다(Thoresen et al., 2003). 부정적 감정은 자기효능감에 대한 부정적 영향과 환경적 지지에 대한 인식에 영향을 줌으로써 직접적으로나 간접적으로 불만족의 감정을 악화시킬 수 있고, 여러 가지 방식으로 직무만족에 영향을 줄 수 있다고 보았다. 현재까지 이루어진 만족감/안녕감 모형을 검증하기 위한 연구들의 결과는 Lent와 Brown이 제시한 복잡한 모형의 모든 경로를 성공적으로 입증하고 있지는 않다(Lent et al., 2011).

사회인지진로이론의 모형은 계속해서 개발되고 확장되고 있다. 직무만족/안녕감 모형에 이어 자기관리모형이 Lent와 Brown(2013)에 의해 제시되었는데, 자기관리모형은 진로경로에서 발생하는 적응력 있는 진로행동을 예측하고 이에 영향을 미치는 구성요소의 작용을 제시하고 있다. 앞으로 만족감/안녕감 모형을 비롯한 자기관리모형은 그 타당성을 입증하기 위한 폭넓은 연구들이 이루어져야 할 것이다.

3) 이론의 적용

(1) 상담목표

초기 사회인지진로이론은 여성 내담자에게 초점을 맞추었다(Hackett & Betz, 1981). 과학이나 수학과 같은 특정한 전공 영역에서 여성들의 능력에 대한 신념에 영향을 미치는 환경의 중요성을 지적하였다. 상담자는 내담자에게 수학이나 다른 영역에서 낮은 자기효능감을 갖게 된 것이 여성으로서의 사회화의 결과라는 것을 이해시킬 필요가 있다. 또한 편견이나 차별에서 자유로울 수 없는 소수자나 이질적인 문화적 배경을 가진 사람들에게도 사회인지진로이론을 적용할 수 있다.

Lent와 Brown(2002)의 연구에서는 여성과 남성 모두에게 사회인지진로이론을 적용할 때 내담자들이 낮은 자기효능감 혹은 부정확한 자기효능감에 대한 확신, 낮은 결과기대로 인해 미리 자신의 선택을 제한하는 경향이 있음을 인식하도록 도와야 한다고 하였다. 사회인지진로이론을 적용한 진로상담의 목표는 내담자가 낮은 자기효능감이나 잘못된 결과기대 때문에 고려대상에서 제외한 진로대안들까지 확장하여 내담자의 흥미, 가치, 능력과 일치하는 직업을 발견하도록 돕는 것이다(Brown & Lent, 1996).

(2) 상담과정

사회인지진로이론의 상담은 흥미 확장과 선택 촉진하기, 자기효능감 수정 및 강화하기, 진로장벽 확인하고 평가하기의 과정으로 이루어진다(Brown & Lent, 1996). 흥미 확장과 선택 촉진하기는 내담자가 비현실적이라고 느꼈거나 혹은 부적절한 자기효능감이나 결과기대 때문에 제외한 진로대안들을 확인해 보는 것이다. 자기효능감

수정 및 강화하기는 가능한 진로대안을 고려하는 것을 막고 있는 내담자의 잘못된 자기효능감을 변화시키고 강화하는 것이다. 진로장벽 확인하고 평가하기는 내담자가 가능한 진로를 너무 일찍 제외해 버리게 한 진로장벽에 대해 확인하고 이를 극복할 수 있는 전략을 수립하는 것이다.

이렇듯, 사회인지진로이론에서는 낮은 자기효능감과 낮은 결과기대를 진로 미결정의 주요한 원인으로 보고, 자기효능감과 결과기대를 현실화하여 보다 확장된 진로대안 안에서 진로선택을 하도록 돕는다. 낮은 자기효능감은 주로 자신의 능력에 대한 이해 부족이 원인인 경우가 많고, 낮은 결과기대는 잘못된 직업정보에 기인한다고 보는데, 그 중에서도 진로장벽에 대한 인식에서 그 원인을 찾을 수 있다고 본다. 따라서 진로상담의 개입과정에서는 정확한 자기이해를 통한 자기효능감 증진과 객관적인 직업정보 습득을 통한 결과기대의 현실화에 초점을 두고 있다.

3. 인지적 정보처리이론

1980년대 플로리다 주립대학의 Peterson, Sampson, Reardon, Lenz 등은 진로에 인지적 정보처리이론(Cognitive Information Processing: CIP)을 적용하여 진로선택 및 진로문제해결을 위한 이론을 제시하였다(Peterson, Sampson, & Reardon, 1991). 인지적 정보처리이론은 인지과학 분야의 이론으로 사람이 어떻게 사고하고 어떻게 정보를 처리하며 학습하는가에 대한 이론이다. 따라서 진로에 있어서 인지적 정보처리이론은 개인이 진로에 대해 어떻게 생각하고, 진로관련 정보를 어떻게 처리하는지와 사고과정이 진로의사결정에 어떻게 영향을 미치는지에 초점을 맞춘다. 인지적 정보처리이론에서는 내담자로 하여금 진로문제를 효과적으로 해결하고 진로의사결정에 능통할 수 있도록 자기정보, 직업정보, 진로의사결정 기술, 초인지를 다룬다(Sampson, Reardon, Peterson, & Lenz, 2003).

인지적 정보처리이론은 정보처리 영역의 피라미드와 진로의사결정 과정의 CASVE 주기라는 두 가지 핵심구조로 이루어져 있다(Sampson et al., 2003). 정보처리 영역의 피라미드는 자기정보, 직업정보, 진로의사결정 기술, 초인지를 포함하는 진로문제 해결과 진로의사결정의 내용에 해당하는 영역이다. CASVE 주기는 진로의사결정 과정에 대한 것으로 의사소통(Communication), 분석(Analysis), 종합(Synthesis), 평가(Valuing), 실행(Execution)의 5단계로 진로의사결정 과정을 설명한다. Peterson과 동료들은 이러한 정보처리 영역의 피라미드와 CASVE 주기를 토대로 인지적 정보처리이론을 적용한 진로평가와 진로상담 방법을 제시하였다. 그 일환으로 부정적 진로사고를 선별해 내는 도구인 진로사고검사가 개발되었다(Sampson, Peterson, Lenz, Reardon, & Saunders, 1996a, 1996b, 1996c).

1) 주요 개념

(1) 정보처리 영역의 피라미드

Sampson 등(1992)은 진로문제해결 및 의사결정과 관련된 정보처리 영역을 피라미드 모형으로 제시하며 개념화하였다. 피라미드 모형의 세 가지 영역은 정보 영역, 의사결정 기술 영역, 실행과정 영역이다. 피라미드의 맨 아래 부분이 정보 영역, 중간 부분이 의사결정 기술 영역, 피라미드의 맨 위 부분이 실행과정 영역에 해당한다.

정보 영역

정보 영역은 자기 자신에 대한 정보와 직업 및 직업세계에 관한 정보로 구성된다. 피라미드 구조에서 정보 영역이 피라미드의 기본이 되고 피라미드의 상위 영역인 의사결정 영역과 실행과정 영역의 기초를 제공한다. 정보 영역은 '기억 구조망'이라고 할 수 있는 도식에 의해 구성된다.

자기정보 자기정보는 개인의 가치, 흥미, 기술, 선호하는 근무조건 같은 것에 대한 개인의 정보를 말한다. 자기정보는 과거 사건의 기억들에 의해서 저장되고, 과거 사건의 기억은 시간을 넘어 일련의 에피소드로 구성되며 자신의 자각으로 구성되어 있다. 즉, 자기정보는 과거의 사건, 예를 들면 이전의 학교생활, 이전의 직업 경험, 다른 사람들과의 상호작용 등에서 얻어진 자기 자신에 대한 정보를 의미한다. 개인이 경험하는 사건들에는 행위자, 행위, 감정, 대상, 결과 등이 포함되어 있다. 사람들은 자신의 기억에 저장되어 있는 과거의 사건과 현재의 사건에서 경험하는 감각을 매치시켜 어떤 사건에 대한 해석을 한다. 현재 사건과 연관된 사건들은 시간이 지나면서 자신을 바라보는 관점을 갖도록 도와준다. 예를 들어, 이전 직업에서 당황스러운 실패를 경험한 사람은 그 일에 대한 자신의 기술에 대해 부정적인 측면만을 기억

할 것이고 이러한 과거 사건의 기억은 현재 감정에도 영향을 미친다. 이렇게 해서 우울해진 사람은 이전 직업에서 실패한 경험만을 선택적으로 기억할 것이고 취업을 준비할 때 자신의 흥미와 기술이 부족하다고 일반화시킬 수 있다.

자신에 대해 이해하기 위해서는 사건에 대해 해석하고 재구성해야 한다. 재구성은 현재의 맥락에서 과거의 사건을 해석하는 것이다. 이러한 과정은 자신에 대한 새로운 관점과 달라진 자아개념을 갖게 한다. 진로발달에서 자기정보는 학교, 직장, 여가생활에서의 활동뿐만 아니라 흥미검사, 능력검사, 성적 등의 자료를 통해서도 알 수 있다.

진로상담 시 내담자에게서 파악되는 내담자의 자기정보 영역에는 특정 과목이나 활동을 좋아하거나 싫어한다는 사실, 과거에 특정 활동을 하면서 즐거웠다는 사실, 학교에서의 성적, 자신에 대한 신념 등이 있다.

직업정보　직업정보는 개인의 직업에 대한 지식과 직업세계에 대한 정보를 의미한다. 개인의 직업, 교육, 훈련, 근무조건에 대한 정보는 직접적인 경험이나 실제의 삶, 혹은 다른 사람들의 경험을 관찰한 결과로 얻어진다. 이렇게 획득한 정보는 직업세계에 대한 도식을 형성하고 사람들은 인지적 도식에 의해 새롭게 획득한 정보를 관련된 개념으로 구조화하고 조직화한다. 즉, 직업세계에 대한 도식은 사람들이 직업에 대해서 알고 있는 것을 조직화하도록 돕는데, 이는 직업에 관한 새로운 정보를 얻게 되면 기존의 정보에 새로운 정보를 결합시키는 과정이다. 예를 들어, 회계사라는 직업에 대해 알게 되면 회계사가 기존의 정보인 경제학자와 같은 직종이라고 구분하게 되는 것이다.

좋은 직업세계에 대한 도식은 개인이 정보에 압도될 때 느끼는 혼돈을 감소시키고, 탐색을 촉진하기 위해 직업에 대한 타당한 연결고리를 제공한다. Brown과 Brooks(1991)는 내담자가 정보를 효과적으로 사용하기 위해서 그들이 획득한 정보를 조직화하는 도식이 필요하다고 하였다. Holland의 6각형 모형은 단순하고 탐색하기 쉽고, 타당한 직업세계 도식의 한 예이다(Sampson, Reardon, Peterson, & Lenz, 2003).

자기 자신과 직업에 관한 정보는 특성 – 요인이론에 따른 것이다. 자기정보는 특성 – 요인이론의 첫 번째 단계인 자기이해 단계에 해당되고, 직업정보는 특성 – 요인이론의 두 번째 단계인 직업세계에 대한 이해에 해당된다.

의사결정 기술 영역

의사결정 기술 영역은 피라미드에서 정보 영역 위에 있는 영역이다. 이 영역에는 개인이 문제해결과 의사결정에 사용하는 일반적인 정보처리 기술이 포함된다. Sampson 등(2003)에 의하면 의사결정 기술은 개인이 자기 자신과 직업에 대한 정보를 처리하도록 하는 능력을 말하는데, 의사소통 – 분석 – 종합 – 평가 – 실행의 주기로 이루어진다. CASVE 주기로 불리는 의사결정 과정에 대한 설명은 다음 절에 자세히 기술되어 있다.

실행과정 영역

피라미드의 가장 윗부분인 정보처리 영역은 좀 더 고차원적 기능을 한다. 이 영역은 개인이 어떻게 생각하고, 느끼고 행동하는지를 점검하게 되므로 실행과정 영역이라 불린다. 이 영역은 초인지를 포함하는 데 초인지는 자기독백, 자기자각, 모니터링, 통제에 의해 진로문제해결과 의사결정에 사용되는 인지전략을 선택하고 순서를 결정한다(Sampson et al., 2003).

자기독백 자기독백은 진로선택과 다른 문제에 대해서 자기 스스로가 주는 내적 메시지를 의미한다. 자기독백은 진로문제해결과 진로의사결정 같은 주어진 과업을 얼마나 잘 완성하고 있는지 자신과 빠르고 조용하게 하는 대화이다. 자기독백은 긍정적일 수도 있고 부정적일 수도 있다.

긍정적 자기독백은 다양한 진로문제를 해결하고 진로의사결정을 하도록 동기를 부여하면서 개인이 적절한 진로선택을 하도록 돕는다. 긍정적인 자기독백에는 "나는 훌륭한 선택을 할 수 있어. 내가 필요한 정보를 얻을 필요가 있고, 그 다음에 대안들을 생각할 거야"와 같은 사고 등이 해당된다. 긍정적인 자기독백에는 "지난 시험은 망쳤지만 이번 시험공부는 효율적으로 했으니 성적이 좋을 거야"와 같이 학업수행에 관한 것일 수도 있다.

부정적 자기독백은 의사결정상의 어려움과 관련되는데 진로문제해결과 진로의사결정 과정을 방해한다. 부정적인 자기독백에는 "난 아무것도 잘 할 수 없을 거야. 나는 의사결정을 잘 하지 못해. 그러니 나는 포기해 버리는 게 낫겠어"와 "아무도 날 고용하려고 하지 않아"와 같은 내용이 해당된다. 만일 의사결정 과정(의사소통, 분석, 종합, 평가, 실행)에서 긍정적인 자기독백을 하게 되면 부정적인 자기독백을 하는 것보다 더 나은 그리고 더 적절한 의사결정을 할 수 있게 된다.

자기자각 자기자각은 사람들이 문제해결과 의사결정 과정을 통해 자신이 향상되는 것을 자각하는 정도이다. 자기자각의 예는 부정적인 자기독백의 패턴이 진로문제해결의 동기를 방해하고 있다는 것을 인식하는 것이다. 사람들은 자신이 무슨 일을 하는지 또 그것을 왜 하는지에 대해 인식할 때 효과적인 문제해결자가 될 수 있다. 자신의 의사결정에 대해 인식할 수 있을 때 부정적인 자기독백이 무엇인지 명명할 수 있고 이를 수정할 수 있다. 또한 자기자각이 있을 때 사람들은 현재 상황에 대해 자신이 어떤 생각을 하는지, 어떻게 느끼는지, 자신의 선택에 관한 정보를 어떻게 분석하는지, 대안들을 어떻게 종합하는지, 대안의 우선순위를 어떻게 매기고 평가하는지, 수행계획을 어떻게 실행하는지를 알게 됨으로써 더 쉽게 의사결정 과정을 따를 수 있다.

모니터링과 통제 모니터링과 통제는 자신이 문제해결 과정의 어디에 있는지를 점검할 수 있고, 문제해결에서 요구되는 많은 정보와 관심을 통제하는 정도를 의미한다.

모니터링은 문제해결과 의사결정 과정에서 자신의 진행방향을 계속 알고 있는 능력을 말한다. 즉, 보다 많은 정보를 찾을 때와 멈출 때를 알고(예를 들어, 미래의 전망 있는 근무조건을 조사하는 것), 다음 단계 과정을 계속할 만큼 충분히 성공적으로 과제를 완수했는지를 알고(추구하기에 적절한 수가 너무 많을 때), 적절한 선택을 위한 도움이 필요할 때(특정 지역에서 가능성 있는 근무조건의 수가 너무 많을 때)를 아는 것이다.

통제는 개인이 다음의 적절한 문제해결과 의사결정 과제를 의도적으로 하려는 것을 의미한다. 여기에는 문제해결과 의사결정에 어려움을 야기하는 부정적인 사고를 통제하는 능력, 예를 들어 취업 면접에 앞서 떠오르는 부정적인 사고들을 통제하는 것이 포함된다(Peterson et al., 1991; Peterson et al., 1996; Peterson et al., 2002).

(2) CASVE 주기

문제해결과 의사결정 과정은 CASVE 주기로 개념화할 수 있는데, CASVE 주기는 진로문제해결과 의사결정 과정의 핵심 단계로 의사소통(Communication), 분석(Analysis), 종합(Synthesis), 평가(Valuing), 실행(Execution)의 단계를 순환한다.

CASVE 주기는 〈그림 6. 1〉과 같다.

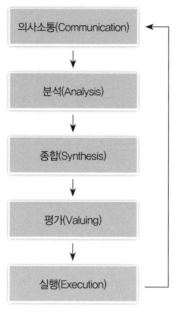

그림 6.1_ CASVE 주기

의사소통(Communication)

의사소통 단계에서는 사안에 대한 현재 상태와 원하는 상태, 혹은 현재 있는 곳과 있기 원하는 곳 사이에 차이가 있다는 것을 자각하게 된다. 이러한 자각은 하나 혹은 그 이상의 외적·내적 단서들로부터 야기된다.

외적 단서들은 하나 혹은 그 이상의 의미 있는 사람들로부터 발생하거나 투입된 긍정적 혹은 부정적 사건들을 통해 야기된다. 예를 들어, 졸업 후 진로계획이 어떠한지를 묻는 주변 사람들이나 혹은 취업준비를 하고 있는 주변 친구들을 인식하게 되는 것이 외적 단서에 해당한다.

내적 단서들은 내담자들의 부정적인 정서 인식, 회피 행동, 생리적인 변화를 포함한다. 이러한 과정에서 이전에는 그 존재를 부인해 왔던 것을 인정하는 것과 같이 어떤 문제에 봉착하게 된다. 차이에 대한 자각이 증가하면 진로문제해결과 의사결정을 자극하는 긴장이 발생한다. 이때 사람들은 자기 자신, 환경, 당면한 문제에 대해 알아보기 시작하고, 정보를 수집할 필요가 있는지 또는 어떤 선택을 해야 하는지를 생각하게 된다.

분석(Analysis)

자기정보와 직업정보 영역을 검토하는 단계가 분석 단계이다. 자신의 문제가 발생한 원인을 찾아 이를 문제해결에 반영한다. 자신의 가치, 흥미, 기술, 선호하는 고용조건, 가정환경 등을 재검토하는 일을 이 단계에서 하게 된다. 새로운 직업정보를 학습하고 기존의 정보를 재검토하는 일 역시 이 단계에서 이루어진다. 이 단계에서 내담자는 직업정보와 자기정보를 연결시킬 수 있고, 의사결정에서의 자신의 접근방법에 대해 생각해 보고 긍정적 사고와 부정적 사고가 어떻게 자신의 의사결정에 영향을 주는지를 명료화시킨다. 내담자들은 의사결정 유형이 진로문제해결에 어떻게 영향을 미치는지에 대해 이해하게 되고 진로문제 특성에 대해 보다 깊이 이해하게 된다.

종합(Synthesis)

종합 단계는 고려하고 있는 대안들을 확장하고 축소시키는 단계이다. 종합 단계의 목적은 대안들에 압도되지 않고 대안을 빠뜨리지 않는 것이다. 종합 단계에서는 정교화(확장)와 결정화(구체화)의 두 가지 작업을 하게 된다.

정교화(확장)는 가능한 많은 가능성 있는 해결책들을 만들어 내는 것을 의미한다. 정교화는 진로문제에 대해 가능한 한 많은 가능성 있는 해답을 생성하기 위해서 생각을 자유롭게 하는 발산적 사고를 하는 것을 말한다. 여러 가지 가능성을 제한할수 있는 실질적인 문제들을 넘어서 가능한 한 많은 가능성 있는 방법들을 만들어 내기 위해 브레인스토밍과 같은 기법을 사용할 수 있다.

결정화(구체화)는 정교화의 반대로 재정문제나 능력과 같은 실질적인 사항을 고려하여 잠정적인 대안으로 몇 가지를 택하는 것이다. 개인의 가치, 흥미, 기술, 선호하는 근무조건과 일치하지 않는 대안을 삭제함으로써 대안 목록을 축소하는 수렴적 사고를 하는 것이다. 이때 맞지 않는 직업은 제거된다. 결정화 과정의 결과로 선택된 대안은 3~5개로 축소된다.

평가(Valuing)

평가 단계는 대안들의 우선순위를 정하는 것이다. 잠정적인 대안들이 결정되거나 축소되면, 내담자는 그것이 가능성 있는 선택 혹은 진로 방향인지를 평가할 수 있게 된다. 잠정적으로 첫 번째 대안, 두 번째 대안, 세 번째 대안 순으로 선택안을 평가하게 된다. '지금 나에게 가장 현명한 선택은 무엇인가?', '이 선택이 앞으로의 내 인생에 어떤 영향을 줄 것이며 나에게 중요한 사람들에게 어떤 영향을 줄 것인가?', '내가 속한 집단에는 어떤 영향을 줄 것인가?' 등의 질문을 통해서 대안들을 평가하게 된다. 이 단계에서는 구직 기회, 자격, 직무사항, 교육이나 훈련경비 등에 대해서 고려하게 된다.

실행(Execution)

실행 단계는 자신의 잠정적 선택을 실행하기 위한 계획을 구상하고 실천하는 것이다. 일단 평가과정을 통해 선택안이 검토되거나 평가되면 선택안을 실행하기 위한 계획과 전략을 수립하게 된다. 이 과정은 작은 단계로 단계와 단계 사이에 이루어진다. 이 과정에서 개인들은 선택안을 수행해 보고 그것이 자신에게 맞는지를 살펴본다. 때때로 실행은 자원봉사 활동이나 시간제 일 혹은 특정 교육과정이나 훈련과정을 통해 이루어진다. 어떤 경우에는 이력서를 보낼 곳을 정하거나 적합한 것으로 생각하는 특정 직업의 종사자를 만나 볼 수도 있다. 현재 직업에서의 일에 문제가 있는 사람이라면 동료나 상사와 이야기를 하거나 변호사를 선임하는 것 등의 전략이 가능한 행동이 될 수 있다.

　CASVE 주기는 여기서 끝이 난다. 그 이후 개인은 결정에 따라 행동에 옮기거나 다른 선택을 하게 된다. 실행 단계가 끝나면 사안에 대한 현재의 상태와 원하는 상태 간의 차이가 효과적으로 제거되었는지 확인하는 의사소통 단계로 다시 순환하게 된다. 계획을 진행하면서 예상하지 못한 결과가 발생하는 문제에 봉착할 수 있다. 그렇게 되면 의사소통 단계와 탐색경험을 점검하면서 다시 CASVE 주기를 반복한다. CASVE 주기는 본질적으로 순환적이다.

2) 이론의 적용

(1) 상담목표

인지적 정보처리이론에서 진로상담의 목적은 현재의 적절한 진로선택을 돕는 것이다. 더불어 미래의 선택에 필요한 문제해결과 의사결정 기술을 학습하는 것이다. 즉, 인지적 정보처리이론에서는 내담자들로 하여금 좀 더 나은 진로의사결정을 하기 위한 능력을 향상시키기 위해 자신의 진로의사결정에 대해 어떻게 생각해야 하는지에 대해 이해하고 이를 문제해결에 적용시키기 위한 방법과 전략을 제시하고 있다. 내담자로 하여금 진로의사결정 문제를 해결하는 데 있어서 일반적인 실제 정보들을 통합시킬 수 있도록 도와야 한다는 인지적 정보처리이론의 가정은 다음과 같다.

첫째, 진로의사결정의 구성요소에는 사고(인지)뿐만 아니라 감정(정서)도 포함된다. 불안, 혼란, 우울 등 여러 가지 감정이 의사결정 과정의 일부분이 될 수 있다. 인지적 정보처리이론가들은 진로의사결정에서 정서의 중요성을 부정하지 않았을 뿐 아니라 어떻게 정서가 정보처리과정에 영향을 주는지를 연구하였다. 하지만, 인지적 정보처리이론이라는 이름 때문에 이 접근이 정서가 아닌 사고만을 다룰 것이라는 오해를 받아 왔다(Sampson et al., 2004).

둘째, 합리적인 진로의사결정을 하기 위해서는 자기 자신과 직업세계에 대해 알아야 할 뿐 아니라 자신의 사고방식과 사고방식이 어떻게 의사결정에 영향을 주는지에 대한 정보를 가지고 있어야 한다. 진로의사결정에 대한 지식은 개인으로 하여금 자기 자신에 대한 정보뿐 아니라 직업에 관한 정보를 인식하고 탐색하며 분석할 수 있도록 한다. 이러한 과정은 진로선택안을 만들어 내고 평가할 수 있도록 돕는다(Peterson et al., 2002).

셋째, 자기 자신과 직업세계에 대한 정보는 끊임없이 변동된다. 따라서 도식(학습된 정보를 정리하고 연결하는 방식)과 같은 인지적 구조는 일생동안 발달한다.

넷째, 정보처리 능력을 향상시킴으로써 내담자는 자신의 진로문제해결 능력을 향상시킬 수 있다. 개인의 진로의사결정 능력은 자기 자신과 직업 등에 관한 정보를 획득하고 저장하며 탐색하는 과정에서 의사결정 기술을 발달시킴으로써 향상된다.

(2) 상담과정 및 기법

인지적 정보처리이론을 기반으로 한 진로상담은 인지적 정보처리이론의 정보처리 영역의 피라미드 내용과 진로의사결정 과정인 CASVE 주기를 활용하여 이루어진다. 내담자가 자신의 진로선택과 관련된 사고의 내용과 인지적 전략을 이해하고 진로문제해결과 진로의사결정에 방해가 되는 사고를 수정함으로써 진로문제해결 능력과 의사결정 능력을 향상시키고자 한다. 이를 위하여 인지적 정보처리이론을 적용한 준비도 평가, 욕구 평가, 부정적 진로사고 선별도구인 진로사고검사, 평가 카드 목록, 정규수업 과정이 개발되었다. 여기서는 진로사고검사와 워크북의 활용, 7단계 상담전략에 대해 소개하고자 한다.

진로사고검사(CTI)와 워크북의 활용

내담자가 가지고 있는 진로의사결정상의 부정적 사고를 다루기 위해, Sampson, Peterson, Lenz, Reardon과 Saunders(1996)는 진로사고검사(Career Thoughts Inventory: CTI)를 개발하였다. 또한 그들은 내담자의 부정적 진로사고를 찾아내어 도전하고 바꾸기 위해 진로사고검사와 함께 활용할 워크북을 개발하였다(Sampson et al., 1996). 내담자들은 진로사고검사를 통해 진로대안을 탐색하게 되고 부정적 사고를 긍정적으로 변화시킬 수 있게 된다.

진로사고검사는 역기능적 사고로 진로선택의 어려움을 겪을 수 있는 사람들을 선별해 내고, 역기능적 사고의 특성을 평가하며, 역기능적 사고에 도전하고 바꿀 수 있도록 돕는 학습자원으로 활용할 수 있다.

진로사고검사는 하위척도인 의사결정혼란(decision-making confusion), 수행불안 (commitment anxiety), 외적 갈등(external conflict)으로 구성되는데 이에 대한 내용은 다음과 같다.

의사결정혼란(Decision-Making Confusion)　의사결정혼란은 의사결정 과정에 대한 이해부족 혹은 불안 등의 정서적 문제로 인해 의사결정 과정을 시작하거나 지속할 수 없는 어려움에 관한 척도이다. 의사결정혼란 척도는 CASVE 주기 중 의사소통 (C), 분석(A), 종합(S) 단계에서의 어려움과 관련된다.

수행불안(Commitment Anxiety)　수행불안은 특정 진로선택에 전념할 수 없는 어려움을 반영하는 척도로 CASVE 주기 중 평가(V) 단계의 어려움과 관련된다. 의사결정 과정의 결과에 관한 일반화된 불안감과 함께 동반되며, 이러한 불안은 미결정을 지속시킨다.

외적 갈등(External Conflict)   외적 갈등은 주변의 타인에게서 얻은 정보의 중요성과 자신이 지각한 정보의 중요성 간의 균형조절의 어려움을 반영하는 척도이다. 사람들은 자기 자신의 의견과 다른 사람들의 의견 사이에서 균형을 유지하는 것이 어려울 때 자신의 진로의사결정에 대한 책임감을 회피하게 된다. 외적 갈등 척도는 CASVE 주기의 평가(V) 단계의 어려움과 관련된다.

다음은 진로문제로 상담실을 방문한 사범대학교 4학년 이서현 학생의 상담내용의 일부를 발췌한 것이다. 진로사고검사 결과 총점 T점수 66점(백분위 96%), 의사결정혼란 T점수 68점(백분위 98%), 수행불안 T점수 57점(백분위 76%), 외적 갈등 T점수 80점(백분위 99%)이었다. 진로사고검사 총점을 비롯한 하위영역 모두에서 높은 점수를 보여 역기능적 진로사고의 수준이 높았으며, 이러한 상태가 상담장면에서도 그대로 반영되어 나타났다.

—— 상: 사범대로 진학은 어떻게 결정한 거예요?
　　내: 아, 그건 아버지께서 권유하셨어요. 아버지가 보시기에 저는 교사가 맞고 교사를 해야 된다고 하셨어요. 그런데 학과공부를 하다 보니까 이건 나한테 안 맞아 이런 생각이 드는 거예요. 그래서 학과공부에서는 사실 재미를 못 느꼈던 것 같아요. 또 만약에 여기서 다른 길로 갔을 때 못하면 어떡하지, 실패하면 어떡하지 그런 생각이 드니까 그냥 우왕좌왕하고 아무것도 못했던 것 같아요.
　　상: 지금 마음이 되게 복잡하고 답답하겠어요.
　　내: 네. 지금 4학년이고 졸업은 해야 되는데, 해놓은 건 없고. 그러니까 되게 답답한 것 같아요. 엄청 혼란스러워요.
　　상: 지금 진로를 선택하고 준비해야 되는 시점인데 결정하기가 쉽지 않다고 생각될 것 같아요.
　　내: 전 뭔가 결정을 할 때 닥칠 때까지 피하고, 미뤄 놓고. 막 못하니까 피하고. 생각하기 싫고, 하기 싫고, 어려우니까 피하는 것 같아요.

진로사고검사를 적용하여 상담을 진행할 때 워크북을 활용하는 것은 진로의사결정 과정에서 방해가 되는 부정적 진로사고를 다루는 데 도움을 준다. 워크북은 총 5장으로 구성되어 있는데, 워크북을 통해 부정적 진로사고를 찾고, 이에 도전하고, 바꾸고, 그 이후 행동으로 옮길 수 있도록 도와준다.

다음은 앞에 제시된 내담자의 진로사고검사 문항을 가지고 부정적 진로사고를 바꾸는 과정에 대한 상담내용이다.

상: 진로사고검사 문항 중 35번 문항 '나는 내게 맞는 전공이나 직업을 선택하는 일에 대한 걱정이 많다'에 매우 동의한다고 답하셨네요. 무엇 때문에 매우 동의한다고 하셨나요?

내: 현재 전공이 저랑 맞지가 않아요. 지금 4학년인데 그렇다고 다른 것을 하기에는 너무 늦은 것 같고, 아무것도 해놓은 것이 없어서 어떻게 해야 할지 모르겠어요.

상: 현재 전공이 맞지 않은데, 다른 길을 찾기엔 너무 늦은 것 같고, 지금까지 해놓은 것이 없다는 생각이 많군요. 그러한 생각이 서현씨의 진로에 어떻게 영향을 주고 있나요?

내: 뭘 해야 할지 몰라서 불안하고 정말 내가 원하는 것이 무엇인지도 모르는 것 같아서 답답해요.

상: 많이 혼란스럽고 답답하겠어요. 지금까지 해놓은 것이 없고 다른 길을 찾기엔 너무 늦었다는 생각이 서현씨에게는 도움이 되지 않고 있는 것 같아요. 그러한 생각이 서현씨를 혼란스럽게 하고 힘들게 하기 때문에 다르게 생각해 보는 것이 도움이 되지 않을까 싶은데요. 그렇다면 그 생각을 어떻게 바꿔 볼 수 있을까요?

내: 걱정만 하니까 더 아무것도 못하는 것 같아요. 늦었다고 생각하지 말고 지금부터라도 차근차근 생각해 봐야 할 것 같아요.

진로사고검사를 적용하여 진로의사결정을 방해하는 부정적 진로사고를 가진 내담자를 상담할 때에는 워크북을 활용하는 것이 유용하다(Sampson, Peterson, Lenz, Reardon, & Saunders, 1998).

7단계 상담전략

Sampson 등(2004)은 인지적 정보처리이론을 적용한 7단계의 상담전략을 제시하였다. 구조화된 진로상담모형인 7단계 상담전략은 기존의 다른 이론적 접근과 비교했을 때 가장 체계적인 것으로 평가된다.

1단계: 초기면접   이 단계에서는 내담자가 가진 진로문제의 상황에 대한 정보를 수집하며 정보처리 영역의 피라미드와 CASVE 주기를 설명한다.

2단계: 예비평가   진로사고검사와 같은 선별도구를 내담자에게 사용하고 상담의 준비도를 평가한다.

3단계: 문제정의 및 원인분석   이 단계에서 내담자가 목표를 세울 수 있도록 하기 위해 내담자의 문제를 좀 더 명확하게 규명한다.

4단계: 목표설정   상담자와 내담자가 함께 3단계의 진로문제 검토를 근거로 하여 목표를 설정한다. 이 단계의 목표는 5단계의 개인별 학습계획의 기초가 된다.

5단계: 개인별 학습계획 구상   이 단계에서 상담자는 내담자와 함께 개인별 학습계획을 구상하여 목표달성을 위한 활동목록을 작성한다.

6단계: 개인별 학습계획 실행   상담자의 도움을 받으면서 내담자가 CASVE 주기에 따라 개인별 학습계획을 실행한다.

7단계: 정리 및 일반화   내담자는 개인별 학습계획을 끝내고 3단계에서 규명했던 진로문제해결을 위해 진행상황을 상담자와 논의한다.

7단계 상담전략을 수행하면서 상담자는 다양한 상담기법을 사용할 수 있다. 그러한 기법의 대부분은 인지적 특성을 가지고 있다. 내담자에게 도전하고 지지하는 질문들이 사용될 수도 있다. 또한 내담자가 불안해하는 경우, 이완이나 심상 유도를 사용할 수도 있다.

4. 구성주의 진로이론

구성주의 진로이론(theory of career construction)은 구성주의 관점에서 개인의 진로를 이해하고 이를 진로상담 기법에 적용하는 것으로, Savickas 등을 주축으로 소개되고 있다. 구성주의는 포스트모더니즘이라는 철학적 입장에서 발전되었으며 개인의 경험과 현실의 사회적 구성에 초점을 맞추는 심리학적 접근으로 상담, 교육, 철학, 성격심리의 연구 분야에서 적용되고 있다(Rapparport, 2003). 구성주의는 지식을 절대적인 것, 인식하는 사람과 분리된 것으로 보는 전통적인 지식이론과는 달리, 사고하는 개인이 자신의 경험을 기초로 해서 아는 것을 구성한다는 가정에서 출발하며, 따라서 지식은 개인과 독립적으로 존재하는 것이 아니라 환경과의 상호작용을 통해 개인에 의해 구성된다는 점을 강조하는 이론이다(Glasersfeld, 1995).

진로상담에서 구성주의 관점이 부상하게 된 것은 급변하는 사회에서 전통적인 이론을 바탕으로 한 기법보다 실제의 진로상황에 좀 더 효과적이고 적합한 접근법을 찾기 위한 노력에서 시작된 것이다(Young & Collin, 2004). 급변하는 사회에서 개인의 진로문제를 이해하고 돕기 위해서는 개인을 전체적인 차원에서 이해하고 진로문제에 접근할 수 있는 방법이 필요했고, 진로분야의 실무자들이 이러한 요구에 부응하는 기법을 받아들인 것이다(Brott, 2004; Bujold, 2004; Chope, 2008; Gysbers, 2006; Rehfuss, 2009). Savickas(1997)는 현대사회에서 개인이 일자리를 자주 바꾸게 되었기 때문에, 어떤 자리를 사람들과 연결만 시키는 관점이 더 이상 예전처럼 매력적이지 않다고 지적하였다. 개인도 사회도 급변하는 상황에서 개인의 특성과 직업의 연결이 안정적일 수 없다는 것이다(Savickas, 2005). 따라서 개인은 스스로 자신의 경력을 관리해야만 하며, 진로상담은 내담자로 하여금 자신의 삶에서 의미를 찾도록 조력해야 한다. 구성주의 진로이론은 개인이 자신의 세계에서 사용하고 있는 구조를 이해하도록 돕고, 자신과 직업세계에 관한 인식을 발견하는 새로운 구조를 학습하도록 돕는다(Sharf, 2006).

Savickas(2001, 2002)는 자신의 구성주의적 관점이 Super의 개인 구성요인에 대한 발달 이론과 이야기 진로상담을 결합한 관점이라고 하였다. Savickas는 Super의 자아개념, 진로적응성의 개념을 확장하여 현대 사회에서의 개인의 진로를 이해하고자 했고 최근 그의 구성주의 이론은 생애설계(life designing)라는 새로운 패러다임으로 제시되고 있다(Savickas et al., 2009).

1) 주요 개념

Savickas의 구성주의 진로이론은 직업적 성격, 진로적응성, 생애주제라는 세 가지 구성요인으로 설명된다. 이러한 구성요소는 구성주의 진로이론의 대표적인 접근전략인 이야기(narrative)를 통해 드러난다.

(1) 직업적 성격

직업적 성격(vocational personality)이란 진로와 관련된 각 개인의 능력, 욕구, 가치, 흥미 등을 의미한다. 구성주의 진로이론에서도 개인의 성격 특성이 직업의 특성과 연결된다는 전통주의 이론의 관점을 받아들인다. 진로상담이 개인의 특성에 맞는 진로를 선택할 수 있도록 내담자를 돕는 과정이라는 것은 전통주의 이론의 관점과 동일하나, 구성주의 진로이론에서는 개인의 특성과 직업의 매칭을 주관적인 관점으로 보고 있다는 점에서 기존의 전통주의적 관점과는 차이가 있다. 구성주의 관점에서 직업적 성격은 삶의 맥락 속에서 개발되는 것이기 때문에 개인의 삶이 직업적 선호도를 파악할 수 있는 단서가 된다. 즉, 내담자가 자신과 자신의 삶, 자신의 진로에 대해서 이야기하는 것을 통해 선호하는 직업적 선호도를 평가할 수 있다.

구성주의 진로상담에서는 내담자와 직업에 대한 논의를 촉진시킬 수 있는 간단한 개념적 도식으로 Holland의 RIASEC 모델을 활용한다(Savickas, 2005). 구성주의 진로상담에서 Holland 흥미검사 결과는 내담자의 직업적 성격에 대한 하나의 가능성으로 간주되며 내담자에 대한 가설을 만드는 데 활용된다. 그러나 구성주의 진로상담에서는 Holland 코드로 내담자를 진단하지 않는다. Holland 코드는 내담자의 현재의 상황을 나타내는 것이고, 내담자의 이전 진로나 그가 바라는 진로를 설명해 주지 않는다. 직업적 성격은 삶의 맥락 속에서 형성되는 것이기 때문에 내담자가 자신의 진로에 대해 이야기하는 것을 통해 자신의 흥미를 통찰할 수 있다.

(2) 생애주제

생애주제(life theme)는 개인의 이야기를 검토하고 이야기에 일관되게 드러나는 줄거리를 찾는 것을 통해 규명할 수 있다. 생애주제는 개인이 진로와 관련된 행동을 하게 하고, 생애역할에 의미를 부여한다. 생애주제를 담은 개인의 진로관련 경험담을

'진로스토리(career story)'라고 하는데, 내담자의 여러 진로스토리를 통합하여 생애주제를 찾아 나가는 과정이 바로 구성주의 진로이론에서의 상담과정이 된다. 상담자는 내담자의 진로스토리 속에서 주제를 찾아내고, 내담자가 그 주제를 인식하도록 돕는다. 생애주제를 찾기 위해 상담에서 활용할 수 있는 질문은 "아주 어렸을 때의 기억 세 가지를 말씀해 주십시오.", "당신의 가장 중요한 역할모델은 누구이며, 그 이유는 무엇입니까?", "가장 좋아했던 영화(또는 소설, TV 프로그램, 잡지)는 무엇인가요? 왜 좋아했나요?"와 같은 것이다. 이러한 질문에 대한 진로스토리 속에 중요한 생애주제가 있을 것이라고 생각한다.

생애주제를 확인한 후에는 진로선택을 통해 그 주제를 실현해 보도록 한다. 이론적으로 깊이 숨겨져 있는 생애주제를 발견하고 이를 적용할 수 있다면 생애역할의 더 큰 의미를 찾을 수 있다고 본다.

(3) 진로적응성

진로적응성(career adaptability)은 진로변화나 직업환경에 적응하는 데 필요한 태도, 행동, 능력을 의미한다. 21세기는 빠르고 복잡하게 변화하는 사회이기 때문에 융통성과 적응력이 요구된다. 진로적응성은 변화에 대한 개인의 적응력이라고 할 수 있으며, 앞에서 살펴본 직업적 성격이 진로에서의 구체적 직업을 강조한다면 진로적응성은 자신의 진로를 구성해 나가는 과정에서의 극복과정을 강조한다. 진로적응성은 현재 당면한 진로발달 과업, 직업전환, 마음의 상처 등을 극복하는 데 필요한 개인의 준비도와 자원을 의미하는 심리적 구인이다(Savickas, 2005). 따라서 진로적응성이 있으면 직업에서 자아개념을 실현할 수 있도록 자신을 잘 적응시키게 되고 환경을 변화시키는 과정을 촉진할 수 있게 된다. 이렇게 자신을 사회에 적응시키는 것과 동시에 자신을 환경으로 확장해 나가는 진로적응성의 형성 과정이 바로 자신의 진로를 새롭게 만드는 과정이 된다.

Savickas(2005)는 진로적응성을 네 가지 차원인 관심, 통제, 호기심, 자신감으로 설명하였다. 진로 관심은 미래에 대한 지향성과 미래를 위해 계획하는 것을 의미한다. 진로 통제는 개인이 그들의 진로를 구성해 나가는 데 있어서의 가능성과 유능감을 의미한다. 진로 호기심은 자신의 정체성과 직업세계를 어떻게 맞출지를 이해하고 있는가를 포함하는 탐색적인 태도와 호기심을 의미한다. 진로 자신감은 개인의 의도적인 노력의 결과가 성공적으로 이어지는지에 대한 결과기대를 의미한다. 즉, 진로적응성은 자신의 진로에 대한 관심, 직업적 미래에 대한 통제력, 미래의 자신의 모습과 일에 대한 호기심, 자신의 포부를 추구하는 데 있어서의 자신감으로 구성된다.

2) 이론의 적용

(1) 상담목표

Savickas에 의하면 현대 진로상담의 목표는 개인이 인생을 어떻게 잘 설계하게 할 것인가와 관련된다(Savickas et al., 2009). 그가 제시한 구성주의 진로이론을 바탕으로 한 새로운 패러다임인 생애설계(life designing)를 위한 진로상담의 기본 틀은 전 생애적이고 전체적이며 맥락적이면서도 예방적인 접근이어야 함을 강조한다. 이러한 진로상담의 목표는 내담자의 적응성을 향상시키고 내러티브 능력 즉, 자신의 언어로 정체성을 형성할 수 있도록 돕고 실제로 행동하도록 하며 의도적인 성찰을 통해 자신의 삶과 미래의 의미를 구성해 나가도록 하는 것이다.

(2) 상담기법

구성주의 진로이론에서 대표적으로 활용되는 상담전략은 '이야기하기(storytelling)'이다. 구성주의 이론의 핵심인 의미를 구성하는 방법으로 이야기하기의 역할을 강조한다(Niles & Hartung, 2000; White & Epston, 1990). 진로상담에서 자신과 진로에 대해 이야기하는 것은 현재 자신에 대한 지식을 공고히 하고 미래를 향해 나아가는 데 도움이 된다(Peavy, 1992).

Savickas(2005)는 진로스토리를 이야기하는 것은 과거, 현재, 미래와 관련된 진로적응성을 향상시킨다고 하였다. 개인이 경험하게 될 직업발달 과업, 직업변경, 개인적 상처에 대처하기 위한 준비도와 자원으로 설명되는 진로적응성은 내러티브에 의해 구성된다고 하였다. 진로스토리는 과거와 현재를 융합하고 진로의 새로운 개념을 도출함으로써, 개인과 사회적 맥락의 관계를 어떻게 이해하고 그 관계를 반영해서 행동하는지를 조명한다(Cohen, Duberley, & Mallon, 2004).

구성주의 진로이론의 상담전략인 이야기하기는 그야말로 내담자가 자신의 삶과 자신의 진로에 대해서 이야기하는 것이다. 내담자들은 자신의 과거, 현재, 미래를 이야기하면서 인생의 주제를 분명히 하고 목표를 향해 나아가기 위한 다음 단계에 대해 이야기함으로써 진로 미결정의 문제를 해결하고 주저함을 극복하게 되는 것이다(Savickas, 1995).

Savickas(1989)가 제시한 진로 미결정에 대한 이야기 상담모형은 5단계로 이루어져 있다. 첫 번째 단계는 상담자가 내담자의 이야기를 통해서 드러나는 내담자의 생애주제를 수집하는 것이다. 두 번째 단계는 상담자가 내담자에게 생애주제를 이야기하는 것이다. 세 번째 단계는 내담자와 상담자가 생애주제와 관련되는 현재의 미결정 상태가 의미하는 것을 논의하는 것이다. 네 번째 단계는 내담자와 상담자가 생애주제를 미래로 확장하는 것이다. 마지막 단계는 내담자와 상담자가 진로선택을 이행하고 상술할 필요가 있는 행동적 기술을 연습하는 것이다. 이렇듯 진로 미결정의 문제뿐만 아니라 내담자의 다양하고 맥락적인 진로문제를 이해하고 급변하는 사회에서의 적응을 돕기 위한 진로 재구성을 위한 상담기법으로 이야기하기는 유용하다(Richardson, Meade, Rosbruch, Vescio, Price, & Cordero, 2009).

구성주의 진로이론의 상담기법으로 진로스토리를 이야기하는 것을 돕기 위해서 다양한 방법들이 이야기하기의 틀로 제시되고 있는데 미래의 자서전 쓰기, 유언장 쓰기, 진로 이력서 쓰기 등이 있다(Savickas, 1991). 여기에서는 Savickas(1989), Cochran(1997), Hansen(2002)이 제시한 방법들을 소개하고자 한다.

Savickas의 진로유형면접

Savickas(1989)는 내담자의 진로스토리를 끌어내기 위한 방법으로 진로유형면접(Career Style Interview)을 제안하였다. 진로유형면접은 일종의 구조화된 면접으로 상담자는 8단계의 질문을 통해 상담을 진행하게 된다. 첫 번째 단계에서는 상담에 대한 내담자의 준비도를 파악하고 상담의 목표설정을 하기 위한 질문을 한다. 나머지 7단계의 질문은 역할모델, 잡지나 TV 프로그램, 책이나 영화, 여가와 취미, 명언, 교과목, 생애초기 기억 등에 관한 내용으로 구성된다. 진로유형면접에서 얻은 자료를 통해 상담자는 내담자의 생애주제를 이끌어 내고, 직업적 성격과 진로적응성을 평가할 수 있다. 동시에 내담자는 진로유형면접의 질문들에 답해 나가면서 자신의 진로스토리를 만들어 나가게 되고, 이 이야기를 통해 진로나 교육과 관련된 당면한 선택을 하면서 자신의 삶의 의미를 더하게 된다. 이 과정에서 상담자는 내담자가 자신에 대한 생각을 명확히 하고, 스토리에서 발견한 시사점을 이해하고 활용할 수 있도록 도와야 한다. 이 과정에서 내담자의 스토리에서 드러난 생애주제를 호소문제와 연결시킬 수 있어야 한다.

Cochran의 이야기 진로상담

Cochran은 Savickas와 더불어 진로에 내러티브를 반영한 학자이다(Sharf, 2006). Cochran(1997)의 이야기 진로상담은 내담자가 자신의 이야기를 말하는 데 있어서 능동적인 역할에 초점을 둔다. 그의 이야기 진로상담 과정은 일곱 가지 에피소드로 구성된다.

첫 번째 에피소드는 진로문제를 상세하게 설명하는 것이다. 이 단계에서는 내담자의 현재 상태와 원하는 것 사이의 차이를 탐색하고 이러한 상황에서 내담자가 원하는 것이 무엇인지를 말하게 하는 것이다. 이를 통해 실제와 이상 간의 간격을 좁히기 위한 작업을 하게 된다. 이 단계에서 내담자의 진로문제를 자세히 설명하게 하기 위해 카드분류법이나 흥미검사, 가치관검사, 능력검사 등을 활용하고 이를 통합할 수 있다. 두 번째 에피소드는 삶의 역사를 구성하는 단계이다. 이 단계에서 내담자는 과거의 행동과 경험을 이야기하면서 내담자의 관심, 가치, 능력, 동기에 대한 정보를 탐색할 수 있고, 내담자가 그의 삶에 있어서 중요한 사건에 어떤 의미를 부여하고 있는지를 알게 됨으로써 내담자의 삶을 조직화하는 방법을 탐색하게 된다. 세 번째 에피소드는 미래의 이야기 발견하기이다. 내담자는 미래의 이야기를 구성하고 이야기함으로써 자신의 강점, 흥미, 가치를 활용하게 된다. 삶의 역사 구성하기 단계나 미래의 이야기 발견하기의 단계에서는 성공경험 탐색, 생애곡선 등의 방법을 이야기의 틀로 사용할 수 있다.

네 번째 에피소드는 실재 구성하기, 다섯 번째 에피소드는 삶의 구조 변화시키기, 여섯 번째 단계는 역할 수행하기이다. 이 단계에서는 내담자가 이전에 이야기한 내용을 실행하고 능동적으로 대처하는 데 초점을 맞춘다.

일곱 번째 에피소드는 결정을 구체화하는 단계이다. 이 단계에서는 장애물을 명료화하고 기회를 실현하며 진로결정에 반영하기의 방법이 적용된다.

Cochran에 의하면 첫 3단계 에피소드에서 내담자들은 그들의 진로문제를 면밀하게 능동적으로 검토함으로써 자신의 삶의 의미를 찾고, 삶에 대한(삶을 구성하는) 이야기를 하고, 미래를 탐색(미래의 이야기를 구성)한다. 과거에 대한 이야기를 하고 미래에 대한 이야기를 구성한 후에 내담자들은 행동화하는 세 가지 에피소드(실재 구성하기, 삶의 구조 변화시키기, 역할 수행하기)로 이동한다. 이러한 세 가지 일화가 완성되면서 개인들은 의사결정의 구체화를 향해서 움직일 수 있게 된다(Sharf, 2006).

Hansen의 Circle of Life

Hansen(2002)은 내담자가 자신의 진로를 이야기하는 것을 돕기 위한 틀로 'Circle of Life'를 고안하였다. Hansen(2002)에 의하면 Circle of Life는 개인의 가치관, 욕구 등의 성향과 역할모델, 촉진자, 방해자 등의 외부요인을 탐색할 수 있고, 일과 다른 삶에서의 역할 사이의 관계를 인식하게 한다고 하였다.

Circle of Life는 6단계에 걸쳐 이루어지고 각 단계마다 자신의 진로스토리를 이야기하게끔 한다. 첫 단계는 나의 인생 스토리 기술하기인데 자신의 어린 시절, 청소년기, 성인기, 중년기, 노년기의 인생 여정에 대해 기술하는 것이다. 두 번째 단계는 앞에서 기술한 인생 여정의 스토리를 단계로 나누고 챕터별로 제목을 붙이는 것이다. 이 단계에서의 작업은 인생에서 중요한 사건이나 의미 있는 국면을 선택해서 이야기의 제목을 부여하는 것이다. 세 번째 단계는 인생의 가치, 인생에서의 기대했던 혹은 기대하지 않았던 사건, 전환, 결정, 목표와 성취, 실패 등에 대해 이야기하는 것이다. 네 번째 단계는 인생의 하이라이트 부분을 이야기하는 것인데, 여기에서는 외적, 내적 장애물과 촉진자, 멘토나 역할모델, 만족감을 느꼈던 때, 문화, 성, 사회경제적 위치, 가족이나 일의 중요성에 대해 이야기하도록 한다. 다섯 번째 단계는 인생에 있어서 원동력이 되었던 핵심을 상징으로 나타내는 메타포에 대해 표현하는 것이다. 메타포의 예는 '음과 양', '진로 사다리 건너기' 등이다. 참가자들의 다양한 언어적 표현은 이 작업에 즐겁게 참여하는 데 도움을 줄 수 있다. 여섯 번째 단계는 이야기를 구성하는 단계로 인생에서 원하는 것, 성취하기를 바랐던 것을 찾고 이를 이루기 위해서 무엇을 할지를 이야기하는 것이다.

이러한 단계는 인쇄된 'Circle of Life' 스토리 라인을 완성함으로써 이루어진다. Hansen(2002)이 제시한 Circle of Life는 11×17인치의 종이에 인쇄되어 제시된다. 내담자들이 Circle of Life 스토리 라인을 완성하면서 그들의 진로와 생애(현재와 과거의)에 대한 세부적인 질문에 답하도록 하고, 미래의 목표에 대해 그려 보도록 한다. 상담과정 동안 내담자들과의 대화를 촉진하는 방법으로 그들의 스토리에서 의미 있는 챕터와 주요 사건들에 대해 상세히 말하도록 질문하고 스토리 라인을 특별한 제목으로 나누어 보도록 한다. 이외에도 '현재 당신의 진로스토리를 어떻게 설명할 수 있는가?', '자라면서 가장 영향력 있는 사람은 누구였고 어떻게 영향을 미쳤는가?', '인생계획에서 가장 큰 걸림돌이었던 것은 무엇인가?' 등의 질문을 할 수 있다.

이외에도 구성주의 진로이론에서는 구성주의 평가방법으로 생애곡선, 자서전 쓰기, 카드분류, 진로 사다리, 가계도, 포트폴리오 등의 방법을 제시하고 있다(Brott, 2001; Cochran, 1997; Emmett, 2001; Forster, 1992; Neimeyer, 1992; Peavy, 1996). 이러한 구성주의 진로상담의 목표는 내담자의 개인적 구조를 알아내고 이러한 구조가 다른 사람들과 어떤 관계를 갖고 있는지, 그리고 이러한 구조들의 중요성을 내담자가 인식하게 하는 것이다(Emmett, 2001). 구성주의 상담자들은 개인이 자신의 세계에서 자신이 사용하고 있는 구조를 이해하도록 돕는다. 또한 개인이 자신과 직업세계에 관한 인식을 발견할 수 있게 하는 새로운 구조를 학습하도록 돕는다.

다음의 사례는 구성주의 방식으로 상담한 내용의 일부를 발췌한 것이다. 내담자인 김기주는 대학교 3학년 학생으로 공대에 재학 중이다. 전공이 자신과 맞지 않아 고민 중이고 경영학과로의 복수전공을 고려하고 있는 상태이다. 이전 상담에서 자신의 과거에 대한 이야기를 하면서 초등학교 5학년 때 국제 금융위기로 아버지의 사업이 부도가 나면서 이전까지 경제적으로 부유한 삶을 살다가 어려워졌다고 하였다. 자신의 인생에 있어서 중학교 시기는 암흑기, 고등학교 시기는 다시 찾아온 황금기라고 하였다.

상: 중학교 때의 이야기에 제목을 붙이자면 뭐라고 할 수 있을까요?

내: 암흑기죠. 중세시대와 같은…….

상: 학교에서는 모범생이었지만 혼자서 암흑기를 겪고 있는 상태였군요. 마음에 와 닿네요.

내: 그때를 돌이켜 보면 잘못 나가지 않은 게 다행이라는 생각이 들 정도니까요.

상: 그때의 일이 기주씨에게 어떤 식으로 영향을 미치는 것 같나요? [상담자는 중학교 때의 사건이 내담자에게 어떤 의미가 있는지 탐색하고자 한다]

내: 국제 금융위기의 여파를 겪으면서 지낸 세대니까 굉장히 돈에 대해서 민감해요. 돈을 어떻게 벌고 어떻게 저축하고 그래서 그런 쪽으로 제가 좀 또래에 비해서 많이 발달할 수가 있었어요. 경제적으로 몸소 느꼈기 때문에. 많이 벌었으면 많이 저축을 해서 그런 피해에 대비를 해야 한다는 생각을 하게 되었죠.

상: 어려운 시기를 겪으면서 경제적인 면에 대해 더 많이 생각하게 되었네요.

내: 고등학교 들어가면서 금융 같은 관련된 책을 많이 읽었어요. 고등학교 때 채권 관련된 책 보고 그랬어요.

상: 암흑기를 거치면서 경제, 경영 쪽에 관심이 커졌던 거군요. [부정적인 사건이지만 내담자의 삶에 의미를 형성하고 있음을 확인한다]

내: 저한테 지금까지도 되게 중요한 가치 중 하나는 돈이에요. 돈이 물질적으로 뭘 사고 소비하기 위한 수단보다는 돈을 가지고 있다는 자체가 저한테 동기가 될 수 있고 돈을 버는 행위가 능력의 가치를 인정받는 거라 생각하니까 중요하게 생각하는 것도 있고 해서. 돈을 잘 벌고 잘 써야 되겠다는 생각이 있기 때문에 저한테는 돈이 중요한 가치에요.

상: 인생의 하이라이트는 언제였나요?

내: 고등학교 2학년 때. 황금기라고 할 수 있죠. 지금까지도 소울메이트라고 할 수 있는 친구들을 만나고 집안의 경제가 나아지면서 활발함을 다시 찾을 수 있었어요.

상: 친구들 사이에서 자신은 어떤 역할을 했던 거 같아요?

내: 서로 주장이 센 애들끼리 붙으면 다툼이 나잖아요. 그런 게 좀 있었어요. 그때는 그걸 몰랐지만 지금 생각해 보면 독선적인 모습이 있었다는 생각이 들어요. 애들 중에서는 좀 결정권을 제가 많이 가지고 있었죠. 그런 모습도 전체적으로 아버지 영향인 것 같아요. 아버지의 성향.

상: 진로에 있어서 가장 큰 영향을 끼친 사람이 있다면 누굴까요? [내담자에게 영향력을 끼친 인물로 아버지의 이야기가 언급되고 있음에 주목한다]

내: 아버지라고 할 수 있을 것 같아요. 중학교 시절 암흑기를 견딜 수 있었던 것도 아버지가 다시 회복하시리라는 믿음이 있었기 때문이었구요. 실제로 회복하셔서 고등학교 때는 다시 안정을 찾을 수 있었어요. 아버지의 사업적 능력, 성향으로부터 많은 영향을 받은 것 같아요. 그리고 어릴 때 아버지를 많이 따라다녔어요. 아버지 사업하시는 데 가서 차안에서 기다리기도 하고 많이 봤어요.

〈중략〉

상: 앞으로 미래의 모습을 그려 보면서 미래의 모습을 이야기해 보죠. [미래에 대한 구체적인 이야기를 통해 진로문제해결을 위한 방법을 모색하고자 한다]

내: 저는 제 나이 27, 28쯤에 아마 취직을 하게 될 거예요. 저도 이제 웬만하면 좋은 데 들어가고 싶죠. 두 가지 길이 있는데 회사에서 어느 정도 지위까지 올라가야 되겠다는 생각이 들면 3년 정도 다니다가 MBA를 생각하고 있어요. 지금 바로 대학원에 가는 것보다 일을 하고 나서 대학원 가는 게 좀 더 거시적으로 볼 수 있는 눈이 생길 것 같아요. 여건이 된다면 공부를 2년 정도 더 하고 학위를 따고 그때부터는 저도 어느 정도 커리어가 되니까 뭔가 재미있는 쪽으로 나가고 싶죠. 좋아하는 일을 해서 그쪽을 깊게 파서 여건이 된다면 그때는 회사를 나와서 제 사업을 차리겠죠. 마흔 살 전에 서른아홉쯤에는 했으면 좋겠는데 그렇게 하고 싶어요. 그래서 만약 사업체가 잘 된다면 그 후에는 사회적 기업을 하고 싶어요. 그러면 정말 모든 걸 다 이룰 수가 있는 거죠. 사업체를 하면서 사회적으로 도움이 되면서 재밌으면서도 사회적 공익을 실천하는 거니까. 이게 제 꿈이죠.

상: 지금까지 자신에 대한 이야기를 해봤는데 자신의 모습을 잘 나타내는 표현을 찾는다면 무엇일 것 같아요? 한마디로 표현을 한다면 상징적인 거든지 뭐든지 나를 정의할 수 있는 것이면 무엇이든 좋아요.

내: 태양이요. 항상 되게 빛나고 싶어요. 뜨겁고 구름에 가리는 것도 싫어하고 빛을 내서 누군가를 도와주는 거잖아요. 앞을 볼 수 있게. 항상 불 타고 있고. 언젠가 구름이 끼고 비가 내리면 저도 힘든 시기가 오니까 그래도 숨었을 뿐이지 꺼진 게 아니니까 그런 것 같아요.

상: 그러네요. 본인을 잘 표현하는 거 같네요. 태양의 강한 면과 다른 사람을 도와주기도 하고 영향력을 발휘하는 모습이 기주씨의 가치를 잘 드러내는 것 같아요.

이 사례에서 상담자와 내담자는 내담자의 과거 중요사건을 이야기하면서 그러한 사건이 내담자의 진로에 어떻게 영향을 미치고 있는지를 탐색하고 내담자의 진로에 영향을 미친 인물을 이야기하며 내담자의 가치와 생애주제를 탐색해 가고 있다. 이야기를 통해 내담자가 희망하고 있는 경영학으로의 전환에 확신이 생기고 그것이 구체화되고 있음이 나타나고 있다. 미래의 진로를 구체적으로 이야기해 보는 작업에서 내담자가 무리 없이 자신의 진로를 이야기해 나가는 것은 내담자가 진로에 있어서의 갈등이나 어려움을 잘 해결해 나가고 있음을 의미한다.

제 3 부

진로상담의
과정과
기법

진로상담
의
과정

1. 진로상담 과정의 특징

진로상담은 개인의 진로발달을 촉진시키거나 진로계획, 진로·직업의 선택과 결정, 실천, 직업적응, 진로변경 등의 과정을 돕기 위한 활동을 의미하는 것으로 '진로'라는 특정 주제에 초점이 맞추어져 있으나 상담이라는 큰 영역 안에 포함된다고 할 수 있다. 일반적으로 진로상담의 과정은 심리상담 과정과 많은 공통점을 가지고 있지만 진로선택이 상담과정 중에 일어난다는 진로상담만의 특수성에 따른 차이점이 있다. 따라서 진로상담자는 심리상담으로 오리엔테이션 되어 있는 상담과정 및 기법과는 차별되게 접근해야 하는 진로상담의 과정을 이해하고 진로상담을 진행해야 할 것이다.

진로상담은 특성 – 요인이론가인 Frank Parsons(1909)에 의해 시작되었다고 할 수 있는데 그는 세 가지 진로상담 단계를 제안하였다. 첫째 단계는 적성, 능력, 흥미, 자원, 한계점 등 내담자 자신의 다양한 특성을 이해하도록 하는 것이고, 둘째 단계는 성공의 조건, 각 직업의 장점과 단점, 직업에서 주어지는 보상, 직업을 가질 수 있는 기회, 직업의 미래 전망 등 직업에 대한 정보를 쌓도록 하는 것이다. 셋째 단계는 앞에서 말한 두 가지 즉 자신에 대한 이해와 직업에 대한 정보를 논리적으로 잘 연결시키도록 돕는 것이다. 따라서 Parsons의 모형을 통해 자신에게 맞는 직업을 찾으려면 자신에 대한 이해와 직업에 대한 충분한 이해와 정보를 통해 개인에게 맞는 직업을 선택하도록 하는 것이다.

Williamson(1939)은 진로상담의 과정을 여섯 단계로 제시하였다. 1단계는 상담자가 내담자에 대한 여러 가지 자료를 분석하고, 2단계는 이를 요약하는 단계, 3단계 문제진단과 4단계 가능성 예측, 5단계 실제 상담과 6단계 추수지도라는 진로상담의 기본적인 단계를 제시하였다(김봉환 등, 2013). 진로상담의 발달에 따라 최근에 진로상담자는 전통적인 개입전략에만 머무는 것이 아니라 내담자가 진로상담에 적극적으로 참여할 수 있도록 하는 상담 기반의 전략도 추가로 사용하고 있다. 또한 각 내담자의 문제와 상황에 맞는 개입전략을 개발하기 위해 내담자와 협력하고 있다(이동혁, 황매향, 임은미, 2013).

Sampson, Reardon, Peterson과 Lenz(2009) 등은 진로상담을 할 때 다음과 같은 네 가지 이로운 점이 있다고 하였다.

첫째, 개인은 이용 가능한 교육적·직업적 선택의 복합적인 영역으로부터 최적의 이익을 얻을 수 있고, 그것에 대처해 나갈 수 있다.

둘째, 교육과 훈련과정 제공자들은 학습자의 욕구에 맞는 프로그램을 통하여 학습자를 돕는 효과를 증가시킬 수 있다.

셋째, 고용주들은 피고용인들의 기술과 동기가 자신의 요구와 일치하는지 파악하는 데 도움을 받을 수 있다.

넷째, 정부는 사회의 인력을 가장 경제적으로 활용하고, 사회적·정치적 목적을 선택하는 데 연결시킬 수 있다.

심리상담과는 달리 진로상담의 특수성은 상담과정 중에 선택과 결정이 이루어진다는 것이다. 따라서 진로상담의 가장 중요한 목표는 진로선택(selection of a career)과 진로적응(career adjustment)이라고 할 수 있다. 즉 개인에게 가장 적합한 진로를 찾도록 도와주는 것을 진로상담의 목표라고 볼 수 있는데, 진로상담에서 중점적으로 다루어야 할 공통 내용을 제시하면 다음과 같다.

자신에 대한 보다 정확한 이해 증진

진로상담에서 선행되어야 할 것은 내담자의 신체적 조건, 적성, 홍미, 성격, 능력, 가치관, 역할 등에 대해서 정확한 이해를 할 수 있도록 도와주는 것이다. 그렇게 하기 위해서는 내담자로 하여금 여러 측면에서 자신을 있는 그대로 정확하게 인식하도록 하는 자기탐색(self-exploration)의 경험을 제공해 주는 것이 필요하다(Sharf, 2002).

직업세계에 대한 이해 증진

진로상담을 하는 내담자는 자기 자신을 정확하게 이해한 다음에는 자신이 종사할 직업세계에 대해서 알아야 한다. 즉 직업과 관련된 정보에 익숙해져야 한다. 따라서 내담자로 하여금 직업세계를 전체적으로 조망할 수 있도록 하고, 이러한 전체적인 틀 속에서 자신에게 맞는 전공과 직종에는 어떤 것들이 있는지, 특정한 직종의 장래전망은 어떤지, 선택한 분야에 가능한 진로에는 어떤 것들이 있는지 등에 대해서 올바른 이해를 할 수 있도록 해야 한다.

합리적인 의사결정 능력 증진

진로상담의 마지막 결과로 나타나는 것이 바로 진로결정이라고 할 수 있다. 자신에 대한 정보, 직업세계에 대한 정보, 자신의 직업관과 가치관 등을 가지고 최종적으로 진로를 선택하게 되는 의사결정을 해야 한다. 많은 진로발달에 관한 이론도 의사결정에 초점을 두고 있고 다양한 의사결정 과정을 설명하고 있다(Zunker, 2002).

일과 직업에 대한 올바른 가치관 및 태도 형성

우리는 일반적으로 일 즉 직업을 갖는 것을 생계의 수단으로 생각하는 경향이 있으나 일을 하는 것은 생계수단 이상의 의미를 갖는다. 일이 갖는 본래의 의미를 깨닫고 올바른 직업관과 직업의식을 갖도록 하는 것이 진로상담의 중요한 기능이다.

직업 결정

합리적인 의사결정 과정을 거쳐서 진로를 선택한 다음에는 실제로 그 직업을 갖는 것으로 일단락을 짓게 된다. 즉 진로결정의 결과로 실현되는 것이 바로 취업이라고 할 수 있다. 따라서 진로상담은 체계적인 취업지도를 포함해야 한다. 각 학교 급별로 이에 해당하는 적절한 취업지도가 필요하다. 특히 대학에 진학하지 않는 비진학 청소년이나 근로청소년, 중퇴생들에 대한 취업지도는 절대적으로 필요하다. 여기에는 자신의 전공이나 특성 등에 적합한 직업을 찾는 일에서부터 입사지원서 및 이력서 작성법, 면접방법까지 포함된다.

직업적응 기술 증진

현대의 진로유형은 일생을 통한 다수의 선택으로 구성되고, 대부분의 사람들이 진로선택보다는 선택한 진로에서 더 많은 시간을 보내지만 진로결정에 비해서 실제 작업현장에 관한 문제 즉 직업적응에 대해서는 관심을 갖지 않고 있는 실정이다 (Hershenson, 1996). 개인의 능력, 가치관, 성격유형, 흥미 등이 직업적응과 밀접한 관계가 있다. 따라서 진로상담은 이러한 요인들과 직업적응을 잘 연계시켜서 내담자들로 하여금 선택한 진로에 잘 적응할 수 있는 능력을 길러 주도록 해야 할 것이다.

상담의 목표를 달성하기 위한 과정은 어떤 원칙이 있는 것은 아니지만 문제를 해결해 가는 공통의 과정을 구분해 볼 수 있으며, 진로상담 과정 또한 심리상담의 과정으로 이해해도 무방할 것이다. 이에 김봉환 등(2013)은 진로상담의 과정을 관계수립 및 문제의 평가, 목표의 설정, 문제해결을 위한 개입, 훈습, 종결과 추수지도의 과정으로 구분하였다. 또한 김봉환 등(2013)은 접수면접, 관계수립 및 내담자 분류, 문제평가 및 목표설정, 행동계획 수립 및 행동 실행을 위한 조력, 종결 및 추수지도로 구분하였다. 여기서는 상담 및 진로상담의 이론을 기초로 하여 진로상담의 과정을 다음과 같은 단계로 구분해 보았다.

시작 단계는 내담자와 관계맺기 및 내담자 분류 단계이다. 이 단계는 초기면접으로 시작한다. 초기면접은 진로상담에 의뢰된 내담자에 대한 정보를 얻기 위해 상담자가 면접하는 것이다. 내담자는 비교적 뚜렷한 목표를 가지고 방문하기 때문에 문제를 충분히 이야기하고 명료화할 수 있도록 돕는다. 신뢰감 형성을 위해 내담자와 관계를 맺고 내담자를 이해하는 과정이 포함된다. 또한 이 단계에서는 상담자의 숙련도과 매력, 신뢰성이 어느 정도 내담자에게 전달되느냐에 따라 상담의 효과에 영향을 줄 수 있다.

두 번째 단계는 문제평가 및 목표설정 단계이다. 이 단계에서는 내담자가 호소하는 문제를 평가하고 그에 따른 목표를 설정한다. 이 단계에서 가장 중요한 것은 내담자의 걱정이나 문제의 본질을 파악하도록 문제를 구체화하고, 상담에 대한 내담자의 기대와 지각을 고려하여 목표를 설정하는 것이다.

세 번째 단계는 행동계획을 수립하고 실행을 하도록 돕는 문제해결을 위한 계획수립 및 실행 단계이다. 상담자는 내담자가 최선의 방법을 찾도록 도우며, 그것의 실천 가능성을 점검하고, 실천과정을 정하고, 실천 시 어려움, 실천 시 느낄지도 모르는 심적 부담, 결과 예상 등을 고려하여 준비하도록 돕는 과정이다.

네 번째 단계는 종결 및 추수지도 단계이다. 당면 문제가 해결되었을 때 종결을 준비하며, 내담자가 문제로 여겼던 상황과 비슷한 상황이 반복될 때 어떻게 대응하는지 연습시킨다.

앞에서 제시한 진로상담 과정의 네 단계에서 상담자와 내담자 간에 어떠한 상담 과정이 진행되는지 다음에서 구체적으로 기술한다.

2. 내담자와 관계맺기 및 내담자 분류

1) 초기면접

이 단계는 상담자가 내담자의 진로문제 원인과 특성에 대한 정보를 얻기 위해 면접을 하는 것이다. 내담자들은 진로문제를 자각하게 되었을 때 진로상담을 위해 상담센터나 상담자에게 자신의 문제를 의뢰하게 되고, 상담자와 초기면접을 하게된다.

표 7.1_ 초기면접에서 확인해야 할 정보

구분	정보 내용
상담신청서를 통해 알 수 있는 정보	내담자에 대한 기초정보
	가족관계에 대한 기초정보
	상담주제 및 영역
	상담센터 방문 경위, 상담신청 이유
	이전 상담경험
초기면접에서 파악해야 할 정보	호소문제와 상담신청 경위
	현재 및 최근의 주요 기능 상태
	스트레스 원인과 사회적, 심리적 작용
	개인사 및 가족관계
	외모 및 행동특성
	심리검사 결과 및 평가
	기타 정보

초기면접에서 상담자는 내담자와 성공적인 관계의 발달을 탐색할 기회를 갖고, 내담자를 관찰하고 내담자에 대한 정보를 수집하기 시작한다. 또한 초기면접은 상담에 대한 각자의 책임을 명료화할 기회와 구조를 제공하도록 돕는다(Drummond & Ryan, 1995). 초기면접에서 확인해야 할 정보로는 내담자에 대한 기초정보 및 가족관계, 방문경위, 상담신청 이유 등이 포함된다. 내담자에 대한 정보는 내담자를 전반적인 환경 속에서 이해하고, 내담자의 고민과 문제를 이해하는 데 도움이 된다. 상담자 또는 상담기관에서는 초기면접을 효과적으로 수행하기 위해서 내담자에 대해 수집해야 할 정보 내용을 양식으로 만들어 사용하는 것이 좋다(〈표 7.1〉 참조).

2) 관계맺기

심리상담에서뿐 아니라 진로상담 과정에서도 상담자와 내담자의 관계맺기는 중요한 부분이다. 내담자는 상담자와의 관계를 통해서 자신감을 얻게 되고, 자기 안에 있는 믿을 만한 힘을 발견하게 되며, 자신의 능력을 활용하게 된다(Bohart & Tallman, 1999). 이러한 상담자와 내담자의 관계맺기는 진로상담 전 과정을 거쳐서 발달하고, 상담과정 및 성과에 영향을 준다. Carl Rogers(1951, 1961, 1989)가 말한 상담자가 내담자와 관계를 맺는 기본적인 태도인 일치성(진솔성), 무조건적 긍정적 존중, 공감적 이해는 심리상담자뿐 아니라 진로상담자에게도 해당되는 기본적인 태도라고 할 수 있다.

내담자와 진실한 관계를 맺기 위한 전제조건 중의 하나가 상담자 자신이 상담자로서의 자기 모습을 점검할 수 있어야 하는 것이다. 진로상담자로서 나는 어떠한 준비를 해왔는지, 실습교육, 훈련, 자격증 등을 준비하고 있는지, 진로와 관련된 최근 정보를 업데이트하고 있는지 점검해 보아야 한다. 또한 상담자로서의 장점과 단점 등을 파악하고, 관계맺기에서 드러나는 자신의 특징이 무엇인지 알고 있어야 한다.

진로상담 초기에 이루어지는 내담자와의 상담관계 맺기는 향후 상담성과와 관련하여 매우 중요하다. 따라서 진로상담 과정에서 상담 초기에 관계에 초점을 맞추는 것이 중요하며, 긍정적인 협력관계를 형성할 필요가 있다. 상담자와 내담자의 관계맺기는 크게 조력관계 맺기와 상호 상담협력관계 맺기로 설명할 수 있다. 조력관계 맺기는 내담자가 상담장면에서 자신이 중요한 존재라고 느끼는 것을 말한다. 이러한 내담자의 느낌은 상담을 하기 위해 상담실을 방문하는 순간부터 시작된다. 도움을 받기 위해 상담실을 방문하는 내담자는 위축되기 쉽다. 이때 내담자가 방문한 사실을 누군가가 알아봐 주고 환영해 주어야 한다. 상담실에 대한 첫인상은 상담자와의 만남에도 영향을 줄 수 있기 때문이다. 내담자의 중요성을 알려 주는 또다른 방법은 내담자의 이야기를 충분히 시간적 여유를 두고 자세히 들어 주는 것이다. 상담자가 잘 듣는 것은 진로상담에서도 매우 중요한 부분이다. 상담자가 경청할 때 내담자는 상담자가 진실로 자신의 안녕에 관심을 가지고 있다고 믿게 되고, 상담자가 나를 돕는 사람이라고 신뢰하게 되면서 깊이 있는 관계를 맺어 가는 것이다.

상담이 시작되면 상담자는 내담자에게 상담의 과정을 설명하고, 상담과정에서 발생하게 되는 서로의 역할을 협상하고 설정해야 한다. 상담자는 내담자와의 관계를 위해서 내담자의 기대나 역할에 대해서 분명하고 정직한 논의를 하는 것이 중요하다. 상담자는 내담자가 상담에 대해 갖게 되는 생각과 기대에 대해서 상담 초기에 확인하고 다루는 것이 필요하다. 이때가 바로 진로상담 과정에서 서로의 책임과 역할에 대해서 소개하고 의논하는 시간이 되는 것이다.

상담협력관계를 협동작업, 상호적 관계, 함께 작업해 나가는 두 사람의 협력이라고 설명한다(Meara & Patton, 1994). 상담 초기과정에서 상담자와 내담자의 상담협력관계를 잘 형성하기 위해서 상담자는 내담자가 전달하고자 하는 메시지를 잘 경청해야 한다. 내담자가 하는 이야기만을 듣는 것이 아니라 이야기 속의 숨은 내용을 잘 듣고 반응해 주어야 한다. 상담자가 내담자가 무엇을 말하려 하는지 잘 듣고, 공감하는 것은 초기 상담관계 기반을 형성하는 것뿐 아니라 상담과정에 대한 구조화에 도움이 된다. 최근 연구결과들은 좋은 상담관계 형성에 대해 관계 속에서 서로 잘 정의된 목표를 확립하고, 이러한 목표추구를 증진시키는 상호 합의된 과제를 찾고, 함께하는 상담시간을 가장 건설적으로 사용하기 위한 효율적인 유대를 만드는 것으로 정의한다(김봉환, 2010). 많은 진로상담자들은 이러한 상담협력관계가 진로상담 초기에 이루어질 때 내담자를 위한 상담방향을 제시할 수 있고, 상담에 대한 더 좋은 성과를 기대할 수 있다고 제안한다.

내담자와의 관계맺기는 상담실이 갖춘 물리적 환경의 영향도 받는다. 상담자는 상담실의 환경이 내담자에게 어떻게 경험될 것인가를 고려해야 한다. 상담실의 채광

과 온도가 적절한지, 규모나 탁자 배치가 적절한지, 실내장식은 편안한지, 방음상태
는 적절한지, 상담에 집중할 수 있는 분위기인지 등은 내담자가 상담실에 대한 첫인
상을 갖게 하는 요소로 초기 상담관계를 맺는 데 영향을 주는 물리적 환경이다.

3) 내담자 이해하기

진로상담자가 내담자의 이야기를 잘 듣는 것은 둘 사이의 관계맺기에 영향을 줄 뿐
만 아니라 진로상담을 받는 내담자가 누구인지를 이해하는 데도 중요하다. 상담
자뿐 아니라 내담자는 이야기하면서 자신이 진로상담을 받기로 결정했을 때 자신
의 현재 상태와 원하는 상태, 혹은 자신이 있는 곳과 있기 원하는 곳 사이에 차이가
있다는 것을 자각하게 된다. 이러한 차이를 진로문제라고 하는데, 내담자가 차이에
대한 자각이 증가하면 진로문제해결과 의사결정을 하도록 자극하는 긴장이 생긴
다. 이러한 긴장이 내담자로 하여금 진로상담을 받겠다는 동기를 제공한다. 일반적
으로 내담자는 변화에 대한 두려움보다 그들이 느끼는 불안이 더 커질 때 진로문제
에 대한 도움을 찾는다. 또한 내담자는 그들이 현재 가지고 있는 지지 자원이 문제
해결을 돕기에 불충분할 때 도움을 찾는다. 내담자가 도움을 요청하는 이유는 대체
로 상담 초기에 명료화된다(Sampson et al., 2004).

내담자는 이야기를 통해 자신의 문제를 표현한다. 따라서 상담자는 내담자를 이
해하기 위해서 내담자의 이야기에 귀 기울여야 할 뿐 아니라 상황에 맞는 탐색 질문
을 통해 구체적이고 상세하게 자신의 문제를 잘 표현할 수 있도록 도와야 한다. 이
때 상담자는 내담자가 처한 상황만을 듣는 것이 아니라 내담자가 문제상황을 어
떻게 지각하고 있으며, 무엇을 느끼고, 생각하는지에 대해서도 탐색하고 듣게 될 때
온전한 내담자와 만나게 되고 이해할 수 있게 된다.

내담자의 문제는 단순하지 않다. 우리의 삶과 생각이 복잡한 만큼 여러 가지 문
제들이 얽힌 실타래처럼 보고되는 경우가 많다. 실타래를 풀기 위해서는 시작점을
찾고 거기서부터 천천히 하나씩 풀어 나가야 시간이 걸리더라도 실타래를 온전히
풀어 정리할 수 있다. 내담자의 드러나는 문제를 한꺼번에 다룰 수는 없다. 내담자
가 가진 문제들을 명료화하고 그 가운데서 상담자와 내담자는 먼저 다루어야 할
문제의 우선순위를 합의하에 결정하여 다루어야 한다.

진로상담 영역에서 모든 문제를 한꺼번에 다룰 수는 없다. 진로상담자는 초기면

접에서 자신이 다룰 수 있는 문제인지를 평가하고 상담을 시작한다. 진로상담에서 전형적으로 다루는 몇 가지 문제영역이 있다. 그 내용은 개인의 진로발달과 그가 가진 상황에 따라 달라지지만 대체로 진로탐색과 의사결정, 직업탐색과 직업적응, 경력개발, 전직 등이다.

내담자와 신뢰로운 관계를 맺고 내담자 문제를 더 잘 이해하기 위해서는 상담 과정에서 일어나는 내담자 정보를 더 깊이 있게 탐색하고 정교화해야 한다. 탐색에 걸리는 시간은 상황과 내담자의 자원에 따라 다르며, 내담자를 탐색하기 위한 다양한 방법으로는 깊이 있는 질문, 이야기하기, 중요한 사람으로부터 얻는 정보, 표준화 검사와 비표준화 검사 등을 활용할 수 있다. 이러한 과정을 통해 상담자는 내담자를 객관적으로 이해하게 되고 내담자 또한 자신이 처한 상황을 객관화시켜 볼 수 있게 된다. 이럴 때 진로상담자는 융통성이 있어야 하고 어떤 문제를 더 다룰 것인지에 대해 명료화를 시도해야 한다.

내담자를 이해하는 방법으로 Sampson, Peterson, Lenz와 Reardon(1992)은 진로 욕구의 성격에 따라 내담자의 상태를 진로결정자, 진로 미결정자, 우유부단형의 세 가지로 분류하였다. 이러한 분류는 전문가들이 내담자의 욕구를 더 많이 이해하고 적당한 개입을 선택하도록 돕기 위한 것이다. 내담자 분류의 구체적인 특징을 살펴보면 다음과 같다.

진로결정자(the decided)

진로결정자는 특정한 진로를 선택했다고 볼 수 있다. 진로결정자도 다음과 같이 세 가지 하위범주로 구분할 수 있다. 첫째, 결정 – 확신(decided-confirmation) 범주는 어떤 선택을 명확히 말할 수 있지만 그것을 다른 사람들의 선택과 대조함으로써 자신의 선택에 대한 적합성을 확인하거나 명확히 하기를 원하는 사람들이다. 둘째, 결정 – 실행(decided-implementation) 범주는 어떤 선택을 명확히 말할 수는 있지만 자신의 선택을 이행하는 데 도움을 필요로 하는 사람들이다. 셋째, 결정 – 갈등회피(decided-conflict avoidance) 범주는 중요한 타인과의 갈등을 피하기 위하여 전략상 우유부단한 결정을 내린 사람들이다.

진로 미결정자(the undecided)

진로 미결정자는 선택에 필요한 지식이 부족하기 때문에 특정한 직업선택에 대한 결정을 하지 못한다. 진로선택 미결정자는 세 가지 하위범주로 구분할 수 있다. 첫째, 어떤 선택을 명시할 수는 없지만 현재로서는 선택을 할 필요가 없는 사람은 선택지연 – 미결정자(undecided-deferred choice)로 분류되는데 이것은 적당한 진로선택일 수도 있다(Krumboltz, 1992). 예를 들어, 2학년 말에 전공 공부에 전념하기 전에 지식과 삶의 경험을 얻기 위해 교양 교육과정을 들으면서 다양한 캠퍼스 활동에 참여하고 있는 대학 신입생은 이후에 진로자료를 얻기까지 선택을 지연할 수 있다. 둘째, 선택이 필요하지만 선택을 할 수 없는 사람들과 자기정보와 직업정보, 진로의사결정 지식이 부족한 사람은 발달적 – 미결정자(undecided-developmental)로 분류된다. 이런 사람은 진로선택을 하기 위해 필요한 지식이나 경험을 얻지 못한 것이다. 셋째, 재능과 흥미, 기회를 지나치게 많이 가지고 있으면서 진로 미결정자의 특징을 가진 사람은 다중잠재적 – 미결정자(undecided-multipotential)로 분류된다. 이런 사람은 활용 가능한 여러 가지 대안에 압도되어 버리는 경우가 많고 가족 구성원을 포함한 중요한 타인으로부터 성취에 대한 높은 수준의 압력을 경험하기도 한다.

우유부단형(the indecisive)

선택에 필요한 지식의 차이 때문에 특정한 직업선택에 대한 실행을 하지 못하는 사람들과 일반적으로 문제해결에 역기능적인 수준의 불안을 수반하는 잘못 적용된 방법을 가지고 있는 사람들은 우유부단한 것으로 분류된다(Chartrand et al., 1994). 우유부단한 진로결정자들은 지식 차이라는 측면에서 진로 미결정자와 유사하지만, 실행과정의 측면에서는 서로 다르다. 우유부단한 진로결정자에게 존재하는 실행과정의 결핍에는 지나치게 부정적인 자기독백이나 관심 부족, 혼란스러운 사고과정이 포함될 수 있다. 이런 결핍(결함)은 자기정보의 명확성과 신뢰성뿐만 아니라 진로의사결정 기술과 직업정보의 습득을 제한한다.

아직 진로결정이 이루어지지 않은 진로 미결정자와 우유부단형을 구분해서 보면, 진로 미결정자들은 아직 진로선택을 구체화할 수 없지만 압력이나 스트레스를 받지 않으며 정상적으로 발달하고 있는 사람들이다. 우유부단형은 우유부단함, 불안, 좌절, 낮은 자존감을 가지고 있으며, 결정을 쉽게 하지 못하는 성격적인 특징을 가지고 있다. 이러한 특징들을 종합해 보면 우유부단형들이 진로문제보다는 성격적인 문제를 가지고 있다고 이해할 수 있다. 이들의 진로문제를 이해할 때는 그들의 성격적인 특징을 고려하는 것이 필수적이다(김봉환, 김병석, 정철영, 2000).

김봉환 등(2013)은 다양한 진로상담이론을 네 가지 유형으로 범주화하여 내담자를 이해하였다. 첫째는 매칭이론으로 상담자는 내담자의 문제를 자기이해, 직업세계에 대한 이해, 매칭의 문제로 이해하고, 그에 따라 내담자 문제를 분류하고 전략을 구안한다. 둘째는 진로발달 또는 성숙의 측면에서 이해하려는 이론으로 진로문제를 겪는 내담자의 성숙도를 높이려는 방향에서 해결방안을 찾는다. 셋째는 진로의사결정이론으로 내담자의 진로의사결정 능력 또는 학습능력을 함양하는 것에 초점을 둔다. 넷째는 사회학적 관점의 이론으로 내담자의 진로문제를 단순히 심리적 측면에서 이해하기보다는 다양한 사회적 맥락들과의 연관성을 고려해서 파악해야 한다는 점을 강조한다.

진로상담 내담자에 대한 분류뿐 아니라 진로상담 내용에 대한 분류를 통해 내담자를 이해할 수 있을 것이다. 황매향 등(2011)은 청소년들이 주로 호소한 진로문제들을 간단하게 항목별로 제시하였다. 그 내용은 장래에 대한 무계획/인생관 부재, 적성과 소질에 대한 인식 부족, 진로에 대한 정보 부족, 희망과 현실의 괴리, 진로에 대한 두려움이나 압박, 진로선택에 따른 갈등, 자격증 취득 때문에 생기는 스트레스, 결혼에 대한 고민, 병역에 대한 고민 등이었다. 한국청소년활동진흥원(2012)에서 고등학생을 대상으로 실시한 '진로에 대한 청소년 의식조사'에서는 청소년 10명 중 8명은 진로를 고민하고 있다고 응답하였다. 진로의사결정 시기에 있는 고등학생들이 진로결정 시 가장 어려운 점은 '잘하고 좋아하는 일이 무엇인지 몰라서'를 꼽았으며, 다음으로는 '하고 싶은 것은 있으나 자신이 없어서', '하고 싶은 것이 너무 많아 선택하기 어려워서', '진로를 체험할 수 있는 활동기회가 부족해서', '진로와 관련된 정보를 찾기 어려워서', '부모님과의 의견차이' 순으로 나타났다.

진로를 준비하는 데 가장 필요한 요소로 직업체험의 기회, 진로탐색, 대학 및 학과정보, 직업 및 진로에 대한 정보, 진로상담, 희망하는 직종의 직업인과의 만남, 진로교육 등을 꼽았다. 진로교육 및 프로그램에 참여경험이 있는 청소년은 다양한 직업 및 진로에 대한 정보, 개인의 관심 및 능력을 고려한 내용이 도움이 되었다고 하였으며, 도움이 되지 않은 이유로는 개인의 관심과 능력을 고려하지 않는 내용, 체계성이 부족한 일회성 프로그램을 꼽았다.

3. 문제평가 및 목표설정

1) 문제평가

내담자는 일반적으로 자신이 지각하는 수준에서 상담자에게 이야기한다. 또한 내담자는 많은 이야기를 짧은 시간에 풀어 놓게 된다. 따라서 상담자가 처음으로 부딪히는 문제는 내담자의 문제를 정확히 파악하는 일이다. 상담자는 내담자가 자신의 관심, 걱정, 문제, 찾아오게 된 이유를 표현할 수 있도록 한다. 때로는 자신의 문제에 대한 의식이 없을 수도 있으므로 내담자의 도움을 받으려는 욕구를 인식시키고 상담과정에 자신을 몰입시킬 수 있도록 준비과정이 필요하다. 가장 중요한 것은 내담자의 걱정이나 문제의 본질을 파악하게 하는 것이다. 또한 상담에 대한 내담자의 기대와 지각을 고려해야 한다.

내담자가 호소하는 문제를 단순히 파악하는 수준을 넘어 이러한 문제가 발생하게 된 배경을 이해하는 일은 상담의 과정에서 가장 중요한 일이다. '왜 이 학생은 학교에 적응하지 못하는가?', '왜 이 사람은 직장을 그만두지도 못하고, 고시에의 꿈을 버리지도 못하는가?' 내담자의 문제를 평가하기 위한 이러한 질문에 어떤 답을 할 수 있는가에 따라 개입방법은 달리 결정된다.

문제를 평가하기 위해서는 먼저 상담자가 여러 가지 이론적 지식을 가지고 다양한 이론에 대한 통합적 관점을 개발하는 것이 필요하다. 그 다음으로는 여러 가지 영역에 대한 정보가 필요하다. 이러한 정보에는 진로문제에 관한 것뿐 아니라 내담자에 대한 정보도 포함된다. 김봉환 등(2000)에 의하면 내담자에 대한 정보에는 일반적인 정보, 진로계획과 관련된 정보, 진로발달에 관한 정보가 있으며 구체적인 내용은 다음과 같다.

일반적인 정보는 내담자가 가지고 있는 진로문제나 목표를 이해하기 위해 필요한 정보로서 학업성적, 지능, 적성, 흥미, 직업가치관, 직업정체감 수준, 내담자가 진술하는 직업적, 교육적, 개인적, 사회적 영역의 문제, 불안의 정도, 자신감의 정도, 정서상태 등에 대한 정보를 말한다. 이러한 정보는 내담자의 보고, 진로관련 심리검사 등을 통해서 얻을 수 있다.

진로계획과 관련된 정보는 내담자의 유형을 분류하기 위해 필요한 정보로서 진로문제 해결능력, 진로에 대한 신화 혹은 편견, 진로결정에 대한 압력, 학업능력에 대한 자신감 부족, 일의 세계에 대한 지식 부족, 가족갈등, 내담자의 성격특징 등에 대한 정보를 말한다.

진로발달에 관한 정보는 내담자의 진로경험이나 의식, 진로탐색이나 실천을 하는데 필요한 능력이나 준비도 등을 평가하기 위한 것이다. 일의 경험에 관해서는 마지막 일, 가장 좋았던 일, 가장 싫었던 일, 이러한 일 간의 비교를 써 보게 하며, 교육경험이나 준비과정에 대해서는 현재까지의 교육이나 훈련경험에 대한 기록표를 작성하게 한다. 그 다음으로 여가시간을 보내는 방법이나 교우관계 등을 알아볼 수 있고, 생활양식에 대한 정보도 확인한다.

내담자의 문제를 정확히 규정하고 평가한다는 것은 상담과정의 방향을 설정하는 일로 중요하다. 상담자는 내담자가 호소하는 내용의 정보를 의미 있게 조직하는 능력을 향상시켜야 한다.

2) 목표설정

일반적으로 상담목표는 전체적인 상담과정을 통해 이루어 내는 성과를 말한다. 또한 상담목표는 상담회기에서 작업해야 할 내용을 안내하는 역할을 하게 되므로 상담에서 성과를 내기 위해서는 상담목표 설정이 중요하다. 상담목표에는 상담자와 내담자가 상담과정 중에 달성하기로 합의한 명백한 목표와 내담자가 상담과정 중에 달성하기를 바라는 것이라고 상담자가 추측하여 상담목표로 설정한 암묵적 상담목표가 있다. 합의된 명백한 상담목표와 암묵적 상담목표를 설정하는 데에는 진로발달이론의 활용이 목표를 분명히 설정하고 구체화하는 데 도움이 된다.

상담자는 내담자가 자신의 문제를 파악한 후에 어떻게 그 문제를 해결할 것인가를 의논해야 한다. 이때에도 내담자 중심으로 상담하면서 상담자가 해결책을 제시하는 것은 피한다. 합의된 명백한 목표를 설정할 때 상담자는 특별한 틀이나 미리 결정되어 있는 명확한 모양새를 가지고 목표설정을 하는 것이 아니다.

상담자는 내담자의 이야기를 듣는 것에서 시작한다. 상담을 시작하게 된 계기인 해결하고 싶은 문제를 내담자가 스스로 표현하도록 기회를 주어야 한다. 내담자가 진술하는 내용을 경청하는 동안 상담자는 내담자의 문제를 구조화하고 내담자가 상담목표를 가지고 있는지를 확인할 수 있는 시간을 가질 수 있다. 정리되지 않은 내담자의 문제를 규정하고 목표를 설정하기 위해서 상담자는 내담자가 이야기를 통해 주는 다양한 정보를 의미 있게 규정할 수 있어야 한다. 상담자는 내담자가 설정한 목표가 상담에서 다루기에 적당한 것인지 검토하여 실현 가능하고 구체적인 목표로 설정한다.

목표를 다룰 때 유의할 사항은 목표를 구체적이고도 그 결과를 가시적으로 평가할 수 있는 형태로 진술해야 한다는 점이다. 목표가 그렇지 못하면 상담의 효과를 평가할 수 없을 뿐 아니라 내담자가 자기의 노력을 조직할 구심점을 제공받지 못하게 되어 종종 상담의 과정이 체계적이지 않게 된다. 또한 구체적이고 가시적인 목표는 내담자로 하여금 자기의 문제가 해결될 수 있다는 희망을 가지게 하는 효과를 가지고 있다.

Krumboltz(1966)와 Gysbers와 Moore(1987) 등은 상담목표와 행동계획을 세우기 위한 준거를 제시하였다. 첫째, 목표는 구체적이어야 한다. 구체성은 내담자가 막연하고 모호하게 표현하는 자신의 욕구를 명확하게 드러나게 해줌으로써 행동계획을 세우는 데 기초가 된다. 둘째, 목표는 관찰 가능해야 한다. '이번 기말고사에서는 성적을 평균 81점에서 85점으로 올릴 것이다.', '이번 학기에는 조금 더 전망 있는 A과를 복수전공 신청할 것이다.'와 같이 내담자가 하는 행동을 확인할 수 있는 관찰 가능한 목표는 행동계획을 세우고 결과를 평가하는 데 도움이 된다. 셋째, 목표가 달성되는 시간이 정해져야 한다. 구체적이고 관찰 가능한 목표가 마감시간과 함께 제시될 때 내담자의 실행력은 증가할 것이다. 넷째, 목표는 달성 가능해야 한다. 내담자가 달성 가능하다고 생각될 때 미루거나 포기하지 않고 목표를 실행할 동기가 생기기 때문이다.

상담목표가 구체화되면 내담자들은 상담방향을 인식하고 상담에 참여하게 된다. 상담과정에의 적극적인 참여는 상담 밖에서의 활동에도 영향을 주어 내담자의 변화를 이끈다. 상담자는 종종 내담자와 합의한 목표를 달성하기 위해 내담자의 수준에 맞는 필요한 형태의 과제를 제시하여 상담의 효과를 높인다. 상담자는 목표들을 성취하기 위한 일련의 과제들에 합의함으로써 도움을 받을 수 있다. 이러한 예로, 김계현(1995)은 다음과 같이 내담자의 의사결정 수준에 따라 상담의 과제가 다르게 규정될 수 있다고 설명한다.

진로결정자에게 제시할 수 있는 상담과제의 내용은 ① 진로를 결정하게 된 과정을 탐색하는 일 ② 충분한 진로정보를 확인하는 일 ③ 합리적인 과정으로 명백하게 내린 결정인지 확인하는 일 ④ 결정된 진로를 준비시키는 일 ⑤ 내담자의 잠재 가능성을 확인하는 일 등이다. 진로 미결정자에게 제시할 수 있는 상담과제 내용은 ① 진로에 대한 탐색 ② 구체적 직업정보의 활용 ③ 현재 자신의 능력에 대한 구체적인 파악 ④ 자기탐색 ⑤ 직업정보의 제공 ⑥ 의사결정의 연습 등이다. 마지막으로, 우유부단형의 내담자에게는 ① 불안이나 우울의 감소 ② 불확실감의 감소 ③ 동기의 개발 ④ 기본적 생활습관의 변화 ⑤ 긍정적 자아개념의 확립 ⑥ 자아정체감의 형성 ⑦ 타인의 평가에 대한 지나친 민감성의 극복 ⑧ 자존감의 회복 ⑨ 열등감 수준의 저하 ⑩ 가족의 기대와 내담자 능력 간의 차이 인정 ⑪ 가족 갈등의 해소 ⑫ 부모나 사회에 대한 수동 – 공격성의 극복 등의 내용을 포함하는 과제를 제시한다.

진로준비도가 평균이상으로 높은 내담자는 일차적인 목표를 진로선택에 초점 맞추게 되고, 준비도가 낮은 내담자는 의사결정 준비를 향상시킬 수 있도록 인지적 재구조화와 진로선택에 관한 목표를 함께 포함시킬 수 있다.

4. 문제해결을 위한 계획수립 및 실행

1) 행동계획 수립

Liptak(2001)은 행동계획을 다룰 때 상담자가 단순히 내담자를 따라가는 것이 아니라 과정에 머무르면서 돕고, 내담자들이 목표를 성취하도록 돕기 위해 계획된 개입에 대해 비판적으로 생각해야 한다고 하였다. 내담자의 문제는 하루 이틀 생겨난 것이 아니고 그의 삶 속에서 단련된 사고방식이나 행동형태이기 때문에 상담자의 지도가 쉽게 받아들여질 수 없다. 내담자가 찾아낸 해결방법이 아무리 사소한 것이라도 인정하고 성급하게 대응하지 않는다.

Ryan(1999) 및 Brown과 Krane(2000)은 62개 논문을 연속적으로 메타분석하여 효과적인 진로상담의 다섯 가지 일반적인 요소를 제안하였다. 진로상담자와 진로상담의 효과를 기획하고 평가하는 사람들은 상담의 다섯 가지 요소 중에서 최소한 세 가지 요소가 확장되도록 해야 한다고 제안하였다.

① 내담자가 분명하게 진로와 생애목표를 서면으로 쓰도록 한다.
② 내담자에게 개별화된 해석과 피드백을 제공한다(예, 심리검사).
③ 선택한 직업과 진로분야의 위험성과 이점에 대한 최근 정보를 제공한다.
④ 효과적인 진로행동을 보여 주는 모델과 멘토에 대한 연구를 포함한다.
⑤ 진로포부를 달성하기 위한 지지망을 개발하도록 돕는다.

진로의사결정 상태에 따라 진로 미결정자와 우유부단형으로 분류된 사람들에게는 그들의 특징에 맞는 진로계획이 세워져야 한다. 진로 미결정자로 분류된 사람들 중 발달적 – 미결정자들은 성공적인 문제해결에 있어 긍정적인 자기독백의 중요성에 대해 인식하도록 하며 서비스 준비 프로그램 계획, 현실검증, 적절한 곳에 취업하기에서 도움받을 가능성이 크다. 또한 부적절한 대처전략에 맞서고 수정하기를 통하여 진로상담에서 도움을 얻도록 한다. 선택지연 – 미결정자로 분류된 사람들은 자신의 연령에 맞는 진로발달과업을 완성하도록 설계된 다양한 진로교육 프로그램에서 도움을 받을 가능성이 크다. 다중잠재적 – 미결정자로 분류된 사람들은 진로문제해결과 진로의사결정 과정과 교차될 수 있는 잠재적인 가정이나 문화적 문제에 초점을 맞춘 서비스에서 도움을 얻을 가능성이 가장 높다. 우유부단한 결정자로 분류되는 사람들은 진로문제해결에 대한 불안과 부정적 자기독백의 영향에 주목하고 있는 서비스가 도움이 된다. 일반적으로 진로결정 내담자들과 진로 미결정 내담자들을 비교해 보면 우유부단한 내담자들은 효과적인 진로선택을 하기 위하여 상담자와의 개인상담을 더 많이 필요로 할 수도 있고, 정신건강 문제에 주목할 필요가 있을 수도 있다.

상담자와 내담자는 진로문제를 해결하기 위해 실현 가능한 진로문제해결과 의사결정 목표를 협력해서 설정한다. Sampson 등(2009)은 인지적 정보처리이론에서 상담자는 진로문제해결과 진로의사결정의 목표를 달성하도록 돕는 활동이나 자원에 대한 과정을 파악하는 개별학습계획(Individual Learning Plan: ILP)을 개발하도록 내담자와 협력할 것을 제안한다. 많은 내담자들은 종종 진로선택의 내용과 과정에 압도되고 상담과정이 어떻게 진행될 것인지 확신을 갖지 못하는데, 개별학습계획은 상담자와 내담자에게 진로자원과 서비스 제공을 안내하는 데 활용할 수 있는 용이한 구조를 제공한다(〈그림 7.1〉 참조).

개인별 실천계획표

목표 _____

_____

구체적인 활동내용	도움받을 수 있는 사람이나 정보	실행기간	우선순위	결과

그림 7.1_ **개인별 실천계획표**

　개별학습계획에서 배당된 활동과 자원은 상담에서 과제로 제시될 수 있다. 과제는 상담자에게는 내담자의 실행을 검토함으로써 내담자의 동기를 평가할 수 있는 기회를 제공해 주고, 내담자에게는 진로상담이 산만한 회기로 진행되는 것이 아니라 좀 더 커다란 과정의 일부분이라는 것을 알게 하고, 계속적인 연결을 통해서 추진력을 지속시키고, 정기적인 성취를 하게 한다는 면에서 상담에 대한 능동적인 접근을 발전시키는 기회를 제공해 준다(Brown & Brooks, 1991). 과제를 활용할 때, 상담자는 과제의 특성, 장점, 상담목표와의 관계를 설명하여 내담자가 과제를 완성할 준비를 하도록 하는 것이 중요하다. 과제를 완성한 후에는 무엇을 학습했는지에 관해 추후지도를 하는 것이 중요하다. 더욱이 과제의 목표를 구체적이고 실현 가능한 것으로 설정하여 자기강화를 완성하도록 돕는다.

2) 실행계획 세우기

상담목표를 실천하기 위한 실행계획에서 현실검증은 계획을 실천할 수 있는지 여부를 결정하는 것이다. 실행계획은 누구나에게 동일한 내용이 아니라 내담자가 가진 자원, 능력, 동기, 환경 등을 고려하여 검토되어야 하며 계획되어야 한다. 상담목표는 실행될 때 의미 있게 되므로, 내담자가 실천할 의지를 갖게끔 이끌어 가야 한다. 그 방법의 하나로 상담자나 부모 앞에서 공식적으로 자신의 의지를 확인받을 때 목표실천을 위해 노력할 것이다.

　또 지금까지 하지 않았던 행동실천을 해야 하므로 구체적으로 해야 할 행동을 알려 주고, 상담장면에서 연습해 본다면 일상생활에서 스스로 실천할 의지를 갖게 된다. 이렇듯 목표실행에서 내담자가 최선을 다하기 위해서는 가능한 목표를 구체적으로 설정하고, 목표를 공개적으로 확인받고, 목표달성에 헌신해야 한다.

　Gysbers, Heppner와 Johnston(1997)은 행동계획을 수립하는 데 도움이 되는 몇 가지 방법들에 대해 다음과 같이 제시하였다.

　① 목표와 행동계획의 실행을 위한 기대와 욕구를 빨리 정해야 한다. 내담자가 현실적인 성과로 기대할 수 있는 것이 무엇인지 알게 한다.

　② 목표와 행동계획을 합리적으로 만들어야 한다. 목표를 설정하거나 계획을 세워 본 적이 없는 사람들이 주로 상담실을 찾는다. 따라서 목표를 설정하고 계

획하는 과정을 연습시키고, 목표와 계획을 재검토하고, 비판도 하게 하고, 그
목표와 계획을 정교화할 수 있도록 도와야 한다.

③ 목표와 계획이 세워지고 객관적이고 유의미한 준거에 의해 평가될 수 있는지
확인한다. 상담자는 내담자와 함께 이 과정을 공유할 수 있어야 한다.

④ 효과적인 목표와 행동계획을 위한 방법을 가능한 한 많은 방식으로 강화한
다. 목표를 달성하기 위하여 내담자에게 목표와 계획을 말하고, 쓰고, 연습하
고, 시각화하는 기회를 주어야 한다. 내담자들이 목표와 계획을 적절하게 조
절하도록 돕고, 행동계획을 수행하고 목표에 도달하는 진전을 인식할 수 있도
록 도와야 한다.

⑤ 내담자의 욕구와 스타일에 따라 과정들을 개별화한다.

⑥ 일이 계획대로 안 될 때 내담자나 자신을 비난하지 말아야 한다. 목표가 달성
되지 않고 계획이 잘 안 따라 주는 데에는 무수한 원인이 있을 수 있다.

꿈을 현실이 되게 하기 위해 진로상담에서 실행계획을 세우고 실천하는 과정이 필
요하다. '천리 길도 한 걸음부터'라는 옛말처럼 자신의 욕구와 의지를 구체화하여 계
획을 작성하는 일은 앞으로의 실천을 위한 중요한 시점이 될 수 있다. 실행계획을 세
울 때에는 단기계획과 장기계획을 구분하는 것이 중요하다. Walter와 Peller(1992)는
실행계획을 세우는 과정에 대해 다음과 같은 제안을 하였다.

① 긍정적인 언어로 성취해야 할 것을 나타내기

② '~하는'으로 끝나는 동사(예를 들면, 쓰는, 부르는, 찾는 등)를 사용하여 행동을
표현하기

③ 현재에서 출발하고 내담자가 상담회기를 마칠 때 어떤 일이 일어날 것인지에
대해 구체화하기

④ 각 과제를 성취하는 마감시간에 주의를 기울이면서 세부 내용을 하나하나 해
나가기

⑤ 내담자의 통제하에 있는 영역에 초점을 두기

⑥ 내담자의 경험에 맞는 사례와 비유를 사용하기

장기목표를 달성하기 위해서는 실천 가능성이 높은 구체적인 단기목표를 세우고 이를 실천하는 것이 중요하다. 장기목표는 3~5년 정도에 해당하는 목표를, 단기목표는 1년 이하의 목표를 의미한다. 장기목표든 단기목표든 각 단계별 목표실행을 위해 현실적으로 고려해야 할 것이 무엇인지 검토해야 한다. 목표는 수행을 촉진하고 미래를 만들기 때문에 현실에 토대를 두어야 한다. 따라서 목표는 개인의 특성, 능력, 기회와 연결되어 개인이 잠재적 자원을 발휘하여 충실히 최선을 다한다면 달성 가능해야 한다.

실행계획을 세운다는 것은 내담자 자신에게 맞는 새로운 영역과 선택에 맞는 체계적인 진로탐색 과정이다. 실행계획은 최종적인 결정을 의미하는 것이 아니며, 실행과정에서 언제든지 수정되고 보완될 수 있다. 계획은 실천을 통해 이행되는 것이 중요하다. 진로상담을 받는다는 것의 의미는 내담자가 이미 자신의 삶의 목표를 위한 실행계획을 시작하고 있다는 것이라고 이해할 수 있다. 목표는 자신을 일정한 방향으로 향하게 하며, 목표의 실행은 직접적으로 욕구를 충족시켜 준다.

'작심삼일'이라는 말처럼 목표는 그럴듯하게 세우더라도 실행은 며칠 반짝하다가 끝나는 경우가 많다. 그렇다면 목표를 실행하는 데 영향을 주는 요인에는 무엇이 있을까? 황매향 등(2011)은 목표를 실행하는 데 있어서 행동을 촉진하는 세 가지 기본 태도를 성취동기, 자기통제감, 낙관성으로 보았다. 성취동기는 도전적인 과제를 성취함으로써 만족을 얻으려고 하는 의욕으로 정의할 수 있다. 성취동기 수준이 높은 사람은 실패에 대한 불안보다 성공에 대한 희망이 크지만, 성취동기 수준이 낮은 사람은 실패에 대한 불안이 크다. 성공한 사람들에게서 공통적으로 나타나는 심리학적 특성 중 하나는 높은 성취동기이며, 높은 성취동기를 가진 사람들은 과업지향적 행동, 적절한 모험성, 자신감, 정력적이고 혁신적인 활동, 자기책임감, 결과를 알고 싶어하는 성향, 미래지향적 특징을 보인다.

자기통제감은 목표달성을 위해 일시적 충동에 의하거나 즉각적인 만족을 주는 행동을 제지하고 인내할 수 있는 능력이라고 정의한다(김남성, 2000). 즉 자기통제감은 자기 내면의 힘으로 보다 긍정적인 결과를 위해 자신의 욕구를 제어한다는 특징이 있다. 자기통제감이 높은 사람과 낮은 사람은 구별되는 특징을 보이는데, 자기통제감이 높은 사람은 장기적인 이익을 위하여 욕구의 지연이 가능하고, 분별력과 조심성을 지니고 있으며(하창순, 2004), 자기통제감이 낮은 사람은 부지런함, 끈기,

혹은 일관성이 부족한 경향성을 보이는 특징이 있다(Gottfredson & Hirschi, 1990). 이처럼 자기통제감이 높은 사람일수록 건강한 생활습관을 지닐 가능성이 높아(Skaff, Mullan, Fischer, & Chesla, 2003) 목표를 세우고 꾸준히 실행할 수 있을 것으로 보인다.

낙관성이란 실패나 좌절의 순간에도 나는 끝이라고 생각하지 않고 언젠가는 꼭 될 수 있다는 긍정적 사고를 말한다. 이러한 생각은 무조건 잘될 거라는 막연한 기대를 의미하는 것이 아니다. 무엇인가에 대해 희망적으로 바라볼 수 있는 시각을 말하는 것으로 성공한 사람들의 공통적인 태도이다. 이러한 낙관성은 한 개인이 올바른 방향으로 열심히 노력하는 것으로 자신의 삶을 긍정적으로 통제할 수 있다는 신념이다(황매향 등, 2011).

5. 종결 및 추수지도

상담에서의 종결은 이미 상담이 시작할 때부터 예정되어 있다고 볼 수 있으나 종결을 다루는 것은 쉽지 않다. 진로상담에서도 종결은 어려운 과제이다. 개인상담에서와 마찬가지로 상담자는 내담자가 다가올 종결을 예상하고 준비하도록 이끌어야 한다. Heaton(1998)은 종결을 고려할 수 있는 조건에 대해서 다음과 같이 제안한다.

① 내담자의 초기 문제나 증상이 감소 또는 제거되었을 때
② 내담자가 상담이 필요했던 문제와 패턴을 이해하는 데 충분히 통찰을 이루었을 때
③ 내담자의 상황을 고려할 때 내담자의 대처기술이 충분하다고 생각될 때
④ 내담자가 계획하거나 생산적으로 일할 능력이 증진되었다고 생각될 때

종결을 합의하고 준비하기 위해서는 몇 주 또는 몇 달 전부터 준비하고, 1회기로 종결을 하는 것이 아니라 2, 3회기를 통해 종결기를 갖고 지금까지 진행되어 온 상담을 되돌아보며 정리하는 시간을 갖는다. 또한 주 1회 상담을 2주 혹은 3주에 1회 상담으로 기간을 늘려 서서히 종결하는 과정을 밟아 가는 것이 좋다. 종결기 동안

에 상담자는 내담자와 함께 상담목표 달성에 대해서 검토해야 한다. 상담자는 상담과정에서 배운 것과 변화된 것에 대해서 의견을 나누면서 변화의 원인을 찾고 내담자를 격려한다. 또한 앞으로의 과제를 살펴보고 대비하도록 한다.

Gysbers, Heppner와 Johnston(1997)은 효과적인 종결이 되기 위한 일곱 가지 공통요인을 제시하였는데 그 내용은 다음과 같다.

① 종결기에는 상담에서 어떤 내용이 이야기되었는지를 돌아본다. 내용을 돌아보는 것은 내담자가 전체 상담과정이 어떻게 구성되는지를 이해하는 데 도움을 준다.

② 전체 상담회기 과정, 즉 어떻게 상담이 진행되었는가를 살펴보는 것도 중요하다. 전체 과정을 검토하는 것은 상담자와 내담자가 발전시켜 온 상담협력 관계, 그리고 그 관계가 시간을 거치면서 어떻게 나타났는가에 대해 직접적으로 이야기하는 것이다.

③ 종결기에는 삶의 문제를 다루는 내담자의 강점을 검토한다.

④ 종결기는 상담에 대한 평가를 위한 시간이다. 무엇이 잘 되었고, 잘 안 되었는지, 가장 도움이 되었던 일은 무엇이고 가장 방해가 되었던 일은 무엇인지와 같은 질문을 해봄으로써 상담자와 내담자가 상담의 변화과정을 더 잘 이해할 수 있다.

⑤ 종결기의 또 다른 중요한 측면은 이야기되지 않았던 것을 이야기할 수 있는 기회를 제공한다는 것이다.

⑥ 종결기에는 관계의 종결에 대한 정서적 과정을 논의한다.

⑦ 상담종결은 끝이 아니라 다음 단계로 나아가는 시간이다. 내담자가 이후에 무엇을 해야 할지 명확한 그림을 가지고 그것을 수행하는 데 자신감을 가져야 한다. 또한 내담자는 필요할 경우 언제든지 다시 상담자를 찾을 수 있다는 것을 알고, 상담자로부터 격려받는 느낌을 받아야 한다.

진로상담에서의 종결은 심리상담과 크게 다르지는 않지만 김봉환 등(2000)은 진로상담에서 종결과정의 과제를 내담자와 합의한 목표를 충분히 달성하였는지를 확인하고 앞으로 부딪힐 문제를 예측하고 대비하는 것이라고 하였다. 그 구체적인 과제는 다음과 같다.

① 내담자의 변화에 대한 평가
② 진로상담 과정에서 일어났던 변화를 내담자가 스스로 요약하게 하고 상담자의 의견을 첨가
③ 목표달성 정도에 대한 평가
④ 남아 있는 문제에 대한 예측과 논의
⑤ 종결에 대한 내담자의 태도 평가

상담관계는 문제해결을 위한 계약된 관계만을 유지하는 것이 아니다. 상담과정을 통해 정서적 관계를 맺게 된 상담자와 내담자에게 종결은 어쩔 수 없이 헤어져야 하는 허전함과 아쉬움을 남기지만 종결을 하는 것이 건전한 단계인 것을 상호 시인하고 받아들이게 된다. 따라서 상담자는 내담자의 정서적 허전함을 다루어 주어야 하며 종결 후에도 언제든지 상담을 원한다면 다시 만날 수 있다는 시사를 해주며, 추후점검도 필수이다.

일반적인 인식과는 달리, 내담자들이 진로상담에서 상담협력 관계를 매우 가치 있고 중요하게 생각하고 있다는 연구결과들이 제시되었다(Bikos, O'Brien, & Heppner, 1995; Heppner & Hendricks, 1995). 추수지도는 상담 후에 내담자가 진로선택과 의사결정에 대해 만족감을 유지하고 있는지를 확인하는 과정이며, 필요한 경우 종결시점에서 이루어졌던 진로선택과 의사결정이 지속되도록 지도하는 것을 말한다.

진로상담
의
기법

이 장에서는 진로선택과 진로적응 등 진로와 관련된 어려움을 호소하는 내담자를 상담하는 데 활용할 수 있는 기법을 살펴보고자 한다. 진로상담은 각 이론에 따라 고유의 기법을 적용할 수 있으며, 각 이론별로 활용할 수 있는 주요 기법은 앞서 이론을 다룬 장에서 언급하였다. 이번 장에서는 진로상담 과정에서 사용할 수 있는 보다 포괄적인 기법들을 설명하고자 한다. 여기에서 설명하는 기법들은 진로 관련 개인상담, 집단상담 프로그램에 적용이 가능하다.

진로상담의 기본 기술은 일반 심리상담에서 활용하는 기법을 함께 사용할 수 있으며, 이러한 기법은 내담자와의 관계형성과 문제해결을 촉진하는 데 도움이 된다. 기본적인 상담기법 이외에 진로상담에서 특별히 자주 사용되는 기법도 있다. 이번 장에서는 심리상담에서도 공통적으로 활용되는 진로상담의 기본 기법을 살펴보고, 진로상담 내담자의 이해를 돕는 기법, 직업세계의 이해를 돕는 기법, 의사결정을 돕는 기법으로 구분하여 진로상담의 기법을 설명하고자 한다. 진로상담의 기법을 편의상 네 가지 과정으로 묶어서 제시하였지만 이러한 기법들이 주어진 단계 내에서만 사용할 수 있는 기법으로 제한되지는 않는다. 논의될 기법들은 내담자의 문제해결에 도움이 된다면 어느 단계에서든 사용할 수 있으며, 내담자나 상담자 상황에 따라 적절하게 변형해서 유연하게 적용할 수 있다.

1. 진로상담의 기본 기법

1) 진로상담자의 기본 태도

많은 상담자들이 Carl Rogers의 인간중심상담 이론에서 명시하고 있는 무조건적 긍정적 관심, 일치성, 공감적 이해를 진로상담을 포함한 모든 상담에서 필요한 기본 조건으로 보고 있다.

무조건적 긍정적 관심(unconditional positive regard)은 개인을 연령, 성, 인종, 경력 등과 상관없이 존귀하고 가치 있는 존재로 있는 그대로 수용하고, 내담자를 한 인간으로 깊이 있게 무조건적으로 관심을 갖는 것이다. 진실성(genuineness)은 상담자가 내담자에게 정직해야 한다는 것을 의미한다. 즉 상담자가 느끼는 감정, 음성, 신체언어, 언어표현 등이 일치해야 된다는 것을 의미한다. 공감적 이해(empathy)는 상담자가 내담자의 감정을 자신의 감정인 것처럼 느끼고 내담자의 고민과 감정을 내담자의 입장에서 이해하고 있다는 것을 내담자에게 전달하는 것을 의미한다. 진로상담자 역시 내담자에 대한 무조건적 긍정적 관심, 진실성, 공감적 이해를 기본 태도로 가지고 상담에 임해야 한다.

2) 비언어적 표현

상담자는 내담자에게 관심을 기울이거나 집중하려고 할 때 비언어적 기술을 사용할 수 있다. 진로상담에서도 언어적 표현 못지않게 비언어적 표현이 중요할 때가 많다. Egan(2002)은 내담자에게 관심을 기울이는 비언어적 기술을 'SOLER'라고 제시하였다.

S: **내담자를 바로(squarely) 바라본다** 내담자에게 관심 있다는 자세를 취하고 상대방을 바로 쳐다본다.

O: **개방적인(open) 자세를 취한다** 다리나 팔을 꼬지 않고 공감적이고 개방적인 자세를 취한다.

L: **종종 내담자 쪽으로 몸을 기울인다(lean)** 관심이 있다는 표현으로 상대방을 향하여 상체를 약간 기울인다.

E: **자연스럽게 눈맞춤(eye contact)을 한다** 내담자와 자연스럽게 눈맞춤을 하는

것은 '내가 당신에게 관심이 있다', '당신이 하는 말을 듣고 싶다'는 뜻을 전달해
준다.

  R: 편안하고(relaxed) 자연스러운 자세를 취한다 안절부절하거나 집중하지 못하
  는 표정을 짓지 않고 몸짓을 편안하고 자연스럽게 한다.

3) 적극적 경청

경청은 상대방이 이야기하는 것을 듣고 이해하려고 노력하는 것을 뜻한다. 상대방
의 언어적 내용을 듣고 비언어적 표현을 주의 깊게 관찰하면서 주의를 기울여 의사
소통하고 이를 촉진시키는 것이다. 경험이 많은 상담자들은 잘 들어 주는 것이 상
담자의 다른 어떠한 반응보다 중요하며, 잘 들어 주는 것만으로도 많은 문제가 해
결된다고 말하고 있다. 적극적 경청은 상담 관계형성과 내담자의 진로문제를 명확
히 이해하는 데 매우 중요하다.

4) 계속반응

진로상담에서는 내담자에게서 더 많은 정보를 들어야 되는 경우가 많이 있다. 고개
를 끄덕이거나 손동작을 사용하는 등의 비언어적 행동으로 내담자가 계속 이야기할
수 있도록 격려할 수도 있고, "좀 더 이야기해 보세요" "그래서요?" "음…" "아, 그
다음엔 어떻게 되었나요?" 등과 같은 언어적 표현을 사용할 수 있다. 진로문제를
다룰 때 계속반응 기법은 내담자가 자진해서 이야기하는 것보다 더 많은 정보를 끌
어낼 수 있다.

5) 반영

반영은 내담자의 말과 행동에서 표현된 감정, 생각, 태도를 상담자가 다른 말로 내
담자의 표현을 부연해 주는 것이다. '내용'에 초점을 두고 다시 표현하는 반응을 내
용반영(재진술)이라고 하고 '정서'에 초점을 두고 되돌려 주는 반응을 감정반영이라
고 한다. 상담자의 반영은 내담자가 직접 진술하고 표현한 내용일 수도 있고, 비언
어적 행동이나 그 동안의 상담과정에서 상담자가 추론한 것일 수도 있다. 내용반영
은 내담자가 진술한 내용 및 정보와 인지적 측면을 강조하여 반영하고, 감정반영에

서는 내담자가 자기탐색을 할 수 있도록 내면의 깊은 감정을 반영해 준다. 진로문제는 정보와 정서가 모두 연관되어 있기 때문에 내용반영과 감정반영이 모두 필요하다. 내용반영은 내담자가 제공하는 정보에 초점을 맞추고, 감정반영은 정서적 단어나 문장으로 표현한다.

반영은 내담자가 이야기하는 바를 상담자 자신이 제대로 이해하고 있는지 확인해 볼 수 있게 하고, 내담자의 생각을 구체화시킬 수 있게 한다. 또한 자신이 이해받고 있다고 느끼게 하여 자신의 이야기를 좀 더 확장하도록 돕는다. 다음은 반영의 한 예이다.

> 내: 6학년 때는 중학교에 들어가면 잘 할 수 있을 거라고 생각했어요. 그런데, 막상 성적이 나오니까 생각보다 너무 낮은 거예요. 지금 당장 공부를 시작해도 400등 하던 사람이 갑자기 1등 할 수는 없잖아요.
>
> 상: 기대만큼 성적이 잘 나오지 않았고, 지금 공부를 시작한다고 해도 잘 안 될 거라고 생각하는구나. [내용반영]
>
> 내: 공부는 집중이 잘 안 돼요. 답답해 죽겠어요. 몸과 마음이 안 따라 줘요. 저도 잘하고 싶어요.
>
> 상: 잘하고 싶은데, 마음처럼 몸이 따라 주지 않으니 답답하겠구나. [감정반영]

6) 공감

공감은 자신이 직접 경험하지 않고도 다른 사람의 감정을 거의 같은 내용과 수준으로 이해하는 것이다. 공감적 이해에는 두 가지 차원이 있는데 첫째는 내담자의 말 속에 깔려 있는 중요한 감정, 태도, 신념 및 가치 기준을 포착하는 '감수성'의 차원이고, 둘째는 상담자가 내담자의 외적 측면뿐만 아니라 내적 측면까지 이해하고 알게 되었다는 것을 내담자에게 전달하는 '의사소통' 차원이다(이장호, 금명자, 2008). 기본적인 공감반응은 '~~ 하기 때문에 ~~ 하게 느끼시는군요'라는 방식으로 반응한다. 이 형식에 매이지 않고 상담자 자신의 말로 자연스럽게 진술할 수도 있다. 진로상담에서 역시 내담자의 진로문제와 관련된 불안 등의 다양한 정서에 대한 공감이 필요하다.

내: 제가요, 입학하기 전까지는 의사가 되고 싶었고 그래서 자연계로 선택했어요. 자연계는 문과보다 수학이 중요하잖아요. 그런데 자꾸 수학점수가 떨어져요.

상: 이런……. 자연계 학생이 수학성적이 떨어지면 걱정이 많이 되지. [공감]

내: 걱정 엄청 많이 하죠. 앞으로 어떻게 공부를 해야 하는지 그리고 정말 내 직업으로 의사가 적성에 맞는지 걱정이 되기도 해요.

상: 수학성적이 떨어지니 생각하고 있는 진로까지 불안해졌구나. [공감]

7) 요약

요약은 내담자가 표현했던 내용에서 중요한 주제를 상담자가 정리해서 표현하는 것이다. 단순히 내담자의 진술을 정리하는 수준이 아니라 상담 전체 진행에 대한 내용 중 정리되지 않은 이야기들을 묶고 정리해서 중요한 핵심 주제들을 드러내고 내담자에게 되돌려 주는 기술이다. 상담자의 요약은 내담자가 미처 생각하지 못했던 부분을 인식하게 하고 자신의 생각과 감정을 탐색하고 통합할 수 있도록 돕는다.

상: 수학성적이 떨어졌구나. 수학 공부하기 어떠니?

내: 집중이 잘 안 돼요. 수업시간에 수업을 듣다가도 집중하기가 힘들어요. 어제는 수학시간에 효연이가 공책에 그림을 그리고 있는 거예요. 요즘 제가 좋아하는 만화 캐릭터거든요. 효연이는 정말 그림을 잘 그려요. 똑같이 그리는 것이 너무 신기했어요. 그래서 저도 한번 그려 봤는데 저는 그림에는 소질이 없거든요. 저는 그림보다는 축구를 좋아해요.

상: 넌 수학시간보다는 체육시간을 좋아하겠구나. [요약]

내: 토요일에 친구들과 축구를 했어요. 원래 학원은 3시부터인데, 보충이 있어서 1시까지 가야 했어요. 그런데, 친구들이 11시에 만나자는 거예요. 11시에 만나면 축구를 많이 할 수가 없잖아요. 승철이는 정말 축구를 잘해요. 저는 잘하지 못하는 편이에요. 그래서 승철이가 축구하는 것을 보고 싶고, 같이 하고 싶었어요. 학원에 지각했고, 그 사이에 학원에서 집으로 전화를 한 거예요. 엄마한테 전화가 와서 어쩔 수가 없었어요. 그것 때문에 엄마한테 혼났어요.

상: 여러 가지 일이 있었구나. 수학시간에 효연이가 그림 그리는 것 보느라 집중하지 못했고, 축구하느라 학원에 늦는 바람에 엄마한테 혼나기까지 하고. 수업시간이나 평소에 너의 관심을 끄는 일이 생기면 해야 할 일에 집중하기 힘든가 보네. [요약]

2. 내담자에 대한 이해를 돕는 기법

1) 질문

질문은 내담자에 대한 구체적인 정보를 얻기 위해서 또는 내담자로 하여금 특정한 주제, 감정, 사건들을 기술하고 심층적으로 탐색하게 하기 위해서 사용한다. 진로상담에서는 내담자에 대한 정보와 직업세계에 대한 탐색 등이 중요하기 때문에 질문을 활용하는 것이 중요하다. 질문은 내담자가 자기개방을 좀 더 많이 할 수 있도록 돕고, 내담자의 진술을 구체화시킬 수 있다. 질문을 통해서 상담자는 내담자가 말하고자 하는 것을 더 명확하게 이해하고자 하는 관심을 표현할 수도 있으며, 내담자의 상황을 더 잘 이해하게 될 수도 있다.

질문에는 폐쇄적 질문과 개방적 질문이 있는데 폐쇄적 질문은 '예', '아니오'로 답하게 되고 개방적 질문은 상황, 감정, 사건 등의 내용, 방법, 시기, 장소 등에 대한 좀 더 상세한 설명을 통해 폭넓은 답변을 얻을 수 있다. 폐쇄적 질문은 상담자가 짧은 시간 안에 내담자에게 구체적이고 정확한 정보를 끌어내는 데 유용하게 사용될수 있지만, 내담자에게 얻을 수 있는 정보를 제한적으로 끌어내 상담자와 내담자에게 부담을 줄 수 있다. 개방적 질문은 폐쇄적 질문보다 내담자로부터 훨씬 더 많은 생각과 감정을 끌어낼 수 있다. 진로상담에서는 내담자로부터 구체적인 정보를 빨리 얻고자 할 때 폐쇄적 질문이 유용하게 사용되는 경우가 종종 있지만, 일반적으로는 내담자에게 폐쇄적 질문을 하기보다는 개방적 질문을 하는 것이 바람직하다.

상: 가족관계는 어떻게 되니? [개방적 질문]

내: 엄마, 아빠, 형, 저 모두 네 명이에요.

상: 부모님은 어떤 일을 하시니? [개방적 질문]

내: 아빠는 회사 다니시고 엄마는 슈퍼에서 일하시는데 오후만 일하러 가세요.

상: 수업 끝나면 집으로 가니? [폐쇄적 질문]

내: 네.

상: 지난번 영어성적 걱정했는데 영어시험 잘 봤니? [폐쇄적 질문]

내: 아니오.

상: 영어공부가 힘든 이유가 뭘까? [개방적 질문]

내: 단어도 잘 안 외워지고, 듣기도 귀에 잘 안 들어와요. 말하려고 하면 겁이 나고 영어 생각만 하면 머리가 아파요. 영어 때문에 원하는 대학도 못 갈 것 같아요.

질문을 할 때에는 다음과 같은 부분에 주의를 기울인다.

① 이중질문은 피한다. 이중질문은 내담자를 혼란스럽게 하고 두 가지 질문을 동시에 하고 있기 때문에 어떻게 답해야 될지 모르게 만든다. (예: 상사와 그 날 무슨 일이 있었나요? 상사가 당신에 대해 어떻게 생각하고 있나요?)

② 질문은 구체적이어야 한다. 추상적이고 일반적인 내용보다는 구체적인 내용을 담고 있을 때 내담자를 보다 생생하게 이해할 수 있게 된다. (예: 직장 동료에게 화가 났었나요? → 어제 직장 동료와 싸울 때 그 사람이 했던 말을 듣고 화가 났었나요?)

③ 꼬치꼬치 묻는 질의응답 형식은 피해야 한다. 상담 시 질의응답 형식이 반복되게 되면 상담자는 평가하거나 정보수집만 하려는 사람 같은 느낌을 줄 수 있다. 계속적으로 질문이 반복되는 것은 문제해결에 도움이 되지 않고 내담자와의 관계형성을 방해하게 된다.

④ '왜' 형식의 질문은 꼭 필요할 때가 아니면 가급적 피하는 것이 좋다. '왜'라는 질문은 사건 혹은 행동의 이유나 원인을 탐색하는 데 사용되지만, 잘못 사용하면 내담자가 자신을 비난하고 있는 것으로 느낄 수도 있다. 따라서 꼭 필요한 경우를 제외하고는 다른 형식의 질문을 사용하는 것이 좋다. (예: 너는 왜 연극영화과를 가려고 하니? → 네가 연극영화과를 가고 싶어하는 이유가 있을 것 같은데 이야기해 줄 수 있니?)

2) 진로심리검사의 해석

진로상담에서 내담자의 특성을 파악하기 위해서 여러 가지 검사를 실시하고 해석하는 과정은 중요한 개입방법이다. 내담자의 적성, 흥미, 능력, 성격 등에 대한 정보를 얻고 내담자 스스로 자신을 이해할 수 있는 도구로 심리검사가 활용된다. 심리검사를 잘 활용하기 위해서는 검사에 대한 정확한 지식과 그것을 내담자에게 해석하여 전달할 수 있는 상담기술이 필요하다. 심리검사 해석에는 이번 장에서 언급하고 있는 진로상담의 기본 기법을 비롯하여 여러 가지 기법이 활용될 수 있다. 진로심리검사에 대한 자세한 내용은 9장에서 다룬다.

3) 직업카드 사용

Tyler(1961)가 개발한 직업카드는 내담자에게 카드를 분류하게 하는 작업을 통해 내담자의 직업흥미를 평가할 수 있는 도구이다. 현재 국내에는 한국고용정보원에서 발행한 청소년 직업카드를 비롯해 초등학생용, 중고생용, 성인용, 여성용 등으로 구분되어 몇 종류의 직업카드가 활용되고 있다. 상담자는 직업카드를 구입해 상담에서 활용할 수도 있고, 상담자 자신만의 카드를 만들어 사용할 수도 있다. 카드분류에 사용되는 직업은 대부분 Holland 유형에 의해 기호화되어 있다.

직업카드를 분류하는 것은 내담자들의 흥미, 가치, 능력, 직업 선호 등을 분류하거나 우선순위를 매기는 데 도움이 된다. 직업카드는 상담목적과 내담자의 특성에 따라 여러 가지 방법으로 활용할 수 있다. 직업카드를 활용해 게임이나 경매를 할 수도 있고, 직업흥미를 분석하거나 탐색하는 활동을 하기도 하며, 내담자와 함께 직업카드를 만드는 작업을 할 수도 있다. 그 중 Gysbers와 Moore(1987)가 제시한 단계가 일반적으로 많이 활용된다.

① 내담자는 카드를 좋아하는 직업, 싫어하는 직업, 미결정 직업(좋아하지도 싫어하지도 않는 직업)으로 구분한다.
② 특정 직업을 선택한 이유와 선택하지 않은 이유에 대하여 이야기한다. 예를 들면, 선택 동기는 명예, 보수, 헌신 등의 주제로 나타날 수 있고, 선택하지 않은 이유는 숫자를 다루는 일, 지루한 일, 신체 작업이 많은 일 등으로 표현될 수 있다. 이 작업을 통해 내담자가 좋아하는 일의 특성과 싫어하는 일의 특성을 좀 더 명확히 할 수 있게 된다.
③ 직업의 우선순위를 매긴다. 대부분의 사람들은 7~12가지 정도의 선호 직업을 나열하게 된다. 내담자가 선택한 직업들을 선호하는 우선순위대로 나열해 볼 수 있게 한다.

직업카드 분류방식의 장점은 내담자가 능동적으로 직업분류 과정에 참여하도록 한다는 점이다. 기존의 표준화된 심리검사는 내담자가 검사 결과를 통보받는 수동적인 입장인 데 반해, 직업카드 분류법은 내담자가 직접 카드 분류활동을 함으로써 능동적 주체로 참여가 가능하다. 또한 표준화된 심리검사는 규준집단이 다를 경우 사용의 제한이 있을 수 있으나, 직업카드 분류법의 경우 다양한 집단에서 사용할 수 있으며 또한 상담자가 목적에 맞게 변형하여 활용할 수 있다는 점에서 유연성이 높다고 할 수 있다(김봉환 등, 2013).

4) 가치관 작업

가치관은 사람들이 자신과 자신이 포함된 세계나 대상에 대해서 가지는 평가의 기본적인 태도나 믿음, 관점을 의미한다. 가치관은 개인의 삶의 주요 목표가 될 수 있으며, 진로선택에서 매우 중요한 특성으로 작용한다. 어떤 가치관은 개인이 중요하게 추구해야 될 목표가 되기도 하고 어떤 가치관은 선호하지 않아 피해야 할 것으로 생각되기도 한다. 예를 들어, 사람들을 돕고자 하는 가치가 높은 내담자는 자신의 흥미나 능력보다 가치를 우선해서 진로선택을 하게 될지도 모른다. 개인이 선호하는 가치관과 선호하지 않는 가치관 모두 진로상담에서 중요하지만 가치관을 명확히 측정하기는 어렵다. 진로상담자들이 사용하는 몇몇 검사들에 가치관 항목이 포함되어 있기는 하지만 흥미나 능력의 평가 항목만큼 정교하지 못하고, 가치관이 쉽게 예측되는 항목도 아니어서 신뢰도나 타당도 확보가 어렵다. 따라서 진로상담에서 가치관을 다루기 위해서는 검사보다는 가치관을 다루는 다른 방법을 유용하게 사용하기도 한다.

진로 집단상담에서 많이 사용하는 가치관 경매는 〈표 8.1〉과 같은 가치관 목록을 주고 내담자가 자신이 가장 가치 있다고 생각하는 항목들을 선정하여 일정 금액을 투자하도록 하는 방식으로 진행된다. 내담자들이 가치를 살 수 있는 총액은 동일하게 제한한다. 내담자들은 가치관 목록을 보고 자신이 투자하고 싶은 가치에는 높은 가격을 매기고, 선호하지 않는 가치에는 투자를 하지 않을 것이다. 마지막으로 자신이 가치 있다고 생각하는 가치관과 그렇지 않은 가치관을 세 가지 정도 정리해 보고 서로 피드백을 나누는 것으로 마무리한다. 이 과정에서 내담자는 나열된 여러 가치관 중에 자신이 선호하는 가치관과 중요하게 생각하지 않는 가치관이 무엇인지 구분할 수 있게 된다. 가치관 경매를 진행하는 세부적인 방법은 상담자와 내담자의 여건에 따라 달라질 수 있다.

표 8.1_ **가치관 경매 목록**

가치관	순위	예산액	구입액	구입자
1. 만족스러운 결혼(결혼)				
2. 원하는 것을 할 수 있는 자유(개인적 자율성)				
3. 나라의 운명을 좌우할 수 있는 기회(권력)				
4. 친구와의 존경과 사랑(사랑*우정)				
5. 삶을 긍정적으로 볼 수 있는 완전한 자신감(안전감)				
6. 행복한 가족관계(가정)				
7. 세계 제일의 매력적인 사람으로 인정받음(외모)				
8. 병 없이 오래 사는 것(건강)				
9. 개인 전용의 완벽한 도서실(지식)				
10. 만족스러운 종교적 신앙(종교)				
11. 원하는 여행을 즐길 수 있는 한 달간의 휴가(여가)				
12. 일생동안의 경제적 여유(돈)				
13. 자연을 후손에게 물려주는 세상				
14. 고통받거나 어려움을 겪는 사람들을 도울 수 있는 기회(애타심)				
15. 국제적인 명성과 명예로움(명예)				
16. 인간적 가치를 포용하는 삶(인간존중)				
17. 부정과 속임이 없는 세상(정직)				
18. 고용 불안 없이 오랫동안 일할 수 있는 것(안정)				
19. 진정한 사람과의 관계				
20. 선택한 직업에서의 성공(직업적 성취)				

가치관 경매 이외에도 인생의 절정경험을 나누거나 시간과 돈의 사용에 대하여 이 야기하거나, 존경하는 타인을 선택하는 등의 작업을 통해 가치관을 구체화하는 작 업을 진행할 수 있다. 인생의 절정경험을 나누는 작업은 내담자가 인생에서 가장 좋 았던 순간을 회상하고 좋았던 이유를 설명하도록 하여 가치를 탐색할 수 있도록 돕 는다. 절정경험을 해보지 못했다고 말하는 내담자에게는 자신이 경험할 수 있는 최 고의 경험을 상상하도록 할 수 있다.

시간과 돈의 사용에 대하여 이야기하는 작업도 내담자의 가치를 확인할 수 있도록 돕는다. '하루의 자유 시간이 주어지면 무엇을 하겠습니까?' '100만원을 자신이 좋아하는 것에 마음대로 쓸 수 있다면 무엇을 하겠습니까?' 등의 질문을 통해 내담자의 가치를 알아볼 수 있다. 내담자가 존경하거나 모방하고 싶어하는 사람들을 통해 가치관을 탐색할 수도 있다. 내담자가 존경하는 인물 목록을 만들거나 유명인 목록을 주고 닮고 싶은 사람을 세 사람 정도 선택하라고 할 수도 있다. 누구를 선택했는지보다 선택한 이유에 대한 탐색이 더 중요하다.

5) 진로가계도

진로선택과 진로발달에서 가족관계의 영향력이 크다는 것은 여러 연구나 경험을 통해 알 수 있다. Penick과 Jepsen(1992)은 밀착되거나 유리된 가족관계가 성, 사회경제적 지위, 교육적 성취보다 진로발달을 더 강하게 예언한다고 하였다. Scott과 Church(2001)는 이혼한 부모를 가진 학생들보다 가족간의 상호작용을 하고 있는 학생들이 의사결정을 더 잘 한다고 하였다. 직업선택을 앞둔 내담자와 상담을 할 때 가족의 직업패턴에 대해 함께 이야기하는 것은 유용하다. 가계도는 가족관계를 도식화하는 방법이고 내담자의 진로계획과 다른 가족 구성원과의 관계를 다루는 도구가 되며, 진로상담에서 정보수집, 의사결정 등의 단계에서 유용하게 활용될 수 있다.

Sueyoshi, Rivera와 Ponterotto(2001)는 가계도가 진로상담에서 어떻게 사용되는지 설명하였다. 가계도를 작성하기 위해 가족에 대한 적절한 정보를 수집하고 주요 정보를 가계도에 적어 보게 하였다.

〈그림 8.1〉에 가계도의 기본적인 틀을 제시하였다. 이 그림은 내담자의 가족관계를 보여 준다. 그리는 방법은 일반 가계도를 그릴 때와 동일하게 여성은 원, 남성은 사각형으로 표시하며 ×는 사망, //는 이혼을 의미한다. 진로가계도에는 내담자의 형제자매, 부모, 부모의 형제자매, 조부모의 직업도 표시하여 3대까지 그린다. 〈그림 8.1〉의 가계도를 좀 더 확장시켜 친가와 외가의 숙부, 숙모, 이모, 삼촌, 사촌까지 포함하여 자세히 그릴 수도 있다. 이를 통해 3대에 걸친 내담자 가족이 진로를 어떻게 선택해 왔는지, 그리고 그것이 내담자에게 어떤 영향을 미쳤는지 살펴봄으로써 내담자의 진로결정을 더 잘 이해할 수 있게 된다.

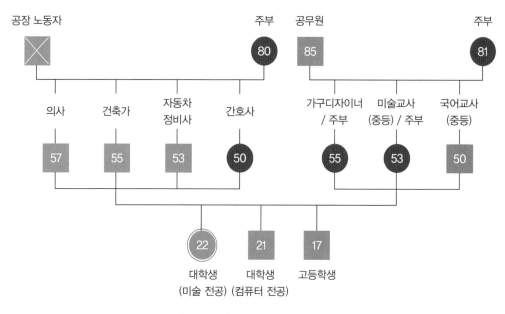

그림 8.1_ **직업과 나이를 포함한 가계도 예**

　　진로가계도는 우선 가계도를 그리는 목적과 그 유용성을 내담자에게 전달하고 공유하도록 하고, 그 다음으로 가계도를 그리는 방법을 설명해 준다. 2대 혹은 3대까지 확장된 가계도를 그릴 수 있도록 안내하고 이 과정에서 가족들의 이전 직업, 현재 직업, 직업과 관련된 특이사항 등을 기록할 수 있도록 한다. 가계도 그리는 작업을 마친 후에 내담자와 가계도에 대해서 함께 이야기하면서 그 내용을 구체적으로 살펴보고, 내담자의 과거와 현재 진로탐색 과정에서 가족 구성원들이 어떤 영향을 미치고 있는지 이야기한다. 가족의 직업정보에 대한 상담을 통해서 내담자 자신의 관점, 타인에 대한 관점, 직업세계에 대한 관점과 같은 많은 문제들이 탐색될 수 있다. Dagley(1984)는 가계도를 보고 상담자가 주로 하게 되는 질문을 다음과 같이 제시하였다.

- 이 가족에게 가치로운 것은 무엇인가?
- 내담자의 가치는 가족들의 가치와 일치하는가?
- 가치를 두고 있는 특정 직업이 있는가?
- 진로에 대해 세대에 걸친 신화나 편견이 있는가?

- 진로 태도를 형성하는 가족 전통이나 전설이 있는가?
- 가족 구성원들이 여가, 일, 가족관계를 보는 관점은 어떤가?
- 진로에서 유연성을 제한하는 한계가 있는가?
- 가족 구조를 볼 때 나타나는 직업 유형은 무엇인가?

모델링에 초점을 둔 Okiishi(1987)는 다음과 같은 질문을 제시하였다.

- 각 개인별로 어떤 역할이 모델이 되고 있는가?
- 남성이나 여성에 대한 어떤 행동, 태도가 강화되었는가?
- 남성이나 여성에게 어떤 처벌이 내려졌는가?
- 가족 구성원 이외에 모델이 될 만한 다른 사람이 있는가?

가계도는 직업에 대한 내담자의 인식에 영향을 미친 모델을 규명하고 진로에 대한 내담자의 태도 및 인식에 대한 원인을 파악할 수 있도록 돕는다. 상담자는 내담자를 통해서 서로 다른 가족 구성원들이 진로에 대한 어떤 역할모델이 되고 있는지, 어떤 태도를 가지고 있는지 알 수 있게 된다. 예를 들어, 가계도를 작성한 후에 여성의 직업에 대한 고정관념, 대학 졸업 후 계속 교육을 받는 것에 대한 태도, 특정 직업에 대한 편견, 특정 가치를 강요하는지 여부 등의 주제에 대해 다루게 되면 자신의 진로결정에 대한 태도의 원인과 내용을 보다 잘 이해할 수 있게 될 것이다.

3. 직업탐색을 돕는 기법

1) 정보제공

진로상담자들은 교육, 훈련기회, 직업입문 과정 등에 대한 정보를 내담자에게 제공하며, 심리상담에 비해 진로상담에서 이러한 정보제공과 관련된 과정이 더 자주 일어나게 된다. 진로상담에서 제공하는 정보는 정확하고 최신의 것이어야 하고 분명해야 한다. 현재 필요한 정보가 무엇인지 확인하고 정보를 제공하기에 적절한 시기인지 잘 판단해야 한다. 내담자가 수용할 수 있는 범위에서 정보를 제공하고 제공하는 정보의 객관성을 유지해야 한다. 잘못된 정보는 내담자를 혼란에 빠지게 만들고 잘못된 진로를 선택하게 할 수 있다. 상담자가 제공하는 의견은 한 개인의 견해에 불과하지만, 내담자는 상담자를 전문가로 보기 때문에 상담자의 의견을 객관적인 정보나 사실로 받아들이는 경향이 있다. 상담자가 객관적 정보가 아닌 의견을 제시함으로써 내담자에게 부적절한 희망을 주거나 실망시켜서는 안 된다. 아래의 사례에서 의견과 정보의 차이를 확인할 수 있다.

내: 저는 A 대학 법대를 가고 싶은데 이번 평균 성적이 80점대밖에 안 나왔어요. 이 성적이면 그냥 중간정도 하는 건데……. 아무래도 목표를 바꿔야 될 것 같아요.

의견1: 내 생각에도 그 성적으로는 어려울 것 같은데. 80점대로는 진학이 거의 불가능할 것 같아. [실제로 내담자 성적으로는 진학이 어려울 수 있지만, 앞으로 성적이 오를 가능성도 있다]

의견2: 아직 포기하기엔 이르지. 이제 2학년이니 앞으로 노력하면 충분히 가능할 거야. [가능할 수도 있지만 현실적으로 어려울 수도 있다]

정보: A대 법대에 가려면 어느 정도 성적이어야 가능한지 알고 있니? [내담자가 이야기한 정보의 근거를 알아보고자 한다]

내: 제가 알기로는 적어도 상위 5%에는 들어야 된다고 알고 있어요. 하지만 수능 말고 다른 전형도 있고 성적이 더 오를 수도 있으니 가능성이 전혀 없다고 생각하지는 않아요.

정보: A 대학에 진학한 선배를 찾아가 진학을 위해서 어떤 준비를 했는지, 어떤 전형이 있는지 알아보는 것도 도움이 될 것 같은데. [상담자는 내담자가 당장 원하는 구체적인 정보를 제공하지 않았지만, 내담자가 더 정확한 정보를 얻을 수 있는 방법을 안내한다]

2) 역할모델

역할모델 기법은 상담자 자신이 내담자의 진로탐색 및 의사결정의 역할모델이 되거나 진로와 관련된 사람들을 초대해 역할모델이 되도록 하여 내담자에게 유용한 학습경험을 할 수 있도록 격려하는 방법이다. 상담자 자신이 역할모델이 되기도 하고, 사람들의 의사결정 과정이 드러나 있는 동영상을 보여 주어 역할모델을 제공할 수도 있다. 또한 진로관련 집단상담이나 워크숍에서는 내담자들이 원하는 다양한 분야의 전문가를 초대하여 그들의 진로결정 과정에 대하여 이야기할 수 있는 기회를 제공하기도 한다. 내담자가 원하는 특정 직업이 있을 경우 그 분야에 종사하는 사람들에게 의뢰하여 실제 현장에서 일하고 있는 사람들과 이야기해 볼 수 있도록 하여 역할모델을 제시할 수도 있다. 역할모델의 활용을 통해 내담자는 전문가의 직업선택 과정, 해당 직업에 대한 현장감 있는 정보, 직업적응 과정 등의 진로발달 과정을 배울 수 있게 된다.

3) 직업체험

특정 직업군이 하는 일을 내담자가 직접 실행해 보면서 내담자의 진로경험의 폭을 넓힐 수 있도록 돕는 것이 직업체험이다. 영화나 책, 인터넷상에서만 직업을 접하는 것보다 실제 그 직업 종사자들이 하는 일을 체험해 본 경우 직업에 대해 좀 더 흥미를 나타낼 수 있다.

직업체험은 진로 집단상담 과정에서 많이 활용된다. 제과제빵, 바리스타, 자동차정비, 목공예, 경찰, 호텔리어 등 다양한 주제로 직업체험을 할 수 있다. 체험을 직접 할 수 없는 직업의 경우 상담자들은 내담자에게 자원봉사, 관련 분야의 아르바이트, 인턴 과정 경험 등을 제안할 수도 있고, 연령이 어리거나 다양한 직업을 체험하기 원하는 경우에는 직업 체험관을 방문하여 여러 가지 직업을 체험할 수 있는 기회를 제공할 수도 있다. 이러한 활동은 직업을 체험할 수 있는 기회를 제공하고 흥미의 폭을 넓히고 원하는 직업이 자신과 잘 맞는지 경험할 수 있도록 하여 내담자의 진로결정을 돕는다.

4. 의사결정을 돕는 기법

1) 직면

행동, 사고, 감정이 일관되지 않거나 말과 행동이 다를 때, 이러한 불일치에 대해 상담자가 말하는 것을 직면이라고 한다. 직면은 내담자의 문제해결에 방해가 되는 불일치, 왜곡, 회피 등에 도전하는 반응이다. 직면은 내담자의 언어와 비언어적 행동이 일치하지 않을 때, 진술한 내용과 행동이 불일치할 때, 자기 모순적 말을 하고 있을 때, 내담자가 현실과 동떨어져 있을 때 사용하게 된다. 직면은 진로상담 과정의 어느 단계에서도 적용할 수 있지만 진로의사결정 과정에서 수행에 대한 불안을 다룰 때 유용하게 활용할 수 있다.

직면은 내담자와 관계형성이 충분히 되고 높은 수준의 공감과 이해가 전제된 후 이루어져야 하며, 내담자가 정서적으로 직면을 받아들이고 감내할 수 있을 때 시작해야 한다. 직면을 통해 내담자가 미처 인식하지 못했던 면들을 볼 수 있도록 도와서 내담자의 변화와 성장을 촉진시킬 수 있다.

내: 졸업하고 어떤 직업을 갖게 될지 걱정되고 불안해요. 졸업한 선배들을 만나서 인턴십 과정에 대해 물어보고 와야겠어요. 적성검사도 받아 봐야 되구요. 다음주까지는 선배들 인터뷰와 검사를 꼭 다 할 거예요. [내담자는 일주일 후에 아무것도 하지 않은 채로 다시 상담실에 왔다]

상: 직업선택이 불안하다고 했는데, 실제로 진로를 선택하기 위한 활동은 아무것도 하지 않고 있네요. [직면]

2) 해석

해석은 내담자가 표현하고 인식하는 것 이상에 대한 상담자 나름대로의 틀이나 가설을 의미한다. 내담자가 표현한 것을 그대로 진술하는 것이 아닌 상담자 나름대로 내담자의 행동이나 특성에 대해서 새로운 의미를 부여하거나 그동안 인식하지 못하고 있었던 문제 원인을 설명하면서 의사결정을 도울 수 있다.

해석을 할 때에는 다음과 같은 부분에 유의한다. 첫째, 내담자와 관계형성이 확실히 이루어진 후에 시작한다. 내담자가 상담자의 해석을 받아들일 수 있을 만큼 신뢰관계가 형성되어 있어야 한다. 둘째, 해석은 내담자의 방어나 저항을 줄일 수 있도록 단정지어서 이야기하지 않고 조심스럽게 해야 한다. '내가 보기에는 ~~ 같은데요', '아마 ~~한 이유로 그렇게 느낄 수도 있겠네요'처럼 단정보다는 열린 진술을 사용한다. 셋째, 내담자가 이해할 수 있는 언어로, 내담자의 특성에 맞추어야 한다.

━━ 내: 아, 어떡해요. 이번 기말고사 또 망쳤어요. 수학은 시간 배분을 잘 못 해서 처음
에 괜히 시간 끌다가 뒤에 아는 문제 다 틀렸어요. 그런데 이번 기말고사엔 공부
안 한 부분에서만 문제가 다 나왔어요. 어떻게 그럴 수가 있죠? 시험범위가 그
렇게 많으면 시험문제가 골고루 나와야 하는 것 아닌가요?

　　상: ○○는 항상 실패한 경험을 얘기할 때에 자기 자신의 잘못보다는 환경이나 남
의 탓을 많이 하는 데 혹시 이번에도 시험 준비를 제대로 못해서 문제가 어렵게
느껴졌을 수도 있는데 그렇진 않니? [해석]

3) 강화

강화는 행동주의에서 사용하는 기법인데, 진로상담에서 내담자의 행동에 대한 언어
적 강화 기법을 사용하는 것이 유용할 때가 자주 있다. 진로상담에서 강화는 내담
자 자신보다 내담자 행동을 강화하는 방향으로 더 많이 사용된다. 어떤 행동에 대
해 긍정적 강화를 받으면 사람은 그 행동을 좀 더 오래 지속하게 된다.

　상담자가 진로상담에서 내담자를 강화하게 되는 행동은 정보수집에 관련된 것일
때가 많다(Sharf, 2006). 진로상담에서는 내담자 행동에 대한 다양한 측면을 강화함
으로써 내담자가 적절한 직업을 선택하도록 돕거나 직장에서 당면한 적응의 어려움
을 다루는 작업을 할 수 있다.

━━ 내: 지난 주말에는 플로리스트에 대한 정보 검색을 해봤어요. 서점에서 관련된 책도
한 권 구입해서 읽기 시작했구요.

　　상: 지금까지는 막연히 걱정만 하고 있었는데, 이젠 원하는 직업을 찾기 위해서 많은
시간을 투자했군요. 정말 대단한 일이에요. [내담자의 진로탐색 과정을 긍정적으로
강화]

　　내: 정보를 검색하다 보니 교육을 받을 수 있는 기관도 몇 개 찾았고, 이 일을 하고
있는 사람들이 올려 놓은 글도 몇 개 읽어 보았어요. 생각보다 힘든 일이라는 생
각이 들긴 하지만 재미있을 것 같다는 생각이 들었어요.

　　상: 그 일의 장단점에 대해서 좀 더 알게 되었군요. 이런 경험이 쌓이면 좀 더 객관적
으로 진로를 결정할 수 있을 거예요. [이미 강화했던 행동을 다시 강화]

4) 역할극

진로상담에서는 역할극을 통해 새로운 행동이나 직업선택에서 필요한 전략을 학습하게 된다. 역할극에서는 상담자나 내담자가 진로문제해결에 필요한 다른 사람의 역할을 하게 된다. 예를 들어, 상담자가 내담자의 진로결정에 지나치게 관여하고 있는 어머니 역할을 하게 될 수도 있고, 취업한 선배를 찾아가서 궁금한 것을 물어보는 인터뷰 모델을 보여 줄 수도 있다. 어떤 상황에서 어떤 역할을 하게 되는지는 상담자의 숙련도와 내담자의 호소문제에 따라 달라진다.

진로상담에서 역할극은 다음과 같은 목적으로 사용될 수 있다(Brown & Brooks, 1991).

① 사회적 기술의 부족함 평가
② 면접전략 개발
③ 상사와 다른 사람에게 보여 줄 수 있는 단호한 행동 개발
④ 공격적 혹은 다른 부적절한 행동 조절
⑤ 조직에서 요구되는 대인관계 기술 개발
⑥ 자기확신 개발

진로상담에서 가장 많이 사용되고 있는 역할극은 면접상황에 대한 것이다. 개인상담이나 집단상담에서는 모의면접 상황을 통해 내담자가 새로운 역할이나 전략을 연습해 볼 수 있게 된다. 내담자는 면접 심사자 역할과 면접자 역할, 관찰자 역할을 번갈아가면서 경험하게 되고 그 과정에서 잘 하고 있는 행동과 수정해야 되는 행동을 발견하게 된다. 모의면접 장면을 동영상으로 촬영한 후 동영상을 보면서 내담자가 자신의 행동을 관찰한 감정을 나누고 상담자와 함께 논의할 수도 있다. 상담자는 내담자가 학습한 과정을 격려해 주고 강화해 준다. 한 번의 연습으로 끝나는 것이 아니라 면접과정을 반복해서 연습하는 것이 도움이 되므로 가능하다면 내담자가 면접기술을 만족스럽게 학습할 때까지 반복하는 것이 좋다. 역할극 이후에는 반드시 내담자의 감정과 새로 알게 된 전략 등에 대하여 피드백을 주고받는 과정을 거치도록 한다.

5) 심상과 이완

심상은 진로상담에서는 내담자가 진로의 선택과 적응 문제 등을 돕는 기법으로 활용될 수 있으며 집단상담이나 개인상담 모두 사용 가능하다. 심상의 주제는 자기이해, 진로목표 설정, 문제해결, 직업대안 마련, 직업적응 등 다양하고, 진로상담의 어느 단계에서나 사용할 수 있다. 상담자는 '당신이 10년 후에도 현재 직장에서 계속 일하고 있다고 상상해 보십시오', '당신이 유명한 건축가가 되어 있다고 상상해 보십시오', '2년 후 학교를 졸업한 당신의 모습을 상상해 보십시오', '당신이 남성이 되었다고 상상해 보세요' 등의 주제를 내담자에게 제시할 수 있다. 심상의 주제는 내담자의 상황과 호소문제에 따라 얼마든지 달라질 수 있다.

심상을 하기 위해서는 이완을 통한 사전작업이 필요하다. 충분한 이완이 되어 있어야 심상도 가능하다. 상담자는 이완훈련을 통해 내담자가 긴장을 풀고 심상에 충분히 몰입할 수 있도록 돕는다. 심상이 끝난 후에는 내담자가 심상을 하는 동안 경험했던 생각과 느낌을 공유하고 자신의 진로문제해결에 어떤 부분이 도움이 되었는지 나누는 것이 필요하다.

6) 진로장벽 다루기

진로장벽은 의사결정 과정을 어렵게 하고 목표의 실행을 방해하게 된다. 내담자들은 진로장벽의 개념을 이해하고 자신의 진로장벽을 탐색하고 대처방법을 찾는 과정을 통해 합리적 의사결정에 좀 더 다가갈 수 있다. 진로장벽을 다루는 것은 그동안 낮은 자기효능감, 부정적 사고, 주요 타인과의 갈등 등의 이유로 내담자가 제외했거나 생각하지 못했던 직업 대안들을 탐색하고 확장시키는 것을 돕는다. 진로장벽을 탐색하기 위해서 측정 도구나 체크리스트를 활용할 수도 있다. 진로장벽을 탐색하고 진로장벽에 대한 자신의 감정이나 태도가 합리적인 것인지에 대한 평가를 진행한다. 진로장벽에 대한 자신의 태도와 감정이 진로결정에 얼마나 도움이 되는지, 도움이 되지 않는다면 어떤 변화가 필요한지에 대해 충분히 다룬다. 이를 위해 진로장벽을 극복한 사례를 모델링으로 제시하거나 〈표 8.2〉와 같은 양식을 사용할 수 있다. 진로장벽과 관련된 부정적 사고를 긍정적 사고로 전환하는 작업을 통해 진로장벽에 대한 대처방법을 찾을 수 있고 의사결정을 촉진시킬 수 있게 된다.

표 8.2_ **진로장벽 다루기 예**

나의 진로장벽	진로장벽에 대한 나의 태도, 감정	평가	새로운 사고
부모님과의 갈등	무기력, 답답함, 분노	도움이 되지 않음	부모님이 내 선택에 반대하는 이유를 다시 살펴보겠지만, 최종 결정하는 주체는 나 자신이니 내 선택을 신뢰하자.
자신감 부족 실패할까봐 두려움	우유부단함, 결정 못함, 불안	결정을 미루게 하는 요인이 됨. 선택에는 도움이 되지 않음	실패에 대한 걱정으로 시도조차 못하고 있는 것은 어리석다. 결과를 두려워하기보다는 내 목표를 이루기 위해 한 단계 한 단계 과정을 충실히 밟아 가는 것이 좋겠다.

7) 의사결정을 돕는 도구의 활용

진로를 결정하는 일은 개인의 일생에서 매우 중요한 의사결정이며, 이러한 의사결정은 삶 전체 영역에 영향을 미친다. 내담자들은 자신의 결정에 확신을 갖지 못하거나 결정을 미루거나 결정 자체를 막연하게 생각하는 경우가 많다. 내담자의 의사결정 과정을 돕기 위해서 몇 가지 도구들을 활용할 수 있다. 이러한 도구들은 진로의사결정 기술을 가르치고 내담자의 의사결정 패턴을 개선할 수 있도록 돕는다.

의사결정 패턴을 진단하고 개선할 수 있는 도구로는 의사결정유형검사가 있다. Harren(1984)이 개발한 진로의사결정검사에서는 의사결정 유형을 합리적 유형, 직관적 유형, 의존적 유형으로 구분한다. 합리적 유형은 의사결정이 논리적이고 체계적이며 결정에 대한 책임을 수용하고 매우 신중하고 논리적으로 결정을 한다. 직관적 유형은 의사결정에 대한 책임을 수용하지만 미래에 대해 예견하거나 정보수집 활동을 하지 않고 현재의 느낌을 가지고 결정을 하며 비교적 빠른 속도로 결정한다. 의존적 유형은 결정에 대한 자신의 책임을 부정하며 그 책임을 가족이나 주변 사람들에게 돌린다. 이 검사를 통해서 내담자의 의사결정 유형을 파악하고 합리적인 의사결정을 할 수 있도록 도움을 줄 수 있다.

의사결정을 돕는 작업을 위해 〈표 8.3〉, 〈표 8.4〉와 같은 다양한 형태의 체크리스트나 대차대조표 등을 활용할 수 있으며, 상담자가 내담자의 특성과 호소문제에 맞추어 다양한 형식으로 변형해 사용할 수 있다. 이러한 양식은 내담자가 고려하고 있는 여러 직업에 대해 다양한 영역에서 평가하고 직업 대안들의 우선순위를 결정할 수 있도록 돕는 도구로 사용될 수 있다.

표 8.3_ **직업 체크리스트 예**

직업의 특징* 직업명	수입	안정성	명예, 권력	직장 위치	정시 퇴근	순위
회계사	A	A	A	B	C	
은행원	A	B	B	A	C	
펀드매니저	A	C	B	A	C	
공무원	B	A	B	C	B	

* 직업의 특징은 내담자가 중요하게 생각하는 목록을 순서대로 기재한다.

표 8.4_ **직업의 장단점 평가하기 예**

직업명: 기자	
장점	**가중치**
고수입	10
직업의 독립성	8
창의성	5
안정성	5
승진기회 많음	5
흥미, 성격과 일치	8
단점	**가중치**
가족과 여가시간 확보 어려움	−10
불규칙한 생활	−5
마감에 대한 스트레스	−5

8) 진로 실천계획 작성하기

내담자의 진로문제가 어느 정도 확인되고 명료화되고 나면 문제를 해결하기 위한 계획을 세우는 단계로 들어가게 된다. 개별 진로계획은 개인 스스로의 노력, 각종 도구 사용, 주변 사람들의 도움 활용 등 다양한 영역에서 세울 수 있다. 진로 실천계획에서는 그 동안 상담과정에서 다루었던 적성, 흥미, 능력, 가치, 기술 등에 대한 자기정보를 조직화할 수 있도록 돕고, 노동시장, 훈련기회 등에 대한 직업정보를 주기적으로 새로운 정보로 갱신할 수 있도록 한다. 또한 미래에 대한 계획을 수립하면서 과거와 현재의 모습을 돌아보고 연결해 주는 통로를 마련하기도 한다.

Gysbers와 Moore(1987)에 의하면 진로 실천계획은 다음과 같은 특징을 가지고 있어야 한다.

① **포괄적**: 진로계획은 개인의 전 생애를 관리하고 도와줄 수 있는 지침이 되어야 한다. 내담자 스스로 자신의 적성, 흥미, 가치, 기술 등을 확대시킬 수 있도록 도와야 하고 작성하는 현재 시점에서 완료되는 것이 아니라 내담자의 삶의 방향, 생애역할과 관련된 내용까지 포괄적이어야 한다.

② **발달적**: 진로계획은 생애주기에 걸쳐 전반적으로 사용될 수 있도록 작성한다. 큰 변화가 있을 때마다 수정할 수 있는 융통성 있는 기록이어야 한다.

③ **내담자 중심**: 진로계획은 직장이나 조직, 학교에서 필요로 하는 계획이 아니라 내담자에게 가장 적합하고 알맞은 것이어야 한다.

④ **유능감에 바탕을 둠**: 개인의 성취에 대한 고려는 진로를 계획하는 데 중요한 요소이다. 유능감은 내담자가 일하고 생활하면서 획득하게 되는 기술이나 지식, 태도 등을 의미하는데, 이는 현재의 가능성을 확인하는 중요한 요소이며 미래의 계획에서도 도전할 수 있는 가능성이 있는 영역이다.

진로 실천계획을 작성시 한 가지 구조화된 틀이 있는 것은 아니며 다양한 방법으로 작업할 수 있다. 직업인, 지역사회 구성원, 학습자, 가족 구성원 등 생애역할에 따라 진로계획을 세울 수도 있고, 한 달, 1년, 5년, 10년 단위로 나누어 시간단위 계획을 세울 수도 있다. 개인의 목표에 따라 자격증이나 학위 취득에 대한 계획, 이직이나 승진에 대한 계획, 구직에 대한 계획 등으로 나누어 계획을 작성하기도 한다. 〈표 8.5〉는 시간단위 진로계획을 세울 때 사용할 수 있는 양식의 한 예이다.

진로 실천계획은 문서화된 형태로 기록하도록 한다. 또한 상담에서 한 번 작성하고 계획 세우는 것으로 끝나는 것이 아니라 상담종결 이후에도 내담자가 지속적으로 관리하고 수정, 검토할 수 있도록 격려해야 한다. 진로 실천계획을 작성하는 작업을 통해 내담자는 자신의 진로계획을 구체적이고 지속적으로 발전시킬 수 있고, 진로결정에 대한 자신감을 갖게 되며 의사결정을 촉진시킬 수 있게 된다.

표 8.5_ **진로 실천계획**

진로목표 달성을 위한 계획

구분	세부계획
학력 조건	
필요한 자격증	
학습이 필요한 영역	
기타	

장 · 단기 진로목표

기간	진로목표	해야 될 일
이번 주		
이번 학기		
1년 후		
5년 후		
10년 후		

진로 심리 검사

1. 검사의 개념과 목적

1) 검사의 개념

'심리검사'란 인간 내면의 행동적 특성이나 심리적 특성을 간접적으로 측정하는 도구를 말한다. 인간의 특성을 측정하는 방법은 물리적 대상의 측정과는 방법이 다른데, 우리가 알고자 하는 인간의 심리적 특성은 실재하는 대상이 아닌 가설적인 심리적 구성개념(hypothetical-psychological constructs)이기 때문이다. 예를 들면, 지능이나 불안과 같은 개념은 눈으로 확인할 수 없고 조작적인 정의에 의해서 존재하는 개념이다. 심리검사에서 개념을 조작적으로 정의하는 것은 측정 가능한 방식으로 정의하는 것이 된다.

흔히 검사, 평가, 측정이라는 용어를 혼용하고 있는데, 측정(measurement)은 발견의 결과를 수치화하는 것, 우리가 알고자 하는 것에 체계적인 방법으로 숫자를 부여하는 것을 의미하며, 심리검사(psychological measurement)는 측정을 위한 도구이다. 성격, 흥미, 가치 등 인간이 가진 속성 즉 조작적으로 정의한 이 특성들을 관찰 가능하도록 수치를 부여하는 도구를 말한다. 심리평가(psychological assessment)는 심리검사를 이용해 개인의 어떠한 속성을 이해한다는 의미를 포함한다. 진로와 관련된 개인의 적성, 흥미, 가치, 성격 등을 알고 이해하기 위해(평가) 심리검사를 사용하여 이러한 구성개념(적성, 흥미, 가치, 성격 등)을 수치화(측정)하는 것이다.

개인을 정확히 이해하기 위해서는 측정하는 도구의 신뢰도와 타당도가 중요하다. 얼마나 우리가 알고자 하는 심리적 속성들의 개념을 잘 반영하고 있고, 또 일관되게 측정하는가는 인간을 측정하고 평가하고자 하는 모든 방법에 적용되어야 한다.

따라서 검사의 타당도와 신뢰도를 위해 표준화하는 작업이 중요하며, 검사뿐만 아
니라 실시 및 채점의 표준화가 되어 있는 도구를 선택해야 한다. 그러나 심리검사가
인간의 행동의 모든 것을 완전하게 설명해 주는 것은 아니기 때문에 단지 인간의 행
동을 이해하는 보조도구로 활용하되, 너무 과신하거나 불신하는 것은 바람직하지
않다.

2) 검사의 목적

진로상담에서 심리검사를 실시하는 목적은 다음과 같다.

첫째, Parsons(1909)는 진로결정에 있어 자기이해가 선행되어야 한다고 주장하였
다. 자신이 어떠한 적성을 갖고 있고 어떠한 활동을 할 때 흥미를 느끼는지 자신의
특성과 선호를 이해하고 있다면 진로탐색과 결정에 있어 보다 정확성을 기할 수 있
다. 이러한 자신의 이해를 돕기 위한 정보를 제공하는 데 심리검사가 활용된다. 자
기이해에 심리검사가 필수조건은 아니지만 검사를 통해 보다 객관적이고 구조화된
방식으로 자신을 이해해 볼 수 있다.

둘째, 현재 자신의 진로와 관련된 문제영역을 진단해 볼 수 있다. 진로탐색을 위
해 난 지금 무엇을 해야 하며 무엇부터 해야 할지, 진로결정을 못하는 이유가 무엇
인지, 진로탐색과 선택에 있어 아무것도 하기 싫고 무기력한 상태가 왜 그런지 등 진
로에 대한 현재 자신의 상태, 특히 진로발달에 있어 해야 할 과업수행에 어려움(진로
준비, 계열선택, 대학 및 학과선택 등)이 있을 때 해결의 실마리를 제공할 정보를 심리검
사를 통해 얻을 수 있다. 심리검사 결과는 현재 문제를 진단하는 가이드 역할을 하
는 것이지 선택과 결정의 핵심 키가 되어서는 안 된다.

셋째, 전문가에게는 진로 및 진학상담에서 내담자 혹은 학생을 이해하는 데 필요
한 자료로 사용된다. 학교장면에서는 진학상담 시 학생이해 자료로 활용되며, 상담
장면에서는 내담자가 진로문제에 어려움을 겪는 여러 원인들을 검사를 통해 확인해
볼 수 있다. 또한 직장에서는 사원의 적성과 흥미를 확인하여 적절한 부서배치를 하
는 데 활용할 수 있으며, 고용센터와 같은 구직지원 기관에서는 구직자의 취업과 관
련된 정보를 알 수 있다.

3) 진로관련 이론에 따른 심리검사의 개념

특성 – 요인이론과 심리검사

특성 – 요인이론에서 객관적으로 측정 가능한 개인의 능력과 특성이 있다고 가정하였는데, 그 특성은 적성, 성취, 흥미, 가치, 성격이다. 이러한 개인의 진로관련 특성의 차이를 알아보는 데 진로검사의 역할이 중요하다고 강조하였다. 특성 – 요인이론이 진로특성의 개인차 변인을 평가하는 데 초점을 두고, 검사와 함께 인터뷰나 종합적 평가과정을 시도한 점, 합리적 직업 의사결정을 위해 자기이해가 매우 중요하고 따라서 개인을 이해하는 정보의 중요성을 강조한 점들이 심리검사의 발전에 영향을 주었다.

진로생애발달이론과 심리검사

진로생애발달이론에서는 심리검사를 통해 개인의 진로특성을 알아보기보다는 생애주기에서의 진로패턴을 알아보는 데 초점을 두며 심리검사 결과를 통해 자신의 진로탐색에 대한 인식이 강화된다고 보았다. 특히 진로발달에 따른 진로성숙의 측정에 관심이 많고, 최근에는 진로장벽, 불안, 인지요소에 대한 평가에도 관심을 두고 있다.

진로사회학습이론과 심리검사

Krumboltz의 진로사회학습이론에서는 심리검사를 개인의 특성을 알기 위한 목적보다는 새로운 학습경험을 촉진하기 위한 도구로 활용한다. 심리검사는 내담자가 학습했던 기술, 선호도, 흥미 등을 확인시켜 주며 앞으로 보완해야 할 학습의 추가영역에 대한 정보를 제공해 준다는 데 의미를 두는 것이다.

인지적 정보처리이론과 심리검사

인지적 정보처리이론에서는 개인이 진로에 대한 결정과 문제해결에 대한 의사결정에서 정보를 어떻게 처리하고 이용하는지에 관심을 두었다. 따라서 심리검사를 통해 진로의사결정과 문제해결에 방해가 되는 진로 역기능적 사고를 평가하고 상담을 통해 역기능적 사고를 수정하는 데 초점을 둔다. 한국판 '진로사고검사'(이재창, 최인화, 박미진, 2004)가 현재 사용되고 있다.

2. 진로특성에 따른 검사

1) 적성

개념

적성(aptitude)에 대해서는 학자들의 정의가 다양하다. 장대운 등(1996)은 어떤 과제나 임무를 수행하는 데 개인에게 요구되는 특수한 능력 또는 잠재력을 적성의 의미로 보았고, Cronbach(1990)는 어떤 주어진 과제에서 한 개인의 능력발휘의 가능성을 예언해 주는 특성으로 보았다. 한편 조주연 등(2004)은 적성이란 어떤 특정 활동이나 직무를 수행하는 데 필요한 능력이 어느 정도인가를 의미한다고 보았고, 김병진(2008)은 어떤 직업이나 일에 있어 장래의 성공 가능성을 예측하는 심리적 특성으로 정의하였다. 이상과 같은 학자들의 의견을 종합하여 적성을 정의해 보면 어떤 특정 분야의 과제나 임무를 수행하는 데 필요한 개인의 능력이며, 그 능력의 발현 가능성이라 할 수 있다.

특징

적성의 특징은 다음과 같다. 첫째, 적성은 일반 능력인 지능과 구분되며, 특정 활동이나 업무를 수행하는 데 요구되는 특수능력을 개념화한 것이다. 둘째, 적성의 개념에는 인간의 타고난 능력과 소질 그리고 학습된 능력이 모두 포함되어 있다. 셋째, 적성은 숙달될 수 있는 개인의 지적 능력뿐만 아니라 그런 능력을 발휘하는 데 흥미와 관심을 나타내는 정의적 특성도 포함하고 있다. 예를 들어, 어떤 학생이 교사로서 적성이 있다는 것은 교사가 가져야 할 전문지식을 습득할 능력인 지적 능력뿐만 아니라 학교현장에서 학생, 동료들과의 대인관계, 행정업무, 교사로서의 사명감, 책임감 등 성격적 측면, 교사가 하는 일에 대한 흥미도 갖추고 있는 것이라고 말할 수 있다. 넷째, 자신의 적성을 최대한 발휘할 수 있는 환경이 직무만족과 개인의 성취를 좌우한다(Holland, 1992). 즉, 적성은 환경과 상호작용하여 직무만족이나 성취에 영향을 준다.

적성검사

적성검사는 특정 학업과정이나 직업에 대한 앞으로의 수행능력과 적응도를 예측하는 검사이다(김인수, 1984). 개인이 학업이나 직업과 관련하여 갖고 있는 능력을 측정하고 향후 어떠한 분야에서 직무를 잘 수행할지 또 그 직무분야에 잘 적응할지를 예측하고자 하는 검사이다. 적성검사는 진학이나 직업상담에 활용하고자 개발된 일반적성검사와 수학, 과학, 음악, 미술 등 예체능 분야에서의 능력을 측정하기 위해 개발된 특수적성검사로 분류된다. 우리나라에서 쓰이는 표준화된 적성검사는 주로 일반적성검사이며, 특수적성검사의 경우, 수학 및 과학은 영재교육을 하는 대학 등에서 자체적으로 적성검사를 제작하여 실시하고 있으며, 예체능의 경우에도 각 영역의 전문가들이 자체 제작하여 사용하고 있다. 우리나라에서 사용되는 검사를 〈표 9.1〉에 소개하였다.

표 9.1_ **적성검사의 종류**

검사명	대상	구성요인	발행처
적성검사	중고생 성인	언어, 수리, 공간, 지각속도, 과학, 색채, 사고유연성, 협응, 학업동기의 9요인(고교생은 집중력 추가 10요인, 성인은 11요인 구성)	한국고용 정보원
GATB 적성검사	중고생	미국노동부 개발, 일반능력, 언어, 수리, 사무, 공간, 지각, 공용의 7능력 측정	중앙적성 연구소
학과와 적성검사	초중고생	Guilford의 지능구조이론에 기반, 진로와 관련된 능력유형, 인성유형, 선호경향 조합	
적성진단 검사	중고생	일반적성과 특정직무의 적합성 파악 언어, 수리, 사고, 공간지각, 과학기계의 5적성요인과 11개 하위요인으로 구성, 20개 직무로 분류	
CHCA-M/H 적성검사	중고생	10개의 적성요인(언어이해력, 수이해력, 논리적 사고력, 시각판단력, 주의집중력, 과학이해력, 협응능력, 음악적성, 미술적성, 운동적성)에 대한 결과를 토대로 적성계열과 학과, 직업정보 제공	한국 가이던스

2) 흥미

개념

흥미(interest)는 일반적으로 개인이 좋아하거나 좋아하지 않는 선호와 관심의 행동경향이라 할 수 있다. 그러나 Holland(1997)는 일반적인 흥미와는 다르게 특정 직종의 활동에 대해 호의적이고 보다 수용적인 관심을 보이는 것으로 정의하였고, 이러한 직업흥미는 그 직종에서 적응이나 성공 가능성의 기반이 되는 일종의 준비도라고 보았다. 개인이 어떤 활동에 흥미를 갖고 있다면 그 활동을 주로 하는 특정 직업에서 더욱 흥미를 보이고 활동을 선호하며 적응이 수월하고 성공할 가능성도 높다고 볼 수 있다. Tracey와 Hopkins(2001)는 직업선택을 예측하는 주요변수로 능력보다 흥미가 더 예측력이 높다고 밝혔다.

특징

특성 – 요인이론에서는 흥미를 직업선택의 가장 중요한 특성으로 보고, 특정 직업에서 성공하고 만족도가 높은 사람들의 흥미를 측정하여 이를 진로선택에 확신이 없는 사람들의 흥미와 비교하여 검사를 개발하였다. 흥미검사는 직업적 흥미와 일반적 흥미를 측정하는데, 일반 활동적 흥미와 달리 직업적 흥미는 그 직업 종사자가 기술하는 흥미와 어느 정도 유사한지 보는 것이다.

직업적응이론의 Dawis와 Lofquist(1984)는 흥미는 능력과 가치에서 파생되었다고 본다. 즉 피아니스트가 되는 것에 대한 흥미는 그들의 피아노 치는 능력과 피아니스트에 대한 가치로부터 나오는 것이다. 피아노를 잘 치고 피아니스트의 직업가치를 높게 평가하는 사람은 피아노에 대한 흥미를 갖는다는 것이다.

진로생애발달이론에서는 세상에 대한 정보가 직업에 대한 아동의 환상에 영향을 주면서 흥미가 발달된다고 보고, 아동기의 흥미와 실제 능력과는 별로 상관없다고 말한다. Tracey(2002)는 흥미가 아동의 효능감을 발달시키는 데 영향을 준다고 하였다. 또한 아동이 새롭게 갖는 직업에 대한 흥미는 진로성숙에 도움이 된다고 하였다. 청소년기에 들어서면서 진로선택에 있어 흥미의 중요성이 더 커지며 더 이상 환상에 의한 선택이 아닌 흥미를 바탕으로 선택하려는 경향이 강해진다. Super는 흥미를 알아보는 방법을 다음과 같이 제안하였다.

표현된 흥미 어떤 활동이나 직업에 대해 '좋다', '싫다'로 간단하게 말하도록 요청한다.

조작된 흥미 활동에 대한 질문을 하거나 활동에 참여하는 사람들이 어떻게 시간을 보내는지 관찰한다.

조사된 흥미 가장 빈번히 사용되는 흥미 사정기법으로 다양한 활동에 대해 좋고 싫음을 묻는 표준화된 검사를 완성하고 검사에서 개인의 반응이 특정 직업에 종사하는 사람의 흥미와 유사점이 있는지 비교한다(흔히 사용하는 흥미검사).

사정기법

흥미평가기법 종이에 알파벳을 쓰고 그 알파벳에 맞추어 흥미거리의 단어를 기입한 후 과거에 중요했던 주제와 흥미에 대해 생각해 보도록 하는 방법

작업경험분석 내담자가 경험한 모든 직무를 확인하여 각 직무에서 과제를 서술하도록 하고 내담자가 좋아하는 과제와 싫어하는 과제를 분류하도록 하여 흥미를 평가하는 방법

직업카드 분류전략 직업카드를 분류하는 활동을 통해 직업 흥미를 탐색하는 방법

질문법 개방적 질문을 통해 자신의 흥미에 대해 진술하게 하여 탐색하는 방법

역할모델 작성 내담자가 모델링하고자 하는 사람이거나 내담자가 좋아하는 일을 하는 사람에 대한 목록을 작성하도록 하는 방법

흥미검사

흥미검사로 많이 사용되는 검사에는 크게 스트롱검사, 쿠더검사, 홀랜드검사가 있다. 이 검사들은 흥미의 관점에 따라 하위요인을 구분하고 있다. 각 검사에 대한 설명은 다음과 같다.

스트롱(Strong) 직업흥미검사 이 검사에서 흥미는 비교적 항상성을 갖고 있으며 특정 직업에 종사하는 사람은 대체로 비슷한 흥미를 갖고 있다는 가정하에 만들어졌다. 스트롱 직업흥미검사의 3하위척도는 일반직업분류, 기본흥미척도, 개인특성척도로 나뉜다. 일반직업분류(General Occupational Themes: GOT)는 홀랜드의 직업선택이론이 반영된 RIASEC의 6개 주제로 구성되어 있다. 기본흥미척도(Basic Interest Scales: BIS)는 GOT의 하위척도이며 GOT보다 더 세분화하여 특정 활동과 주제에 대해 다룬다. BIS는 농업, 응용예술, 예술, 운동, 컴퓨터작업, 법률, 정치, 수학, 의학, 의료서비스, 머천다이징, 군인, 음악/드라마, 자연, 일반사무, 조직관리, 연설, 종교활동, 판매, 과학, 사회봉사, 교육, 저술 등으로 구분된다. 개인특성척도(Personal Style Scales: PSS)는 개인이 일반적으로 어떻게 학습하고 일하며 놀고 생활하는지에 대해

탐색하는 것으로 개인이 처한 직업환경이나 학습환경과 자신의 흥미를 비교하는 것이다.

스트롱 직업흥미검사는 내담자의 진학, 취업 및 진로지도를 위한 자료로 활용되며 장래희망 직업선택을 위한 프로그램에도 활용된다. 또한 내담자의 흥미패턴과 어울리는 여가활동을 제안한다.

홀랜드 진로탐색검사   이 검사는 홀랜드의 직업성격유형이론에 기초하고 있으며 직업성격 유형을 실재형(I), 탐구형(R), 예술형(A), 사회형(S), 기업형(E), 관습형(C)으로 측정하며, 세상의 직업이 대체로 이 여섯 가지 영역의 성격으로 구분된다고 본다 (Holland, 1985). 직업적 성격, 활동흥미, 직업흥미, 유능감의 영역에 대해 여섯 가지 유형의 점수로 측정된다. 이러한 직업적 성격, 흥미, 유능감은 기질적, 환경적 요인의 상호작용에 의해 형성되며, 이러한 유형에 의해 진로선택을 하면 직업과 개인생활에 있어 만족스러운 삶을 영위할 수 있다. 홀랜드 진로탐색검사를 사용할 때 고려해야 할 구성개념은 변별도, 일치성, 일관성, 정체성이다. 유형 간의 상대적 중요도의 관계(변별성), 성격과 환경이 얼마나 일치하는가(일치성), 서로 다른 유형 간의 관계(일관성), 개인이 갖고 있는 현재와 미래 목표의 확실성과 안정성(정체성)을 검사결과와 함께 살펴봐야 한다.

쿠더 흥미검사   쿠더 흥미검사(Kuder's Preference Record: KPR)는 내담자에게 학교 및 직장, 여가생활에서 행해지는 여러 특정 활동과 관련된 각 활동을 명세화한 문항들

표 9.2_ **흥미검사의 종류**

검사명	대상	구성요인	발행처
직업흥미검사	중고생	Holland의 일반흥미(현실, 탐구, 예술, 사회, 진취, 관습)와 기초흥미분야(기계기술, 사회안전, 농림, 과학, 연구, 미술, 음악, 문학, 관리경영, 언론, 판매, 사무회계) 측정	한국고용정보원
고교계열흥미검사	고등학생	3개의 고교계열과 7개의 전공계열(교육복지, 예술창의, 인문, 경제사회, 이공, 의료보건, 공공안전)에 대한 활동선호도, 직업선호도 측정	
대학전공흥미검사	고등학생	7개의 전공계열(교육, 예술, 인문사회, 정경, 이공, 의료보건, 서비스)과 49개 학과의 활동, 교과목, 직업에 대한 흥미 측정	
스트롱흥미검사	중고생	Holland의 RIASEC의 주제별 직업분류와 직업흥미척도, 개인특성척도의 측정	어세스타

을 세 개씩 짝지어 제시하고 이 중에서 가장 좋아하는 것과 가장 싫어하는 것을 하나씩 강제로 선택하게 한다. 쿠더 흥미검사의 흥미 하위요인은 자연, 기계, 계산, 과학/기술, 영업/관리, 예술, 의사소통, 음악, 대인서비스, 일반사무로 구분된다. 〈표 9.2〉는 흥미검사의 종류이다.

3) 성격

개념

Allport(1961)는 성격(personality)을 개인의 독특한 행동과 사고 및 감정의 패턴을 창조해 내는 개인 내부의 심리, 신체체계의 역동조직이라고 정의하였다. 즉 성격은 개별 조각의 단순한 축적이 아니며, 개인이 세상과 어떻게 관계를 맺는가를 결정하는 인과적 힘으로 볼 수 있다. 비교적 일관성과 안정성을 지니는 패턴이며 다양한 방식의 행동, 사고, 감정으로 드러난다. Holland(1992)는 이러한 성격이 진로선택과 적응에서도 나타난다고 하였다. 즉, 개인은 진로선택의 과정과 경험을 통해 자신을 표현하고 자신의 흥미와 가치를 표현하는 것이다.

특징

직업적응이론 학자인 Dawis와 Lofquist(1984)는 성격이 특별한 능력과 가치를 지닌 개인의 직업환경과 어떻게 상호작용하는지 파악하는 것이 중요하다고 하였다. 이들은 성격유형을 민첩함(celerity), 페이스(pace), 리듬(rhyhm), 인내(endurance)로 구분하였는데, 각 성격유형은 개인이 환경에 반응하는 방식을 의미한다. 민첩함은 개인의 업무속도를 말하며, 페이스는 개인이 일을 하는 데 노력한 정도를 말하고, 리듬은 개인의 노력과 정도의 패턴을 의미한다. 인내는 얼마나 오랫동안 업무를 지속하는지에 관한 것으로 네 영역에서 우수한 사람은 속도감 있게 일에 대해 노력하고 이를 지속하는 특성이 우수하여 성공적인 직무를 수행할 수 있다.

성격검사

홀랜드 진로탐색검사　홀랜드의 여섯 가지 유형의 환경과 성격을 요약하면 〈표 9.3〉과 같다. 이러한 유형을 2~3개 조합하여 성격, 흥미, 유능감의 분야를 확인하며, 유형별 작업환경과 성격의 매칭을 확인할 수 있다.

표 9.3_ **홀랜드 유형별 성격특성**

유형	직업환경	성격특성
실재형(R)	신체적인 작업 요구, 작업환경은 사람이 다루는 도구, 기계, 동물이 있고 기술적 능력을 요구	취미, 직업에서 도구나 기계사용을 즐겨 하며 실제적인 과정을 좋아하고 인간관계에 가치를 두기보다 돈, 권력, 지위에 더 가치를 둠
탐구형(I)	창의적 사고, 분석적 사고를 요구하며 주의깊고 비판적인 사고를 존중	지적능력의 사용을 즐기고, 문제해결에 대한 능력의 확신을 갖고 알고자 하는 호기심이 높고 지적능력의 사용을 즐김. 독립적 공간을 선호함
예술형(A)	자유롭고 개방적이며 창의적인 환경, 형식보다 자율성을 선호하고 개인적 감정표현을 격려	자유로운 방식의 표현을 즐기고 독창적이고 창의적 표현을 중요시함
사회형(S)	조직이 유연성이 있고 서로 이해하는 것을 독려하는 환경. 서로 돕고 가르치고 영향을 주며 책임감을 갖고 사람들과 어울려 일하는 환경	사람을 돌보고 케어하며 돕는 활동에 흥미, 언어적이면서 사회적 기술 사용을 선호함
기업형(E)	사람을 관리하고 설득, 목표달성을 추구하는 환경, 보상을 위해 모험을 감수하는 환경	경쟁적이고 설득력 있으며 자신감 있고 사회적이다. 사람들과 함께 일하는 것을 즐기지만 도움을 주기보다 설득하고 경영하는 것을 더 좋아함
관습형(C)	조직과 계획의 환경, 사무실 환경으로 기록을 보관, 서류관리, 보고서 정리 등 주어진 일에 지시를 잘 따르는 환경	돈, 신뢰성, 규칙, 명령을 따르는 것에 가치를 둠. 상황통제하에 있는 것을 좋아하고 애매한 요구를 좋아하지 않음. 명확하고 분명한 체계, 지침을 따르는 것을 좋아함

MBTI(Myers−Briggs Type Indicator) 성격유형검사　대중적으로도 많이 알려진 이 검사는 Carl Jung의 이론에 근거하여 Myers와 Briggs가 1920년에 개발하였다. 인간의 성격을 네 차원으로 구분하며 양극적 특성의 조합에 의해 16가지 성격유형을 제시하고 있다. MBTI 검사에서는 개인의 성격의 강점, 능력, 대인관계에서의 특징, 개발해야 할 점 등의 정보를 제공하며, 특히 진로와 관련하여 성격유형에 적합한 직업과 그들의 직업환경에 대한 결과를 기술하고 있다. 개인이 생활에서 판단하고 인식하며 초점을 두는 방향이 그들의 진로의사결정과 직업적응에 영향을 주며 이러한 관련성을 검사결과를 통해 내담자와 상담할 수 있다(〈표 9.4〉 참조).

표 9.4_ MBTI 차원과 유형

차원	선호경향
주의초점	내향(Introversion) − 외향(Extraversion)
인식기능	감각(Sensing) − 직관(iNtuition)
판단기능	사고(Thinking) − 감정(Feeling)
생활양식	판단(Judging) − 인식(Perceiving)

청소년 직업인성검사 청소년 직업인성검사는 Costa와 McCrae(1992)가 성격기술의 언어, 즉 일반인들이 자신이나 남들의 성격을 기술할 때 쓰는 단어(특히 형용사)들을 분석하여 성격을 측정하는 5요인 모델을 바탕으로 제작되었다. 성격의 5요인은 외향성(Extraversion), 친화성(Agreeableness), 개방성(Openness to experience), 민감성(Neuroticism), 성실성(Conscientiousness)이다. 전체형은 320문항, 단축형은 180문항으로 구성되어 있고, 3척도로 구성되어 있다. 이 검사는 5요인에 해당하는 성격을 측정하고, 반응의 정직성과 정확성을 측정하는 사회적 바람직성 척도와 반응의 부주의를 찾기 위한 부주의성 척도로 구성되어 있다(〈표 9.5〉 참조).

표 9.5_ 성격검사의 종류

검사명	대상	구성요인	발행처
성격유형검사 (MBTI)	초중고생 성인	외향−내향, 감각−직관, 사고−감정, 판단−인식의 4차원으로 성격의 특성을 구분하고 이에 따른 강점, 약점, 욕구, 가치, 흥미, 직업적 특성 등을 기술	어세스타
청소년 직업인성검사	중고생	성격 5요인(민감성, 외향성, 개방성, 친화성, 성실성)에 따른 자신의 성격을 이해하고 진로탐색에 도움을 줌	한국고용정보원

4) 진로사고

개념

진로사고란 진로선택이나 진로결정 과정에서 나타나는 여러 생각들을 말하며, 진로 관련 정보를 어떻게 활용하는지와 관련된 인지적 정보처리과정을 말한다. 진로사고는 기능적 사고와 역기능적 사고로 구분되며, 역기능적 진로사고(dysfunctional career thinking)는 개인이 진로를 탐색하거나 선택하고자 할 때 혼란을 주고 진로결정을 방해하는 생각들이다.

특징

진로사고검사의 활용방법과 특징은 다음과 같다. 첫째, 진로의 역기능적 측면을 진단하는 역할을 한다. 심리검사를 통해 진로적성 분야와 흥미, 성격에 대한 유형은 알 수 있지만 적성, 흥미, 성격에 대한 이해를 한다고 모두 진로결정을 합리적으로 하는 것은 아니다. 이러한 진로관련 요인들이 개인에게 적용되는 데 어려움이 있다면 적절한 진로준비행동으로 옮겨지기 어렵다. 즉, 진로에 대한 정보를 아는 것을 넘어 이것을 처리하는 과정에서 어떠한 방해요인이 있는지 진단하고 이에 효과적으로 대처하는 것이 필요한데, 진로사고검사가 이러한 선별도구로 활용되어 개인의 특성에 맞는 진로지도를 할 수 있도록 돕는 것이 특징이다.

둘째, 검사를 통해 드러난 자신의 역기능적 진로사고를 검토하고 수정하여 보다 적절한 진로선택을 할 수 있는 계획을 수립하고 실제 행동으로 옮길 수 있도록 하는 학습과정이 검사해석에 포함되어 있다.

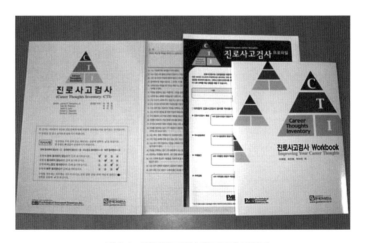

그림 9.1_ 진로사고검사 워크북과 답안지

진로사고검사 진로사고검사(CTI)는 인지적 정보처리이론(Cognitive Information Processing: CIP)과 인지치료(cognitive therapy)에 근거하여 개발되었다. 인지적 정보처리이론은 개인이 진로결정이나 진로문제해결을 할 때 어떻게 정보를 처리하고 이용하는지 설명하며 이를 진로발달에 적용시킨 것이다.

인지적 정보처리 접근의 목표는 내담자가 현재의 진로문제를 해결하고 진로의사결정을 하도록 돕는 데 있을 뿐만 아니라 이후에 발생될 수 있는 문제와 의사결정을 효과적으로 처리하도록 진로문제해결 능력과 진로의사결정 기술을 향상시키는 것이다. 이를 위해 먼저 진로사고검사를 통해 내담자의 진로문제해결과 의사결정에 방해가 되고 있는 역기능적 사고를 평가한다. 만일 내담자의 역기능적 사고에 의해 진로문제가 발생하고 있다고 평가되면 인지치료(인지행동치료)를 통해 이러한 사고를 수정하여 진로문제를 해결하고 더 나아가 문제해결능력과 의사결정기술을 향상시키게 된다. 인지치료(인지행동치료)는 상황에 대한 비현실적인 해석과 이러한 해석을 유지시키는 행동을 파악하고 그것의 타당성을 평가하여 수정하고자 하는 심리치료 접근이다.

진로사고검사는 총 48문항으로 구성되어 있으며 3개의 하위요인은 다음과 같다.

첫째, 의사결정 혼란은 의사결정 과정에 대한 이해부족 혹은 정서적 문제로 인해 의사결정 과정을 시작하거나 지속할 수 없는 어려움에 대한 척도로 다음과 같은 문제들이 반영되어 있다.

① 진로의사결정 과정에 대한 명확한 이해 부족
② 의사결정 문제에 압도당해 의사결정 과정을 시작하기 어려워함
③ 문제해결 과정에서 불안, 우울, 낙담과 같은 부정적인 정서 경험
④ 진로문제를 인식하고 그 문제의 특성을 이해하려고 하나 문제에 압도되어 결국 해결하지 못하는 문제만 인식하게 되는 주기가 반복됨

둘째, 수행불안은 특정 진로선택에 전념할 수 없는 어려움을 반영하는 척도로 의사결정 과정의 결과에 관한 일반화된 불안감과 함께 동반된다. 이 척도에는 다음과 같은 문제들이 반영되어 있다.

① 여러 대안 중 한 가지 대안을 선택하는 데 어려움을 가짐

② 좀 더 나은 대안을 선택하기 위해 다른 대안을 포기하는 데 어려움을 가짐

③ 미결정의 결과로 부차적인 문제인 만성적 미결정이라는 상황에 빠짐

④ 여러 대안에 대한 우선순위를 매기는 데 어려움을 가짐

⑤ 선택안을 축소할 필요성을 느끼면서도 최선의 선택을 하지 못해 결국 해결하지 못하는 문제의 인식으로 되돌아가는 주기가 반복됨

셋째, 외적 갈등은 주변의 타인에게서 얻은 정보의 중요성과 자신이 지각한 정보의 중요성 간의 균형조절에 있어서의 어려움을 반영하는 척도로 결과적으로 결정에 대한 책임감을 회피하게 만든다. 다음의 문제들이 외적 갈등과 관련된 것이다.

① 다른 사람을 만족시키는 일과 나 자신이 만족하는 일 간에 적절한 균형을 지키는 것에서의 혼란

② 자신의 생각과 다른 사람들의 생각을 구분하지 못함

③ 의사결정을 위해 투입할 중요한 타인의 생각이 어떤 것인지 구별하지 못함

5) 가치관

개념

자신의 삶에서 지향하는 것, 삶의 방향성을 유지하기 위한 기준이 되는 신념을 일반적으로 가치(value)라 한다. 이러한 개인의 가치는 삶의 한 부분이며, 진로선택에 있어서도 많은 영향을 미친다. Rosenberg(1957)는 우리의 모든 의사결정 이면에는 가치가 내재되어 있고, 이러한 가치에 의해 직업을 선택한다고 주장하였다. Dawis와 Lofquist(1984)는 개인의 가치가 충족될 수 있는 직업을 선택할 때 또 그러한 직업환경에서 일할 때 직업만족이 높다고 하였다. 또한 진로선택과 직업만족에서 가치의 중요성을 강조한 가치중심접근 모델을 주장하면서 흥미는 가치를 근거로 발전되고 따라서 진로에 더 깊은 영향을 미친다고 주장하였다.

가치관의 요인

직업가치관은 개인의 미래 직업만족도나 직업적응을 예측하는 주요 지표로 활용될 수 있다. 직업가치를 구성하는 하위요인에 대해서 학자들마다 다양한 의견을 제시

하고 있다(〈표 9.6〉 참조). 예를 들어, 경제적 안정성에 가장 높은 가치를 두고 있는 지섭이가 매달 급여가 일정하지 않은 사업을 한다면 가치에 맞지 않는 일에 만족감이 떨어지고 오래 버티기 어려울 수 있다. 또 보수에 직업적 가치를 두고 있는 효진이는 아마도 보수가 적은 일에 대해 만족도가 떨어질 것이다.

표 9.6_ **직업가치 연구 및 검사의 하위영역**

연구자	구성요인
Rounds(1981)	능력발휘, 성취, 다양성, 보수, 안정성, 근무조건, 독립성, 발전, 인정, 권위, 사회적 지위, 동료, 사회봉사, 도덕가치, 기업정책, 인간적 상사, 유능한 상사, 창의성, 자율성, 책임감
Nevil & Super (1986)	능력발휘, 성취, 다양성, 경제적 보상, 경제적 안정성, 근무조건, 문화 정체성, 생활방식, 발전, 명성, 권위, 사회적 관계, 사회적 상호작용, 이타성, 창의성, 자율성, 육체적 활동, 심미성, 개인적 발전, 신체적 위험
Mortimer & Lorence(1979)	존경, 승진, 보수, 사회공헌도, 대인활동의 기회, 능력발휘의 기회, 흥미, 독립성 발휘
김병숙 등 (1998)	• 외재적 가치: 권력추구, 경제우선, 개인주의, 사회인식 중시, 안정추구 • 내재적 가치: 자기능력, 사회헌신, 인간관계 중심주의, 이상주의, 자기표현
임언 등 (2001)	능력발휘, 다양성, 보수, 안정성, 자율성, 발전가능성, 사회적 인정, 지도력 발휘, 더불어 일함, 사회봉사, 창의성 (청소년용 11요인)
한국고용정보원 (2005)	성취, 봉사, 개별활동, 직업안정, 변화지향, 몸과 마음의 여유, 영향력 발휘, 지식추구, 애국, 자율, 금전적 보상, 인정, 실내활동 (13요인)

출처: 김수정(2012)의 논문(p.15)에서 인용

가치관검사의 종류

직업가치관검사로는 한국고용정보원(2005)에서 개발한 직업가치관검사와 진로탐색의 한 영역으로 직업가치를 측정한 한국심리적성검사연구소의 MCI 진로탐색검사가 있다. 직업가치관검사는 중학교 3학년부터 성인까지 사용할 수 있으며 가치를 13영역으로 구분하고 개인이 추구하는 가치와 적합한 직업을 안내하는 검사이다. 검사결과는 개인이 희망하는 직업에서 요구하는 가치점수와 자신의 가치점수를 비교하여 제시하며, 희망직업의 가치와 자신의 가치의 유사점과 차이점을 안내해 준다. 측정하고 있는 가치의 내용은 〈표 9.7〉, 〈표 9.8〉과 같다.

표 9.7_ **직업가치관검사의 종류**

검사명	대상	구성요인	발행처
직업가치관검사	중3~ 성인	• 개인이 중요하게 생각하는 직업가치관을 조사하여 이를 실현하기 위한 적합한 직업을 안내 • 13요인: 성취, 봉사, 개별활동, 직업안정, 변화지향, 몸과 마음의 여유, 영향력 발휘, 지식추구, 애국, 자율, 금전적 보상, 인정, 실내활동	한국고용 정보원
MCI 진로탐색검사	중고생	• 선천적 자질, 직업가치, 흥미, 희망진로, 효능감 등의 진로탐색을 위한 여러 요인 중 직업가치가 포함되어 있음	KIPAT 한국심리적성 검사연구소

표 9.8_ **직업가치관검사의 하위요인 및 내용**

가치	내용
성취	스스로 달성하기 어려운 목표를 세우고 이를 달성하여 성취감을 맛보는 것을 중요시하는 가치
봉사	자신의 이익보다는 사회의 이익을 고려하며 어려운 사람을 돕고 남을 위해 봉사하는 것을 중요시하는 가치
개별활동	여러 사람과 어울려 일하기보다 자신만의 시간과 공간을 가지고 혼자 일하는 것을 중요시하는 가치
직업안정	해고나 조기퇴직의 걱정 없이 오랫동안 안정적으로 일하며 안정적인 수입을 중시하는 가치
변화지향	일이 반복적이거나 정형화되어 있지 않으며 다양하고 새로운 것을 경험할 수 있는지를 중시하는 가치
심신의 여유	건강을 유지할 수 있으며 스트레스를 적게 받고 마음과 몸의 여유를 가질 수 있는 업무나 직업을 중시하는 가치
영향력 발휘	타인에게 영향력을 행사하고 일을 자신의 뜻대로 진행할 수 있는지를 중시하는 가치
지식추구	일에서 새로운 지식과 기술을 얻을 수 있고 새로운 지식을 발견할 수 있는지를 중시하는 가치
애국	국가의 장래나 발전을 위해 기여하는 것을 중시하는 가치
자율	다른 사람들에게 지시나 통제를 받지 않고 자율적으로 업무를 해나가는 것을 중시하는 가치
금전적 보상	생활하는 데 경제적인 어려움이 없고 돈을 많이 벌 수 있는지를 중시하는 가치
인정	자신의 일이 다른 사람들로부터 인정받고 존경받을 수 있는지를 중시하는 가치
실내활동	주로 사무실에서 일할 수 있으며 신체활동을 적게 요구하는 업무나 직업을 중시하는 가치

출차: 직업심리검사 가이드(한국고용정보원)

6) 진로발달

개념

진로발달이란 개인의 진로를 형성하기 위해 상호작용하는 심리적, 사회적, 교육적, 신체적, 경제적 및 우연 요인의 총체라고 정의할 수 있다(NVGA, 1973). 즉, 진로발달은 개인의 전체 발달의 한 측면으로서 개인적 특성과 주위 환경과의 밀접한 상호작용의 결과라고 볼 수 있다. 진로발달은 진로성숙, 직업발달, 직업성숙, 진로의식 발달 등 다양한 용어로 사용되고 있다.

진로에 대한 발달적 입장의 시초는 Ginzberg이며 그는 직업에 대한 태도, 흥미, 능력, 가치관 등은 아동기부터 일련의 단계를 거쳐 발달한다고 보았다. 진로태도는 개인의 내적 요인과 실제 상황적 여건의 상호작용으로 형성되며, 직업선택에서 개인의 바람과 가능성 간의 지속적인 타협을 통해 진로선택을 하게 된다고 하였다(원상희, 2013). 한편 진로발달이론의 가장 포괄적인 관점을 제시한 Super(1990)는 개인이 삶을 살아가는 동안 수행하는 여러 역할들 간의 연속성과 조화를 진로라고 보았고, 진로선택과 결정은 특정 시점에 한 번의 의사결정을 통해 이루어지는 것이 아니라 진로발달 과정에서 개인의 생애역할, 사건이 상호작용하여 진행된다고 하였다.

한편, 이러한 진로선택과 결정을 합리적으로 하기 위해서는 발달에 맞는 성숙이 뒷받침되어야 한다. Crites(1969)는 진로성숙이 진로에 대해 자신이 기대하는 행동과 희망하는 직업군에서 생활하는 타인들의 행동 간의 유사성의 정도에 따라 결정된다고 보았다.

진로발달검사의 종류

진로발달검사   진로발달검사(Career Development Inventory: CDI)는 Super(1980)의 발달모델에 근거하여 직업선택에 대한 준비도를 측정하기 위해 개발하였다. 진로발달검사를 구성하는 다섯 가지 하위요인은 진로계획, 진로탐색, 의사결정, 직업세계에 대한 정보, 선호하는 직업군에 대한 지식으로 구성되었다. 또한 하위척도의 전체 조합인 진로성향이 포함되어 있다. 진로계획에는 직업정보에 대한 학습, 진로계획에 대해 타인과 대화하기, 진로결정에 도움되는 과목 선택하기, 직업훈련 또는 교육받기와 같은 활동들이 포함되며 진로계획 척도의 점수가 낮은 내담자는 상담을 통해 진로계획에 대한 준비와 노력이 더 필요할 것이다. 진로탐색은 직업정보를 탐색하기 위한 의지로 주위 가족, 친구, 교사, 책, 영화, TV와 같은 매체나 사회적 자원을 활용하여 진로를 탐색할 수 있으며 이러한 자원활용의 측면을 측정한다. 의사결정은 지식을 사용하는 능력과 진로를 계획하는 사고와의 관계이다. 진로결정의 상황을 주고 어떤 결정이 최선일지 결정하도록 한다. 직업세계에 대한 정보는 사람들이 자신의 흥미와 능력에 대한 탐색을 언제 하는지, 또 직업에 대해 어떤 식으로 학습하는지, 왜 직업을 바꾸는지와 같은 주요한 발달과업에 대한 지식을 체크한다. 내담자가 알고 있는 직업에 대한 지식이 정확한가는 상담에서 중요한 주제가 될 수 있다. 선호하는 직업군에 대한 지식에서는 선호하는 20개의 직업군을 선택하도록 하고 그 직업군에 대한 능력, 흥미 등을 점검한다. 이 검사는 현재 우리나라에서는 표준화되지 않았다.

청소년 진로발달검사 청소년 진로발달검사는 한국고용정보원에서 2006년도에 개발한 검사로 진로성숙과 진로미결정 요인으로 구성되어 있다. 자신의 진로에 대한 계획과 직업탐색의 정도, 구체적인 진로행동의 정도를 파악하므로 검사결과가 내담자의 상태를 진단하는 의미도 있지만 검사 자체가 자극이 되어 진로준비에 대한 행동을 촉진하는 데 활용할 수 있다는 장점이 있다. 또한 발달적으로 적절한 진로성숙을 위해서 보완해야 할 영역에 대한 정보를 제공해 주기 때문에 상담에서 효과적으로 사용할 수 있다. 진로미결정 영역은 진로결정을 못하는 원인에 대해 성격적 요인인지, 자신과 직업에 대한 정보부족 때문인지, 갈등요소 때문인지를 알 수 있게 해준다.

홀랜드 진로발달검사 홀랜드 진로발달검사는 한국가이던스에서 개발한 검사로 초등학교 상급학년 및 중학교 1학년들의 진로의식, 진로발달 및 진로성숙의 정도와 Holland의 직업적 성격유형을 측정함으로써 이 시기의 진로방향성 설정을 돕는 데 활용한다. 검사의 내용은 진로성숙도(진로지향성, 직업의 이해, 진로선택의 합리성, 직업적 성편견, 자기이해, 자긍심, 자율성)와 성격, 흥미, 유능감에 대한 진로발달유형(RIASEC)으로 구성되어 있다.

진로발달그림검사 진로발달그림검사는 초등학교 저학년을 대상으로 진로발달을 촉진하기 위해 제작된 검사이다. Super와 Ginzberg는 초등학교 저학년 시기가 직업과 일에 대한 호기심과 상상, 공상이 풍부한 환상기에 해당된다고 하였다. 직업과 일에 대한 그림을 제시하여 환상기의 아동이 가지고 있는 환상의 내용과 특징을 확인하여 진로발달 수준을 체크하고, 이들의 진로발달에서 직업에 대한 환상을 촉진시키기 위한 안내가 제공된다. 검사문항은 제시되는 그림 중 재미있는 것으로 상상되는 직업을 선택하도록 하고 아동의 진로환상의 특징을 실재형, 탐구형, 예술형, 사회형, 기업형, 관습형의 Holland 직업적 성격유형 중 높게 나온 유형과 연결하여 해석한다.

표 9.9_ **진로발달검사의 종류**

검사명	대상	구성요인	발행처
진로발달 그림검사	유아~ 초6	• 그림을 통해 연령별 진로발달단계의 내용과 특징을 RIASEC과 　연결하여 해석	한국 가이던스
청소년 진로발달검사	중2~ 고교생	• 진로성숙도 수준과 진로미결정의 원인을 측정 • 진로성숙은 진로에 대한 태도와 성향, 진로관련 지식 및 정보, 　진로행동의 정도에 대한 요인구성 • 진로미결정은 성격, 정보, 갈등요인으로 구성	한국고용 정보원
홀랜드 진로발달검사	초4~ 중1	• 진로발달과 진로성숙의 정도 측정 • 진로발달요인: 진로지향성, 직업의 이해, 자기이해, 진로선택의 　합리성, 직업적 성편견, 자긍심, 자율성 • RIASEC: 성격, 흥미, 활동, 유능성의 차원에서 진로발달 유형 　측정	한국 가이던스
진로성숙도 검사	중고생	• 진로선택에 대한 태도와 일과 직업세계에 대해 얼마나 알고 있 　는지 알아보는 검사 • 직업태도검사, 직업세계정보, 직업선택, 직업계획에 대한 정도	한국심리적성 검사연구소

7) 성인 직업적응검사

노동시장은 사회, 경제, 문화 그리고 전 세계의 경제적 흐름과도 상관이 있어 마치 톱니바퀴가 서로 맞물려 돌아가듯 서로 얽혀 있다. 우리나라의 가정, 사회, 국가 전체에 큰 영향을 미친 IMF 외환위기 때에도 많은 사람들이 실직으로 내몰리고 기존의 회사들도 구조조정을 해가며 사업체를 줄여 살아남기 위해 명예퇴직으로 직장을 잃은 사람들이 많이 발생하였다. 개인이 원하든 원치 않든 이렇게 직업을 전환하거나 직업을 얻기 위해 노력해야 하는 많은 구직자들이 보다 합리적으로 직업을 선택하고 직업을 갖고 난 후 잘 적응하도록 돕기 위해 심리검사가 필요하다.

표 9.10_ 성인 직업적응검사의 종류

검사명	대상	구성요인
구직준비도 검사	만18세 이상 구직을 준비하는 성인	• 실직후 심리사회적 적응정도, 재취업 의지, 취업에 필요한 구직기술이 얼마나 있는지 측정
창업진단검사	만18세 이상 창업을 준비하는 성인	• 구직자의 창업역량과 소질의 정도를 측정 • 총 12개 하위 성격차원으로 구성(사업지향성, 문제해결, 효율적 처리, 주도성, 자신감, 목표설정, 설득력, 대인관계, 자기개발 노력, 책임감수, 업무완결성, 성실성)
직업전환검사	만18세 이상 전직, 전직을 준비 중인 성인	• 언어, 그림검사로 측정 • 구직자의 행동양식을 파악해 직업에서 자신의 잠재력을 최대화하고 1년 이상 유지 가능한 직종 추천 • 추천업종과의 비교를 위해 6개의 성격차원을 측정(개방/감수성, 배려/이타성, 회피/심약성, 노력/적극성, 집중/성실성, 열등/분노성)
구직욕구 진단검사	성인 구직자	• 구직자가 자신의 구직욕구를 객관적으로 평가해 봄으로써 구직활동에 도움을 주고자 제작된 검사 • 4차원으로 구성(구직활동의 적극성, 일자리 수용자세, 경제적 어려움, 사회적 바람직성)

출처: 한국고용정보원(www.work.go.kr)

8) 직업카드 활용

직업카드 분류는 직업에 대한 소개를 카드로 만들어 분류하는 활동을 통해 직업흥미를 탐색하는 방법 또는 도구를 말한다(김봉환, 2011). 직업카드 분류활동으로 진로탐색에 있어서 중요한 자신의 특성(흥미, 가치관 등)을 질적으로 탐색할 수 있으며, 다양한 직업세계를 경험할 수 있고, 직업정보를 구체적으로 탐색할 수 있다. 직업카드 분류의 장점은 내담자를 카드라는 도구를 통해 직업탐색 활동에 보다 적극적으로 유인할 수 있으며, 주어진 문항에 일괄적으로 응답하는 것보다 자신이 직접 흥미있는 직업들을 분류하고 표현해 봄으로써 진로탐색에 주도적으로 참여시킬 수 있다. 또한 상담자가 내담자의 진로와 관련한 다양한 특징을 질적 탐색을 통해 파악할 수 있다. 카드를 매개로 내담자와 보다 심도 있고 초점화된 상담을 통해 내담자에 대한 많은 정보를 얻게 되는 것이다. 연구용 진로카드는 여성 직업카드, 직업전환 실업자용 직업카드, 새터민용 직업카드, 여자대학생용 직업카드와 같이 특수대상에게 사용되고 있다.

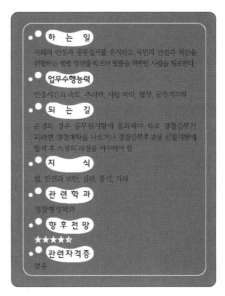

그림 9.2_ 직업카드의 예

표 9.11_ 국내 보급용 진로카드 현황

보급처/연구자	대상	개수	구성요인
학지사/ 김봉환, 최명운 (2003)	중고 대학생	90장	• 앞면: 직업명, 직업개요, 직업세부정보(취업분야, 관련직업), 홀랜드 코드, 직업분류 • 뒷면: 업무수행능력, 지식, 성격
한국고용정보원 (2006)	중고생	70장	• 앞면: 직업명, 직업사진, 직업카드번호, 한국고용 직업분류코드, 직업흥미유형 • 뒷면: 직업개요, 학력 및 전공, 업무수행능력, 지식, 성격
한국직업상담협회/ 김병숙 (2006)	청소년 일반인	210장	• 앞면: 직업명 • 뒷면: 홀랜드 코드, 카드일련번호, 직업에서 하는 일, 학력 및 자격, 요구조건, 유사직업
마인드프레스	초,중,고, 대,성인	150장	• 대상별 카드번호가 정해져 있음 • 홀랜드 유형별로 구성
한국콘텐츠미디어/ 한국진로교육센터 (2013)	중고생	100장	• 앞면: 직업명, 카드번호(홀랜드 6유형이 색깔별로 구분) • 뒷면: 능력, 성격, 흥미, 가치관, 관련학과와 직업, 자격, 전망

출처: 김봉환(2011). "진로교육에서 직업카드 활용의 현황과 과제"에서 발췌하고 수정

9) 진로 보드게임

보드게임은 목표와 방법에 따라 연령대별로 다양하게 활용할 수 있는 놀이도구로 최근 가족이나 친구들이 여가를 보내고 친목을 도모하는 데 사용되고 있다. 단순한 재미와 놀이적 요소만을 추구하지 않고 교육적 요소를 결합하여 교육적 의미를 더하는 다양한 보드게임이 소개되고 있다. 진로분야에도 다양한 보드게임이 개발되고 보급되어 학교, 상담현장에서 많이 활용되고 있다. 보드게임은 일반 놀이와 달리 규칙과 형식을 갖춘 구조화된 형태를 지니고 있어 아동, 청소년의 경우 재미와 의미, 조절과 통제까지 함께 배울 수 있는 장점이 있다. 따라서 상담동기가 약하고 말로 자신을 표현하는 데 어려움이 많은 초등학교 상담현장에서는 보드게임을 통해 상담동기도 높이고 자연스럽게 자신의 이야기를 할 수 있도록 활용하고 있다.

표 9.12_ **국내 보급용 진로 보드게임**

게임명	구성내용	보급처
직업찾기게임 Job Bingo	• 7세 이상 사용 • 빙고게임을 통해 재미있게 다양한 직업을 알아보고 교육할 수 있는 도구	가이던스
커리어 챌린지	• 초등 ~ 중학생 사용, 직업흥미와 탐색 목적 • 개개인의 재능, 흥미, 작업환경 선호 등에 잘 부합하는 직업을 탐색할 수 있도록 돕기 위해 특별히 만들어진 보드게임	마인드프레스
커리어 마스터	• 중고생용, 직업탐색 목적 • 직업에 대한 설명이 있는 보드판을 이용해 직업명을 맞추는 게임	
커리어스택 젠가	• 11세 이상 사용, 정체성 확립, 진로의식과 탐색 • '사회의 부정적 편견을 가진 직업은 무엇이 있을까요?' 이러한 질문이 적힌 젠가를 뽑고 답해 가는 진로게임	
한국판 직업윤리게임	• 초등학교 고학년 이상, 올바른 직업윤리와 직업의식 함양 목표 • 플레이어가 회사의 대표로 직업현장에서 결정해야 하는 상황에 대해 답하는 게임	

진로정보
의
활용

컴퓨터와 인터넷이 없는 세상은 상상하기 어렵다. 현대는 정보화 사회라고 불린다. 우리 사회의 변화를 설명한 Alvin Toffler는 제3의 물결을 산업사회에서 컴퓨터 및 정보통신의 정보화 사회로 변화하는 것이라고 하였다. 컴퓨터의 대량 보급으로 시작된 제3의 물결은 정보화 사회의 막을 열었으며, 정치, 경제, 교육, 문화 등에 커다란 변화를 가져왔다. 2016년 1월 20일 스위스 다보스에서 열린 '세계경제포럼(WEF)'에서는 4차 산업혁명을 화두로 제시하면서, 4차 산업혁명을 '디지털 혁명에 기반하여 물리적 공간, 디지털적 공간 및 생물학적 공간의 경계가 희석되는 기술융합의 시대'로 정의했다. 3차 산업혁명을 기반으로 도래할 4차 산업혁명은 '초연결성(Hyper-Connected)', '초지능화(Hyper-Intelligent)'의 특성을 가지고 있으며, 사물인터넷(IoT), 클라우드, 정보통신기술(ICT) 등을 통해 인간과 인간, 사물과 사물, 인간과 사물이 상호 연결되고 빅데이터와 인공지능 등으로 보다 지능화된 사회로 변화될 것으로 예측된다.

정보화 사회로 이동하면서 우리에게 긍정적 측면과 부정적 측면의 영향들이 공존하게 되었다. 정보의 공유로 인해 다양한 정보의 접근이 쉬워지고 시간과 공간의 제한을 받지 않으며 할 수 있는 일이 늘어났다는 점은 긍정적 영향이라고 하겠다. 반면에 검증받지 못한 정보의 확산과 개인정보 유출, 저작권 침해, 컴퓨터 활용이 능숙하지 못한 사람의 정보 접근의 어려움 등은 부정적 영향이다.

빠른 속도로 변화하는 세계에 적응하기 위해 요구되는 능력은 새로운 정보를 정확하고 빠르게 찾아내고 적절히 활용하는 것이다. 정보화 사회에서 정보통신기술의 급속한 발전은 산업혁명이 인간의 일상생활 전반에 걸쳐 가져온 사회 변화의 충격보다 더 큰 변화를 일으키고 있다. 산업사회에서 기계가 사람의 손을 대신하였던 것과 마찬가지로 정보화 사회에서는 컴퓨터가 인간의 두뇌를 대신하고 있다. 정보화 사회에서 성공적으로 살아남기 위해서는 컴퓨터를 기반으로 관련 정보를 수집하여 필요한 정보를 선별하고 보다 유용한 정보를 선택하는 능력이 필요하다. 즉, 정보를 수집하여 분석, 가공, 체계화하고, 정보를 평가하며 축적하고 현실에 적용하는 능력을 학습해야 한다. 이와 같이 컴퓨터와 통신기술을 이용하여 정보를 수집하고 새로운 정보를 생산해 낼 수 있는 능력을 정보화 능력이라고 한다.

컴퓨터와 통신기술의 발달은 미래의 인력 수급에도 많은 영향을 미치게 될 것이다. 따라서 정보화 사회에서 요구되는 능력을 갖추고 진로 및 직업 정보탐색에 익숙해지도록 구체적인 방법을 알아야 할 것이다.

1. 진로정보의 개념 및 필요성

1) 진로정보의 개념

진로선택은 개인의 능력 발휘의 기회, 개인의 사회경제적 지위, 가치관과 태도, 정신 및 신체적 건강, 가족관계 등의 다양한 인간관계 등 삶의 모든 측면에 영향을 미치는 결정적 사건이다. 그러나 진로를 현명하고 합리적으로 결정하기란 매우 어려운 일이다. 따라서 복잡하고 다양한 사회구조 속에서 합리적인 진로를 선택하고 적응해 나가기 위해서는 진로정보가 필요하다.

진로정보란 개인이 진로에서 어떤 선택이나 결정을 할 때 또는 직업적응이나 직업발달을 꾀할 때 필요로 하는 모든 자료를 총칭하는 개념으로, 일과 관련된 교육적, 직업적, 심리사회적 정보를 의미한다(김충기, 김현옥, 1993). 그리고 진로정보는 직업인들이 무엇을 행하고 있으며, 이와 관련된 사항이 무엇인가에 관한 사실적 정보로 구성되어 있다(김봉환, 김병석, 정철영, 2006).

정보는 그 자체가 중요하다기보다 이용 가치의 높고 낮음에 의해 중요도가 결정된다. 따라서 정보의 가치를 결정하는 기준은 매우 중요하다. 이러한 정보의 가치를 판단하는 기준으로는 정보의 정확성, 정보의 적절성, 정보의 적시성, 정보의 유용성, 정보의 융합성이 대표적이며 각 내용은 다음과 같다. 첫째, 정보의 정확성이다.

오류를 방지할 수 있는 정확한 의사결정을 위해서는 정보의 정확성이 가장 중요하다. 둘째, 정보의 적절성이란 정보가 필요로 하는 상황에 맞게 얼마나 적절히 제공되고 있는가에 관한 기준이다. 셋째, 정보의 적시성은 정보가 필요한 시기에 맞추어 적절하게 제공되어야 함을 의미한다. 넷째, 정보의 유용성이란 정보는 불확실성을 감소시키고, 보다 확실한 의사결정을 하는 데 도움이 되어야 한다는 것이다. 다섯째, 정보의 융합성에 따르면 정보는 장비의 결합과 가공에 의해 또 다른 새로운 정보의 창출이 가능해야 한다.

정보의 가치 판단 기준을 만족시키는 좋은 정보를 얻는 것도 중요하지만, 정보화 사회에서 성공적으로 살아 나가기 위해서는 정보를 자유자재로 수집하고 다룰 수 있는 능력이 요구된다. 이러한 능력을 위해서는 정보의 수집과 관리가 체계적으로 이루어져야 한다.

첫 번째 단계는 정보의 수집이다. 정보는 필요한 시점에 가장 최신의 자료에서 믿을 만한 정보원에게서 얻을 수 있어야 한다. 둘째, 정보의 분석 단계이다. 수집된 정보를 분류하고 분석하고 비교하는 과정이다. 셋째, 정보의 가공 단계이다. 정보를 재편집하여 사용하기 좋은 형태로 요약, 정리하여 정보로서 가치를 높이는 과정이다. 넷째, 정보의 제공이다. 정보의 형태, 내용, 시간, 장소 등의 여건에 따라 효과적으로 제공하는 과정을 말한다. 마지막 단계는 정보의 평가와 축적이다.

2) 진로정보의 필요성

내담자가 자신의 흥미, 가치관, 삶의 방식 등과 일치하는 선택을 하려고 한다면 정확한 진로정보 수집은 필수적인 일이다. 진로정보는 내담자가 진로에 대한 어떤 문제에 직면하여 장래계획이나 의사결정을 할 때 자신을 둘러싼 생활환경을 이해하는 데 필요한 모든 사실과 지식을 제공해 주는 역할을 한다(지용근, 김옥희, 양종국, 2005). 일반적으로 정보활동의 목적은 다음과 같다(이현림, 2007).

① 효과적인 학급, 진급, 진학에 관련된 정보를 제공해 줌으로써 교육의 목적을 달성할 수 있다.
② 직업세계의 종류와 관계되는 모든 분야를 폭넓게 이해시키고 준비할 수 있는 기회를 제공함으로써 올바른 직업선택이나 직업관 형성에 이바지할 수 있다.

③ 교육, 직업, 사회생활 적용에 관련된 정보를 수집, 이행함으로써 학생들로 하여금 포괄적인 삶의 적용방식을 수립하는 데 도움을 줄 수 있다.

④ 충분한 자기연구를 토대로 해서 교육계획과 직업계획에 대하여 이해를 촉진하고 진로계획을 수립하는 데 기초작업을 형성할 수 있도록 한다.

⑤ 학교를 중퇴하거나 떠난 학생들, 취직하거나 진학하거나 가정을 갖는 사람들의 당면한 필요를 충족시켜 줄 수 있는 특정한 지식이나 기술 등을 제시하여 미래의 생활적응이 원만히 이루어지도록 한다.

⑥ 자신의 잠재력을 최대한으로 개발할 수 있는 분위기 조성과 여건에 알맞은 기회와 적응력 탐색에 이바지하도록 한다.

⑦ 자기 발전과 향상에 관련된 정보를 수집하는 능력을 기르고, 방향 설정에 알맞은 정보에 익숙해지게 하여 현명한 자기실현의 기회를 선택하는 계기를 마련해 준다.

정확하고 선별된 진로정보는 직업에 관련된 고정관념이나 부정확한 인식을 바로잡기 위해서도 필요하다. 진로정보는 근로자의 집, 가족, 오락, 일의 전과 후의 다른 활동을 기술하고 묘사함으로써 한 직업에서의 더 좋은 근로자의 생활형태 비교와 직업선택에 따른 보상을 설명하는 한편, 흥미를 유발하고 토론을 자극시키며 내담자의 태도를 변화시켜 더 나은 조사를 하도록 진로의사결정에 동기를 부여한다(이현림, 2007).

2. 진로정보 제공방식의 변천

진로상담 연구자들은 발달과정에서 일어나는 직업의 선택, 직업세계에 대한 학습, 진로선택을 돕기 위해 진로지도 컴퓨터 시스템을 개발해 냈다(Super, 1970). 진로지도 컴퓨터 시스템은 온라인 검사, 데이터베이스 검색, 광범위한 직업 및 교육 데이터베이스, 학생의 인적사항과 시스템 이용 기록을 저장하는 사용자별 개인기록 등을 제공하였다. 이 기록은 내담자가 이전 사용시 기록한 자료를 보관 가능하게 하여 내담자가 시스템을 이용한 후에 상담자가 내담자와 함께 이야기를 나눌 수 있도록 상담자에게 보고서를 제공한다.

최초의 컴퓨터 시스템은 고등학생을 위해 개발되었고, 이어서 중학생, 대학생, 일반인의 독특한 발달적 욕구를 충족하기 위한 컴퓨터 시스템이 개발되었다. 미국에서는 1970년대에 국립직업정보조직위원회(National Occupational Information Coordinating Committee; NOICC)라는 연방정부기관이 각 주에 예산을 지원하여 진로정보 시스템을 개발하게 되었다. 이는 이전에 개발된 진로지도 컴퓨터 시스템과 유사한 형태였으나, 임금이나 직업 전망과 같은 각 주(州)의 노동시장 정보를 제공한다는 점에서 달랐다. 대부분의 시스템이 사용자의 정보를 저장하지도 않았고, 진로문제에 대한 해결책을 제공하지도 않았다. 주로 직업 및 교육적 정보의 질, 포괄성, 지역성에 초점을 두었고, 초기 진로지도 컴퓨터 시스템에서 제공했던 온라인 검사를 제공하는 경우는 거의 없었다.

당시의 시스템은 컴퓨터 소프트웨어로 개발되어 1980년대에는 초소형 컴퓨터에 탑재되었다. 1990년대에는 인터넷을 이용할 수 있게 되면서 인터넷에서 사용 가능한 컴퓨터 기반 서비스 시대가 열렸다. 인터넷을 통해 활용할 수 있는 자원은 세 집단으로 구분할 수 있다.

첫째, 통합 시스템이다. 사용자 기록, 온라인 평가, 탐색, 데이터베이스, 의사결정을 도울 수 있는 전략을 모두 포함하고 있다. 진로지도 컴퓨터 시스템에 대하여 앞서 설명했던 특성과 내용을 가지고 있다. 사용자 기록이라는 용어는 포트폴리오라는 용어로 바뀌었고, 고유의 사용자 ID에 의해 서버에 저장되고, 인터넷에 접속할 수 있는 곳이면 어디서나 사용자가 접근할 수 있도록 되어 있다. 최근의 기술 발달로 오디오, 비디오, 애니메이션, 그래픽과 아바타 등이 가미되었다.

둘째, 부분 시스템이다. 사용자 기록(진로포트폴리오), 온라인 검사, 데이터베이스 등을 포함하지만 지속적인 진로지도를 위해 필요한 요소를 모두 포함하지는 않는다. 이러한 시스템으로는 온라인 검사에 직업목록과 설명을 덧붙인 것이 대표적이다. 또는 직업탐색을 가능하게 해주거나, 초등학생부터 고등학생에게 진로정보를 제공해 주는 노동부 사이트가 있다.

셋째, 웹사이트가 있다. 진로계획 과정에서 중요한 요소를 제공해 주지만 해당 사용자를 위한 전체적 진로설계 과정과는 연결되지 않는 웹사이트도 있다. 직업에 대한 설명을 제공해 주거나 대학과 관련된 정보를 제공해 주는 웹사이트가 대표적이다.

많은 내용을 포괄하고 있는 컴퓨터 시스템이라고 할지라도 상담자의 도움 없이 사용한다면 효과적으로 활용하지 못하는 경우가 많다. 상담자의 조력과 정보화 기술을 함께 제공하는 것이 내담자에게 가장 효과적이라는 증거는 꾸준히 제시되고 있다.

현재 발전된 인터넷 전달 체계와 사이트를 고려하여, 진로상담자가 진로정보들을 어떻게 사용할지를 결정하고, 어떤 시스템을 선택하며, 내담자와 학생이 시스템을 잘 활용할 수 있도록 어떻게 도울 것인지에 관하여 논의해 보도록 한다. 내담자의 요구와 목표가 결정되면, 진로상담자는 웹기반 시스템과 사이트를 통해 다음 세 가지 영역에서 효과적인 서비스를 제공한다. 첫째, 흥미, 기술, 직업가치, 성격유형 등이 진로선택과 관련되어 있을 때 온라인 검사를 실시한다. 둘째, 가능한 대안을 확인하기 위해 광범위한 자료들을 탐색한다. 셋째, 진로의 선택 및 계획과 관련된 다양한 대안과 주제에 대한 정보를 탐색한다. 나아가 장기적인 진로포트폴리오는 진로탐색 및 계획의 많은 측면을 통합하고, 각각의 부분을 잠재적 고용주 또는 입학 담당자와 공유할 수 있는 기회를 제공한다.

내담자가 바라는 특징을 가지고 있는 항목, 예를 들어 직업 및 기술학교, 대학, 또는 직업 등을 확인하려고 대규모 데이터베이스를 탐색할 필요가 있다면, 출판물을 활용하거나 진로상담자에게 찾아가는 것보다 기술기반 개입을 활용하여 정보를 확보하는 것이 훨씬 더 효과적이라고 볼 수 있다. 고용노동부 워크넷의 한국직업정보시스템은 우리나라의 직업을 상세히 설명하고 있으며, 꾸준히 최신 자료를 보완하며 관리하고 있다. 이 자료는 산업별로도 검색되고 키워드로도 검색되며 교육수준, 진입요건, 소득별로도 검색할 수 있다.

내담자가 교육과 진로계획과 관련된 정보를 필요로 한다면, 신중하게 선택된 웹사이트가 좋은 정보원이 될 수 있다. 이러한 정보에는 재정지원을 받을 수 있는 기관, 고용주, 이력서 작성법, 취업면접 등이 포함될 수 있다. 물론 이러한 정보는 인쇄물로도 제공되지만, 인터넷은 지속적인 업데이트, 영상 사용 그리고 다른 웹사이트와의 연결을 가능하게 해준다. 기술기반 개입을 사용할 것인지를 결정하는 첫 단계는 내담자의 요구를 확인하는 것이다. 다음은 기술기반 개입으로는 좋은 서비스를 제공하기 어려운 영역이기 때문에 진로상담자가 다루어야 하는 주제들이다.

① 자신의 진로관리 방법 학습

② 동료, 상사와 인간관계를 맺는 방법 학습

③ 직업의 요구와 다른 생애역할의 요구 간에 균형을 잡는 방법 학습

④ 확인된 대안에 대하여 우선순위를 부여하고 의사결정 내리기 학습

⑤ 자기개념을 명료화하고 강화하기

 이와 같은 내담자의 요구와 문제는 상담자의 직접적인 개입전략이 필요한 부분이다. 내담자의 관심사가 검사, 자료검색, 정보수집 등에 있다고 가정해 본다면, 상담자가 더 고려해야 할 것은 다음 두 가지이다. 첫째는 Krumboltz(1991), Sampson 등(1996)이 언급하였듯이 내담자가 비합리적 신념을 가지고 있을 경우, 자기에 대한 정보와 다른 종류의 정보를 사용할 능력이 없거나 또는 이런 정보를 사용할 준비가 안되어 있을 수 있다는 점이다. Krumboltz는 내담자의 현재 진로상황, 행복에 꼭 필요한 것, 의사결정에 영향을 미치는 요인, 시도될 만한 노력 등과 관련된 비합리적 신념을 확인하였다. Sampson 등은 절대적으로 확실하지 않으면 진로와 관련된 행동을 할 수 없다거나 한 번 내린 진로결정은 일생 동안 유지되어야 한다는 생각과 같은 비합리적 신념이 있음을 확인하였다. 상담자는 초기면담에서 이러한 방법을 확인할 수 있는 진로신념검사(Career Beliefs Inventory: Krumboltz, 1991)나 진로사고검사(Career Thoughts Inventory: Sampson et al., 1996; 이재창, 박미진, 최인화, 2003)와 같은 검사를 실시할 수도 있다. 어떤 매체를 활용하든 검사의 실시, 데이터베이스 검색, 정보수집의 과정은 진로장벽이 되는 비합리적 신념이 제거될 때 더욱 증진된다.

 상담에서 고려해야 할 둘째로 중요한 내담자의 특징은 학습 유형이다. 어떤 사람은 기술기반 개입이 주어질 때 학습을 잘하는데, 기술기반 개입을 통해서 주어지는 정보를 읽는 것을 통해서 학습을 하게 되고 그림, 오디오, 비디오 등이 학습을 더욱 향상하도록 돕는다. 반면에 어떤 사람은 사회적 접촉을 통한 학습을 선호할 수 있는데, 이런 내담자는 집단상담, 교실학습, 개인상담, 직업체험, 모의면접 등의 개입 방법을 통해 더 많은 도움을 받을 수 있다.

3. 진로정보의 원천

진로정보는 다양한 정보원을 통해 얻을 수 있다. 정보원으로는 전문직협회가 제작하는 책자, 특정 직업정보를 전문적으로 다루는 출판사가 펴낸 유인물, 직업사전 등이 있다. 또 다른 직업 정보원으로는 오디오 및 비디오 자료, 컴퓨터 기반 시스템, 웹사이트 등이 있다.

진로정보는 다음과 같은 세 가지 측면에서 살펴볼 수 있다. 첫째, 직업정보의 유형으로 직무내용, 근로조건, 급여에 대한 정보이다. 둘째로 중요한 측면은 직업분류체계이다. 직업분류체계는 내담자와 상담자로 하여금 의미 있게 조직화된 직업군들을 볼 수 있도록 돕는다. 셋째로 개인이 고려하고 있는 각 직업입문에 필요한 특성 및 요인을 아는 것이 필요하다.

진로정보의 주요 유형은 출판자료, 컴퓨터 기반 정보 시스템, 시청각 자료, 직업인이나 전문가와의 인터뷰, 직접적인 경험에 의한 자료로 구분된다. 어떤 유형을 활용할 것인가는 주로 이용 가능성과 접근 가능성에 달려 있다.

또한 상담자들은 진로정보에 있어 어떤 출처가 가장 효과적일지 결정하기 전에 내담자의 장애 정도, 성격유형, 읽기 수준과 같은 내담자에 관한 확실한 특징을 고려할 필요가 있다. 읽기 수준이 낮은 내담자는 시청각 자료를 사용하는 것이 편한 반면, 장애를 가진 내담자는 인터뷰를 하기 위해 필요한 이동성을 갖추기가 다소 어려울 것이다. 비공식적 관찰에 따르면 Holland의 실재적(R) 성격유형은 개인 인터뷰보다 컴퓨터 시스템을 더 선호하는 것으로 나타났다.

이처럼 방대한 직업정보를 상담자가 모두 기억하기는 어렵다. 이 중에서 상담자가 꼭 알아야 할 중요한 직업정보 유형은 직무내용이다. 2년마다 개정판이 발간되는 『직업전망서』와 같은 책을 활용하면 도움이 된다. 직업정보는 직무내용, 자격요건, 필요한 교육, 근로조건, 급여, 채용전망 등을 담고 있다. 대부분의 직업정보서에는 승진, 유사직종, 현직 종사인 등에 대한 정보가 포함되어 있다.

직업정보가 얼마나 적절한지 다음과 같은 질문을 통해 파악할 수 있다.

① 직업정보의 출처를 얼마나 신뢰할 수 있는가?
② 직업정보가 최신의 정보인가?
③ 어떤 경로를 통하여 직업정보를 획득하였는가?

④ 추가적으로 필요한 직업정보는 무엇인가?

⑤ 원하는 직업을 얻는 데 도움을 줄 수 있는 인적 네트워크는 누구인가?

또한, 초등학생, 중학생, 고등학생, 대학생, 취업준비자들은 눈높이에 맞는 직업정보를 제공받아야 한다.

1) 청소년, 교사

진로에 관한 정보수집 활동은 워낙 방대하고 오랜 시간이 걸리므로 꾸준히 준비하여 체계적으로 수집하는 것이 좋다. 이를 위해 초등학생들부터 직업세계를 탐색하고 이해하는 것이 필요하다. 청소년 워크넷(youth. work. go. kr), 커리어넷, 진로진학정보센터에서는 진로 및 직업정보를 탐색하고 진로심리검사를 받을 수 있다.

커리어넷

한국직업능력개발원은 국민들의 '개인의 삶의 질 향상'과 '국가 경쟁력 강화'를 위하여 진로개발을 지원하는 기관이다. 진로지도 정책과 제도 운영에 관한 연구, 직업과

그림 10.1_ 커리어넷

직업의식 연구, 직업 및 진로정보의 생산 및 보급, 직업안정 정책과 제도에 관한 연구, 직업 및 진로 검사도구와 프로그램 개발 보급, 진로상담과 교육서비스, 진로전문가 연수 등을 실시하고 있다.

한국직업능력개발원에서 운영하는 진로정보센터인 커리어넷(www.career.go.kr)에서는 다양한 진로관련 정보를 제공하고 있는데, 청소년에게 필요한 진로 및 직업정보 제공에 주력하고 있다. 여기에서는 직업사전, 학과정보, 학교정보, 자격정보, 진로지도 자료 및 사진과 동영상을 제공하고 있다(〈그림 10.1〉 참조).

진로진학정보센터

서울특별시 교육연구정보원에서 운영하는 진로진학정보센터(www.jinhak.or.kr)에서는 진로정보 및 진학, 진로정보를 검색할 수 있다. 진로정보, 진로적성검사, 고교입시 및 대학진학 정보를 제공하여 중학생, 고등학생, 교사 및 학부모가 활용하기 쉽게 되어 있다(〈그림 10.2〉 참조).

대학교 홈페이지

청소년들이 전공하고자 하는 학과에 대한 정보를 구하기 위해 각 대학의 홈페이지를 이용할 수 있다. 우선 원하는 대학의 홈페이지에 접속하여 '입학안내'로 들어가면

그림 10.2_ 진로진학정보센터

입학처에서 운영하는 사이트를 만날 수 있다. 각 대학의 입학처에서는 대학전형의 모집요강 및 필요서식, 과년도 입시문제 등을 제공한다. 진학과 관련하여 궁금한 점은 Q&A 게시판을 이용하도록 한다.

전공학과에 대한 정보가 필요한 경우, 대학 홈페이지의 '학과안내' 메뉴로 들어가서 교과과정, 학사일정, 교수진 등을 열람할 수 있다.

2) 구직자

워크넷

고용노동부 고용안정 정보망인 워크넷(www.work.go.kr)은 정부의 대표적인 진로정보 웹사이트이다. 워크넷은 고용노동부 산하 전국 고용정보센터, 지방자치단체 취업정보센터와 협력하여 실시간으로 구인구직 정보를 제공한다. 워크넷은 구직자를 위한 구인업체 채용자료와 구인업체를 위한 구직자 정보, 취업준비생을 위한 고용정보, 각종 직업심리검사, 구직기술 향상을 위한 집단상담 프로그램, 채용박람회 안내 등을 담고 있다. 무료로 이용할 수 있으며 회원가입 후 메일링 서비스를 받을 수 있다(〈그림 10.3〉 참조).

그림 10.3_ 워크넷

민간 고용정보 사이트

1997년 IMF 이후 어려운 경제여건 속에서 취업난이 가중되었다. 취업난 해결을 위하여 「직업안정법」이 개정되고 고용정보 제공 분야에 민간기관의 참여가 활발해졌다. 민간 고용정보업체는 대부분 인터넷으로 구인구직 정보를 제공하고 있다. 주로 고학력 구직자의 채용정보가 많이 소개되고 있으며, 업체별로 정규직, 근로자파견, 아르바이트, 직종별 등으로 특화된 사이트를 운영하기도 한다. 2002년 이후에 민간 고용정보 제공 시장은 폭발적으로 늘어났으며 앞으로도 지속적인 성장이 예상된다. 그러나 너무 많은 인터넷 구인구직 업체들의 경쟁적인 개설로 직업정보가 부실하거나 수익모델이 없어 사업운영에 어려움을 겪는 업체도 생겨나고 있다. 선진국에서는 취업알선뿐만 아니라 근로자파견, 직업훈련, 직업지도 등의 고용서비스를 함께 제공하는 종합인력회사의 형태로 서비스가 종합화되고 있다.

3) 근로자 및 미취업자

첨단산업을 중심으로 각종 산업이 급속도로 확장하면서 질적으로 고도화된 산업 인력의 수요가 크게 늘어나고 있다(김봉환 등, 2006). 이제까지의 정규교육과정이나 비조직적인 견습공 과정만으로는 산업체가 요구하는 고급인력 수요를 충당할 수 없게 되었다. 따라서 산업사회의 요청에 부응하는 더욱 유능한 기능 인력을 양성하여 공급하기 위한 조직적이고 체계적인 직업훈련제도가 필요해졌다(노동부 중앙고용정보관리소, 1999).

직업훈련제도란 정규교육과정만으로 감당할 수 없는 인력의 수요를 충족하기 위해서 실시되고 있는 제도로서, 근로자의 직업능력을 개발하고 향상시켜 원활한 직업생활과 경제적, 사회적 지위 향상을 도모하고 사회적으로는 무기능 유휴 인력을 기능 인력화하여 국가경제 발전에 필요한 산업 인력을 효율적으로 양성하여 공급하게 해준다(김봉환 등, 2006). 고용노동부에서는 직업능력지식포털(HRD-NET)을 운영하여 직업훈련에 대한 정보를 제공하고 있다.

오늘날 우리 사회의 고실업률은 노동시장에서 탈락한 개인의 정신적, 경제적 불안정과 실업 가정의 해체 위기를 초래하였다. 뿐만 아니라 개인의 적극적인 경제활동을 저해함으로써 경제적 자원의 비효율적 활용이라는 문제를 야기하였다. 현재 고실업 문제는 사회의 중요한 위험요인으로 규정된다(윤정향, 류만희, 2005).

더욱이 청년층이 경험하고 있는 미취업에 따른 부정적 영향은 다른 연령계층에 비해 더욱 심각하다. 처음 노동시장에 신규 진입하는 청년층은 앞으로 지속적인 노동시장 참여와 더 나은 일자리를 위해 끊임없이 탐색작업을 하는 계층이다. 하지만 상대적으로 정보가 부족한 청년층은 이 과정에서 잦은 노동시장 이동과 짧은 근속기간, 불안정한 고용 형태, 경기 변동에 민감한 취업 가능성 및 높은 실업 상태를 경험하게 된다(서정희, 2002).

직업능력지식포털

고용노동부에서는 현재 미취업 상태이거나 실업 후 더 나은 직업으로 이직을 고려하는 사람들에게 직업훈련 프로그램을 제공한다. 직업훈련 사이트(www.hrd.go.kr)에서 누구나 무료로 이용할 수 있으며 재직자, 실업자, 미취업자 등 대상 유형별로 직업훈련 프로그램을 제공하고 있다. 다양한 직업훈련 정보와 국가자격 정보를 알아볼 수 있으며, 구직자에게 일정한 금액을 지원하여 자기주도적으로 직업능력 개발훈련에 참여할 수 있도록 훈련이력 등을 개인별로 통합, 관리하고 있다(〈그림 10.4〉참조).

그림 10.4_ **직업능력지식포털(HRD-NET) 사이트**

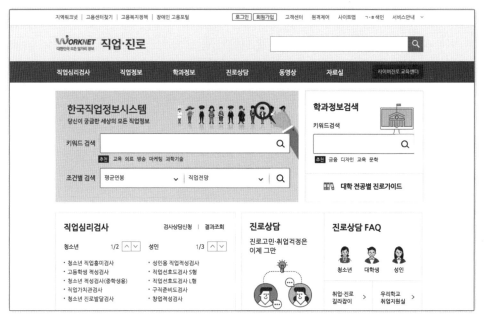

그림 10.5_ 워크넷의 한국직업정보시스템

한국직업정보시스템

한국직업정보시스템은 분류별, 조건별 직업, 나에게 적합한 직업, 새로 생긴 직업 등 다양한 진로정보를 검색할 수 있으며, 업무별로 요구되는 능력, 성격, 업무환경 등 직업 전반의 다양한 정보를 소개하고 있다. 직업정보시스템을 활용하여 본인이 희망하는 직업에 대하여 구체적인 정보를 획득할 수 있다(www.hrd.go.kr, 〈그림 10.5〉 참조).

2014년 말 기준, 『한국직업사전』에는 총 11,440개(본직업명 5,662개, 관련직업명 5,778개 포함)의 직업이 수록되어 있다. 직업명 기준으로는 11,440개의 직업에 유사직업명 3,441개를 더한 14,881개의 직업명이 수록되어 있다. 『한국직업사전』은 과학기술 발전과 산업구조 변화 등에 따라 변동하는 직업세계를 체계적으로 조사·분석하여 표준화된 직업명과 기초 직업정보를 제공한다. 청소년과 구직자, 이·전직 희망자는 직업선택을 위해, 기업인사 담당자는 근로자 선발을 위해, 직업훈련 담당자는 직업훈련과정 개발을 위해, 연구자는 직업분류체계 개발과 기타 직업연구를 위해, 노동정책 수립자는 노동정책 수립을 위해 기초자료로 활용한다.

『한국직업사전』에 수록된 직업들은 직무분석을 바탕으로 조사된 정보들로서 수 많은 일을 조직화된 방식으로 고찰하기 위하여 유사한 직무를 기준으로 분류한 것이다. 수록된 직업정보들은 크게 직업코드, 본직업명칭, 직무개요, 수행직무, 부가직업정도 다섯 가지의 항목으로 구성된다.

『2012 한국직업사전』통합본 4판(한국고용정보원)은 2004~2011년간 산업별로 조사한 직업들에 대한 직무내용을 전면 재검토 및 통합하고, 산업별 직무조사 과정에서 누락된 직업이나 새로운 기술과 서비스의 등장으로 새롭게 출현한 직업을 추가하였다. 직업분류체계의 기준으로는 2011년도까지『한국표준직업분류』(통계청)를 사용해 왔으나, 우리나라의 노동시장 현실을 제대로 반영하고 일−훈련−자격 체계의 일관성을 도모하기 위해『2012 한국직업사전』부터는『한국고용직업분류(KECO)』를 사용하고 있다.

한국고용직업분류는 대분류 7개, 중분류 24개, 소분류 119개, 세분류 392개로 구성되어 있다.

한국고용직업분류의 특징은 첫째, 세분류 직업조사 결과를 반영하여 우리나라의 직업세계 현실을 가장 잘 반영하고 있다는 점이다.

둘째, 중분류 중심체계이다. 한국고용직업분류는 대분류 7개, 중분류 24개, 소분류 119개, 세분류 392개로 구성하여 사실상 중분류를 대분류로 사용한다. 한국고용직업분류의 직업코드는 특정 직업을 구분해 주는 단위로서 세분류 네 자리 수로 표기되어 있다. 직업코드 네 자리에서 첫 번째와 두 번째 숫자는 24개 중분류를 나타내며, 세 번째 숫자는 소분류, 네 번째 숫자는 세분류를 나타낸다. 세분류 내 직업들은 가나다 순으로 배열된다. 한국고용직업분류의 24개 중분류 코드는 다음과 같다.

> 01 관리직, 02 경영·회계·사무 관련직, 03 금융·보험 관련직, 04 교육 및 자연과학·사회과학 연구 관련직, 05 법률·경찰·소방·교도 관련직, 06 보건·의료 관련직, 07 사회복지 및 종교 관련직, 08 문화·예술·디자인·방송 관련직, 09 운전 및 운송 관련직, 10 영업 및 판매 관련직, 11 경비 및 청소 관련직, 12 미용·숙박·여행·오락·스포츠 관련직, 13 음식 서비스 관련직, 14 건설 관련직, 15 기계 관련직, 16 재료 관련직, 17 화학 관련직, 18 섬유 및 의복 관련직, 19 전기·전자 관련직, 20 정보통신 관련직, 21 식품가공 관련직, 22 환경·인쇄·목재·가구·공예 및 생산단순직, 23 농림어업 관련직, 24 군인

셋째, 중분류를 직능유형(skill type) 중심으로 재구성하였다. 현대적 개념의 직업분류는 직능유형과 직능수준에 의해 결정된다. 직능은 특정 임무를 수행할 수 있는 능력으로 교육, 훈련, 경험 또는 선천적 능력과 사회적, 문화적 환경을 통하여 습득하는 것을 말하며 직능수준은 직무를 수행하는 데 필요한 수행능력이다. 한국고용직업분류는 직능유형 우선 분류방식을 채택하여 누구나 쉽게 이해하고 사용할 수 있도록 용이성과 정확성을 확보하였다.

최근 국가직무능력표준(National Competency Standards: NCS)는 산업현장에서 직무를 수행하기 위해 요구되는 지식·기술·소양 등의 내용을 국가가 산업 부문별·수준별로 체계화한 것으로, 산업현장의 직무를 성공적으로 수행하기 위해 필요한 능력(지식, 기술, 태도)을 국가적 차원에서 표준화한 것을 의미한다. 국가직무능력표준의 분류체계는 한국고용직업분류(Korean Employment Classification of Occupations: KECO)를 중심으로, 한국표준직업분류, 한국표준산업분류 등을 참고하여 분류하였으며, '대분류(24) → 중분류(80) → 소분류(249) → 세분류(941)'의 순으로 구성되어 있다.

NCS 대분류 24개의 코드는 다음과 같다.

> 01 사회관리, 02 경영·회계·사무, 03 금융·보험, 04 교육·자연과학·사회과학, 05 법률·경찰·소방·교도·국방, 06 보건·의료, 07 사회복지·종교, 08 문화·예술·디자인·방송, 09 운전 및 운송, 10 영업판매, 11 경비·청소, 12 이용·숙박·여행·오락·스포츠, 13 음식 서비스, 14 건설, 15 기계, 16 재료, 17 화학, 18 섬유·의복, 19 전기·전자, 20 정보통신, 21 식품가공, 22 인쇄·목재·가구·공예 23 환경·에너지·안전, 24 농림어업

다양한 매체를 통한 탐색

지금까지 소개한 출처 이외에도 게시판, 전시회, 상업용·교육용 동영상, 슬라이드, 영화 등의 매체를 이용하여 직업정보를 탐색할 수 있다. 진로교육 장면에서 매체를 활용하는 것은 인쇄매체를 이용하는 것보다 더 효과적이다. 다양한 매체를 이용한 정보탐색은 탐색자의 동기를 유발할 수 있다는 장점이 있다. 미국의 경우 멀티미디어를 이용하여 직업정보를 제공하는 방법이 다각적으로 모색되고 있다. 우리나라에

서도 과거에 비해 직업을 소개하는 TV 프로그램이 더 많이 제작되고 있다. 새로운 직업에 도전하는 사람들의 모습을 소개하거나 이미 도전하여 성공한 사람들의 모습을 보여 주기도 한다. 사람들에게 익숙하지 않은 신생직업의 경우 직업소개 프로그램을 통해 인지도를 높이고 대리경험의 기회를 제공한다.

면담을 통한 탐색

원하는 진로나 직업을 대표하는 사람과의 면담을 통해서도 직업정보를 수집할 수 있다. 일반적으로 면담을 통한 방법은 크게 네 가지로 분류할 수 있다.

첫째, 다양한 직업이나 교육기관을 대표하는 사람과 일의 세계와 교육의 기회에 관해 탐색하는 사람의 상호작용을 통한 정보수집 활동방법이다. 이 방법은 관심 있는 분야의 대표적인 인사를 초빙하여 만남의 자리를 마련함으로써 그 진로분야에 대한 다양한 정보를 제공받을 수 있다. 그러나 어떤 직업영역을 피상적 또는 선택적으로 다루게 될 수 있으며, 기능적 요소만을 지나치게 강조하여 개인적 요소를 배제할 수 있다는 한계점이 있다.

둘째, 다양한 직무를 직접 수행하는 직업인이나 폭넓은 직업의 요구조건에 관하여 잘 알고 있는 인사 관리자를 직접 방문하는 방법이다. 이 방법은 어떤 직업에 미리 흥미를 가지고 있다고 가정하고, 그 직업에 관한 지식의 폭을 넓히려는 것을 목적으로 한다.

셋째, 직무분석을 통한 방법이다. 이 방법은 하나의 직업에 대한 포괄적이고 전문적인 관점을 제공할 수 있는 장점이 있지만, 개인의 동기가 강하지 않다면 수행하기 어렵다는 단점이 있다.

넷째, 경력개발센터, 고용센터 등 직업 상담실을 활용하는 방법이다. 이 방법은 취업과 관련하여 짧은 시간 내에 목적을 이루고자 할 때 필요한 방법이다.

실제 면담을 수행하기 위해 유념해야 할 사항은 다음과 같다. 제시된 내용에 따라 면담을 진행하면 직업을 탐색하는 데 도움이 될 것이다.

① 인터뷰 날짜

② 단체명(회사명)과 주소

③ 인터뷰 대상의 이름과 직함, 전화번호, 이메일 주소

④ 질문내용

- 주요 업무
- 필요한 지식
- 요구되는 학력
- 업무수행 능력
- 근무환경(근무지, 근무조건 등)
- 동료 또는 고객과의 관계
- 임금수준
- 승진 및 경력개발 기회
- 요구되는 자격증
- 전망
- 관련 직업 및 관련 업종

4. 진로상담에서 진로정보의 활용

진로에 대한 도움이나 정보를 제공하는 웹사이트는 무수히 많다. 상담자는 이 많은 정보의 바다에서 내담자에게 어떤 직업 진로정보를 제공하고 어떤 웹사이트를 활용해야 할지 판단해야 한다. 상담자가 다음과 같은 절차를 따른다면 웹사이트를 선별하는 데 도움이 될 것이다.

첫째, 내담자들과의 경험과 그들이 제공했던 피드백에 근거하여 내담자의 요구와 필요로 하는 정보의 목록을 만든다. 이 목록에는 다음의 내용이 포함된다.

- 나의 흥미는 무엇인가?
- 나의 능력은 무엇인가?
- 이 능력을 다른 직업에서 어떤 방식으로 활용할 수 있을까?

- 좋은 이력서를 어떻게 쓸 수 있을까?
- 일자리를 찾는 방법은 무엇일까?
- 직장정보를 어디서 얻을 수 있을까?
- 진학하고자 하는 학교를 어떻게 찾을 수 있을까?
- 재정지원은 어떻게 받을 수 있을까?
- 타인들과 네트워크를 어떻게 형성할 수 있을까?
- 검사에 대한 정보를 어떻게 구할 수 있을까?
- 직업에 관한 상세한 정보는 어떻게 알 수 있을까?

둘째, 위의 질문에 대한 해답을 제공할 수 있는 웹사이트를 찾기 위해 진로발달분야 전문가들의 책들을 참고한다.

셋째, 확인한 웹사이트를 직접 사용해 보면서 다음과 같은 질문을 제기해 본다.

- 진로발달 전문가가 인정하는 개인이나 기관이 운영하는 사이트인가?
- 사이트가 제공하는 검사도구는 해당 분야의 전문가가 개발한 것인가?
- 제공하는 검사의 신뢰도, 타당도가 보고되어 있는가?
- 정기적으로 사이트가 업데이트되는가?
- 사용자가 접근하기 편하게 만들어졌는가?
- 사용자에 대한 어떠한 정보가 얼마동안 안전한 정도로 수집되는가?
- 검사나 서비스를 이용하는 데 비용이 드는가?

넷째, 활용할 사이트를 몇 가지 결정하여 목록을 작성하고 선택한 사이트들을 주기적으로 점검한다.

다섯째, 각 사이트에서 홈페이지나 메뉴를 출력하여 내담자와 함께 사용할 수 있도록 한다. 내담자에게 컴퓨터 시스템이나 사이트를 권유할 때에는 매우 구체적인 과제를 주어야 한다.

여섯째, 컴퓨터 시스템이나 사이트를 사용한 후에는 내담자와 함께 후속작업을 해야 한다. 온라인 진로검사를 실시하였다면 결과 출력물로 내담자와 함께 그 의미에 대해 이야기를 나누도록 한다. 진로정보를 검색하라는 과제를 주었다면 직업이나 학교에 대한 자료목록을 만들기 위해 사용한 검색어에 대한 이야기를 먼저 나누어야 한다. 그러한 검색어를 사용하게 된 이유와 검색결과에 대한 내담자의 반응을 나눈다. 내담자가 그동안 만든 목록의 범위를 좁혀 보고, 남아 있는 대안의 우선순위를 정하기 위한 준거를 만들 수 있도록 도와야 한다. 직업, 학교, 기타 주제에 대한 정보수집이 과제의 목표였다면 내담자와 함께 정보를 검토하고 개인적인 진로를 선택할 때 각각의 정보가 어떤 의미를 갖는지 이해하도록 돕는다.

급격한 사회경제적 변화, 산업의 변화, 직업의 변화로 인해 복잡해지는 일의 세계에 현명하게 대처하기 위해서는 어렸을 때부터 진로지도와 교육을 받을 필요가 있다. 현명한 진로선택을 위해서는 오랜 시간 공들여 준비해야 함을 알게 하는 것이 필요하다. 진로는 여러 가지 요소를 고려할 때 진로정보를 최대한 활용하여 합리적으로 계획하도록 지도해야 한다.

진로정보를 개인상담에서 활용하는 방법은 다양하다. 정보수집 단계에서 진로상담자의 주요 업무는 내담자가 정보를 수집하도록 준비시키고, 수집한 정보를 평가하도록 돕는 것이다. 내담자의 발달 수준에 따라 필요하다면 여러 회기를 할애할 수 있다. 일반적으로 진로정보를 탐색하는 단계에서 개인 진로상담의 방법은 다음과 같다(김충기, 김희수, 2003).

첫째, 준비시키기 단계이다. 진로정보를 수집하기 전에 내담자는 먼저 자기 자신에 대한 이해가 우선되어야 한다. 자신을 이해하기 위해서는 개인의 성격, 흥미, 가치관, 적성, 능력, 신체적 조건 등 현재 상황에 대한 명확한 그림을 가지고 있어야 자신에게 어떤 직업이 적합한지 기준을 가지고 정보를 수집할 수 있다. 상담자는 도표나 요약표를 사용하여 내담자가 정보들의 관련성을 파악하고 이해할 수 있도록 돕는다. 표는 정교하지 않아도 되며, 상담 초기 단계부터 평가과정을 계속하면서 발전시켜 나가도록 한다.

둘째, 정보 평가하기 단계이다. 상담자는 내담자가 모은 정보를 평가할 수 있도록 도움을 준다. 특히 직업세계에 대한 경험이 없고 재정적으로 독립하지 못한 어린 내담자들은 정보를 잘못 해석하거나 비현실적 구상을 하기 쉬우므로, 상담자는 내담자가 수집한 모든 정보에 대해 그들의 인식에 관한 질문을 던질 필요가 있다.

일반적으로 진학정보에 포함되어야 할 질문은 다음과 같다.

- 진학할 상급학교의 성격
- 학과에서 배우게 될 학문의 성질
- 개인의 적성과 흥미, 능력과 인성의 파악
- 진학할 학과에 소요되는 경비
- 졸업 후의 전망
- 진학할 학교, 학과에서 요구하는 입학조건
- 개인의 경제사정과 가정형편 고려

상담자는 내담자들이 진로정보를 수집하는 것을 돕기 위해 다양한 직업분류체계와 진로정보의 종류를 숙지하고 있어야 하며, 내담자가 수집한 정보 중 어떤 것이 가치 있는 정보인지를 현실적으로 평가할 준비를 할 필요가 있다. 이를 위해서는 매일의 일상에서 다양한 분야에 종사하는 사람들과 이야기할 수 있는 기회를 활용하는 것이 좋다. "당신의 일에 대해 좋아하는 점과 싫어하는 점은 어떤 것인가요?", "당신 분야에 들어가기 위한 최상의 준비는 무엇인가요?", "당신 직업에 관심이 있는 사람들에게 해주고 싶은 충고는 무엇인가요?"와 같은 질문을 해보는 것도 좋다.

다른 방법으로는 상담자 자신에게 흥미 있는 직업이나 익숙하지 않은 분야를 선택하고 정보수집 과정에 참여해 보는 것도 좋다. 이때 다양한 출처에서 찾을 수 없는 정보의 종류에 특히 주목하여 부족한 정보를 수집하기 위한 다양한 방법을 생각해 보고 실행 가능성을 따져 보기 위해 상담자 자신의 생각을 따라가 본다. 또한 진로정보에 대한 주요 컴퓨터 시스템을 선택하여 자신이 내담자라고 가정하고, 필요한 유형의 정보를 받고 있는지 확인해 볼 필요가 있다(김충기, 김희수, 2003).

미국진로발달협회(National Career Development Association: NCDA), 미국상담학회(American Counseling Association: ACA), 미국상담자국가자격위원회(National Board for Certified Counselors: NBCC)에서는 상담 시 웹기반 개입 사용에 대한 윤리지침을 수립하였다. 상담자는 내담자에게 이익이 된다는 확신이 있을 때 기술기반 개입을 활용해야 한다. 이를 위해서는 첫째, 내담자의 문제와 시스템 및 사이트의 내용이 잘 맞아야 하고, 둘째, 정보를 효과적으로 이용할 수 있을 만큼 내담자가 준비되어 있어야 하며, 셋째, 컴퓨터를 통해서 어려움을 느끼지 않으면서 학습할 수 있어야 한다. 이러한 기준을 적용하여 기술기반 개입을 사용하였는데 내담자가 정보를 획득하지 못하였다면 다른 형태의 진로정보 접근이 필요하다.

웹기반 진로지도 시스템과 웹사이트 사용은 정보를 다룰 준비가 되어 있고, 정보화 매체로부터 학습할 능력이 있으며, 온라인 검사, 데이터베이스 검색, 정보수집에 대한 욕구를 가진 내담자에게 유익할 것이다. 그러나 효과를 최대화하기 위해서 상담자는 컴퓨터 시스템과 웹사이트를 매우 잘 알고 있어야 하며 내담자가 사이트를 사용하는 과정에 적극적으로 참여해야 한다.

내담자에게 주는 과제는 구체적이어야 하고 그의 욕구에 초점을 맞춘 것이어야 한다. 나아가 내담자가 웹사이트에서 찾은 자료를 통해 그 자료를 의사결정에 도움이 되는 유의미한 정보로 전환할 수 있도록 지속적으로 지원하는 것이 중요하다.

제 **4** 부

진로상담의
적용

학교
진로
상담

1. 진로지도교사의 역할과 자질

1) 진로지도교사의 역할

진로지도(career guidance)는 개인의 진로발달을 자극시키고 촉진시키기 위해서 상담자에 의해 수행되는 전문화된 활동을 의미한다. 활동은 주로 진로계획, 의사결정, 적응 등에 관한 조력을 포함한다. 특히 학교장면에서는 진로계획, 의사결정, 적응기술 발달, 진로정보, 자기이해 등을 제공하는 능동적인 교육과정의 개입을 통해서 개인으로 하여금 전 생애의 진로준비를 조력하는 지속적인 발달과정이다(이재창, 2005). 이러한 진로지도를 주도적으로 수행하고 있는 진로·진학상담교사는 '학생의 자기주도적인 진로개발 능력을 신장시키기 위해 진로교육과 관련된 교과활동과 전문적 수준의 학생 진로·진학지도와 관련된 활동을 수행하는 교사'로 정의되고 있다(이종범 등, 2010).

또한 이종범 등(2010)은 진로·진학상담교사의 역할을 다음과 같이 제시하고 있다.

① '진로와 직업' 교과지도와 학생의 진로 및 진학문제와 관련한 보충 및 심화상담을 수행하는 학생 진로개발 촉진자(Facilitator)의 역할
② 진로활동과 관련하여 지역사회의 자원 축적·관리 및 유관기관과의 네트워크를 형성·관리하는 지역사회 자원 연계자(Coordinator)의 역할
③ 일반 진로지도는 담임교사와 연계, 전문적 진학지도는 진학상담교사와 연계, 학부모 및 교원 대상 진로진학 지도방법 컨설팅의 직무를 수행하는 학생 진로

문제 중재자(Mediator)의 역할

④ 중학교는 자기주도 학습전형을 준비하는 학생을 지원하고, 고등학교는 입학
   사정관을 준비하는 학생을 지원하는 입시전형준비 지원자(Supporter)의 역할

 종합하면, 진로지도교사는 전문성을 갖춘 단위학교 진로교육 실행자(Practitioner)
로서의 역할을 수행하고 일정 경력 이후에는 보직교사로서 학교진로교육을 총괄관
리(Manager)하는 역할을 기대한다고 할 수 있다.

2) 진로지도교사의 자질

정윤경 등(2010)은 진로지도교사의 자질에 대해 진로교육 분야의 능력, 교수방법적
능력과 사회심리적 능력 영역으로 구분하였는데 세 영역에 대한 하위구성요소는 〈표
11.1〉에 제시하였다.

표 11.1_ **진로지도교사에게 필요한 자질**

영역	하위영역
진로교육 분야의 능력	• 진로교육 분야의 전문적인 지식과 기술 • 학생들이 진로 문제를 해결할 수 있도록 조언할 수 있는 능력 • 진로교육과 관련된 필요한 자료를 확보할 수 있는 능력 • 직업세계 및 교육 동향에 따른 학생 지도계획 수립 능력 • 학생의 진로성숙 및 진로개발을 위한 지도 능력
교수방법적 능력	• 학교 진로교육을 위한 수행 방법 및 절차를 이해 · 지도하고, 이러한 방법 절차를 검토할 수 있는 능력 • 문제해결 방법을 명확히 할 수 있는 능력 • 진로교육 학습목표를 명확히 작성할 수 있는 능력 • 진로교육 관련 다양한 교수학습 방법을 이해하고 적용할 수 있는 능력 • 진로교육 관련 검사도구 및 평가를 수행할 수 있는 능력 • 교육매체를 개발하고 이용할 수 있는 능력 • 정보통신기술(Information Communication Technology)을 적용하고 활용할 수 있는 능력
사회심리적 능력	• 학생과 개별 및 집단상담을 할 수 있는 능력 • 학생의 진로개발을 위해 조언할 수 있는 능력 • 학생, 학부모, 지역사회 인사 등 다른 집단의 특성을 이해하고 긍정적인 협력 및 상호작용을 할 수 있는 능력 • 연구자의 자세로 지속적으로 자신의 업무를 개발하고, 자신을 성찰할 수 있는 능력

2. 2015 개정 교육과정과 진로교육

2015 개정 교육과정에서 진로교육과 관련된 교과는 첫째, 창의적 체험활동 교육과
정의 '진로활동', 둘째, 중학교 선택교과 교육과정으로 운영되고 있는 '진로와 직업',
셋째, 고등학교 교양교과 교육과정으로 운영되고 있는 '진로와 직업'이다. 여기에서
는 창의적 체험활동의 '진로활동'과 중·고등학교의 '진로와 직업' 교과의 주요 내용
에 대해 살펴본다(교육부, 2015).

1) '창의적 체험활동'의 진로활동

창의적 체험활동은 교과와 상호 보완적 관계 속에서 앎을 적극적으로 실천하고 심
신을 조화롭게 발달시키기 위하여 실시하는 교과 이외의 활동으로, 초·중등학교 학
생들이 건전하고 다양한 집단 활동에 자발적으로 참여하여 나눔과 배려를 실천함
으로써 공동체 의식을 함양하고 개인의 소질과 잠재력을 계발·신장하여 창의적인
삶의 태도를 기르는 것을 목표로 한다.

창의적 체험활동은 자율활동, 동아리활동, 봉사활동, 진로활동의 4개 영역으로
구성하되, 학생의 발달 단계와 교육적 요구 등을 고려하여 학교 급별, 학년(군)별,
학기별로 영역 및 활동을 선택하여 집중적으로 운영할 수 있다. 여기에서는 '창의적
체험활동' 중 진로활동의 목표와 영역별 활동, 진로활동의 지침, 진로활동의 교수·
학습 방법에 대해 알아본다(교육부, 2015).

(1) 진로활동의 목표와 영역별 활동

진로활동은 흥미, 소질, 적성을 파악하여 자아 정체성을 확립하고, 자신의 진로를
개발하여 지속적으로 발전시키는 것을 목표로 삼고 있으며, 진로활동의 영역은 자
기이해활동, 진로탐색활동, 진로설계활동 등으로 구성되어 있다. 진로활동 영역의
활동별 목표와 내용은 〈표 11.2〉와 같다.

표 11.2_ 진로활동 영역의 활동별 목표와 내용

활동	활동 목표	활동 내용(예시)
자기 이해 활동	긍정적 자아개념을 형성하고 자신의 소질과 적성에 대하여 이해한다.	• 강점 증진활동 · 자아정체성 탐구, 자아존중감 증진 등 • 자기특성 이해활동: 직업흥미 탐색, 직업적성 탐색 등
진로 탐색 활동	일과 직업의 가치, 직업세계의 특성을 이해하여 건강한 직업의식을 함양하고, 자신의 진로와 관련된 교육 및 직업정보를 탐색하고 체험한다.	• 일과 직업 이해활동: 일과 직업의 역할과 중요성 및 다양성 이해, 직업세계의 변화 탐구, 직업 가치관 확립 등 • 진로정보 탐색활동: 교육정보 탐색, 진학정보 탐색, 학교정보 탐색, 직업정보 탐색, 자격 및 면허제도 탐색 등 • 진로체험활동: 직업인 인터뷰, 직업인 초청 강연, 산업체 방문, 직업체험관 방문, 인턴, 직업체험 등
진로 설계 활동	자신의 진로를 창의적으로 계획하고 실천한다.	• 계획활동: 진로상담, 진로의사결정, 학업에 대한 진로설계, 직업에 대한 진로설계 등 • 준비활동: 일상생활 관리, 진로목표 설정, 진로실천 계획수립, 학업관리, 구직활동 등

(2) 진로활동 지침

① 학년별 진로활동이 학생들의 발달 단계에 적합하게 이루어질 수 있도록 해당 학교급의 종합계획과 이에 근거한 학년별 연간 계획을 수립하여 운영할 것을 권장한다.

② 학교 급과 학생의 발달 정도에 따라 학생이 자신에 대한 이해, 다양한 일과 직업세계의 이해 및 가치관의 형성, 진로의 정보 탐색과 체험, 자신의 진로에 대한 계획 및 준비 등을 할 수 있도록 지도한다.

③ 진로 관련 상담활동은 담임교사, 교과담당교사, 동아리담당교사, 진로진학상담교사, 상담교사 등 관련 교원이 협업하여 수행하는 것을 원칙으로 하되, 전문적 소양을 갖춘 학부모 또는 지역사회 인사 등의 협조를 받을 수 있다.

④ 중학교에서는 '진로와 직업' 과목, 자유학기제 등과 연계하여 심화된 체험활동을 편성·운영한다. 이 경우, 진로활동을 '진로와 직업' 과목으로 대체하거나 해당 교과서를 활용한 수업으로 운영하지 않도록 유의한다.

⑤ 특성화 고등학교 및 산업 수요 맞춤명 고등학교에서는 학생의 전공에 따른 전문성 신장, 인성 계발, 취업 역량 강화 등을 목적으로 특색 있는 프로그램을 운영할 수 있다.

(3) 진로활동의 교수 · 학습 방법

① 학생들이 자신에 대해 이해할 수 있는 기회와 자신에게 맞는 진로를 찾아가는 과정을 제공하는 데 중점을 두어 지도한다.

② 초등학교에서는 학생들이 개성과 소질을 인식하고, 일과 직업에 대해 편견 없는 마음과 태도를 갖도록 지도한다.

③ 초등학교에서는 학교 및 지역사회의 시설과 인적 자원 등을 활용하여 직업세계의 이해와 탐색 및 체험의 기회를 제공한다.

④ 중·고등학교에서는 학생의 진로와 연계된 교과담당교사와 진로진학상담교사 등 관련 교원 간의 협업으로 학생 개인별 혹은 집단별 진로상담을 수행한다.

⑤ 중·고등학교에서는 학업 및 직업 진로에 대한 활동 계획을 수립하여 학생의 흥미, 소질, 능력 등에 적절한 진로선택의 기회를 제공한다.

⑥ 중학교에서는 고등학교 진학과 연계하여 학업 및 직업 진로를 탐색할 수 있도록 지도한다.

⑦ 고등학교에서는 상급 학교 진학 및 취업에 따른 학업 진로 또는 직업 진로를 탐색·설계하도록 지도한다.

⑧ 특성화 고등학교 및 산업 수요 맞춤형 고등학교에서는 전공과 관련된 다양한 일과 직업세계의 체험을 통하여 진로를 결정할 수 있는 안목을 형성하도록 지도한다.

2) 중학교 선택교과 교육과정의 '진로와 직업'

중학교 '진로와 직업'은 중학생이 앞으로의 삶에서 진로와 직업이 얼마나 중요한지를 인식하고 이를 준비하기 위해 배울 필요가 있는 과목이다. '진로와 직업'을 통해 자신과 변화하는 직업 및 교육 세계에 대한 이해를 확장하게 되고, 이를 바탕으로 자신의 진로를 탐색해 합리적으로 결정하고, 결정한 진로를 계획하고 준비할 수 있는 능력을 함양할 수 있다. 여기에서는 '진로와 직업' 교육과정의 목표와 내용체계에 대해 살펴본다(교육부, 2015).

(1) 교육과정의 목표

중학교 '진로와 직업' 교육과정은 초등학교에서 함양된 학생의 진로개발 역량의 기초를 발전시켜 다양한 직업세계와 교육기회를 탐색하고, 중학교 이후의 진로를 디자인하고 준비하는 것을 목표로 한다. 이와 같은 목표를 달성하기 위한 세부목표는 다음과 같다.

① 긍정적 자아개념과 타인과의 의사소통 능력에 기초하여 자기이해와 사회적 역량을 기른다.

② 직업에 대한 건강한 가치관과 진취적 의식을 갖도록 일과 직업세계에 대한 이해 역량을 기른다.

③ 중학교 이후의 교육 및 직업정보를 파악하고, 관심 분야의 진로경로를 탐색하는 역량을 기른다.

④ 자신에게 적합한 진로목표에 따라, 중학교 이후의 진로를 창의적으로 설계하고 준비하기 위한 역량을 기른다.

(2) 내용체계

중학교 선택교과 '진로와 직업' 교육과정의 내용체계를 영역, 핵심 개념, 내용, 내용 요소와 기능으로 나누어 살펴보면 〈표 11.3〉과 같다.

3) 고등학교 교양교과 교육과정의 '진로와 직업'

고등학교 '진로와 직업'은 학생이 고등학교 졸업 전 선택해야 할 진로 진학의 문제를 앞서 생각하고 준비함으로써 대학진학이나 졸업 후 취업뿐 아니라 앞으로 평생의 삶에서 자신의 진로를 준비하고 대응하기 위해 배울 필요가 있는 교과이다. 여기에서는 '진로와 직업'의 교육과정의 목표와 내용체계에 대해 살펴본다(교육부, 2015).

(1) 교육과정의 목표

고등학교 '진로와 직업'의 교육과정의 목표는 일반고의 경우, 미래 직업세계 변화에 대한 이해를 바탕으로 자신의 진로목표를 세우고 구체적인 정보탐색을 통해 고등학

표 11.3_ 중학교 선택교과 '진로와 직업' 내용체계

영역	핵심 개념	내용	내용 요소	기능
자아이해와 사회적 역량 개발	자아이해 및 긍정적 자아 개념 형성	자아이해가 긍정적 자아개념 형성의 토대가 된다.	자아존중감과 자기효능감	사고기능, 조직기능
			자신의 특성(적성, 흥미 등) 탐색	
	대인관계 및 의사소통 역량 개발	사회적 역량은 대인관계 및 의사소통 역량을 통해 형성된다.	상황에 맞는 대인관계 능력	사회적 기능, 문제해결기능
			효과적인 의사소통 방법	
일과 직업세계의 이해	변화하는 직업세계 이해	사회 변화에 따라 직업은 다양하게 변화한다.	직업의 역할, 다양한 직업 유형	사고기능, 조직기능, 문제해결기능
			사회 변화에 따른 직업의 변화	
			창업과 창직	
	건강한 직업의식 형성	건강한 직업생활에는 건강한 직업의식이 필요하다.	직업에 대한 긍정적 가치관	사고기능, 사회적 기능, 조직기능
			직업인으로서의 직업윤리와 권리	
			직업에 대한 고정관념 극복	
진로탐색	교육기회의 탐색	자신의 진로탐색을 위해 진로를 공부할 필요가 있다.	진로에서 학습의 중요성	사고기능, 조직기능
			고등학교 유형과 특성	
	직업정보의 탐색	직업정보를 탐색하는 것은 직업 이해에 필요하다.	체험활동을 통한 직업정보 탐색	사회적 기능, 문제해결기능, 조직기능
			직업정보를 활용한 직업 이해	
진로 디자인과 준비	진로의사결정 능력 개발	진로의사결정 능력은 장애가 되는 요인을 해결함으로써 길러진다.	진로의사결정 능력 함양	사고기능, 문제해결기능, 조직기능
			진로장벽 요인의 해결	
	진로설계와 준비	진로준비는 진로계획에서 시작된다.	잠정적인 진로목표 설정	사고기능, 문제해결기능, 조직기능
			고등학교 진학계획 수립	

교 이후의 진로계획을 수립하고 실천하는 것이다. 특성화 고등학교의 경우, 중학교
까지 형성된 학생의 진로개발 역량을 향상시키고 고등학교 이후의 진로를 설계하고
실천하기 위해서 준비함을 목표로 한다. 이와 같은 목표를 달성하기 위한 세부목표
는 다음과 같이 설정되었다.

① 자신에 대한 종합적인 이해를 통해 긍정적인 자아정체감을 형성하고 직업생활
   에 필요한 대인관계 및 의사소통 역량을 기른다.

② 미래 직업세계의 변화가 자신의 진로에 미치는 영향을 파악하여 대비하는 역량을 기르고 건강한 직업의식과 태도를 갖춘다.

③ 자신의 관심 직업, 전공이나 취업기회, 고등교육 기회나 평생학습 기회에 대한 구체적인 정보를 탐색하고 체험하며 활용하는 역량을 기른다.

④ 자신의 진로목표를 바탕으로 고등학교 이후의 진로에 대하여 체계적인 계획을 수립하고 상황 변화에 대응하는 역량을 기른다.

(2) 내용체계

고등학교 교양교과 '진로와 직업' 교육과정의 내용체계를 영역, 핵심 개념, 일반화된 지식, 내용 요소와 기능으로 나누어 살펴보면 〈표 11.4〉와 같다.

3. 2015 학교 진로교육 목표와 성취기준

1) 주요 개정 내용

학교 진로교육 목표 및 성취기준 2015 개정안은 진로교육 정책의 변화 및 학교교육 과정에서 진로교육이 차지하는 역할과 위상의 변화, 진로교육의 미래지향성 등을 주요한 기준으로 고려하였다. 2015 학교 진로교육 목표와 성취기준의 주요 개정 내용을 살펴보면 다음과 같다(교육부, 2015).

(1) 진로교육 목표 및 성취기준의 역할과 위상 변화 고려

① 진로교육 목표와 성취기준이 교과·비교과 수업을 포함한 교육과정을 담는 전체적이고 거시적인 틀로서의 역할을 수행할 수 있도록 하였다.

② 학생들의 진로탐색을 촉진하기 위한 진로체험 관련 요소를 반영하였다.

(2) 미래 지향적 진로교육 목표 및 성취기준 마련

① 미래 인재로서 갖추어야 할 진로개발 역량을 부여하였다.

② 진로·직업의 의미와 개인의 삶과의 연계성을 성찰할 수 있도록 하였다.

③ 직업세계에 대응하는 주도적이고 실천적인 태도를 강조하였다.

④ 창업과 창직을 포함한 다양한 형태의 직업세계를 탐색하는 기준을 추가하

표 11.4_ 고등학교 교양교과 '진로와 직업' 내용체계

영역	핵심 개념	일반화된 지식	내용 요소	기능
자아이해와 사회적 역량 개발	자아이해 및 긍정적 자아개념 형성	자아이해가 긍정적 자아개념 형성의 토대가 된다.	자아존중감과 자기효능감	사고기능, 조직기능
			자신의 강점과 능력	사고기능, 조직기능
일과 직업세계 이해	대인관계 및 의사소통 역량 개발	사회적 역량은 대인관계 및 의사소통 역량을 통해 형성된다.	자신의 대인관계 능력	사회적 기능
			상황에 따른 의사소통 능력	사회적 기능, 문제해결기능
일과 직업세계 이해	변화하는 직업세계 이해	직업세계의 변화는 자신의 진로에 영향을 미칠 수 있다.	미래 직업세계와 인재상	사고기능, 조직기능,
			직업세계 변화에 따른 자신의 진로	사고기능, 문제해결기능
			창업과 창직	문제해결기능
	건강한 직업의식 형성	건강한 직업생활에는 건강한 직업의식이 필요하다.	직업 선택에 필요한 태도	사고기능
			직업인으로서의 윤리와 권리	사고기능
진로탐색	교육기회의 탐색	개인의 진로개발을 위해 교육기회를 제공하는 교육기관들이 다양하게 존재한다.	진로에 대한 자기주도적 학습	사고기능
			대학 진학 정보	사고기능, 조직기능
			지속적인 진로개발을 위한 평생학습	문제해결기능, 조직기능
	직업정보의 탐색	직업정보를 탐색하는 것은 직업 이해에 필요하다.	관심직업에 관련된 정보	조직기능
			직업정보의 활용	사고기능, 조직기능
진로 디자인과 준비	진로의사결정 능력 개발	진로의사결정 능력은 장애가 되는 요인을 해결함으로써 길러진다.	상황에 맞는 진로의사결정	사고기능, 문제해결기능
			진로장벽 요인의 해결	문제해결기능
	진로설계와 준비	진로준비는 진로계획에서 시작된다.	진로목표에 따른 구체적인 진로계획 수립	사고기능, 조직기능
			진학계획의 점검과 보완	조직기능
			고등학교 이후의 진로계획 수립 및 실천	문제해결기능, 조직기능

※ 일반고 및 특성화고 공통

였다.

⑤ ICT 기술 및 스마트기기를 활용한 직업정보원 활용, 직업 및 산업구조 이해의 필요성을 강조하고자 하였다.

⑥ 평생교육 및 선취업-후진학 개념을 도입하였다.

(3) 학교급별 진로교육 목표 및 성취기준의 정교화

① 「진로와 직업」 과목과의 연계를 시도하였다.

② 학교급별 진로교육 목표 및 성취기준이 교육과정 내에서 자연스럽게 달성될 수 있도록 하는 것을 목표로 두고 초·중·고로 이어지는 진로교육의 내용이 각 학교급별로 자연스럽게 연결될 수 있도록 하는 것에 중점을 두었다.

③ 학교급별 진로교육 목표와 성취기준의 위계 및 수준을 조정하였다.

④ 학교급별 학년(군)별 적합 교육방안을 제시하였다.

⑤ 학교진로상담과 연계된 성취기준을 마련하였다.

2) 학교 진로교육 목표와 성취기준

2015 학교 진로교육의 전체 목표는 '학생 자신의 진로를 창의적으로 개발하고 지속적으로 발전시켜 성숙한 민주시민으로서 행복한 삶을 살아갈 수 있는 역량을 기른다'이며 네 가지 대영역별 목표는 다음과 같다(교육부, 2015).

첫째, 긍정적 자아개념을 형성하고 소질과 적성에 대하여 정확하고 객관적으로 이해하며, 타인과 적절하게 관계를 맺고 소통할 수 있는 역량을 기른다.

둘째, 일과 직업의 중요성과 가치, 직업세계의 다양성과 변화를 이해하고, 건강한 직업의식을 배양한다.

셋째, 자신의 진로와 관련된 교육기회 및 직업정보를 적극적이고 체계적으로 탐색하고 체험하며 활용하는 역량을 기른다.

넷째, 자기 이해와 다양한 진로탐색을 바탕으로 자신의 진로를 창의적으로 설계하고 적절한 계획을 수립하고 준비하는 역량을 기른다.

(1) 초등학교 진로교육 목표 및 성취기준

초등학교 진로교육의 목표는 자신의 일에 대한 이해와 긍정적 가치를 형성하고 다양한 진로탐색과 체험을 바탕으로 자신의 꿈을 찾고 진로를 설계할 수 있는 진로개발 역량의 기초를 배양하는 데 있다. 초등학교 진로교육 세부목표 및 성취기준은 〈표 11.5〉에 제시하였다.

표 11.5_ 초등학교 진로교육 세부목표 및 성취기준

대영역	중영역	세부목표	성취기준
I. 자아 이해와 사회적 역량 개발	1. 자아 이해 및 긍정적 자아 개념 형성	2015-EI 1.1 자신이 소중한 존재임을 안다.	2015-EI 1.1.1 자신을 긍정적으로 받아들이는 태도를 가질 수 있다. 2015-EI 1.1.2 가정과 학교 등 여러 환경 속에서 나를 소중히 여기는 생활을 실천할 수 있다.
		2015-EI 1.2 자신의 장점 및 특성을 찾아본다.	2015-EI 1.2.1 자신의 흥미와 적성을 찾아 자신의 특성을 알아볼 수 있다. 2015-EI 1.2.2 자신이 잘하는 것과 좋아하는 것을 계발할 수 있도록 노력할 수 있다. 2015-EI 1.2.3 자신의 장점을 통해 자신감을 갖고 행동할 수 있다.
	2. 대인 관계 및 의사 소통 역량 개발	2015-EI 2.1 대인관계의 중요성을 이해하고 타인을 배려할 수 있다.	2015-EI 2.1.1 가족, 친구, 이웃 등 주위 사람과 친밀하게 지낼 수 있다. 2015-EI 2.1.2 나와 같이 다른 사람도 소중함을 알고 행동할 수 있다. 2015-EI 2.1.3 서로 다른 생각, 감정, 문화 등을 이해할 수 있다.
		2015-EI 2.2 대인관계에서 의사소통의 중요성을 이해하고 의사소통할 수 있다	2015-EI 2.2.1 대인관계에서 의사소통의 중요성을 알 수 있다. 2015-EI 2.2.2 대화 상대와 상황에 맞게 잘 듣고 적절하게 말할 수 있다.
II. 일과 직업 세계 이해	1. 변화 하는 직업 세계 이해	2015-EII 1.1 일과 직업의 의미와 역할을 이해한다.	2015-EII 1.1.1 주변의 직업들이 없는 자신의 생활을 상상해 보고 모든 일과 직업의 소중함을 이해할 수 있다. 2015-EII 1.1.2 일과 직업의 다양한 역할과 기능을 설명할 수 있다.
		2015-EII 1.2 일과 직업의 종류와 변화를 이해한다.	2015-EII 1.2.1 생활 속의 다양한 직업을 찾아보고 각 직업이 하는 일을 설명할 수 있다. 2015-EII 1.2.2 현재의 직업들이 변화해 온 모습을 이해할 수 있다.
	2. 건강한 직업 의식 형성	2015-EII 2.1 직업에 대한 긍정적인 태도를 형성한다.	2015-EII 2.1.1 자신의 일을 즐기는 직업인의 사례를 통해 좋아하는 일을 하는 것의 기쁨과 보람을 이해할 수 있다. 2015-EII 2.1.2 자신이 직업을 가져야 하는 이유와 이를 통해 얻을 수 있는 긍정적 가치를 말할 수 있다.
		2015-EII 2.2 맡은 일에 최선을 다하는 태도를 기른다.	2015-EII 2.2.1 자신이 맡은 일에 최선을 다한 사람의 사례를 탐색할 수 있다. 2015-EII 2.2.2 가정과 학교에서의 자신의 역할과 책임을 알아보고 최선을 다하는 태도를 기를 수 있다.

계속

대영역	중영역	세부목표	성취기준
II. 일과 직업 세계 이해	2. 건강한 직업 의식 형성	2015-EII 2.3 직업에 대한 편견과 고정 관념을 극복하여 개방적인 인식을 형성한다.	2015-EII 2.3.1 직업에 대해 떠오르는 생각을 통해 자신이 지닌 고 정관념이나 편견이 무엇인지 설명할 수 있다. 2015-EII 2.3.2 직업에 대한 편견과 고정관념을 극복한 사례를 통 해 직업에 대한 개방적인 태도를 기를 수 있다.
III. 진로 탐색	1. 교육 기회의 탐색	2015-EIII 1.1 진로에서 학습이 중요함을 이해하고 바른 학습 태도를 갖는다.	2015-EIII 1.1.1 자신의 미래 진로를 위해 공부를 해야 하는 이유에 대해 설명할 수 있다. 2015-EIII 1.1.2 공부에 대해 긍정적이고 적극적인 태도를 기를 수 있다. 2015-EIII 1.1.3 자신에게 효과적인 학습방법을 알아볼 수 있다.
		2015-EIII 1.2 학교의 유형과 특성을 이해하고 탐색한다.	2015-EIII 1.2.1 초등학교 이후의 학습경로를 알 수 있다. 2015-EIII 1.2.2 학교의 유형이 다양하다는 것을 알 수 있다.
	2. 직업 정보의 탐색	2015-EIII 2.1 여러 가지 방법으로 직업 정보를 탐색하고 수집한다.	2015-EIII 2.1.1 책, TV, 인터넷 등에서 접한 다양한 직업에 대해 탐 색할 수 있다. 2015-EIII 2.1.2 존경하거나 닮고 싶은 인물의 직업경로를 알아본다.
		2015-EIII 2.2 다양한 체험활동을 통해 직업을 이해한다.	2015-EIII 2.2.1 체험활동의 의미와 구체적인 방법을 알 수 있다. 2015-EIII 2.2.2 다양한 체험활동을 통해 알게 된 직업의 특징과 소 감에 대해 말할 수 있다.
IV. 진로 디자인과 준비	1. 진로 의사 결정 능력 개발	2015-EIV 1.1 다양한 의사결정 방식을 안다.	2015-EIV 1.1.1 일상생활에서 의사결정이 필요한 상황을 알아본다. 2015-EIV 1.1.2 여러 가지 의사결정 방식과 특성을 이해할 수 있다.
		2015-EIV 1.2 다양한 상황에서 스스로 의사결정을 내릴 수 있다.	2015-EIV 1.2.1 일상의 여러 문제에 대해서 스스로 의사결정을 내 릴 수 있다. 2015-EIV 1.2.2 자신의 주요 의사결정 방식을 알고 그에 대한 장단 점을 이해할 수 있다.
	2. 진로 설계와 준비	2015-EIV 2.1 진로계획 수립의 중요성을 이해한다.	2015-EIV 2.1.1 계획을 세워 진행한 일과 그렇지 않은 일의 차이를 이해할 수 있다. 2015-EIV 2.1.2 일상의 여러 가지 일을 계획을 세워 실천해 보고 계획의 중요성을 말할 수 있다.
		2015-EIV 2.2 자신의 꿈과 끼에 맞는 진로를 그려 본다.	2015-EIV 2.2.1 자신이 좋아하는 일, 잘하는 일을 찾아볼 수 있다. 2015-EIV 2.2.2 자신의 꿈과 관련된 미래의 자신의 모습을 그려 볼 수 있다. 2015-EIV 2.2.3 자신의 꿈을 담아 진로계획을 세워 본다.

(2) 중학교 진로교육 목표 및 성취기준

중학교 진로교육의 목표는 초등학교에서 함양한 진로개발 역량의 기초를 발전시키고, 다양한 직업세계와 교육기회를 탐색하여 중학교 생활 및 이후의 진로를 설계하고 준비하는 데 있다. 중학교 진로교육 세부목표 및 성취기준은 〈표 11.6〉에 제시하였다.

표 11.6_ 중학교 진로교육 세부목표 및 성취기준

대영역	중영역	세부목표	성취기준
I. 자아 이해와 사회적 역량 개발	1. 자아 이해 및 긍정적 자아 개념 형성	2015-MI 1.1 자아존중감을 발달시켜 자기효능감을 갖도록 노력한다.	2015-MI 1.1.1 진로의 의미를 알고, 행복한 삶에 대해 자신의 의견을 말할 수 있다. 2015-MI 1.1.2 자신이 가족, 친구, 주변 사람들에게 중요한 존재임을 설명할 수 있다. 2015-MI 1.1.3 자신의 능력이나 특성, 강·약점 등을 존중할 수 있다 2015-MI 1.1.4 자신에게 주어진 과제와 행동을 성공적으로 수행할 수 있다는 자신감을 갖고, 그런 예를 설명할 수 있다.
		2015-MI 1.2 자신의 흥미, 적성, 성격, 가치관 등 다양한 특성을 탐색한다.	2015-MI 1.2.1 다양한 방법으로 자신의 직업흥미와 적성을 탐색할 수 있다. 2015-MI 1.2.2 다양한 방법으로 자신의 성격과 가치를 탐색할 수 있다. 2015-MI 1.2.3 자신의 여러 가지 특성을 종합하여 설명할 수 있다.
	2. 대인 관계 및 의사 소통 역량 개발	2015-MI 2.1 대인관계의 중요성을 이해하고, 대상과 상황에 맞는 대인관계 능력을 함양한다.	2015-MI 2.1.1 대인관계의 중요성을 이해하고, 가족, 친구, 선생님, 이웃 등 주변 사람들과 적절한 관계를 맺을 수 있다. 2015-MI 2.1.2 다른 생각, 감정, 문화를 가진 사람을 존중하는 태도를 기를 수 있다. 2015-MI 2.1.3 진로체험 과정에서 만나는 사람들을 존중하고 배려하는 태도를 지닐 수 있다.
		2015-MI 2.2 사회생활에서 의사소통의 중요성을 이해하고, 효과적인 의사소통의 방법을 이해하고 활용한다.	2015-MI 2.2.1 사회생활에서 팀워크와 의사소통의 중요성을 이해할 수 있다. 2015-MI 2.2.2 경청, 질문, 설득 등을 상황에 맞게 활용하여 효과적으로 의사소통할 수 있다.

계속

대영역	중영역	세부목표	성취기준
II. 일과 직업 세계 이해	1. 변화 하는 직업 세계 이해	2015-MII 1.1 직업의 역할을 알고 다양한 종류의 직업을 탐색한다.	2015-MII 1.1.1 직업의 개인적·사회적 역할을 설명할 수 있다. 2015-MII 1.1.2 다양한 직업을 분야별로 분류하고 각 직업이 하는 일을 설명할 수 있다.
		2015-MII 1.2 사회변화에 따른 직업세계의 변화를 탐색한다.	2015-MII 1.2.1 다양한 사회변화가 직업세계에 미치는 영향을 이해할 수 있다. 2015-MII 1.2.2 사회적 변화에 따라 새롭게 등장한 직업과 사라진 직업에 대해 설명할 수 있다. 2015-MII 1.2.3 10년 후에 나타날 새로운 직업이나 일의 유형을 상상할 수 있다.
		2015-MII 1.3 창업과 창직의 의미를 이해하고 관련 모의 활동을 해본다.	2015-MII 1.3.1 다양한 진취적 역량(창의성, 협업능력, 창업가정신 및 리더십 등)들을 이해할 수 있다. 2015-MII 1.3.2 다양한 창업과 창직 사례를 탐색할 수 있다. 2015-MII 1.3.3 새로운 종류의 직업이나 사업을 상상하고 만드는 모의 활동을 할 수 있다.
	2. 건강한 직업 의식 형성	2015-MII 2.1 직업선택에 영향을 주는 다양한 가치를 탐색한다.	2015-MII 2.1.1 직업이 자신에게 주는 긍정적 가치(자아실현, 보람 등)를 이해할 수 있다. 2015-MII 2.1.2 자신이 어떠한 삶을 살고 싶은지를 관심 직업과 연결 지어 그려 볼 수 있다.
		2015-MII 2.2 직업인으로서 가져야 할 직업윤리 및 권리를 이해한다.	2015-MII 2.2.1 직업인이 공통적으로 갖추어야 할 직업윤리를 이해할 수 있다. 2015-MII 2.2.2 직업인의 기본적인 권리를 이해할 수 있다.
		2015-MII 2.3 직업에 대한 편견과 고정관념을 성찰하고 개선 방법을 찾아본다.	2015-MII 2.3.1 직업에 대한 사회의 여러 가지 편견과 고정관념을 제시하고 이에 대한 문제점을 설명할 수 있다. 2015-MII 2.3.2 직업에 대한 편견과 고정관념을 개선하기 위한 여러 가지 노력과 방법을 탐색해 볼 수 있다.
III. 진로 탐색	1. 교육 기회의 탐색	2015-MIII 1.1 진로에서 학습의 중요성을 이해하고 자기주도적 학습 태도를 갖는다.	2015-MIII 1.1.1 진로에서 학습의 중요성을 이해하고 설명할 수 있다. 2015-MIII 1.1.2 자기주도적으로 학습계획을 세우고 실천할 수 있다.
		2015-MIII 1.2 고등학교의 유형과 특성에 대한 다양한 정보를 탐색한다.	2015-MIII 1.2.1 다양한 방법으로 고등학교 및 학과의 유형 및 특성을 탐색할 수 있다. 2015-MIII 1.2.2 고등학교 및 학과 선택을 위한 적절한 기준을 제시할 수 있다.
	2. 직업 정보의 탐색	2015-MIII 2.1 다양한 방법과 체험활동을 통해 구체적인 직업정보를 탐색한다.	2015-MIII 2.1.1 다양한 직업정보원(교과서, 위인전, 잡지, 서적, 인터넷 등)을 알고 구체적인 직업정보를 탐색할 수 있다. 2015-MIII 2.1.2 체험활동의 방법을 이해하고 적극적인 태도를 가질 수 있다.

계속

대영역	중영역	세부목표	성취기준
III. 진로 탐색	2. 직업 정보의 탐색	2015-MIII 2.2 직업에 대해 수집한 정보를 분석하여 직업이해에 활용한다.	2015-MIII 2.2.1 탐색한 직업정보와 자신의 특성을 비교하고 분석할 수 있다. 2015-MIII 2.2.2 관심 직업분야의 다양한 진로경로를 탐색할 수 있다. 2015-MIII 2.2.3 관심 직업분야에 종사하는 인물들의 특성과 진로경로를 탐색할 수 있다.
IV. 진로 디자인과 준비	1. 진로 의사 결정 능력 개발	2015-MIV 1.1 진로의사결정 능력을 함양한다.	2015-MIV 1.1.1 진로의사결정의 과정과 절차를 이해할 수 있다. 2015-MIV 1.1.2 진로의사결정에 필요한 정보와 조언을 수집할 수 있다.
		2015-MIV 1.2 진로를 선택하는 데 영향을 주는 진로장벽 요인을 알아보고 해결 방법을 찾는다.	2015-MIV 1.2.1 진로선택에 장애가 되는 진로장벽 요인에 대해 알아보고 설명할 수 있다. 2015-MIV 1.2.2 자신의 진로장벽 요인을 파악하고 해결방안을 모색할 수 있다.
	2. 진로 설계와 준비	2015-MIV 2.1 자신의 특성을 바탕으로 미래 진로에 대해 잠정적인 목표와 계획을 세운다.	2015-MIV 2.1.1 관심 있는 직업을 2~3가지 정하고, 그 직업에 관심을 갖는 이유를 말할 수 있다. 2015-MIV 2.1.2 잠정적인 진로목표(직업, 학과 등)를 세울 수 있다. 2015-MIV 2.1.3 잠정적인 진로목표와 다양한 교육, 진로경로를 계획할 수 있다. 2015-MIV 2.1.4 자신의 진로목표와 관련된 학교 활동을 계획하고 참여할 수 있다.
		2015-MIV 2.2 진로목표에 따른 고등학교 진학계획을 수립하고 준비한다.	2015-MIV 2.2.1 자신이 원하는 진로와 관련 있는 고등학교를 선택할 수 있다. 2015-MIV 2.2.2 지망하는 고등학교의 입학정보를 알아보고 필요한 조건을 갖출 수 있다. 2015-MIV 2.2.3 고등학교 생활에 적응하기 위해 계획을 세우고 준비할 수 있다. 2015-MIV 2.2.4 자기 관리의 여러 가지 방법을 알고 실천할 수 있다. 2015-MIV 2.2.5 자신의 진로설계를 위해 담임교사, 진로교사 등에게 도움을 요청할 수 있다.

(3) 일반고등학교 진로교육 목표 및 성취기준

일반고등학교 진로교육의 목표는 미래 직업세계 변화에 대한 이해를 바탕으로 자신의 진로목표를 세우고 구체적인 정보탐색을 통해 고등학교 이후의 진로계획을 수립하고 실천하기 위한 역량을 개발하는 데 있다. 일반고등학교 진로교육 세부목표 및 성취기준은 〈표 11.7〉에 제시하였다.

표 11.7_ 일반고등학교 진로교육 세부목표 및 성취기준

대영역	중영역	세부목표	성취기준
I. 자아 이해와 사회적 역량 개발	1. 자아 이해 및 긍정적 자아 개념 형성	2015-GHI 1.1 자아정체감을 갖고 자기효 능감과 자신감을 향상시킨 다.	2015-GHI 1.1.1 자신의 특성을 이해하고 긍정적 자아정체감을 가 질 수 있다. 2015-GHI 1.1.2 자신의 진로목표를 성공적으로 이루어 나갈 수 있 는 자신감을 가질 수 있다.
		2015-GHI 1.2 관심 진로에 대한 자신의 강점과 능력을 평가하고 향상시키려고 노력한다.	2015-GHI 1.2.1 자기 평가와 타인 평가를 종합하여 자신의 강 · 약 점과 능력을 객관적으로 알 수 있다. 2015-GHI 1.2.2 자신의 강점을 발전시키고, 약점을 보완하는 방법 을 찾아 노력할 수 있다.
	2. 대인 관계 및 의사 소통 역량 개발	2015-GHI 2.1 자신의 대인관계 능력을 점검하고 향상시킨다.	2015-GHI 2.1.1 친구, 가족, 지인, 동료 등 주변 사람을 대하는 자 신의 태도와 관계를 성찰하고, 부족한 부분을 개선할 수 있다. 2015-GHI 2.1.2 사회생활에서 대인관계의 중요성을 인식할 수 있다. 2015-GHI 2.1.3 진로체험이나 협동과제 수행에서 다른 사람들과 협력적인 관계를 맺을 수 있다.
		2015-GHI 2.2 직업생활에서 의사소통의 중요성을 이해하고, 효과적 인 의사소통 능력을 향상 시킨다.	2015-GHI 2.2.1 직업생활에서 팀워크와 의사소통의 중요성을 이해 할 수 있다. 2015-GHI 2.2.2 상황(대화, 발표, 회의 등)에 맞는 의사소통 방법을 알고 활용할 수 있다.
II. 일과 직업 세계 이해	1. 변화 하는 직업 세계 이해	2015-GHII 1.1 미래 직업세계의 변화와 인재상을 탐색한다.	2015-GHII 1.1.1 미래 사회의 모습과 변화를 상상하여 설명할 수 있다. 2015-GHII 1.1.2 미래 직업세계의 변화에 따른 새로운 직업과 인재 상을 탐색한다.
		2015-GHII 1.2 직업세계의 변화가 자신의 진로에 미치는 영향을 파악한다.	2015-GHII 1.2.1 직업세계의 변화가 자신의 진로선택에 미치는 영 향을 설명할 수 있다. 2015-GHII 1.2.2 직업세계의 변화에 맞추어 자신과 관련된 학과, 전공 및 자격의 변화를 예측하고 탐색할 수 있다.
		2015-GHII 1.3 창업과 창직의 필요성을 이해하고 관련 계획을 세워 본다.	2015-GHII 1.3.1 다양한 진취적 역량(창의성, 협업능력, 창업가정신 및 리더십 등)의 의미와 중요성을 설명할 수 있다. 2015-GHII 1.3.2 관심 분야의 동향 및 전망을 파악하고 관련 창업 과 창직 사례를 탐색할 수 있다. 2015-GHII 1.3.3 관심 있는 분야의 직업이나 사업을 구상하고 계획 하는 모의 활동을 할 수 있다.
	2. 건강한 직업 의식 형성	2015-GHII 2.1 직업 선택을 위한 바람직 한 가치관을 형성한다.	2015-GHII 2.1.1 직업이 자신에게 주는 긍정적 가치(자아실현, 보 람, 경제적 독립 등)를 우선순위를 두어 설명할 수 있다. 2015-GHII 2.1.2 직업생활을 통한 개인적 독립의 중요성을 인식하 고 주체적인 삶의 자세를 가질 수 있다.
		2015-GHII 2.2 직업 생활에 필요한 직업 윤리 및 관련 법규를 파악 한다.	2015-GHII 2.2.1 자신이 관심을 가지고 있는 분야에서 갖추어야 할 직업윤리와 중요성을 설명할 수 있다. 2015-GHII 2.2.2 근로자의 법적 권리와 관련 제도 및 기관을 알아 보고 활용할 수 있다.

계속

대영역	중영역	세부목표	성취기준
III. 진로 탐색	1. 교육 기회의 탐색	2015-GHIII 1.1 진로에서 학습의 중요성을 이해하고 자기주도적 학습 태도를 향상시킨다.	2015-GHIII 1.1.1 진로목표를 위해 자신의 학업성취 수준을 점검하고, 향상의 동기를 가질 수 있다. 2015-GHIII 1.1.2 자신의 학습방법을 점검하고 효과적인 학습방법을 찾을 수 있다. 2015-GHIII 1.1.3 자기주도적 학습계획을 세우고 지속적인 실천 노력을 할 수 있다.
		2015-GHIII 1.2 대학 및 전공에 대한 다양한 정보를 탐색한다.	2015-GHIII 1.2.1 다양한 방법으로 대학의 유형 및 전공 계열에 대한 정보를 탐색할 수 있다. 2015-GHIII 1.2.2 대학과 전공 계열을 선택하기 위한 합리적 기준을 제시할 수 있다.
		2015-GHIII 1.3 지속적인 진로개발을 위한 평생학습의 중요성을 이해하고 여러 기회를 탐색한다.	2015-GHIII 1.3.1 지속적인 진로개발을 위한 평생학습의 의미와 중요성을 이해할 수 있다. 2015-GHIII 1.3.2 자신의 진로개발과 관련 있는 평생학습의 기회를 탐색할 수 있다.
	2. 직업 정보의 탐색	2015-GHIII 2.1 관심 직업에 대한 구체적인 직업정보와 경로를 탐색한다.	2015-GHIII 2.1.1 관심 직업의 현황, 전망, 산업구조 등 구체적인 정보를 수집할 수 있다. 2015-GHIII 2.1.2 관심 직업의 직무, 직업경로, 학업 및 자격조건 등을 구체적으로 설명할 수 있다. 2015-GHIII 2.1.3 취업과 직업을 병행하거나 선취업 후진학하는 방안을 탐색할 수 있다.
		2015-GHIII 2.2 수집한 직업정보를 선별하고 활용한다.	2015-GHIII 2.2.1 수집한 정보를 분석하고 평가하여 자신의 진로설계에 필요한 정보를 선별할 수 있다. 2015-GHIII 2.2.2 체험활동을 통해 관심 직업 및 학과에 대한 이해를 심화할 수 있다. 2015-GHIII 2.2.3 관심 진로(학과, 직업)와 자신의 특성을 비교·분석할 수 있다.
IV. 진로 디자인과 준비	1. 진로 의사 결정 능력 개발	2015-GHIV 1.1 자신의 진로의사결정 방식을 점검하고 개선한다.	2015-GHIV 1.1.1 자신의 진로의사결정 방식과 과정을 점검한다. 2015-GHIV 1.1.2 잠정적인 진로의사결정 결과를 점검하고 자신이 처한 상황에 맞게 수정·변경할 수 있다.
		2015-GHIV 1.2 자신의 진로장벽 요인을 해결하기 위해 노력한다.	2015-GHIV 1.2.1 자신의 진로목표를 이루는 데 영향을 미치는 진로장벽 요인을 이해할 수 있다. 2015-GHIV 1.2.2 진로장벽을 해결한 사례를 알아보고 자신의 진로장벽 요인을 해결하기 위해 적절한 방안을 찾아 노력한다.
	2. 진로 설계와 준비	2015-GHIV 2.1 진로목표를 세우고, 구체적인 계획을 수립한다.	2015-GHIV 2.1.1 자신의 진로목표를 구체화할 수 있다. 2015-GHIV 2.1.2 자신의 진로목표와 관련 있는 직업·대학·학과를 탐색할 수 있다. 2015-GHIV 2.1.3 자신의 진로목표를 이루기 위한 중·장기적인 계획을 수립할 수 있다. 2015-GHIV 2.1.4 자신의 진로목표와 관련된 학교 활동을 계획하고 참여할 수 있다.

계속

대영역	중영역	세부목표	성취기준
IV. 진로 디자인과 준비	2. 진로 설계와 준비	2015-GHIV 2.2 상황변화에 맞추어 진로계획을 재점검하고 보완한다.	2015-GHIV 2.2.1 개인 및 직업세계의 변화를 검토하여 자신의 진로계획을 재점검하고 수정할 수 있다. 2015-GHIV 2.2.2 진로계획 수정 시에 결과보다 과정이 중요함을 인식하고 실패에서도 진로대안을 찾을 수 있다.
		2015-GHIV 2.3 고등학교 이후의 진로계획을 수립하고 실천하도록 노력한다.	2015-GHIV 2.3.1 진로목표와 관련된 대학, 학과(전공)를 선택할 수 있다. 2015-GHIV 2.3.2 관심 있는 대학의 입학정보를 알아보고 필요한 조건을 갖출 수 있다. 2015-GHIV 2.3.3 취업과 관련된 다양한 진로대안을 탐색하고 취업에 필요한 정보를 수집할 수 있다. 2015-GHIV 2.3.4 자기관리 능력을 갖고 생활에 적용할 수 있다.

(4) 특성화 고등학교 진로교육 목표 및 성취기준

특성화 고등학교 진로교육의 목표는 산업수요와 미래 직업세계 변화에 대한 이해를 바탕으로 자신의 진로목표를 세우고 구체적인 정보탐색을 통해 고등학교 이후의 진로계획을 수립하고 실천하기 위한 역량을 개발하는 데 있다. 특성화 고등학교 진로교육의 세부목표 및 성취기준은 〈표 11.8〉에 제시하였다.

표 11.8_ 특성화 고등학교 진로교육 세부목표 및 성취기준

대영역	중영역	세부목표	성취기준
I. 자아 이해와 사회적 역량 개발	1. 자아 이해 및 긍정적 자아 개념 형성	2015-SHI 1.1 자아정체감을 갖고 자기 효능감과 자신감을 향상시킨다.	2015-SHI 1.1.1 자신의 특성을 이해하고 긍정적 자아정체감을 가질 수 있다. 2015-SHI 1.1.2 자신의 진로목표를 성공적으로 이루어 나갈 수 있는 자신감을 가질 수 있다.
		2015-SHI 1.2 관심 진로에 대한 자신의 강점과 능력을 평가하고 향상시키려고 노력한다.	2015-SHI 1.2.1 자기 평가와 타인 평가를 종합하여 자신의 강·약점과 능력을 객관적으로 알 수 있다. 2015-SHI 1.2.2 자신의 강점을 발전시키고, 약점을 보완하는 방법을 찾아 노력할 수 있다.
	2. 대인 관계 및 의사 소통 역량 개발	2015-SHI 2.1 자신의 대인관계 능력을 점검하고 향상시킨다.	2015-SHI 2.1.1 친구, 가족, 지인, 동료 등 주변 사람을 대하는 자신의 태도와 관계를 성찰하고, 부족한 부분을 개선할 수 있다. 2015-SHI 2.1.2 사회생활에서 대인관계의 중요성을 인식할 수 있다. 2015-SHI 2.1.3 진로체험이나 협동과제 수행에서 다른 사람들과 협력적인 관계를 맺을 수 있다.

계속

대영역	중영역	세부목표	성취기준
I. 자아 이해와 사회적 역량 개발	2. 대인 관계 및 의사 소통 역량 개발	2015-SHI 2.2 직업생활에서 의사소통의 중요성을 이해하고, 효과적 인 의사소통 능력을 향상 시킨다.	2015-SHI 2.2.1 직업생활에서 팀워크와 의사소통의 중요성을 이해 할 수 있다. 2015-SHI 2.2.2 상황(대화, 발표, 회의 등)에 맞는 의사소통 방법을 알고 활용할 수 있다. 2015-SHI 2.2.3 직업생활에서 문서, 메일 등을 정확하게 읽고 작성 하며, 자신의 의견을 명확히 제시하고, 타인과 의견을 조율할 수 있다.
II. 일과 직업 세계 이해	1. 변화 하는 직업 세계 이해	2015-SHII 1.1 미래 직업세계의 변화와 인재상을 탐색한다.	2015-SHII 1.1.1 미래 사회의 모습과 변화를 상상하여 설명할 수 있다. 2015-SHII 1.1.2 미래 직업세계의 변화에 따른 새로운 직업과 인재 상을 탐색한다.
		2015-SHII 1.2 직업세계의 변화가 자신의 진로에 미치는 영향을 파악한다.	2015-SHII 1.2.1 직업세계의 변화가 자신의 진로선택에 미치는 영 향을 설명할 수 있다. 2015-SHII 1.2.2 직업세계의 변화에 맞추어 자신과 관련된 학과, 전 공 및 자격의 변화를 예측하고 탐색할 수 있다.
		2015-SHII 1.3 창업과 창직의 중요성을 이해하고 관련 계획을 세워 본다.	2015-SHII 1.3.1 다양한 진취적 역량(창의성, 협업능력, 창업가정신 및 리더십 등)의 의미와 중요성을 설명할 수 있다. 2015-SHII 1.3.2 관심 분야의 동향 및 전망을 파악하고 관련 창업과 창직 사례를 탐색할 수 있다. 2015-SHII 1.3.3 관심 있는 분야의 직업이나 사업을 구상하고 계획 하는 모의 활동을 할 수 있다.
	2. 건강한 직업 의식 형성	2015-SHII 2.1 직업선택을 위한 바람직한 가치관을 형성한다.	2015-SHII 2.1.1 직업이 자신에게 주는 긍정적 가치(자아실현, 보 람, 경제적 독립 등)를 우선순위를 두어 설명할 수 있다. 2015-SHII 2.1.2 직업생활을 통한 개인적 독립의 중요성을 인식하 고 주체적인 삶의 자세를 가질 수 있다.
		2015-SHII 2.2 직업생활에 필요한 직업 윤리 및 관련 법규를 파악 한다.	2015-SHII 2.2.1 자신이 관심을 가지고 있는 분야에서 갖추어야 할 직업윤리와 중요성을 설명할 수 있다. 2015-SHII 2.2.2 근로자의 법적 권리와 관련 제도 및 기관을 알아보 고 활용할 수 있다.
III. 진로 탐색	1. 교육 기회의 탐색	2015-SHIII 1.1 진로에서 학습의 중요성을 이해하고 자기주도적 학습 태도를 향상시킨다.	2015-SHIII 1.1.1 진로목표를 위해 자신의 학업성취 수준을 점검하 고, 향상의 동기를 가질 수 있다. 2015-SHIII 1.1.2 자신의 학습방법을 점검하고 효과적인 학습방법 을 찾을 수 있다. 2015-SHIII 1.1.3 자기주도적 학습계획을 세우고 지속적인 실천 노 력을 할 수 있다.
		2015-SHIII 1.2 대학 및 전공에 대한 다양 한 정보를 탐색한다.	2015-SHIII 1.2.1 다양한 방법으로 대학의 유형 및 전공 계열에 대 한 정보를 탐색할 수 있다. 2015-SHIII 1.2.2 대학과 전공 계열을 선택하기 위한 합리적 기준을 제시할 수 있다.

계속

대영역	중영역	세부목표	성취기준
III. 진로 탐색	1. 교육 기회의 탐색	2015-SHIII 1.3 지속적인 진로개발을 위한 평생학습의 중요성을 이해 하고 여러 기회를 탐색한다.	2015-SHIII 1.3.1 지속적인 진로개발을 위한 평생학습의 의미 요성을 이해할 수 있다. 2015-SHIII 1.3.2 자신의 진로개발과 관련 있는 평생학습의 기 탐색할 수 있다.
	2. 직업 정보의 탐색	2015-SHIII 2.1 관심 직업에 대한 구체적 인 직업정보와 경로를 탐색한다.	2015-SHIII 2.1.1 관심 직업의 현황, 전망, 산업구조 등 구체적 보를 수집할 수 있다. 2015-SHIII 2.1.2 관심 직업의 직무, 직업경로, 학업 및 자격조 을 구체적으로 설명할 수 있다. 2015-SHIII 2.1.3 취업과 직업을 병행하거나 선취업 후진학하 안을 탐색할 수 있다.
		2015-SHIII 2.2 수집한 직업정보를 선별하 고 활용한다.	2015-SHIII 2.2.1 수집한 정보를 분석하고 평가하여 자신의 진 계에 필요한 정보를 선별할 수 있다. 2015-SHIII 2.2.2 체험활동이나 현장실습을 통해 관심 직업 및 에 대한 이해를 심화할 수 있다. 2015-SHIII 2.2.3 관심 진로(학과, 직업)와 자신의 특성을 비교 석할 수 있다.
IV. 진로 디자인과 준비	1. 진로 의사 결정 능력 개발	2015-SHIV 1.1 자신의 진로의사결정 방식 을 점검하고 개선한다.	2015-SHIV 1.1.1 자신의 진로의사결정 방식과 과정을 점검한 2015-SHIV 1.1.2 잠정적인 진로의사결정 결과를 점검하고 ㅈ 처한 상황에 맞게 수정·변경할 수 있다.
		2015-SHIV 1.2 자신의 진로장벽 요인을 해결하기 위해 노력한다.	2015-SHIV 1.2.1 자신의 진로목표를 이루는 데 영향을 미치는 장벽 요인을 이해할 수 있다. 2015-SHIV 1.2.2 진로장벽을 해결한 사례를 알아보고 자신으 장벽 요인을 해결하기 위해 적절한 방안을 찾아 노력한다.
	2. 진로 설계와 준비	2015-SHIV 2.1 진로목표를 세우고, 구체적 인 계획을 수립한다.	2015-SHIV 2.1.1 자신의 진로목표를 구체화할 수 있다. 2015-SHIV 2.1.2 자신의 진로목표와 관련 있는 직업·대학 를 탐색할 수 있다. 2015-SHIV 2.1.3 자신의 진로목표를 이루기 위한 중·장기적 획을 수립할 수 있다. 2015-SHIV 2.1.4 자신의 진로목표와 관련된 학교 활동을 계 참여할 수 있다.
		2015-SHIV 2.2 상황변화에 맞추어 진로계 획을 재점검하고 보완한다.	2015-SHIV 2.2.1 개인 및 직업세계의 변화를 검토하고, 현 경험을 반영하여 자신의 진로계획을 재점검하고 수정할 수 2015-SHIV 2.2.2 진로계획 수정 시에 결과보다 과정이 중요함 식하고 실패에서도 진로대안을 찾을 수 있다.
		2015-SHIV 2.3 고등학교 이후의 진로계획 을 수립하고 실천하도록 노력한다.	2015-SHIV 2.3.1 자신의 진로목표를 고려하여 취업 또는 진학 를 선택할 수 있다. 2015-SHIV 2.3.2 희망 직종의 구인정보를 찾고, 희망 취업처 로조건, 해당 직무 등을 이해할 수 있다. 2015-SHIV 2.3.3 이력서 및 자기소개서 쓰기, 면접 등 구직 방법을 알고 자신에게 알맞게 적용할 수 있다. 2015-SHIV 2.3.4 관심 있는 대학의 입학정보를 알아보고 필요 건을 갖출 수 있다. 2015-SHIV 2.3.5 자기관리 능력을 갖고 생활에 적용할 수 있

4. 교과와 연계한 진로지도

초·중·고등학교에서 교육과정을 운영함에 있어 학생들이 가장 많이 참여하는 활동
이 교과활동이다. 따라서 교과와 연계한 진로지도는 효과적인 진로지도 방안이 될
수 있으며, 학생 개개인의 자아특성의 이해뿐만 아니라 발달단계에 적합한 진로정보
를 제시하는 일까지가 계획되고 실천되어야 한다(남미숙, 2001). 또한 교과지도와 진
로지도를 함께하는 진로교육은 진로발달을 통해 학생들의 진로선택을 도울 수 있
으며, 학생들에게 교과 내용과 관련된 직업정보를 제공하거나 역할 모델을 제시함으
로써 학습동기를 유발하여 수업에 적극 참여하도록 유도하고, 자신의 진로에 대한
미래상을 확실하게 간직하여 비행 행동도 예방할 수 있다(송인섭 등, 2006). 여기에서
는 초등학교에서 교과와 연계할 수 있는 진로지도 방법을 소개한다(서울시교육과학
연구원, 2002).

1) 국어과 진로지도

초등학교 수준은 진로인식 단계이므로 주위 환경에서 흔히 접하게 되는 직업을 대상
으로 그 직업의 역할과 기능을 인식시키고, 장차 직업을 택할 때 보다 현실적이고 구
체적이며 가능한 것을 택할 수 있도록, 일의 세계 또는 직업의 세계에 대해 인식시키
도록 한다.

　이런 점에서 국어과는 일상적인 사회생활, 직업생활을 원활히 수행하는 데 필요
할 뿐 아니라 국가사회의 기능과 목적, 과제를 이해하는 데는 언어사용 능력이 필수
적이므로 직업을 선택할 수 있는 폭이 넓고 다양하며, 국어과와 관련된 분야에 소질
과 능력만 갖추어지면 진로의 방향, 선택의 범위가 넓다. 국어과 교육에서는 자아인
식을 돕고, '일'과 '직업'의 세계에 대한 다양한 정보를 제공하는 방안과 국어과 학습
내용과 관련하여 합리적인 의사결정 능력의 신장을 도울 수 있어야 한다.

2) 도덕과 진로지도

도덕교과는 도덕적 지식이나 사회윤리, 국가관 확립 등의 공교육을 통해 나타나는
가치 집약적이며 미래상황에 효과적으로 대처할 수 있는 가치관 및 도덕성 형성을
교육내용으로 삼고 있다. 따라서 도덕교육은 개인생활, 가정생활, 사회생활을 원활

히 수행하는 데 필요한 가치관, 인간관계, 의사결정 능력 등에 있어 도덕성을 실천해
야 의미가 있다.

　도덕과에서의 진로교육은 직업인으로서, 올바른 사회구성원으로 살아가기 위해
합리적, 도덕적, 창의적, 진취적, 긍정적으로 모든 일을 해결하려는 태도를 길러 주는
데 강조점을 둔다. 즉, 초등학교 도덕과를 통해 이루어져야 할 진로지도는 ① 학생
스스로 생각하고 판단하는 능력 기르기 ② 도덕적 가치 판단력 기르기 ③ 의사결정
능력 기르기 ④ 미래지향적 사고력 기르기 ⑤ 도덕적 실천력 기르기 등에 주력한다.

3) 수학과 진로지도

수학은 우리 인간의 생활 영역이나 지식의 세계에서 주로 수리적 계산이나 사고, 공
간적 감각과 직접적인 관련이 있으며, 또한 개인의 생각이나 개념을 정확하고 간결
하게 전개, 표현하는 것을 용이하게 해준다. 수학적 능력은 합리성, 논리성을 뜻하
므로 수학과를 통해 진로교육을 하고자 할 때는 논리적이고 합리적인 사고력과 태
도를 신장시키는 일에 중점을 두어야 한다.

　진로의 선택은 개인의 적성, 흥미와 불가분의 관계가 있는데 수학과 관련이 있는
적성으로는 공간지각, 계산추리, 형태지각 능력 등 매우 광범위하며 흥미 분야도 과
학, 기계, 사무 등 폭이 넓다. 그러므로 수학과 지도는 이러한 적성과 흥미 요인을
충분히 계발시키고 관련 분야의 직종을 인식시켜 줌으로써 진로지도의 효과를 본다.

4) 사회과 진로지도

초등학교에서의 사회과 교육은 사회 현상을 올바르게 인식하고, 사회 지식 습득과
사회생활에 필요한 기능을 익히며, 민주 사회 구성원에게 요청되는 가치와 태도를
지님으로써 민주시민으로서의 자질을 육성하는 교과이다.

　사회과 진로교육은 ① 사회 변화 ② 문화 환경의 변화 ③ 정치의 변화 ④ 국민 경
제생활의 변화 ⑤ 역사의 변화 등에 따른 일과 직업의 세계에 대한 인식을 주로 하는
지도가 되어야 한다.

5) 과학과 진로지도

과학은 자연 현상을 합리적인 사고 과정을 통해서 이해하는 학문이다. 과학에서 사

용하는 탐구적인 방법은 가장 신뢰도가 높은 것으로 인정받기 때문에, 과학적인 사고방식과 함께 탐구적인 방법은 비단 과학뿐만 아니라 모든 학문의 탐구와 인간의 일상생활에 있어서도 반드시 필요한 소양 중의 하나이다. 더불어 과학적 태도를 기르는 것은 모든 인간이 올바른 삶을 영위하기 위해서 필요한 소양교육이다.

초등학교에서 과학과와 관련된 진로지도는 과학 기술이 미래의 삶과 어떻게 관련되며 과학과와 관련된 일의 세계는 어떤 것들이 있는가를 인식시키는 데 주안점을 두어야 한다.

6) 체육과 진로지도

체육과와 관련된 직업은 의사, 운동가, 보건위생 관련 학자 등 매우 다양하다. 이러한 직업은 모두 초등학교 체육 내용인 심동적 영역의 기본운동, 리듬 및 표현 운동, 기계 운동, 게임, 계절 및 민속운동, 인지적 영역의 이론, 보건, 정의적 영역과 관련이 있는 것들이다.

체육과 성격이 개인을 신체적, 인지적, 정서적, 사회적 발달을 도모하게 하는 전 교육과정의 일부이므로 각 분야에 걸쳐 포괄적으로 진로교육과 관련지어 지도한다.

7) 음악과 진로지도

초등학교 학생들에게 음악과와 관련된 진로지도를 하려면, 우선 음악 세계에 대한 인식, 음악과 관련된 일들이 국가사회에서 어떻게 필요한가에 대한 인식, 음악인이 되는 길, 음악에 대한 흥미, 음악인들이 하고 있는 일의 세계, 음악인의 직업과 위치 등에 대해 바르게 이해시키고 건전한 가치관을 형성시킨다.

음악과의 흥미, 소질 등을 키우고 탐구하려는 태도와 습관을 기르도록 유도하며 여러 가지 악곡을 통해 아름다움을 느끼고, 표현하며, 일을 존중하고, 책임을 완수하는 인간이 되는 기초를 다져 주고 음악과 관련된 직업의 종류와 특성을 알게 함으로써 가능성을 찾는다.

8) 미술과 진로지도

미술과를 진로교육과 관련지으려면 미술이 창조적인 일의 세계라는 기본 바탕에서 미술적인 일의 세계에 대한 관심을 유발하고 그 가치를 존중하도록 심리적 성향을 길러 준다. 그러므로 미술이 우리 생활에서 어떤 기능을 하고 있는가를 조사해 보고 아름다움을 실제로 경험해 봄으로써 미래 사회에서 미술의 세계를 넓혀 가도록 지도 하는 것이 좋다.

9) 실과 진로지도

실과는 학생의 일상생활을 학습의 대상으로 하는 교과이며, 실천적이고 탐구적인 문 제해결의 경험을 통하여 일상생활과 가정생활에 필요한 기초기능을 익히게 함으로 써 현실의 생활과 미래의 변화에 대처할 수 있게 하는 기초적인 교과이다.

실과교육을 진로지도와 관련지으려면 매우 다양하고 폭이 넓다. 예를 들어, ① 올바른 직업관 심기 ② 취미 소질 기르기 ③ 자기의 잠재력 개발하기 ④ 일을 계 획하고 처리하는 능력 기르기 ⑤ 생활 주변에서 일어나는 문제들을 합리적으로 처리 하기 ⑥ 생활자원의 활용, 관리하기 ⑦ 각종 정보 수집 및 적용하기 ⑧ 근로 노작을 통한 협동정신 기르기 ⑨ 일과 직업의 세계에 대한 흥미, 보람 찾기 등을 학생들의 발달 단계에 맞추어 지도해야 한다.

5. 학교 진로교육 프로그램

초·중·고등학교에서 활용할 수 있는 학교 진로교육 프로그램은 진로와 직업 관련 기관과 진로교육 연구자들에 의해 다양하게 개발되어 활용되고 있다. 이렇게 다양 하게 개발된 프로그램 중 여기에서는 초·중·고등학교를 연계한 맞춤형 진로지도 프로그램을 소개하기로 한다(조봉환 등, 2014). 진로교육은 초·중·고등학교를 거치 면서 학교급별로 연계하여 지도하는 것이 학생들의 발달적 측면이나 진로교육의 연 계성과 효율성 측면에 부합한다고 여겨진다. 프로그램의 소개 시 먼저, 초·중·고 등학교 급별로 프로그램의 개발 배경과 목표를 소개하고 두 번째로, 본 프로그램의 구성의 영역, 단원명, 세부 활동을 제시하였으며, 세 번째로 본 프로그램의 개발 연 계 흐름도를 소개하였다. 마지막으로 고등학교 1학년 1차시 분을 〈예시자료〉로 제 시하였다.

초 · 중 · 고 연계 맞춤형 진로지도 프로그램
초 ☑   중 ☐   고 ☐

개발 배경

1. 2012 교육과학기술부에서 제시한 진로교육 목표와 성취기준과 초등학생의 진로발달 특성을 고려하여 초등학교에서 함양해야 할 진로개발역량의 기초를 다지고, 중학교와 효과적으로 연계된 진로지도가 이루어질 수 있도록 본 프로그램을 개발하였다.

2. 초, 중, 고에 걸친 지속적이고 심층적인 자기 이해를 기초로 초등학생의 진로발달단계에 맞추어 긍정적인 자아개념을 형성하고 자기이해 역량을 강화하는 데 중점을 두었으며, 일과 직업의 기능과 중요성을 이해하고 건강한 직업의식을 형성하도록 함으로써 이후의 진로탐색을 심화할 수 있는 역량을 갖추도록 본 프로그램을 개발하였다.

3. 학교와 학급 상황에 따라 교사가 개인 및 모둠활동을 탄력적으로 선택하여 운영할 수 있도록 다양한 활동 중심의 자료를 제공하였으며, 진로체험활동을 중심으로 학생들이 자기 주도적으로 탐색하면서 즐겁게 활동할 수 있도록 개발하였다.

목표

긍정적 자아개념을 형성하고 일의 중요성을 이해하며 건강한 직업의식을 형성하는 데 목적이 있다.

1. (초 5) 긍정적 자아개념을 형성하고 자기 이해의 폭을 넓히며, 대인관계 및 의사소통 능력을 개발할 수 있다.

2. (초 6) 진로와 관련된 다양한 자아특성을 탐색하고, 역동적인 직업세계에 대한 이해를 바탕으로 건강한 직업의식을 형성할 수 있다.

프로그램 구성(초등학교 5학년)

영역	차시	단원명	세부 활동
자아이해 및 긍정적 자아개념 형성	1	소중한 나	[활동 1] 자기소개 하기 [활동 2] 나에 관한 이모저모 [활동 3] 모두가 나예요 [활동 4] 내가 필요해
자아이해 및 긍정적 자아개념 형성	2	나의 성격	[활동 1] 성격이란 [활동 2] 성격 유형 검사하기 [활동 3] 끼리끼리 모여라 [활동 4] 성격과 관계있는 직업
자아이해 및 긍정적 자아개념 형성	3	강점과 약점	[활동 1] 강점과 약점 찾기 [활동 2] 최고의 약점 버리기 [활동 3] 약점을 강점으로 바꿔주기 [활동 4] '나' 광고하기
자아이해 및 긍정적 자아개념 형성	4	직업 가치관	[활동 1] 좋아하는 직업, 싫어하는 직업 [활동 2] 직업 가치관 살펴보기 [활동 3] 직업 가치관 경매 게임하기 [활동 4] 나의 직업 가치관 정리하기
대인관계 및 의사소통역량 개발	5	느낌이 통하는 우리	[활동 1] 감정을 나타내는 말 [활동 2] 감정 알아맞히기 [활동 3] 바꾸어 말하는 방법 알기 [활동 4] 바꾸어 말하는 연습하기
대인관계 및 의사소통역량 개발	6	대화가 통화는 우리	[활동 1] 설명 듣고 그림 그리기 [활동 2] 경청하는 방법 알기 [활동 3] '나 전달법' 이해하기 [활동 4] '나 전달법' 연습하기
대인관계 및 의사소통역량 개발	7	틀린 거야? 다른 거야?	[활동 1] 더 끌리는 그림 고르기 [활동 2] 틀린 경우와 다른 경우 [활동 3] 모두가 똑같은 세상이라면 [활동 4] 우정 팔찌 만들기
대인관계 및 의사소통역량 개발	8	행복한 친구 사이	[활동 1] 나의 친구 관계 살펴보기 [활동 2] 갈등을 푸는 방법 찾기 [활동 3] 멋진 내 친구들 모여라 [활동 4] 좋은 친구가 되는 비법 만들기

프로그램 구성(초등학교 6학년)

영역	차시	단원명	세부 활동
자아이해 및 긍정적 자아개념 형성	1	내가 좋아하는 일	[활동 1] 직업카드 분류하기 [활동 2] 흥미 유형 검사하기 [활동 3] 끼리끼리 모여라 [활동 4] 흥미와 관계있는 직업
자아이해 및 긍정적 자아개념 형성	2	나의 꿈 나의 미래	[활동 1] 꿈을 이룬 사람들 [활동 2] 꿈나무 만들기 [활동 3] '존 고다드'의 꿈의 목록 [활동 4] 나의 꿈 목록 만들기
일과 직업의 이해	3	소중한 직업	[활동 1] 우리 가족은 일하는 중 [활동 2] 주변 사람들이 하는 일 [활동 3] 우리 생활에 도움을 주는 직업 [활동 4] 감사장 만들기
일과 직업의 이해	4	직업 정보의 보물 창고	[활동 1] 직업 보물 창고 '커리어넷' [활동 2] 직업 보물 창고 '워크넷' [활동 3] 직업카드로 직업 살펴보기 [활동 4] 나만의 관심 직업 목록 만들기
일과 직업의 이해	5	색(色)다른 직업의 세계	[활동 1] 세상에 이런 직업이 [활동 2] 미래의 직업 세계 [활동 3] 직업카드 만들기 [활동 4] 나만의 직업 사전 만들기
일과 직업의 이해	6	직업에도 이웃사촌이 있어요	[활동 1] 직업 이름 스피드 게임 [활동 2] 꼬리에 꼬리를 무는 직업 [활동 3] 직업군이란 [활동 4] 내 꿈의 이웃사촌들
일과 직업의 이해	7	지금 만나러 갑니다	[활동 1] 진로 체험 계획하기 [활동 2] 진로 체험 보고서 작성하기 [활동 3] 직업인 인터뷰 보기 [활동 4] 직업인 동영상 보기
건강한 직업의식 형성	8	직업에 대한 올바른 생각	[활동 1] 좋은 직업, 나쁜 직업 따로 있나 [활동 2] 여자 직업, 남자 직업 따로 있나 [활동 3] 건전한 직업관이란 [활동 4] 이런 인재를 찾습니다

프로그램 연계 흐름도(초등학교 5학년)

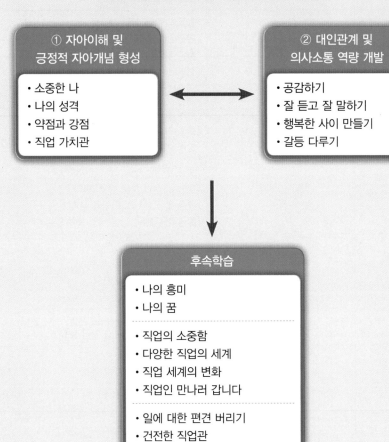

① 자아이해 및
긍정적 자아개념 형성

• 소중한 나
• 나의 성격
• 약점과 강점
• 직업 가치관

② 대인관계 및
의사소통 역량 개발

• 공감하기
• 잘 듣고 잘 말하기
• 행복한 사이 만들기
• 갈등 다루기

후속학습

• 나의 흥미
• 나의 꿈

• 직업의 소중함
• 다양한 직업의 세계
• 직업 세계의 변화
• 직업인 만나러 갑니다

• 일에 대한 편견 버리기
• 건전한 직업관

프로그램 연계 흐름도(초등학교 6학년)

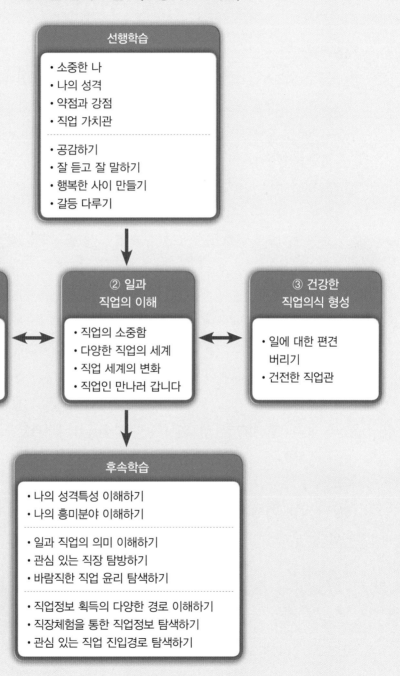

선행학습
- 소중한 나
- 나의 성격
- 약점과 강점
- 직업 가치관

- 공감하기
- 잘 듣고 잘 말하기
- 행복한 사이 만들기
- 갈등 다루기

① 자아이해 및 긍정적 자아개념 형성
- 나의 흥미
- 나의 꿈

② 일과 직업의 이해
- 직업의 소중함
- 다양한 직업의 세계
- 직업 세계의 변화
- 직업인 만나러 갑니다

③ 건강한 직업의식 형성
- 일에 대한 편견 버리기
- 건전한 직업관

후속학습
- 나의 성격특성 이해하기
- 나의 흥미분야 이해하기

- 일과 직업의 의미 이해하기
- 관심 있는 직장 탐방하기
- 바람직한 직업 윤리 탐색하기

- 직업정보 획득의 다양한 경로 이해하기
- 직장체험을 통한 직업정보 탐색하기
- 관심 있는 직업 진입경로 탐색하기

초 · 중 · 고 연계 맞춤형 진로지도 프로그램
초☐   중☑   고☐

개발 배경

1. 2012 교육과학기술부에서 제시한 진로교육 목표와 성취기준을 토대로 초등학교에서 함양된 진로개발역량의 기초를 발전시키고 중학생의 진로발달 특성을 고려하여 효과적으로 연계된 진로지도가 이루어질 수 있도록 본 프로그램을 개발하였다.

2. 2016년 전면 시행될 자유학기제 진로탐색 활동의 운영을 위하여 다양한 기존 프로그램들을 통합, 연계, 체계화하여 진로학습, 진로상담 및 검사, 진로체험 등을 중심으로 체계적인 진로학습과 체험기회를 제공할 수 있도록 본 프로그램을 개발하였다.

3. 초, 중, 고에 걸친 지속적이고 심층적인 자기 이해를 기초로 중학교 진로발달 단계를 고려하여 다양한 직업세계와 교육기회 탐색에 중점을 두고, 이후의 진로를 설계하고 준비할 수 있도록 본 프로그램을 개발하였다.

4. 학교와 학급 상황에 따라 교사가 개인 및 모둠활동을 탄력적으로 선택하여 운영할 수 있도록 하였으며, 직접적인 진로체험활동을 중심으로 학생들이 자기 주도적으로 탐색하면서 즐겁게 활동할 수 있도록 개발하였다.

목표

다양한 직업세계와 교육기회를 탐색하고, 중학교 이후의 진로를 설계하고 준비할 수 있다.

1. (중 1) 진로와 관련된 자신의 특성을 다각적으로 이해하고 다양하고 역동적인 직업세계에 대한 이해를 바탕으로 진로와 직업에 대한 건강한 직업의식을 형성할 수 있다.

2. (중 2) 자신에 대한 심층적인 이해를 바탕으로 관심분야의 교육기회와 직업정보에 대한 탐색과 분석을 통해 자신에게 적합한 진로를 설계할 수 있는 역량을 갖출 수 있다.

프로그램 구성(중학교 1학년)

영역	차시	중점 단원명	세부 활동
자아이해와 사회적 역량	1	나의 성격특성 이해하기	[활동 1] 나는 누구인가? [활동 2] MBTI나 직업카드를 활용한 성격유형 알기 [활동 3] 성격유형별 모둠원끼리 활동 [활동 4] 성격관련 영상물 시청
자아이해와 사회적 역량	2	나의 흥미분야 이해하기	[활동 1] 자신이 좋아하는 일과 싫어하는 일 찾기 [활동 2] 직업흥미검사를 통한 나의 흥미 알아보기 [활동 3] 놀이를 통한 흥미 알아보기 [활동 4] 나의 성격과 흥미를 통한 직업 연결하기
일과 직업세계의 이해	3	일과 직업의 관계 이해하기	[활동 1] 일과 직업의 의미와 관계 알아보기 [활동 2] 관심 있는 직업의 직업인 인터뷰하기 [활동 3] 직업에 대한 자신의 고정관념 성찰 [활동 4] 직업인으로 성공한 영상물 시청
일과 직업세계의 이해	4	관심 있는 직업 탐방하기 (전일제 체험활동)	[활동 1] 현장 일일 체험활동 사전계획 [활동 2] 나의 직업의식과 꿈을 이루는 데 어떤 도움이 되는지 알아보기 [활동 3] 직장 탐방하여 체험하기 [활동 4] 직접 체험한 직업의 장단점 이야기하기
일과 직업세계의 이해	5	바람직한 직업윤리 탐색하기	[활동 1] 다양한 직업인 작품 만들기 [활동 2] 직업가치관 문장완성하기 [활동 3] 희망직업의 직업윤리 알아보기 [활동 4] 모둠원끼리 희망직업의 역할극 연출하기
진로탐색	6	직업정보 탐색의 다양한 경로 이해하기	[활동 1] 직업정보 탐색경로 알아보기 [활동 2] 직업정보를 탐색하는 방법 훈련하기 [활동 3] 중요한 타인들이 희망하는 직업목록 작성하기 [활동 4] 관심 있는 직업에 대한 놀이형 진로탐색프로그램 참가하기
진로탐색	7	직장체험을 통한 직업정보 이해하기 (전일제 체험활동)	[활동 1] 체험할 직장과 직업인 찾아보기 [활동 2] 직접 체험한 직업에 대해 자신의 느낀 점과 모둠원들의 느낀 점을 이야기해보기 [활동 3] 인터뷰를 통해 탐색한 직업에서 필요한 정보 파악하기 [활동 4] 직접 체험한 활동에 대해 자신의 직업에 대한 수준을 비교해보기
진로탐색	8	관심 있는 직업전망 탐색하기	[활동 1] 구체적인 직업정보를 다양한 방법으로 탐색하기 [활동 2] 인터넷, 전화, 면대면 등을 통한 직업정보 찾아보기 [활동 3] 학교와 지역사회의 진로 및 교육자원과 진입경로 알아보기 [활동 4] 직업정보 탐색 결과 기록지 작성하기

프로그램 구성(중학교 2학년)

영역	차시	중점 단원명	세부 활동
자아이해와 사회적 역량	1	직업과 신체조건 관계 이해하기	[활동 1] 직업과 신체조건의 관계에 대해 이해하기 [활동 2] 자신의 신체적 조건을 살려 성공할 직업 찾기 [활동 3] 직업이나 일에서의 성역할 나누기 [활동 4] 직업 편견을 극복하고 성공한 직업인 만나기
자아이해와 사회적 역량	2	나의 진로포부 수준 탐색하기	[활동 1] 자신이 꿈꾸는 미래의 모습 탐색하기 [활동 2] 자신의 진로포부와 유사한 성공직업인 찾기 [활동 3] 꿈을 이루기 위한 나의 미래 설계하기 [활동 4] 진로포부 선언하기
진로탐색	3	상급교육기관 체험하기 (전일제 체험활동)	[활동 1] 다양한 유형의 상급교육기관 탐색하기 [활동 2] 체험하고자 하는 교육기관 선택하기 [활동 3] 상급교육기관 탐방하여 다양한 활동 체험하기 [활동 4] 상급교육기관 체험보고서 작성하기
진로탐색	4	나의 진로에서 학습의 중요성 인식하기	[활동 1] 학업과 진로의 관계 이해하기 [활동 2] 학교 교과목과 나의 진로와의 관련성을 찾기 [활동 3] 학업수준에 맞는 진로분야 이해하기 [활동 4] 하고 싶은 일과 학습의 관련성을 알고 목표 세우기
진로탐색	5	효과적인 학습기술 습득하기	[활동 1] 자신의 학습습관 알아보기 [활동 2] 학습영역별 학습전략을 수립하기 [활동 3] 학습을 위한 시간관리 전략 이해하기 [활동 4] 효과적인 학습계획 세우기
진로탐색	6	희망 직업분야 탐방하기 (전일제 체험활동)	[활동 1] 직업체험 기관에 대해 사전조사하기 [활동 2] 직업인을 탐색하기 위한 인터뷰 자료 만들기 [활동 3] 직업현장에 방문하여 직업인 인터뷰하기 [활동 4] 직업체험을 통해 수집된 정보를 분석하여 직업 이해
진로탐색	7	직업세계의 변화 이해하기	[활동 1] 사회의 변화와 직업세계 변화 이해하기 [활동 2] 새로운 직업과 사라진 직업에 대해 이해하기 [활동 3] 이색직업에 대한 구체적인 정보 탐색하기 [활동 4] 유망직업에 대한 구체적인 정보 탐색하기
진로디자인과 준비	8	합리적 진로의사결정 훈련하기	[활동 1] 합리적 의사결정의 개념 설명 및 이해하기 [활동 2] 자신의 의사결정 유형 분석하기 [활동 3] 진로의사결정에서 진로장벽 요인을 파악하고 해결 [활동 4] 합리적인 진로의사결정 과정 훈련하기

프로그램 연계 흐름도(중학교 1학년)

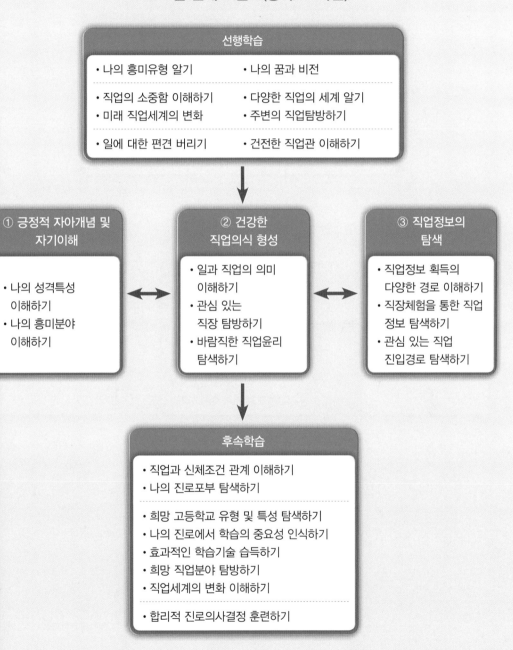

선행학습

- 나의 흥미유형 알기
- 나의 꿈과 비전

- 직업의 소중함 이해하기
- 다양한 직업의 세계 알기
- 미래 직업세계의 변화
- 주변의 직업탐방하기

- 일에 대한 편견 버리기
- 건전한 직업관 이해하기

① 긍정적 자아개념 및 자기이해

- 나의 성격특성 이해하기
- 나의 흥미분야 이해하기

② 건강한 직업의식 형성

- 일과 직업의 의미 이해하기
- 관심 있는 직장 탐방하기
- 바람직한 직업윤리 탐색하기

③ 직업정보의 탐색

- 직업정보 획득의 다양한 경로 이해하기
- 직장체험을 통한 직업정보 탐색하기
- 관심 있는 직업 진입경로 탐색하기

후속학습

- 직업과 신체조건 관계 이해하기
- 나의 진로포부 탐색하기

- 희망 고등학교 유형 및 특성 탐색하기
- 나의 진로에서 학습의 중요성 인식하기
- 효과적인 학습기술 습득하기
- 희망 직업분야 탐방하기
- 직업세계의 변화 이해하기

- 합리적 진로의사결정 훈련하기

프로그램 연계 흐름도(중학교 2학년)

선행학습

- 나의 성격특성 이해하기
- 나의 흥미분야 이해하기

- 일과 직업의 의미 이해하기
- 관심 있는 직장 탐방하기
- 바람직한 직업 윤리 탐색하기

- 직업정보 획득의 다양한 경로 이해하기
- 직장체험을 통한 직업정보 탐색하기
- 관심 있는 직업 진입경로 탐색하기

① 긍정적 자아개념 및 자기이해

- 직업과 신체조건 관계 이해하기
- 진로포부 수준 탐색하기

② 교육기회와 직업정보의 탐색

- 희망 고등학교 유형 및 특성 탐색하기
- 나의 진로에서 학습의 중요성 인식하기
- 효과적인 학습기술 습득하기
- 희망하는 직업분야 탐방하기
- 직업세계의 변화 이해하기

③ 진로의사결정 능력 개발

- 합리적 진로의사결정 훈련하기

후속학습

- 적성 진단하기
- 고교계열 흥미 탐색하기

- 선호분야 직업 탐색하기
- 가치부합 직업 탐색하기
- 진로멘토 찾아보기

- 진로장벽 및 갈등 해소하기
- 합리적 진로의사결정하기
- 나의 특성에 부합하는 진로분야 찾기

초 · 중 · 고 연계 맞춤형 진로지도 프로그램
초☐ 중☐ 고☑

개발 배경

① 2009 개정 교육과정에서 창의적 체험활동 중 하나의 영역으로 설정된 진로활동이 일선 고등학교에서 착근될 수 있도록 하고 2012년 국가 차원에서 제시한 고등학교 진로교육 목표와 성취기준을 반영하여 단위학교에서 고등학생의 진로발달 특성을 고려한 효과적인 진로지도가 이루어질 수 있도록 하기 위해 본 프로그램을 개발하였다.

② 학생들이 초·중·고에 걸친 지속적이고 심층적인 자기 자신에 대한 이해를 기초로 고등학교 시기 때 자신의 특성에 부합하는 진로경로를 설정할 수 있도록 하기 위하여 학년별로 필수적으로 이수해야 할 활동 중심으로 본 프로그램을 개발하였다.

③ 학교 수업 현장의 특성을 반영하여 교사가 다양한 개인 및 모둠활동을 선택할 수 있도록 구성하여 학생 맞춤형 진로활동이 이루어질 수 있도록 하였고 학생들이 능동적으로 자기 주도적으로 스스로 탐색하면서 즐겁게 활동할 수 있도록 개발하였다.

목표

고등학생들이 자신의 특성에 부합하는 진로경로를 설정할 수 있도록 돕는 데 그 목적이 있다.

① (고 1) 자신의 특성을 보다 객관적이고 심층적으로 진단하고 자신의 특성에 부합하는 직업에 관한 정보를 효과적으로 수집·분석하며 이에 기초하여 합리적으로 진로의사결정을 할 수 있다.

② (고 2) 자신의 특성을 보다 객관적이고 심층적으로 평가하고 이를 향상시킬 수 있는 교육기회에 관한 정보를 효과적으로 수집·분석하며 이에 기초하여 구체화된 진로계획을 수립하고 실천할 수 있다.

프로그램 구성(고등학교 1학년)

영역	차시	단원명	세부 활동
자아이해와 사회적 역량	1	나의 적성 진단하기	[활동 1] 커리어넷(http://career.go.kr) 직업적성검사 해 보기 [활동 2] 카드게임을 통해서 자신의 적성 영역 알아보기 [활동 3] 나의 적성영역과 진로 연결하기 [활동 4] 나의 적성 업그레이드하기
자아이해와 사회적 역량	2	고교계열 흥미 탐색하기	[활동 1] 워크넷(www.work.go.kr) 고교계열흥미검사 해 보기 [활동 2] 교과흥미로 알아본 나의 고교계열 [활동 3] 나의 흥미계열 이해하기 [활동 4] 나의 흥미계열 관련 교육과정 알아보기
진로탐색	3	선호 분야와 관련된 직업 다양하게 탐색하기	[활동 1] 내가 선호하는 직업 분야 알아보기 [활동 2] 유망 직업 분야에서의 관심 직업 알아보기 [활동 3] 한국직업정보시스템을 활용하여 직업 사전 만들기 [활동 4] 직업인 인터뷰하기
진로탐색	4	나의 가치에 부합하는 직업 구체적으로 탐색하기	[활동 1] 커리어넷(http://career.go.kr) 직업가치관 검사 해 보기 [활동 2] 카드놀이를 통해서 자신의 직업가치관 알아보기 [활동 3] 나의 직업가치관과 직업 연결하기 [활동 4] 선호직업과 직업가치관 연결하기
진로탐색	5	나의 진로 멘토 찾아보기	[활동 1] 나의 꿈 생각해보기 [활동 2] 나의 진로 멘토 찾아보기 [활동 3] 나의 진로 멘토 탐구하기 [활동 4] 나의 진로 멘토 닮아가기
진로디자인과 준비	6	내 앞의 진로 장벽 및 갈등 해소하기	[활동 1] 진로 장벽 진단하기 [활동 2] 진로 장벽 및 갈등 사례 조사하기 [활동 3] 나의 진로 장벽과 갈등 해결하기 [활동 4] 친구의 진로 장벽 및 갈등 상담하기
진로디자인과 준비	7	합리적으로 진로의사 결정하기	[활동 1] 나의 의사결정 유형 이해하기 [활동 2] 의사결정 유형의 장단점 알아보기 [활동 3] 진로의사결정에서 나타나는 고정관념 알아보기 [활동 4] 진로의사결정 연습해보기
진로디자인과 준비	8	나의 특성에 부합하는 진로분야 찾기	[활동 1] 종합적인 자기이해와 진로 찾기 [활동 2] 나의 희망직업과 희망학과 [활동 3] 합리적인 고교 계열 선택 [활동 4] 나만의 진로희망카드 만들기

프로그램 구성(고등학교 2학년)

영역	차시	단원명	세부 활동
자아이해와 사회적 역량	1	나의 장·단점 성격 및 능력 평가하기	[활동 1] 워크넷(www.work.go.kr) 직업인성검사 [활동 2] 나의 성격 진단해 보기 [활동 3] 나의 능력 진단해 보기 [활동 4] SWOT 분석 해보기
자아이해와 사회적 역량	2	대학 전공(학과) 흥미 탐색하기	[활동 1] 워크넷(www.work.go.kr) 대학 전공(학과) 흥미검사 [활동 2] 희망하는 직업과 관련된 전공계열 및 학과 찾아보기 [활동 3] 계열 및 학과별 유망 직업 알아보기 [활동 4] 이색 직업과 관련된 전공계열 및 학과 찾아보기
진로탐색	3	희망 대학의 유형 및 특성 탐색하기	[활동 1] 계속 교육기관 유형 이해하기 [활동 2] 희망 대학의 진학정보 탐색하기 [활동 3] 희망 대학의 입시정보 탐색하기 [활동 4] 희망 대학의 진학 및 입시정보 종합하기
진로탐색	4	희망 전공계열 및 학과 탐색하기	[활동 1] 전공계열 및 학과 정보 탐색 계획 수립하기 [활동 2] 희망 전공계열 및 학과 정보 탐색하기 [활동 3] 희망 전공 계열 및 학과 선택하기 [활동 4] 희망 전공 계열 및 학과의 진학 정보 탐색하기
진로탐색	5	희망 대학 및 학과 탐방하기	[활동 1] 희망 대학 및 학과 방문 계획 수립하기 [활동 2] 희망 대학 및 희망 학과 방문하기 [활동 3] 희망 학과에 따라 적합한 대학 비교하기 [활동 4] 희망 대학, 학과의 시간표 짜보기
진로디자인과 준비	6	나의 진로경로 설계하기	[활동 1] 커리어넷(http://www.career.go.kr) 진로성숙도 검사 [활동 2] 나의 비전선언문 만들기 [활동 3] 미래의 나의 모습 그려보기 [활동 4] 단계별 세부 진로 계획 설정하기
진로디자인과 준비	7	진학 및 취업 준비하기	[활동 1] 대학진학 로드맵 작성하기 [활동 2] 취업 로드맵 작성하기 [활동 3] 학업계획서 작성하기 [활동 4] 자기소개서 작성하기
진로디자인과 준비	8	지속적인 진로개발을 위한 준비하기	[활동 1] 내가 공부하는 이유 생각해 보기 [활동 2] 평생학습 계획해 보기 [활동 3] 직업기초능력 기르기 [활동 4] 지속적 진로개발을 위한 다짐하기

프로그램 연계 흐름도(고등학교 1학년)

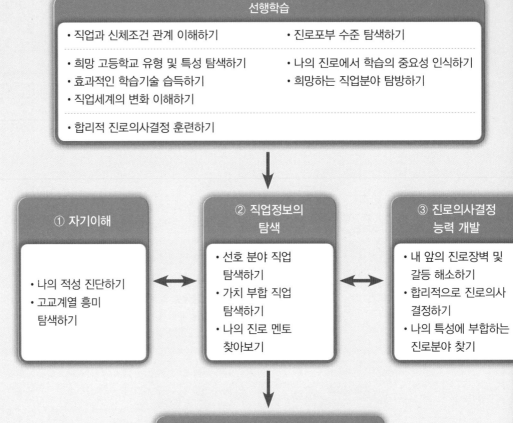

선행학습

- 직업과 신체조건 관계 이해하기
- 진로포부 수준 탐색하기

- 희망 고등학교 유형 및 특성 탐색하기
- 나의 진로에서 학습의 중요성 인식하기
- 효과적인 학습기술 습득하기
- 희망하는 직업분야 탐방하기
- 직업세계의 변화 이해하기

- 합리적 진로의사결정 훈련하기

① 자기이해

- 나의 적성 진단하기
- 고교계열 흥미 탐색하기

② 직업정보의 탐색

- 선호 분야 직업 탐색하기
- 가치 부합 직업 탐색하기
- 나의 진로 멘토 찾아보기

③ 진로의사결정 능력 개발

- 내 앞의 진로장벽 및 갈등 해소하기
- 합리적으로 진로의사 결정하기
- 나의 특성에 부합하는 진로분야 찾기

후속학습

- 나의 장·단점 능력 평가하기
- 대학 전공(학과) 흥미 탐색하기

- 희망 대학의 유형 및 특성 탐색하기
- 희망 전공계열 및 학과 탐색하기
- 희망 대학 및 학과 탐방하기

- 나의 진로경로 설계하기
- 진학 및 취업 준비하기
- 지속적인 진로개발을 위한 준비하기

프로그램 연계 흐름도(고등학교 2학년)

선행학습

- 나의 장·단점 능력 평가하기
- 대학 전공(학과) 흥미 탐색하기

- 희망 대학의 유형 및 특성 탐색하기
- 희망 전공계열 및 학과 탐색하기
- 희망 대학 및 학과 탐방하기

- 나의 진로경로 설계하기
- 진학 및 취업 준비하기
- 지속적인 진로개발을 위한 준비하기

① 자기이해

- 나의 장·단점 능력 평가하기
- 대학 전공(학과) 흥미 탐색하기

② 교육기회의 탐색

- 희망 대학의 유형 및 특성 탐색하기
- 희망 전공계열 및 학과 탐색하기
- 희망 대학 및 학과 탐방하기

③ 진로디자인과 준비

- 나의 진로경로 설계하기
- 진학 및 취업 준비하기
- 지속적인 진로개발을 위한 준비하기

예시자료

고등학교 1학년 1차시

단원명	나의 적성 진단하기	**장소**	컴퓨터실 또는 교실	**준비물**	–
학습 목표	직업적성검사 또는 직업카드를 통해 자신의 적성을 진단하고 강점 영역과 약점 영역을 파악하여 이를 발전시키고 보완할 수 있는 방법을 탐색할 수 있다.				

학습 단계	주요학습 내용	진행 절차	시간	자료 및 유의점
도입	동기유발	**적성(다중지능)의 각 영역별 뛰어난 인재의 업적을 이야기식으로 소개하기** • 적성(다중지능) 영역별 인재의 사진을 보여주고 학생들에게 이름 및 재능 등을 질문하고 각 인물의 특징을 잘 나타내어 주는 일화를 들려주기	5'	교사는 일화를 재미있게 들려주기 위해서 사진이나 동영상을 준비한다.
	학습문제 제시	**적성(다중지능) 영역별 인재 알아보기 활동을 통해 직업적성의 중요성을 이해하고 나의 적성 영역을 탐색하기**		
전개	학습활동 안내	**나의 적성(다중지능) 진단해 보기** **나의 적성(다중지능)을 발전시키고 보완하는 방법 탐색해 보기**	2'	
	활동 1 활동 2	**적성검사 또는 적성카드를 통해서 나의 적성(다중지능) 진단하기** [활동 1] 커리어넷(http://career.go.kr) 직업적성검사 해 보기(예상 소요시간 약 20분, 총 문항 수 59개 문항) [활동 2] 카드게임을 통해서 자신의 적성 영역 알아보기	25'	컴퓨터실 활용이 어려울 경우 [활동 2]로 대체할 수 있다.
	활동 3 활동 4	**확인한 나의 적성(다중지능) 중 강점 영역과 약점 영역을 파악하고 이를 발전시키거나 보완할 방법 생각하기** [활동 3] 나의 적성영역과 진로 연결하기 [활동 4] 나의 적성 업그레이드하기	15'	컴퓨터실 활용이 어려울 경우 [활동 4]로 대체할 수 있다.
정리	정리하기	**활동 결과에 대한 나의 생각 정리하기** **차시 예고**	3'	

활동 Tips

• 적성(다중지능) 영역별 인재 알아보기 활동은 본 차시의 내용을 안내하고, 주의를 끌 목적으로 진행하는 활동이므로 조엔 롤링, 스티븐 호킹, 앤디워홀, 스티비 원더, 마틴 루터킹, 빌 코스비, 존 고다드, 펠레 등의 일화를 통해 간단히 응답할 수 있도록 유도함.

• [활동 1]과 [활동 3]이, [활동 2]와 [활동 4]가 연계되어 지도하는 것이 효과적임.

| 활동 1 | 커리어넷 직업적성검사 해 보기 |

커리어넷을 통한 직업적성검사 실시 방법

로그인 ➡ 검사 선택 ➡ 검사 실시 ➡ 검사결과 조회

커리어넷(http://career.go.kr) → 로그인 → 중 · 고등학생 심리검사 → 직업적성검사 실시하기 → 직업적성검사 결과표 출력

⊙ 검사 결과 중 적성과 관련된 나의 수준을 정리해 봅시다.

설명		나의 수준
신체 · 운동 능력	기초체력을 바탕으로 효율적으로 몸을 움직이고 동작을 학습할 수 있는 능력	
손재능	손으로 정교한 작업을 할 수 있는 능력	
공간 · 지각 능력	머릿속으로 그림을 그리며 생각할 수 있는 능력	
음악능력	노래 부르고 악기를 연주하며, 감상할 수 있는 능력	
창의력	새롭고 독특한 방식으로 문제를 해결하고, 다른 사람의 말과 글을 잘 이해할 수 있는 능력	
언어능력	말과 글로써 자신의 생각과 감정을 표현하며, 다른 사람의 말과 글을 잘 이해할 수 있는 능력	
수리 · 논리력	수리적으로 사고하여 문제를 해결하는 능력	
자기성찰능력	자신의 생각과 감정을 알며, 자신을 돌아보고 감정을 조절할 수 있는 능력	
대인관계능력	다른 사람들과 더불어 살아가는 능력	
자연친화력	인간과 자연이 서로 연관되어 있음을 이해하며, 자연에 대하여 관심을 가지고 탐구 보호할 수 있는 능력	

활동 2

카드놀이를 통한 적성 유추해 보기

적성카드 활용방법

59개 적성카드를 가위로 자름 → 카드의 내용을 한 장씩 읽으며 나에게 해당하는 카드와 해당하지 않는 카드 분류 → 높은 능력 카드와 낮은 능력 카드 재분류
〈출처 : 유연숙(2012). 커리어넷 적성흥미검사 카드 활동 안내서. 한국직업능력개발원〉

⊙ 높은 능력 카드와 낮은 능력 카드를 그림별로 분류하여 나의 강점 능력과 약점 능력은 무엇인지 살펴봅시다.

신체운동능력	오랫동안 지치지 않고 몸을 움직일 수 있다.	몸을 부드럽게 구부리고 펼 수 있다.	운동이나 무용의 동작을 빠르고 정확하게 배운다.
	몸을 순간적으로 정확하게 움직일 수 있다.	몸의 여러 부분을 조화롭게 움직일 수 있다.	
손재능	물건을 정교하게 만들어 낼 수 있다.	손으로 하는 일을 정확하게 할 수 있다.	
공간지각능력	입체도형을 펼친 모습(전개도)을 떠올릴 수 있다.	사물의 특징을 빠른 시간에 그림으로 표현할 수 있다.	흩어진 조각을 보고 머릿속으로 형체를 떠올릴 수 있다.
	가구나 물건을 보기 좋고 편리하게 배치하고 정리할 수 있다.	약도를 보고 길을 잘 찾을 수 있다.	색을 구분하여 옷을 잘 코디할 수 있다.
	보는 각도에 따라 사물이 변화하는 모습을 이해할 수 있다.		
음악능력	정확한 음정으로 노래를 할 수 있다.	음의 높낮이와 박자를 구분할 수 있다.	간단한 곡을 한 가지 이상의 악기로 연주할 수 있다.
	음악 듣기를 즐겨 하고 좋아한다.	노래나 악기를 연주할 때 음악의 느낌을 잘 표현할 수 있다.	
창의력	사물이나 사람에 대해 관심이 많다.	변화에 잘 적응하며 상황에 맞게 잘 변화한다.	짧은 시간 안에 많은 아이디어를 생각해 낼 수 있다.
	떠오르는 생각을 실행하기 위한 구체적인 생각들을 할 수 있다.	독특한 아이디어를 낼 수 있다.	

언어 능력	자신의 감정이나 느낌을 글로 표현할 수 있다.	시나 소설을 읽고 감동하고 공감할 수 있다.	연극대본을 감정을 넣어 표현할 수 있다.
	일상적인 대화에서 다른 사람의 말을 잘 이해한다.	글을 읽고 중심내용을 잘 파악할 수 있다.	토론할 때 다른 사람들이 쉽게 이해할 수 있도록 발표한다.
	다른 사람의 주장과 의견을 잘 파악할 수 있다.		

수리· 논리력	수학책에 나오는 개념을 정확히 이해할 수 있다.	문제의 핵심을 잘 찾아내고 요소 들의 관계를 잘 파악할 수 있다.	여러 가지 사실들로부터 일반적인 결론을 끌어낼 수 있다.
	설명을 듣는다면 혼자 예제를 푸는 데 어려움은 없다.	문제를 잘 파악하고 다양한 방식으로 답을 구할 수 있다.	내가 해결한 문제는 다른 사람에게 쉽게 설명해 줄 수 있다.
	복잡한 계산도 정확하게 한다.		

자기 성찰 능력	내가 무슨 생각을 왜 하고 있는지 잘 알고 있다.	화가 쉽게 나지 않으며 화가 나더라도 잘 누그러뜨릴 수 있다.	결과에 대한 자기 책임을 인정할 수 있다.
	자신이 세운 목표에 따라 실천할 수 있는 능력이 있다.	내 감정이나 느낌의 흐름을 잘 안다.	목표를 세우고 이를 이루는 방법에 대해서 잘 알고 있다.

대인 관계 능력	다른 사람의 슬픔이나 기쁨을 같이 느낄 수 있다.	내가 있으면 아이들의 분위기가 밝아진다.	친구들끼리 다투면 늘 나서서 화해를 시켜주는 편이다.
	친구들이 나의 판단을 중요하게 여기고 받아들인다.	처음 만나는 사람과도 금방 편하게 이야기할 수 있다.	한번 사귄 친구와 오랫동안 친구로 지낸다.
	조별 활동 때에 마음에 안 드는 일에도 참고 협조한다.		

자연 친화력	동물에 관한 프로그램이나 글을 관심 있게 본다.	다친 강아지를 보면 보살펴 주고 싶다.	식물들 간의 차이점과 공통점을 알고 싶다.
	식물을 잘 보살피며 내가 돌보는 식물은 잘 자라는 편이다.	자연 속에서 시간을 보내는 것을 좋아한다.	환경보호를 위하여 분리 수거를 생활화하고 있다.

활동 3   # 나의 적성 영역과 진로 연결하기

① 적성 요인 프로파일 정리하기: 10개의 적성 요인 가운데 상위 3개의 적성 요인과 하위 3개의 적성 요인을 정리해 보자.

구분	1순위	2순위	3순위
상위 적성 요인			
하위 적성 요인			

② 추천 직업 정리하기: 검사 결과에서의 추천 직업 목록 중 관심 있는 세 가지 직업을 선택하여 해당 직업에서의 핵심 능력과 본인이 보완해야 할 능력이 무엇인지를 정리해 보자.

구분	직업명	핵심 능력	보완 능력
추천 직업 1			
추천 직업 2			
추천 직업 3			

(참고 사이트: 커리어넷(http://career.go.kr) 직업정보)

③ 희망 직업에 필요한 보완 요인 정리하기: 본인이 선택한 희망 직업의 핵심 능력과 적성검사 결과를 비교하여 보완해야 할 능력을 정리해 보자.

구분	직업명	핵심 능력	보완 능력
희망 직업 1			
희망 직업 2			

활동 4

나의 적성 업그레이드하기

① 높은 능력 카드 중 합계점수가 높게 나온 영역 세 가지를 적어 봅시다. 그리고 그 카드들을 고른 이유는 무엇인지 적어 봅시다.

구분	다중지능 영역	카드들을 고른 이유
제1 강점 영역		
제2 강점 영역		
제3 강점 영역		

② 앞으로의 진로를 위해 자신에게 부족한 재능을 어떻게 보완할 수 있는지 알아봅시다. 제시된 것 이외에 어떤 보완 방법이 있는지도 함께 생각해 봅시다.

	설명	나의 적성 보완 방법
신체 · 운동 능력	기초체력을 바탕으로 효율적으로 몸을 움직이고 동작을 학습할 수 있는 능력	
손재능	손으로 정교한 작업을 할 수 있는 능력	
공간 · 지각 능력	머릿속으로 그림을 그리며 생각할 수 있는 능력	
음악능력	노래 부르고 악기를 연주하며, 감상할 수 있는 능력	
창의력	새롭고 독특한 방식으로 문제를 해결하고, 다른 사람의 말과 글을 잘 이해할 수 있는 능력	
언어능력	말과 글로써 자신의 생각과 감정을 표현하며, 다른 사람의 말과 글을 잘 이해할 수 있는 능력	
수리 · 논리력	수리적으로 사고하여 문제를 해결하는 능력	
자기성찰능력	자신의 생각과 감정을 알며, 자신을 돌아보고 감정을 조절할 수 있는 능력	
대인관계능력	다른 사람들과 더불어 살아가는 능력	
자연친화력	인간과 자연이 서로 연관되어 있음을 이해하며, 자연에 대하여 관심을 가지고 탐구 보호할 수 있는 능력	

참고자료

이 단원의 교수학습 도움 자료 정리

Q1   적성검사 결과 프로파일은 어떻게 해석해야 하나요?

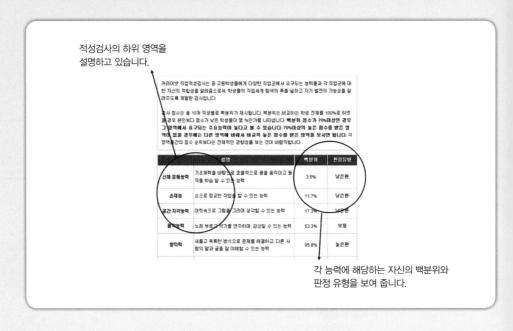

적성검사의 하위 영역을 설명하고 있습니다.

각 능력에 해당하는 자신의 백분위와 판정 유형을 보여 줍니다.

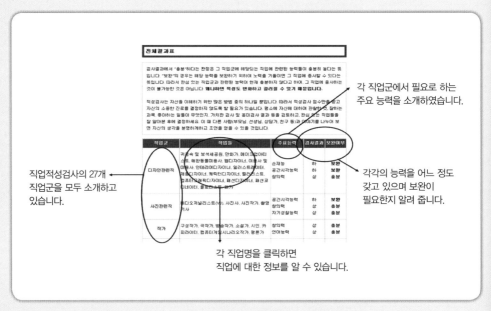

각 직업군에서 필요로 하는 주요 능력을 소개하였습니다.

직업적성검사의 27개 직업군을 모두 소개하고 있습니다.

각각의 능력을 어느 정도 갖고 있으며 보완이 필요한지 알려 줍니다.

각 직업명을 클릭하면 직업에 대한 정보를 알 수 있습니다.

Q2 학생들과 같이 볼 수 있는 관련 동영상과 읽기자료에는 무엇이 있습니까?

EBS 다큐 프라임 '아이의 사생활' 4편 – 〈다중지능〉편

약 2,700명을 대상으로 직업과 적성에 관해 인터넷 설문조사를 실시했다.

그 중 비교적 자신의 직업에 불만족도가 높은 사람 8명을 초대했다.

이들은 모두 이직을 생각하고 있을 정도로 자신의 직업에 대해 심각하게 고민하고 있었다.

그러나 의외로 이들의 직업은 누구나 한 번쯤은 꿈꿔 봤을 그런 직업들이었다. 교사, 연구원, C대, 의대생 등 누구나 쉽게 가질 수 없는 부러운 직종이지만 그럼에도 이들은 왜 이렇게 자신의 직업에 만족하지 못하는 것일까?

이들을 대상으로 다중지능 테스트를 해보았다. 자신이 인지하지 못하고 있는 자신의 적성을 통해 강점과 약점을 분류해 주는 것이다. 다중지능검사 결과 수의사를 꿈꾸는 영어교사는 자연친화력이, 쇼호스트를 준비하는 공무원은 공간지각능력이, 방송작가를 꿈꾸는 의대생은 자기이해능력이 가장 높았다. 결과는 놀랍게도 그들의 강점이 지금의 직업과는 다른 그들이 희망하는 직업과 일치하고 있었다.

이번에는 정반대로 그들의 인생에서 성공했다고 생각하는 사람들을 만나 보았다. 디자이너 이상봉, 가수 윤하, 외과의사 송명근, 발레리나 박세은 모두 자신의 분야에서 뛰어난 성과를 보이고 있는 사람들이다.

이들의 성공과 지능 사이에는 어떠한 연관이 있을까.

이들도 다중지능 테스트를 한 결과 모두 자신의 강점지능과 직업이 일치하고 있었다. 재미있는 것은 자신의 분야에서 성공했다고 하는 사람들도 못하는 부분이 하나씩은 있다는 것이다.

한 가지는 잘하지만 한 가지는 못하는 것. 성공한 사람들도 예외는 아니었다. 그러나 더욱 놀라운 공통점은 모두 자기이해지능이 높았다는 것이다. 자신이 좋아하는 것, 원하는 것이 무엇인지를 아는 것은 자기이해능력이 높은 사람이며 자신의 장점과 단점을 정확히 파악하여 장점은 강화시키고, 단점을 보완하는 능력으로 연결될 수 있을 것이다. 자기이해지능은 가치관이 형성되기 시작하는 청소년기에 높은 성취가 있다고 하니 자신에 대한 깊은 이해를 바탕으로 자신의 진로에 대한 비전을 설정하고 계획을 세워 차근차근 준비해 나가는 자기성찰적인 태도는 진로성숙도 향상에 큰 영향을 끼칠 것이다.

이 단원의 도움 자료 소개

도서 및 인터넷 사이트

이름	자료 유형	특징	접근경로	개발기관
직업 적성검사	웹	인지적 능력뿐만 아니라 창의성, 대인관계능력 등 다양한 적성 영역 포함(59개 문항)	http://career.go.kr → 진로심리검사	한국직업 능력개발원
		자기평가방식에 의한 능력 평정(검사시간 20분)		
		중학교 2학년~고등학교 3학년 대상		
청소년용 적성검사 (고등 학생)	웹	언어능력, 수리능력 등 10가지 적성요인을 15개 하위 검사로 측정(238개 문항)	http://work.go.kr → 직업 · 진로 → 청소년 대상 심리검사	한국고용 정보원
		검사시간 80분		
		고등학교 재학생		
커리어넷 직업적성 검사활용 안내서	인쇄물	적성 탐색 프로그램, 적성 보완방법, 적성검사 카드 활동 등 커리어넷 직업적성검사를 활용한 프로그램이 포함되어 있음	http://career.go.kr → 진로심리검사 → 안내서 → 활용안내서	한국직업 능력개발원
고등학생 용 진로지도 프로그램 (CDP–H)	인쇄물	자기이해, 직업세계, 교육세계, 진로의사결정, 진로계획 및 준비 등 고등학생 진로지도 프로그램으로 교사용 매뉴얼, 학생용 워크북, 수업진행용 PPT 제공	http://cyber–edu.keis. or.kr → 자료마당 → 진로지도 콘텐츠	한국고용 정보원
꿈(을) 꾸(며) 미(래를 준비하는) 프로그램	인쇄물	고등학생을 위한 진로설계 프로그램으로 자기이해 3차시, 진로정보탐색 4차시, 진로계획 2차시, 진로체험 1차시 등 총 10차시 분량의 프로그램임	http://www.sen.go.kr → 진로직업교육과 부서 업무방	서울특별시 교육청

성인
구직상담
및
경력개발

1. 성인 구직상담

1) 성인의 진로발달 단계

진로발달은 전 생애에 걸쳐 이루어지며, 발달의 각 단계마다 독특한 과업이 있다. 생애진로발달이론은 진로발달이 인간의 연령이 증가함에 따라서 일어나며, 각 진로발달의 시기는 독특한 현상과 과업을 함의한다고 보았다.

Super는 전 생애적인 진로발달 단계에서 청소년 후기 및 성인기 초기를 탐색 단계라고 설명하였다. 탐색 단계에서는 직업선택하기, 좀 더 구체적인 선택하기, 직업찾기를 실행하기 등의 구체화 과정이 포함된다(Sharf, 2006). 이 단계를 구체적으로 살펴보면, 먼저 탐색 단계(15~25세)는 구체화, 특수화, 실행의 하위단계로 구성된다. 구체화 단계는 개인이 자신이 하고 싶은 일이 무엇인지를 명확히 아는 단계이며, 대학 졸업이나 고등학교 졸업 후 바로 직업을 구하는 경우에는 첫 전일제 직업을 선택하기 위해 자신의 선호를 구체화하는 특수화 단계에 있다고 볼 수 있다. 다음으로 실행 단계는 일을 시작하기 전에 마지막으로 거치는 단계로 진로목적을 달성하기 위해 계획을 세우고, 도움을 받으며, 실제 이력서를 쓰고 면접을 보는 구직활동을 포함한다.

탐색 단계 다음의 확립 단계(25~45세)는 어떠한 일을 시작하고 확립해 가는 단계이다. 하위단계로는 새로운 일을 시작하고 일자리에 안착하고 일자리에서 요구하는 것을 충족시키며 일을 지속하는 단계인 안정화 단계, 개인이 일에서 중요한 역할을 하며 다른 사람으로부터 신뢰를 받는 공고화 단계, 보다 높은 급여와 보다 책임 있는 자리로의 승진을 하는 발전 단계로 구성된다.

유지 단계(45~65세)에서 사람들은 일에 있어서 기존의 상태를 유지하는 상황을 맞이하게 된다. Power와 Rothausen(2003)에 의하면 유지 단계에서 사람들은 스스로에게 다음과 같은 질문을 던진다. '내가 하고 있는 일은 앞으로 몇 년동안 유용할 것인가?' '자동화와 전산화가 내 일에 어떤 영향을 미칠 것인가?' '나와 비슷한 일을 하는 사람들은 어떤 주제에 관심을 가질까?' 유지 단계의 하위단계는 고수(holding), 업데이트(update), 혁신(innovating)으로 구성된다. 고수 단계는 자신이 처한 위치에서 변화에 적응하기 위해 새로운 것을 배운다든지, 동료들이 하는 활동을 배우는 과정을 통해 자신의 위치를 유지하는 것을 말한다. 업데이트 단계는 교육 프로그램 참여, 최신동향을 알려 줄 사람들과 만나기, 동료나 소비자 방문하기 등을 통해 자신이 일하는 분야에서 일어나는 변화를 받아들이는 것이다. 혁신 단계는 업데이트와 유사하게 일에서의 전문성을 향상시키지만 그 분야에서 새로운 공헌을 하는 것에 더 초점을 둔다.

은퇴 단계(65세 이상)는 60대 후반의 사람들이 보편적으로 해당되는 시기이며, 또한 해당분야의 지식을 업데이트하지 못하거나 기존의 지식을 혁신하기 위해 노력하지 않는다면 처하게 되는 상황이다. 이 단계의 하위단계로는 자신이 맡은 일의 책임을 서서히 줄여 나가는 쇠퇴 단계와 은퇴계획 단계, 은퇴생활 단계가 있다.

Sharf(2006)는 대략적으로 성인의 진로발달 단계가 위에서 기술한 대로 4단계를 거쳐 발달하지만 기술한 순서대로 경험하는 것은 아니라고 하였다. 생애의 다양한 시점에서 자신의 진로를 재평가하고 여러 단계를 재순환하는데 전에 거쳐 왔던 단계로 되돌아 가는 것을 재순환 단계라고 한다. Super, Thompson과 Lindeman(1988)은 성인진로검사에서 재순환 단계를 진단할 수 있는 항목을 넣었는데, 재순환의 개념을 명료화한 항목은 다음과 같다.

> 많은 사람들이 한동안 어떤 분야에서 일을 한 후에 급여, 만족도 향상을 위한 기회, 혹은 공장의 폐쇄 등과 같은 여러 가지 이유로 이직한다. 이직이 기존에 일하던 분야 내에서 단지 회사만 바꾸는 수준이 아니라 어떤 분야 자체를 바꾸는 것일 때, 이를 흔히 '진로변경'이라고 부른다. 진로변경 단계를 기술하는 다음의 다섯 개 문장 가운데 현재 당신의 상황을 가장 잘 설명하는 문장을 선택하라.

- 나는 진로변경을 고려하고 있지 않다.
- 나는 진로변경을 고려하고 있는 중이다.
- 나는 진로를 변경할 계획을 갖고 있으며 새로운 분야를 고르고 있다.
- 나는 새로운 분야를 선택했으며 그 분야에서 시작하려고 노력하고 있다.
- 나는 최근에 진로를 변경했으며 새로운 분야에서 정착해 가고 있다.

우리나라 일반인들이 가지고 있는 성인의 진로발달 과업은 성인기 전체에서 존재하였고 연령대별로 차이가 있었다. 자기탐색, 직업세계의 이해, 직업기초능력 개발, 학업수행의 영역은 20대 전반의 주요 발달과업이었고, 20대 후반은 취직하고 직무를 수행하는 것, 30대 이후로는 직무능력 개발, 구직활동, 직장적응, 일상생활, 여가생활 등이 주요 발달과업이었다. 40대는 가정과 건강이 중요한 과업이었고, 50대는 퇴직이후 계획과 제2의 인생을 고려하기 시작하였으며, 60대 이후에는 즐거움과 봉사위주의 활동이 등장하였다(이성진, 윤경희, 임은미, 김인규, 임진영, 여태철, 황매향, 2008). 생애에 걸쳐 이루어지는 각 단계별 독특한 발달과업의 수행은 다음 단계의 과업수행에 영향을 준다. 이전 단계의 과업수행은 다음 단계의 과업수행 가능성을 높이고 이는 개인의 행복에도 영향을 줄 수 있다. 그러나 과업수행에 실패하면, 다음 단계의 과업수행에서 어려움을 겪게 되고 사회의 인정을 받을 수 없을 뿐 아니라 개인적으로 불행을 초래할 수 있다(김인규, 임은미, 2007; 이성진 등, 2008).

2) 구직준비와 구직상담

진로발달 측면에서 성인 구직자는 결혼, 출산, 육아, 자녀교육, 취업, 노후문제 등 다양한 발달과업을 수행해야 하는 발달 단계에 놓여 있다. 성인에게 있어 일과 가족은 중요한 생애역할이 되는데 이러한 개인의 역할을 수행하기 위해 구직문제는 더 강조된다. 생애의 발달과정상 중요한 구직은 특정 시기에만 한정되는 것이 아니다. 자발적이든 비자발적이든 혹은 예측하든 예측하지 않든 특정 시점에서 구직을 하게 되기도 한다. 이러한 여러 상황을 고려하여 방언희(2013)는 성인 구직자의 특성을 다음과 같이 정리하였다.

첫째, 고용센터를 방문하는 성인 구직자는 진로준비와 결정 단계, 이미 결정된 진로를 유지하고 확립하는 단계, 은퇴 단계 등 다양한 진로발달 단계에 있다.

둘째, 고용센터를 방문하는 성인 구직자는 이미 학교를 졸업했거나 졸업 예정자로서 스스로 자신의 구직문제를 해결하려는 절박한 상황에 놓여 있다.

셋째, 실직상태는 단순히 경제적 지지기반을 상실하는 것뿐만 아니라 불안, 우울, 스트레스, 자살 등과 같은 심리적 문제에 노출되어 있는 상태이다.

넷째, 실업상태가 장기화될 경우, 구직의사가 있는 구직자라 하더라도 실망 실업자 또는 구직 단념자로 전락해 구직활동을 포기할 수 있다.

다섯째, 성인 구직자의 구직은 구직행동이라는 행동적 영역, 구직자의 긍정적 생각 및 부정적 생각과 관련된 인지적 영역, 그리고 불안, 우울, 스트레스, 긴장 등과 관련된 정서적 영역을 내용으로 하고 이들 인지, 정서, 행동 간에 상호작용하는 과정이다.

구직준비는 넓은 의미로 진로의 한 영역에 포함시킬 수 있고 좁게는 구체적인 목표를 위하여 행해지는 일체의 준비과정을 말한다. 구직준비의 의미에 대한 학자들의 정의를 기준으로 몇 가지 구직준비의 특징을 알 수 있다.

첫째, 구직준비의 특징은 자신이 원하는 일자리를 찾기 위한 구체적인 준비행동으로 나타난다. 김봉환(1997)은 합리적이고 올바른 진로결정을 위해서 수행해야 하는 행동 및 진로결정이 이루어진 이후에 그 결정사항을 실행하기 위해서 수행해야 하는 행동이라고 정의하였다. 김계현과 김봉환(1997)은 진로준비를 자기발견 및 진로방향 탐색을 위한 행동, 직접 취업과 관련된 준비를 하는 행동으로 설명하였다. 김은주(2008)는 진로를 결정하고 직업세계로의 이행을 준비해야 하는 발달 과제를 어느 정도 달성하였는지를 나타내는 준비도라고 보았으며, 이제경(2004)은 자신의 직업을 결정하고 최종적으로 그 직업을 얻기까지의 보다 구체적이고 적극적인 일련의 행동적 절차라고 보았다. 구체적인 준비행동으로는 진로탐색 행동, 진로결정 행동, 결정된 사항을 수행하는 행동, 예비적 취업준비 행동과 본격적 취업준비 행동으로 구체적인 행동사항을 설명하고 이력서를 준비하거나 구직기관에 연락하는 일 등 구직에 대한 행동적 측면을 강조한다. 김수리와 박미진(2008)은 구직준비 활동이 많을 수록 구직성과가 높아지는 것으로 보고하였다.

둘째, Super(1990)는 자아이미지와 일치하는 직업을 선택한다고 함으로써 구직준비에 있어서 인지적 측면을 강조한 것으로 볼 수 있으며, Peterson, Sampson과 Reardon(1991)은 진로선택에 있어서 인지의 역할을 강조하는 인지적 정보처리이론을 주장하였다. 구직준비에 있어서 인지적 측면이 강조되고 있음을 알 수 있다.

셋째, Prochaska, Norcross와 DiClemente(1994)는 진로상담은 자신의 문제에 대한 느낌을 경험하고 표현하는 것이 중요한 과제라고 하였다. 김이지 등(2011)은 구직자는 진로결정과정에서 심리적 압박이나 스트레스를 많이 경험한다는 결과를 보고하였다. 많은 연구자들의 연구결과 구직준비는 구체적인 구직행동으로 구현되지만 그 과정은 인지적 측면이나 정서적 측면과 상호작용하는 것으로 이해할 수 있다.

삶에 있어서 중요한 발달 단계에 있으면서 인지적, 정서적, 행동적 측면에서 다양한 영향을 받고 있는 구직자가 적절한 결정을 통해 행복한 삶을 영위할 수 있도록 돕는 과정이 구직상담이라고 할 수 있다. 이러한 구직상담의 정의에 대해 미국 진로발달협회(National Career Development Association: NCDA)(1991)는 개인이 가장 적절한 진로 또는 직업을 결정하도록 자신과 환경에 대해 이해하고 실천하도록 돕기 위한 상담자와 내담자 사이의 관계라고 하였다. 김봉환 등(2013)은 구직상담은 직업을 구하고자 하는 사람을 대상으로 자신에게 적합한 직업을 결정하고 그 직업을 가질 수 있도록 돕는 데 초점을 둔 상담으로, 이 과정에서 채용정보 제공, 구직기술 지도뿐 아니라 취업실패의 원인 탐색, 구직과정에서 겪는 다양한 심리적 문제 등도 다루어야 한다고 하였다.

구직상담은 더 구체적인 진로상담의 한 부분이라고 이해할 수 있다. 구직상담에서의 내담자는 진로발달 단계상 학교를 졸업하는 20대에서부터 자발적이든 비자발적이든 전직을 해야 하는 20대 이후의 성인이 대상이 된다. 구직상담에서도 심리상담이나 진로상담과 같이 내담자와 상담자의 관계형성이 중요하다. 구직이라는 현실적인 구직상담의 목표를 달성하기 위해서 구직자의 자기탐색 및 자기이해 돕기, 직업정보 제공 및 직업정보 탐색 돕기, 적절한 의사결정 돕기, 실제적인 구직기술 돕기 등의 내용이 구직상담을 통해 이루어져야 한다.

황매향 등(2011)은 취업준비 과정을 도입 단계, 선택과정, 입사지원 준비로 나누어 설명하였다. 도입 단계는 자신이 희망하는 직업을 준비하는 단계로 구직자의 자기 탐색과 자기이해를 파악하여 자신에게 맞는 직업을 알아보는 것이다. 도입 단계에 서는 자기탐색과 자기이해를 위해 다양한 검사가 활용되며, 대학생의 경우 각 대학의 학생상담센터나 취업지원센터, 일반 성인의 경우 고용노동부 고용센터에서 도움을 받을 수 있다. 또한 노동부(www.work.go.kr), 한국직업능력개발원(www.careernet. re.kr) 등에서 인터넷을 통한 정보를 제공받을 수 있다(〈표 12.1〉 참고).

표 12.1_ 직업정보 관련 인터넷 사이트

인터넷 사이트(URL)	수록 내용
한국직업정보시스템 (know.work.go.kr)	우리나라 대표직업과 학과에 대한 상세한 정보가 제공되며 전문가에게 온라인 진로상담을 받을 수 있다.
청소년워크넷 (youth.work.go.kr)	초등학생, 중학생, 고등학생, 대학생, 청년을 대상으로 눈높이에 맞는 진로 및 직업정보를 제공하며 직업심리검사를 받을 수 있다.
워크넷 (www.work.go.kr)	한국고용정보원이 운영하는 취업 포털사이트로 직업심리검사, 직업정보, 채용 정보, 고용정보 등 진로결정과 취업에 관한 상세정보가 제공된다.
커리어넷 (www.careernet.re.kr)	한국직업능력개발원이 운영하는 사이트로 초등학생부터 성인, 교사 등 대상별로 진로 및 직업정보를 제공하며 온라인 진로상담도 실시한다.
영삼성 (www.youngsamsung. com)	삼성그룹에서 운영하는 청년층 대상 사이트로 상세 업무를 소개한 '직업체험 24시', 재직자 대상 '동영상 인터뷰' 등이 제공된다.
진학진로정보센터 (www.jinhak.or.kr)	서울특별시 교육연구정보원에서 운영하는 사이트로 직업정보 및 진학·진로 정보를 검색할 수 있다.
교육방송 (www.ebs.co.kr)	직업 및 교육관련 방송을 다시 볼 수 있다.
HRD-net (www.hrd.go.kr)	직업정보훈련정보망으로 훈련직종별, 직역별, 기간별 직업훈련을 검색할 수 있다.
큐넷(Q-net) (www.q-net.or.kr)	한국산업인력공단의 자격정보시스템으로 국가(기술)자격, 공인 민간 자격에 대한 정보와 수험정보를 볼 수 있다.

출처: 고용노동부 한국고용정보원(2010)

선택과정은 자신이 원하는 직업을 얻기 위해 구체적인 일자리를 찾아보는 단계이다. 취업정보 관련 게시판이나 전시회, 박람회 등 시청각 자료, 온라인 정보 수집 등을 통해 관심 있는 직업분야와 기업체 목록을 확보하고, 그 중 자신이 입사하고 싶은 몇 개 기업체를 구체적으로 선택한다. 기업의 대학생 인턴제도에 참여하여 기업의 직무체험을 해보거나 공모전, 해외봉사활동 프로그램 등에 참여하는 것이 도움이 된다. 입사지원 준비는 실제로 입사를 지원하기 위해 구체적인 입사서류를 준비하는 단계이다. 서류전형에 필요한 서류는 보통 이력서와 자기소개서, 자격증, 각종 증명서 등이며, 이 중에서 이력서와 자기소개서는 입사를 위한 첫 관문으로서 중요한 위치를 차지한다.

2. 직업적응 상담

1) 직업적응이론

직업적응이론은 Rene Dawis와 Lloyd Lofquist가 미네소타 대학의 특성-요인 접근을 반영하여 35년 이상 연구해 온 이론이다. 원래 직업적응이론은 복직 내담자들의 욕구를 충족시켜 주기 위해 고안된 것이지만 지금은 직업선택을 원하거나 직업적응 문제를 경험하고 있는 성인들에게 적용되고 있다. Sharf(2006)는 직업적응은 직업을 유지하는 시간의 길이(재직기간)가 지표가 되고, 이러한 재직기간, 즉 직업적응을 예견하는 두 가지 중요한 개념으로 만족(satisfaction)과 충족(satisfactoriness)이 있다고 하였다. 만족은 조화의 내적 지표로, 한 개인이 자신이 종사하는 일에서 만족하는 것이며, 충족은 조화의 외적 지표로, 개인의 수행에 대한 고용주의 만족이다. 즉 직업에서 요구하는 과제와 이를 수행할 수 있는 개인의 능력과 관계된 개념이라고 할 수 있다. 직업적응이론에서 직업적응의 또 다른 지표로는 이직, 장기결석, 지각, 일에 대한 헌신, 근로의욕, 생산성의 정도가 포함된다.

직업적응이론은 다음의 3단계에 따라 이해할 수 있는데 이 3단계는 Parsons의 특성-요인이론의 단계와 유사하다(Sharf, 2006). 직업적응이론의 1단계는 개인의 능력과 가치, 성격, 흥미를 평가하는 것이다. 능력은 적성을 포함하고 있는 것으로 방대한 직업기술을 개념화한다. 따라서 능력검사는 많은 기술에 포함되어 있는 공통적인 요소를 측정한다. 가치는 욕구를 분류해 놓은 것으로 Dawis와 Lofquist(1984)는 여섯 가지 욕구를 추출하였고, 가치는 서로 반대되는 것과 함께 묶여 있다. 성취(achievement)는 편안함(comfort)과 부적 상관, 지위(status)는 이타주의(altruism)와 부적 상관, 안전(safety)은 자율성(autonomy)과 부적 상관이 있다. 성격유형은 개인이 직업상황과 어떻게 상호작용하는지와 관련되어 있는 것으로 민첩함(celerity), 페이스(pace), 리듬(rhythm), 인내(endurance)의 네 가지로 보았다. 흥미는 가치와 능력에서 파생되는 것으로, Rounds(1990)는 흥미보다는 직업가치가 직업만족을 더 잘 예견해 주는 것으로 보았다.

2단계는 직업이 요구하는 사항과 조건에 대한 지식이다. 개인의 가치와 능력을 측정하는 방법이 있는 것처럼 많은 직업에서 요구되는 가치와 능력을 평가하는 도구가 있다.

3단계에서는 개인의 능력과 가치를 직업에서 요구되는 능력과 직업에 의해 제공되는 강화요인과 매칭하는 것에 관한 것이다. 가치와 능력을 직업능력 유형, 직업 강화요인 유형과 매칭할 때에는 Minnesota 중요도 질문지(Minnesota Importance Questionnaire: MIQ), GATB(General Aptitude Test Battery) 매뉴얼, Minnesota 직업분류체계(Minnesota Occupational Classification System: MOCS) 등과 같은 유용한 도구를 사용한다.

개인의 능력과 가치를 직업능력 유형과 직업 강화요인 유형과 매칭시킴으로써, 상담자는 내담자의 미래 직업만족과 충족의 가능성을 증가시키려고 노력한다. 이것이 직업적응이론의 중요한 초점이다. 따라서 상담자는 단지 지금 내담자에게 끌리는 직업보다는 장기적인 만족과 재직을 할 수 있는 직업을 찾도록 노력한다.

2) 직업적응 상담의 개념 및 내용

직업적응과 관련되는 요인들은 개인의 심리 내적 특성과 환경적 특성을 중심으로 연구되어 왔다. 과거에는 직업에서 요구하는 능력을 개인이 가지고 있는지의 여부가 직업적응에서 중요하게 다루어진 데 반해, 최근에는 직업환경이 빠르게 변함에 따라 개인이 변화하는 직업환경에 적응할 수 있는 능력이 있는지에 대한 평가, 즉 적응력에 대한 평가가 중요하게 다루어진다. Griffin과 Hesketh(2005)는 직업적응에서 변화에 대한 적응을 핵심요소로 보았고 관련 변인들을 개관하였는데, 개인 변인으로는 일반적인 인지적 능력, 성격요인 중 성실성과 정서적 안정성, 동기, 적응행동에 대한 자기효능감 등이, 환경적 특성으로는 과업의 복잡성과 관리자의 지지 등이 중요하다고 보았다.

　Pulakos, Arad, Donovan과 Plamondon(2000)은 직장에서의 적응력의 차원을 응급상황과 위기 다루기, 직업 스트레스에 대처하기, 창의적인 문제해결, 불확실하고 예측 불가능한 작업환경에 대처하기, 직무·기술·과정에 대한 지속적인 학습, 대인관계 적응력, 문화적 적응력, 신체적 적응력 등 여덟 가지 영역으로 나누어 설명하였다. 각 차원에 대한 정의를 살펴보면, 응급상황과 위기 다루기 차원은 위험하거나 응급상황에서 가능한 대안을 파악하고 집중해서 판단하고 의사결정하는 능력을 의미한다. 직업 스트레스에 대처하기 차원은 업무가 많거나 어려운 상황에서 침착함을 유지하는 것과 적응 유연성과 높은 수준의 전문성을 유지하는 것으로 이해할 수 있다. 창의적인 문제해결 차원의 정의는 관련이 없어 보이는 정보들을 통합해서 새로운 해결책을 찾고, 다양한 가능성을 고려하는 것이다. 불확실하고 예측 불가능한 작업환경에 대처하기 차원의 정의는 예측하지 못했던 상황이나 환경에 유연하게 대처하는 것과 계획, 목표, 행동, 우선순위 등을 상황에 맞게 조정하며 불확실함과 모호함에 압도당하지 않는 것이다. 직무·기술·과정에 대한 지속적인 학습 차원의 정의는 새로운 업무 과정과 절차에 적응하고 일의 변화를 예측하고 필요한 훈련과 교육을 받는 것을 의미한다. 대인관계 적응력 차원은 타인의 관점과 의견을 듣고 필요하면 자신의 의견을 수정하고, 일에 관한 건설적인 피드백을 받아들이며 다양한 사람들과 효과적인 관계를 맺는 것을 설명한다. 문화적 적응력 차원의 정의는 다른 집단, 조직, 문화의 분위기, 요구, 가치 등을 배우고 이해하며, 타인의 가치와 관습을 존중하고 기꺼이 적응하고 자기 행동의 영향을 이해하는 것이다. 신체적 적응력 차원은 극단적인 환경변화에 적응하고 필요한 경우 신체적 강함을 요구하는 일에 적응하는 것이다.

　직업적응이론은 개인이 직업적응에서 겪을 수 있는 문제의 유형을 평가하는 데 사용될 수 있는데 자주 일어나는 문제는 개인의 가치와 욕구가 직업환경에 의해 충족되지 않는 것이다. 또한 개인이 직업이 가지고 있는 강화요인 유형을 알지 못하는 것이 문제일 수도 있다. 직업에 대한 기대에 비해 현재 자신이 하고 있는 직업이 갖는 특성이 떨어질 때, 직업에 대한 평가가 좋지 않을 때, 직업 자체의 부정적 특성, 높은 직업 스트레스, 개인의 특성과 직업 특성의 불일치 등이 낮은 만족도와 관련되며 직업부적응과 관련된다(김봉환 등, 2013).

　직업적응 상담에서는 직업부적응의 원인이 되는 개인과 직업 간의 불일치가 있을 때 어떻게 대처하며 적응해 가느냐가 중요하다. 즉 문제에 대한 해결책은 개인의 능력과 가치 그리고 직업의 능력과 강화요인 유형 사이의 불일치를 평가함으로써 얻을 수 있다. 직업의 강화요인 유형을 이해함으로써 내담자는 자신의 만족수준을 높이거나 또는 강화요인 유형이 바뀌도록 직업 자체 내에 변화를 줄 수 있다. 이러한 방법이 실패할 경우 취미와 시간제 일이나 자원봉사를 통해 직업환경 외부에서 강화요인을 찾을 수 있고, 이러한 제안들이 모두 맞지 않는다면 직업을 전환하는 것도 고려해 볼 수 있다.

3. 경력개발

1) 경력개발의 의미

경력개발(career development)은 경력과 개발이라는 용어의 조합으로 많은 학자들에 의해 다양하게 정의된다. Goffman(1961)은 경력을 개인이 일생동안 거쳐 온 사회적 경로의 흐름이라고 하였고, Baurch와 Rosenstein(1992)은 개인이 일생을 거쳐 직장생활과 일로서 경험하게 되는 총체적 과정이라고 정의하였다. Hall(1986)은 경력개발이란 한 개인이 일생을 두고 일과 관련하여 얻게 되는 경험 및 활동에서 지각된 일련의 태도와 행위라고 보고 인력 개발의 차원에서 개인차원과 직무차원으로 구분하여 정의하였다. 개인차원에서는 직무에 대한 태도, 개인의 정체감을 높이는 것으로 보았고, 직무차원에서는 성과와 직무환경에 대한 적응력을 높이는 것을 말한다.

김흥국(2000)은 경력개발의 두 가지 측면을 개인적 관점과 조직적 관점에서 정리하였다. 개인적 관점에는 생애계획의 설정, 직업정보의 탐색, 직무선호도 차이, 자기계발의 추구, 정직한 자기진단, 회사 경력기회 정보의 탐색 등이 포함된다. 조직적 관점에는 전략적 인력계획, 관리자 잠재력의 평가 및 개발, 합리적 경력경로의 설계, 인사정보 시스템의 구축 등이 포함된다. 이렇듯 경력개발의 개념은 단순히 인적 자원의 개발과 성과를 높이기 위한 것으로 간주하던 것에서 벗어나 폭넓은 해석으로 이어지고 있다. 직무순환관리를 통해 조직 구성원의 직무 간 흐름을 장기적 관점에서 계획하고 관리하여 인적 자원을 효율적으로 개발하는 활동이 바로 경력개발이다. 김형로(2009)는 경력개발의 정의를 네 가지의 핵심개념으로 설명하였다. 첫째는 승진으로서의 경력으로 개인의 직무생활을 통한 승진의 연속, 보다 많은 책임과 의무부담, 상향적 이동을 의미한다. 둘째, 전문직으로서의 경력으로 의사, 변호사, 회계사 등의 전문직에서 경험과 숙련을 요하는 전문직을 지정하는 것을 말한다. 셋째는 인생에 있어서 직무연속성으로서의 경력으로 개인이 평생 가지게 될 일련의 직무를 말한다. 넷째, 인생에 있어서 역할 관련 경험의 연속으로서의 경력으로 한 개인이 일생을 두고 직무와 관련하여 얻게 되는 경험 및 활동에 의해 지각된 일련의 태도와 행위로 설명한다.

이학희(2004)는 경력개발의 목적과 기대효과에 대해 직원입장과 기업입장으로 나누어 정리하였다. 직원입장은 경력개발을 통해 인적 자원을 효율적으로 확보하고, 조직의 노하우를 체계적으로 축적하여 경쟁력을 제고하고 기업내 협동시스템 구축을 도모하는 것이다. 기업입장에서의 목적과 기대효과는 종업원의 성장욕구를 충족하고, 안정감을 주고 미래를 설계하고 비전을 가지게 유도하며, 전문적 능력의 획득 기회 제공 및 노동시장에서 개인의 경쟁력을 강화하는 것이다. 최근에 많은 사회·경제적 상황으로 인하여 조직 내에서의 승진과 같은 가시적인 상황에 관심을 두던 개인들이 현재의 업무와 직장보다 장기적인 경력개발에 더 큰 관심을 두게 되면서 이 경력개발에 대한 연구영역이 확대되고 있다(이원정, 2013).

경력개발의 목적은 개인의 경력욕구를 조직이 이해하고 중요하게 여겨서 개인과 조직의 욕구를 조화시켜 나가는 일련의 과정으로 조직 속에서 개인의 자아실현 욕구와 조직의 욕구를 만족시키는 데 있다. 기업에 근무하는 조직 구성원들이 자신의 일을 주도적으로 열심히 하면 개인적으로 성장할 뿐만 아니라, 기업의 생산성 및 성과도 높일 수 있으므로, 조직 구성원의 동기를 유발하는 기업교육은 매우 중요하다(장한별, 2010).

2) 발달 단계에 따른 경력개발

경력개발은 경력발달 단계에 따라 다르게 이루어져야 한다. 이러한 발달 단계는 초기경력자, 중간경력자, 후기경력자로 나눌 수 있고 각 단계에 따라 다른 목표를 가지고 이루어질 수 있는데 Russell(2005)은 경력개발 단계에 따라 직업성과치를 높일 수 있는 과제들을 다음과 같이 구분하여 제시하였다.

초기경력자(25~40세)는 발달상 확립기에 해당되는데 이들의 주된 과업은 직무 익히기, 조직의 규칙과 규범 익히기, 조직문화에 동화되기, 그리고 자신이 선택한 직업에 어떻게 적응할 수 있는지를 밝혀내는 것이다. 즉 조직에 적응하고 자신이 조직에 필요한 사람이라는 것을 입증해 내는 과제가 주어진다. 초기 단계에 직장에 잘 적응하기 위해서는 직무를 준비하는 과정에서의 인턴십 경험, 직업에 대한 정확한 정보와 업무환경과 임금, 복지 등에 대한 현실적인 기대 등이 도움이 된다.

중간경력자(40~55세)는 발달상 유지기에 해당된다. 이 단계의 과업은 자신의 삶을 재평가하고, 삶의 목표와 꿈을 재정립하고, 경력목표와 계획을 다시 정비하는 것이다. 이 시기에 박윤희(2010)는 45~50세의 구직자를 대상으로 한 연구에서 컴퓨터 활용능력(48.7%), 외국어 능력(45.1%), 업무에 대한 전문지식과 기술(38.3%)이 부족하다고 하였다.

후기경력자(55세 이상)의 과업은 직장에서 여전히 생산적으로 활동하고, 자존감을 유지하며, 은퇴를 위한 준비를 하는 것이다. 우리나라의 경우는 55세 이전에 은퇴를 하는 경우가 많으므로, 은퇴 후의 경력목표와 초기경력자의 직무적응을 돕기 위한 경력개발이 후기경력자에게도 필요하다.

경력개발 발달 단계에 따라 이루어야 하는 과업이 다르고 각 직무에 따른 경력개발 요구가 다를 것이다. 예를 들어, 초기경력자 단계에 속하는 사범대 재학생들의 경력개발 요구분석(권대봉, 허선주, 김소이, 2008)에서는 자기이해와 학업과 경력의 관계이해와 관련된 내용, 상담과 경력계획을 수립하기 위한 조언 등과 같은 서비스에 대한 내용의 우선순위가 높은 것으로 나타나 경력개발을 위해 학업과 경력, 자신에 대한 이해가 선행되어야 하는 것을 의미하는 것으로 나타났다. 그러나 중간경력자 단계에 있는 45~50세의 구직자를 대상으로 한 연구(박윤희, 2010)에서는 다른 결과를 보이고 있다. 따라서 경력개발 발달 단계와 각 직종에 종사하고자 하는 사람들의 경력요구를 파악하여 적극적으로 경력개발을 촉진할 수 있는 프로그램 개발 및 경력개발 상담이 필요하다.

3) 경력개발 지원방법

일을 하는 대부분의 사람들은 자신이 선택하는 경력에서 자신이 원하는 것을 최대한으로 충족하고자 한다. 자신의 경력목표를 이루기 위한 경력을 찾기 위해 개인은 자신의 강점과 약점을 포함한 자기에 대한 이해와 탐색을 하게 되며, 다양한 경력에 대한 현실적인 요구를 파악하면서 경력경로(career path)와 경력장(career field)을 변환한다(Moss & Frieze, 1993). 경력개발 상담에서는 경력목표를 이루기 위해 경력을 개발하는 과정에 있는 사람들을 도울 수 있는데 이를 경력개발 지원이라고 할 수 있다. 개인의 다양한 경력개발 욕구를 촉진하고 조직의 목표달성을 위해 다양한 경력개발 방법이 제공되어야 한다(신철우, 2003).

Morgan, Hall과 Martier(1979)는 다양한 경력개발 방법과 실시내용에 대해서 제안하였다. 경력개발 방법으로는 경력상담, 경력경로화, 경력정보시스템, 경영·감독 개발, 훈련, 특수집단이 있으며 실시내용은 다음과 같다. 경력상담에 포함되는 내용은 고용면접 시 경력상담, 심리평가 및 경력대안계획, 상사와 부하의 경력상담, 높은 잠재력의 종업원에 대한 특별한 관심, 하향 배치전환을 위한 상담 등이다. 경력경로화의 내용으로는 신입사원의 계획된 직무순환, 경영자의 미래 직무 경험을 위한 경력경로화, 높은 잠재력 근로자의 특수직무 배치를 위한 이동계획 수립, 일선 감독자의 상위층 승진준비를 위한 여러 부서 순환배치 등이 포함된다. 경력정보시스템의 실시내용은 모든 비관리자를 위한 직무게시판을 사용하는 것으로 개인이 지원 가능하도록 시간급 근로자를 위한 직무게시판과 월급직 종업원을 위한 경력상담이 포함된다. 경영·감독 개발에는 경영자 개발을 위한 부서장의 책임 개발, 경영층 집단의 경력개발을 위한 경영층 개발위원회, 조직내 최고경영층 개발제도 등의 내용이 포함된다. 훈련에 포함되는 실시내용은 조직내 감독훈련, 하위직에 대한 기술훈련, 외부 경영관리 세미나, 공식화된 직무순환 제도, 인턴제도, OJT를 위한 경영자의 책임, 교육비 보상제도 등이다. 마지막으로 특수집단에 포함되는 내용은 전직(outplacement) 제도, 여성 경력관리 세미나, 예비퇴역자 상담, 여성 경력상담 및 직무순환, 중간경력 경영자 재교육 과정, 여성 예비감독자 훈련 제도 등이다(신철우, 2003).

특정한 장애요인으로 인해 개인의 경력목표 설정이나 경력개발이 어렵다고 느낄 때, 개인은 직업만족도가 떨어질 수 있다. 직장인들의 경력개발을 지원하는 방법은 개인상담, 집단 프로그램, 개인의 역량개발을 위한 직무관련 워크숍, 직장 선배와의 멘토링 프로그램, 직장내 관계증진을 위한 대인관계 프로그램, 온라인 상담 및 교육 프로그램 등으로 다양하다. 우리나라 기업의 경우에는 학습 프로그램을 통한 경력개발이 많이 진행되고 있는 것으로 나타났는데, 현재 업무의 전문성을 높이기 위한 교육, 다양한 종류의 외부교육, IT교육, 외국어 교육 순으로 역량개발을 위한 프로그램을 실시하는 것으로 나타났다(최병권, 2005).

Russell(2005)은 경력개발과 수행수준을 높이기 위해 상담자가 도움을 줄 수 있는 영역으로 경력목표의 설정, 개인의 역량개발, 네트워크 형성과 활용능력 키우기, 변화에 대한 적응력 키우기를 제안하였다. 각 영역에 대한 경력개발과 수행수준을 높일 수 있는 구체적인 내용은 다음과 같다. 먼저 경력목표의 설정에 대한 구체적인 내용은 장단기 경력목표를 설정하고 이를 위해 할 수 있는 단기목표들을 설정하도록 돕는 것이다. 개인의 역량개발 영역의 구체적인 내용은 경력목표와 관련해서 자신의 역량을 꾸준히 개발해서 자신의 고용 가능성을 높이는 쪽으로 관리하는 것이다. 또한 네트워크 형성과 활용능력 키우기 영역은 다양한 네트워크를 형성하도록 돕고, 이를 통해 좋은 평판을 유지할 수 있도록 돕고, 직장 내의 다양한 사교 모임, 동아리, 직장 외의 종교, 사회적 모임이 활용될 수 있다. 변화에 대한 적응력 키우기 영역에서는 최근 빠르게 변화하는 직업세계에 맞추어 나가기 위해 더 유연해지고 자신을 변화시킬 필요가 있다는 것을 강조한다.

4. 진로의 위기와 전환

1) 진로전환의 의미

한 직장에서 평생을 일하며 장인정신을 높은 가치로 인정해 주던 시대는 지났다. 특히 전 세계적인 경제환경이 불확실해지고, 빠른 사회·문화적 변화와 기술의 변화는 다양한 직업의 도태와 생성이라는 변화를 가져왔다. 이러한 시대의 변화는 일과 직업에 대한 새로운 가치관을 형성하면서 직업과 진로변경이 일반화되는 분위기를 형성하고 있다. Schlossberg(1994)는 삶의 전환은 어떤 사건과 비사건으로 인한 자기 자신과 세계관의 변화가 자신의 행동과 환경에서 그에 상응하는 변화를 요구할 때 발생하는 것으로 정의하였다. 또한 그는 전환의 유형을 예측된 전환, 예측하지 못한 전환, 만성적인 전환문제, 일어나지 않은 전환의 네 가지로 구분하였다.

예측된 전환은 사람들이 살아가는 생애과정에서 일반적으로 경험하게 되는 일을 말한다. 초·중·고등학교의 입학과 졸업, 결혼, 취업, 퇴직과 같은 경험이 포함된다. 예측하지 못한 전환은 기대하지 않은 전환을 말하는 데 가족의 갑작스런 죽음, 해고, 전직과 같은 경험이 포함된다. 만성적인 전환문제는 비합리적인 상사, 긴 출퇴근 시간, 마감시간에 대한 압력과 같은 상황이 지속되는 것을 말한다. 일어나지 않은 전환은 개인이 일어나길 원하지만 결코 일어나지 않는 것을 의미한다. 예를 들면, 승진이 되지 않는 것, 원하는 곳으로 전근을 가지 못하는 것, 여성들의 경우 자녀들 이 성장함에 따라 일을 시작하고 싶어하지만 계속되는 가정일과 자신감의 결여로 망설이게 되는 것을 포함한다.

Hopson과 Adams(1997)는 전환의 유형을 자발적 전환과 비자발적 전환으로 구 분하였다. 자발적 전환이 다니던 회사를 그만두고 고시를 준비하는 것과 같이 개인 이 스스로 진로전환을 결정하는 것이라면, 비자발적 전환은 직장에서의 해고나 실 직과 같이 개인의 의사와는 상관없이 전환이 이루어지는 경우라고 할 수 있다(Sharf, 2006). 김봉환 등(2013)은 진로전환의 특징을 다음의 세 가지로 제시하였다.

첫째, 개인차이다. 어떤 사람은 자신이 현재 있는 위치에서 원하는 위치로 진로전 환을 수월하게 이루어 내는 데 비해, 어떤 사람은 끊임없이 시도하지만 결코 성공하 지 못할 수도 있다(Gysbers, Heppner, & Johnston, 2003).

둘째, 전환은 양가적 특성을 지닌다. 전환의 결과가 항상 긍정적이지 않으며, 그 렇다고 늘 부정적인 것도 아니다. 전환은 성장을 위한 심각한 위험이나 기회의 창출 모두와 관련된다(Williams, 1999).

셋째, 전환을 결정하는 사건의 맥락 역시 중요한 고려사항이다. Schlossberg, Waters와 Goodman(1995)은 전환이 복잡하고 역동적인 요소들을 포함하고 있으며, 전환의 성공적 극복 여부는 내담자의 특성과 전환이 일어난 전후 맥락에 달려 있다 고 보았다.

Williams(1999)는 전환에 미치는 영향요인을 증진요인과 억제요인으로 구분하였 다. 전환을 증진시키는 요인으로는 경제적 안정성, 정서적 안정성, 건강, 이전의 전 환기술, 지지적 업무환경, 전환에 대한 지지가 있으며 직업전환의 억제요인으로는 경 제적 불안정, 정서적 불안정, 건강, 적대적 업무환경, 전환관리를 잘못하는 경우 등 이 있다.

2) 진로전환의 과정

성인 직장인의 경우 진로전환을 해야 하는 여러 이유가 있다. 대학이나 고등학교 졸업 후 자신의 적성이나 흥미를 고려하지 못하고 경제적인 부분을 해결하기 위해 직업을 선택한 경우, 자신이 전공한 계열로 취직을 하였으나 직업현장에서 업무가 자신의 성격과 안 맞는 경우, 흥미가 있었지만 실제 자신의 성향과 안 맞는 경우 등 진로전환에 놓이게 된다. 이러한 진로전환이 어떠한 과정을 거쳐 이루어지는지 성인 진로전환에 대한 다양한 모형이 있으나 Hopson와 Adams(1997)는 감정과 시간에 따른 진로전환의 7단계로 설명하였다. 즉 마비 → 최소화 → 회의감 → 놓아주기 → 시험하기 → 의미 찾기 → 내면화의 과정을 거쳐 진로전환이 이루어진다는 것이다. 마비는 자신이 해고되었을 때 받는 첫 충격으로 상황에 압도되어 새로운 계획을 세울 엄두조차 내지 못하는 상태이다. 이러한 마비의 시간은 일시적일 수도 있고 몇 개월씩 지속될 수도 있다. 최소화는 일어난 변화를 실제보다 더 작게 만들고 싶은 욕구를 의미한다. 종종 개인은 변화가 일어나고 있다는 것조차 부인하거나, 그 변화는 별일이 아니라거나 어쨌거나 다 잘될 거라고 스스로에게 말한다. 회의감은 자신과 가족을 부양할 능력이 자신에게 있는지 의심하게 되는 것을 말한다. 그 밖의 감정으로는 불안, 미래에 대한 두려움, 슬픔, 분노 등이 있다. 놓아주기는 자신의 화, 긴장, 좌절 또는 다른 감정을 놓아주기 시작하는 것이다. 이 단계는 정말로 자신에게 일어나고 있는 것을 받아들이는 시기이다. 사람들은 최초의 상황에서 자신을 분리하고 미래를 바라보기 시작한다. 다음 단계는 새로운 어떤 일을 구성하는 시험하기 단계이다. 의미 찾기 단계에서 개인은 변화가 어떻게 다르고 왜 다른지 이해하고자 한다. 이것은 사람들이 다른 사람의 감정뿐 아니라 자신의 감정을 이해하려고 노력하는 인식의 과정이다. 변화에 대처하는 마지막 단계인 내면화는 가치와 생활양식의 변화를 의미한다.

상담자가 전환과정에 놓인 내담자를 이해하는 데 도움이 될 수 있도록 Goodman, Schlossberg와 Anderson(2006)은 전환과정을 다음과 같이 네 단계로 나누어 제시하였다.

첫째, 입직 단계이다. 내담자가 새로운 직업을 얻게 되었을 때 일어나는 전환이다. 신입직원으로의 전환으로 이 시기에서의 주요 문제는 일의 요령 배우기, 일과 문화에 대한 기대, 명시적 또는 암묵적 규준, 주변인의 느낌 등이다.

둘째, 승진 단계이다. 승진궤도에 있거나 정체된 또는 그 중간에 끼인 듯한 경우이다. 이 단계에서의 주요 문제는 외로움과 경쟁, 지루함, 요구에 부응하기 위한 경쟁이다.

셋째, 퇴사 단계이다. 직업전환에 있어서 '끝내기'는 그것이 자발적이든 비자발적이든 보통 직장을 떠나는 것을 의미한다. 인원감축(명예퇴직), 은퇴, 직업변경 등으로 일어날 수 있는 전환이다. 이 시기의 주요 문제는 떠나기와 애도하기, 노력하기, 목표 상실과 재형성, 양가감정의 표현 등이다.

넷째, 재취업을 위한 노력 단계이다. 이 시기는 실업상태로 실업자 가족들은 실직에 대처하기 위해서 유용한 전략들을 개발해 낸다. 이 단계에서의 주요 문제는 좌절과 절망, 소외감이다.

3) 진로전환 상담

진로전환은 예측할 수 있거나 예측할 수 없는 경우도 있으며, 긍정적이거나 부정적, 자발적이거나 비자발적 혹은 점진적이거나 갑작스럽게 일어날 수 있다. 성인에게 있어 전환이 일어나는 이유는 처음 진로가 자신이 원해서 선택한 것이 아니었거나, 자신이 원하는 기대가 충족되지 않아서 혹은 현재 진로가 자신의 가치나 흥미와 맞지 않아서일 수 있다. 다양한 원인으로 진로전환은 일어나며, 전환과정에 각 개인은 다르게 반응할 것이다.

30대 이상에서 전환의 주요 이유들은 다음과 같다. 직업적 요구와 자신의 흥미, 적성, 가치관의 불일치, 이상과 현실의 차이, 적정 생활수준 유지를 위한 물질적 필요와 요구, 고용관행, 직업환경 문제, 일의 다양성 부족, 지나친 스트레스 및 육체노동, 여가시간 부족, 정체감, 권태감 등 예기치 못한 사건들이 될 수 있다(Herr & Cramer, 1996). Meir(1988)는 직업적 흥미와 적합한 직업 사이의 일치성 부족으로 중년의 주요한 진로전환이 일어나는 것으로 보았다. 사회적 지위, 진로발달, 보상에 대한 불만족도 진로전환으로 나타나게 되는데, 이러한 다양한 전환 촉진요인은 가족이나 배우자 등의 지지, 재정적 지원, 자신감 등과 관련이 높다(Herr & Cramer, 1996).

성인들의 진로전환은 각 개인이 놓인 상황과 진로발달의 정도에 따라 차이가 있으며, 성인은 진로 생애전환을 여러 차례 겪게 된다. 따라서 개인이 놓인 상황과 진로발달 정도에 따른 정확한 평가가 이루어져야 하며 그에 따른 상담과정이 계획되어야 한다. 진로전환 상담에서 내담자가 진로전환 과정을 배우고 적응력을 배우는 것은 지속적인 고용을 위한 핵심이다.

성인의 진로전환의 주요한 요인 중의 하나는 실직이다. 실직으로 인한 전직상황에 놓인 사람들의 반응은 우울, 불안, 자신감의 감소로 나타난다(Guindon & Smith, 2002). 실직한 사람들은 삶의 통제력 결여, 재정부족 문제를 경험하고, 결국 건강악화와 정서기능의 문제를 겪는다. 기업의 인력감축과 기술변화로 스스로 진로를 바꿀 수밖에 없게 된 성인 내담자들에게는 지속적으로 변화하는 일터에서 진로방향을 설정할 수 있도록 하는 데 초점을 두어야 한다(Zunker, 2005). 따라서 상담자들은 내담자에게 필요한 정보와 어떤 동기, 어떤 적응훈련이 필요한지를 결정할 수 있어야 한다. 물론 훈련 프로그램을 실시하는 방법에 대해서도 알 필요가 있다(Peterson & Gonzalez, 2000).

전직상담자들은 개인이 실직에서 받은 충격과 부정적 영향으로 인한 정서적 혼란과 현실적으로 발생하는 경제적 어려움에 대처하도록 돕는다. 또한 전직을 위해 개인이 자신들의 현재 상황, 능력, 가치, 흥미를 평가하도록 도움으로써 상담자는 여러 정보를 가지고 내담자들이 진로목표를 설정하고 건설적인 구직전략을 전개시키도록 돕는다. 전직을 위해 상담자는 내담자의 실직 전과 비슷한 직업을 찾는 탐색활동을 하도록 도울 수도 있고 새로운 훈련과 교육이 필요한 탐색활동을 도울 수도 있다. 내담자는 전직상담자에 의해 이력서 쓰기, 면접기술, 직업이나 교육기회 찾기와 같은 공통의 구직기술에 대한 교육을 받는다. 내담자는 회사에 고용된 전직상담자에게 도움을 받을 수도 있고 개인이 비자발적 전환을 다루는 데 도움을 받을 수 있는 전직상담자의 개별 서비스를 청할 수도 있을 것이다(Sharf, 2006).

전직상담에 대한 만족도를 연구하기 위해 인지행동적 접근과 행동주의적 접근을 대조해 본 결과, 미취업자 전문직들에게는 인지행동적 접근에 대한 만족도가 높다고 나타났다(Phillips, 1999). 이들을 위한 프로그램 내용은 실직에 대한 감정 해결하기, 자존감 향상시키기, 통제력 증진시키기, 그리고 취업에 성공한 동일 분야의 사람들이 보여 왔던 유능감 증진시키기 등으로 이루어져 있다(Joseph & Greenberg, 2001).

특수한
대상을
위한
진로상담

진로상담에서 지금까지 논의된 여러 이론들은 대체로 일반적인 대상들에게 널리 적용되고 있으나 특수한 영역의 대상들에게는 좀 더 새로운 접근과 이론, 전문성이 요구된다. 이들은 소수자이면서 인생의 여러 요인들로 인해 다른 문화적, 사회적 배경을 지닌 바로 장애인, 여성, 다문화인, 노인들이다. 이러한 특수 영역의 대상들과 진로상담을 할 때 먼저 이들의 특성, 상황, 심리적 이해가 선행되어야 한다. 이 장에서는 장애인, 여성, 다문화인, 노인의 특성, 진로문제, 효과적인 상담을 위해 무엇을 해야 하는지에 대해 다루고자 한다.

1. 장애인과 진로상담

1) 장애인 진로상담의 필요성

인간은 삶의 행복을 지향하는 존재이며 장애 유무와 상관없이 성인이 되면서 자신의 능력과 흥미, 가치, 선호에 따라 직업을 갖고 독립적으로 살아가기를 희망한다(국립특수교육원, 2007). 일반적으로 직업은 소득을 얻게 되는 생계수단이기도 하지만 삶의 질을 결정하고 사회적, 심리적 욕구를 충족시켜 주며 궁극적으로 자아를 실현하는 중요한 역할을 한다(김윤숭, 정솔, 2012). Deci와 Ryan(2000)은 인간의 필수적인 심리욕구를 자율성, 유능성, 관계성이라고 제안하였다. 자율성은 경험과 행동을 스스로 만들어 나가고, 자기개념과 일치하는 활동을 하려는 바람을 의미한다. 유능성은 환경과의 상호작용에서 자신이 효율적으로 잘 통제하고 있다고 느끼는 것을 의미한다. 관계성은 타인과 연결되어 있다고 느끼는 것 즉 사랑하고 돌보고, 사랑받고 돌봄을 받고 있다고 느끼려는 바람을 의미한다(Deci & Ryan, 2000; Guay, Senecal, Gauthier, & Fernet, 2003; Ryan & Solky, 1996). 이러한 기본욕구는 두 가지 통로, 즉 다양한 활동의 참여를 통해 충족될 수 있고, 사회적 관계 속에서 주어지는 지지에 의해서 충족될 수 있다(Ryan & Solky, 1996). 즉 다양한 활동의 범위에는 직업이 포함될 수 있으며, 일을 하는 과정에서 자신이 선호하고 바라는 활동을 하면서 자율성을 느끼고, 일에서 성취와 인정을 통해 유능감, 존재감을 느끼며, 함께 일하는 동료와의 관계에서 소속감을 느끼고, 지지를 주고받으며 관계성을 갖게 된다.

그러나 장애인들은 자신이 선호하고 바라는 직업을 자율적으로 선택하는 데 한계가 있으며, 비장애인과 비교하여 일에서의 성취, 인정, 평가에 있어 유능감을 느끼기가 쉽지 않다. 또한 타인과의 관계성을 갖고 연결되어 있다는 느낌보다는 타인에게 폐를 끼치거나 부담을 주는 대상이라 인식하고, 사회적 시선으로 인해 관계성을 충족하기 어렵다. 기본적으로 성인이 되면서 직업을 갖고 직업을 통해 자신의 심리적 욕구를 충족해 가면서 자립해 가는데, 장애인들의 현실은 그리 쉽지 않다. 무엇보다 이러한 심리욕구의 결핍과 지속은 개인의 삶을 피폐하게 하고 자신의 존재감을 약화시키며 종국에는 부정적 심리양상(무기력, 우울, 자해, 자살 등)을 야기하고 악화시킨다. 따라서 주어진 환경속에서 장애인들이 직업을 찾고 심리욕구를 충족해 가면서 자립해 갈 수 있도록 돕는 일은 매우 중요하다. 무엇보다 이들이 행복하게 살아갈 권리를 존중해야 하는 입장에서 상담자들의 역할이 매우 중요하다고 할 수 있다.

장애인의 직업 및 진로에 대한 준비의 중요성과 관심이 증가하면서 2007년 「장애인 등에 대한 특수교육법」이 제정되었고, 특수교육 대상자의 학교에서 사회로의 원활한 전환을 위해 관련 기관의 협력을 통하여 직업재활훈련, 자립생활훈련 등을 실시하는 진로 및 직업교육의 활성화를 위한 법적 장치가 마련되었다. 사회로 나아가 자립하여 자신의 삶을 행복하게 영위하도록 돕기 위해 기본적인 교육을 제도적으로 마련하는 것도 중요하지만 이들은 각각 자신의 성격, 흥미, 가치, 능력을 달리 갖고 있으며 이들의 선호에 따른 적절한 진로매칭과 다양한 직업의 정보를 제공하는 일도 매우 중요하다. 따라서 진로상담자가 이들의 현실과 진로상담에서 제한점, 고려해야 할 점에 대해 아는 것이 필요할 것이다.

특수교육통계(교육과학기술부, 2016)에 따르면 장애를 가진 고등학교 졸업생의

40.6%는 대학진학이나 취업으로 연결되지 못했다. 또한 장애인 취업현황(장애고용촉진공단, 2016)을 살펴보면, 경제활동 참가율은 전체인구가 69.3%인 데 비해 장애인은 38.5%로 나타났고, 실업률은 전체인구의 경우 3.7%인 데 비해 장애인의 경우 6.5%로 나타났다. 고용률의 경우는 전체인구의 경우 61%였고, 장애인은 36.1%로 절반밖에 되지 않았다. Super 등(1996)은 15~24세를 직업에 대한 탐색기로 보고 자신의 직업선호도를 명료화하며 직업선택을 위한 탐색을 활발히 하는 시기로 보았다. 하지만 이중 직업탐색을 통해 취업이나 진학으로 연결되는 장애인은 46.3%로 미약한 수준이다. 또한 25~44세는 자신이 선택한 직업분야에서 생활의 터전을 잡고 안정화를 이루는 시기로 직업에서 가장 활발한 생산성을 나타내는 시기인데, 이 시기 구직자 수는 감소추세에 있다(장애인고용공단, 2016). 현재 우리나라 취업 장애인이 종사하는 직업군으로는 단순노무 종사자가 26.7%로 가장 많고, 장치, 기계조작 및 조립업에 15%, 농림어업 14.1%로 대체로 정규직보다 계약임시직이 많으며 일자리의 질이 낮아 앞으로 4차 산업혁명시대 인공지능이 취업시장에 많은 변화를 가져올 때, 장애인들의 일자리가 가장 먼저 사라질 가능성이 높아 큰 문제가 아닐 수 없다. 진로발달에서 탐색 단계와 확립 단계의 장애인들을 진학 또는 취업의 장으로 끌어들여야 하고, 이를 위한 진로상담이 필요하다. 그리고 장애인들이 자신의 흥미나 선호보다 신체적 조건이나 고용의 기회부족으로 인해 제한적인 직업군(안마사, 단순노무직 등)에서 종사하거나 안정적이지 못한 자리에서 일을 하다 보니 직업을 유지하는 것 또한 쉽지 않다. 장애인들이 진로와 직업선택에서 경험하게 되는 여러 어려움들을 상담자는 잘 이해하고 다룰 수 있어야 한다.

2) 장애인 진로문제

장애인을 한 사람의 사회인으로 기능하도록 돕기 위한 총체적 서비스를 '재활'이라 한다. 직업에서의 재활은 그들의 손상된 권리, 자격, 존엄성을 회복하기 위해 가장 중요한 요소라고 해도 과언이 아니다(홍인식, 2008). 이러한 직업재활을 장애인에게 전달하고 연결하는 통로가 상담이 될 수 있다. 따라서 장애인들이 진로탐색이나 직업선택에서 경험하는 여러 어려움들을 이해하고 직업재활을 촉진하기 위해 다음의 사항을 잘 기억해 두어야 한다.

장애수용과 정체감

선천적으로 장애를 갖고 태어나기도 하지만 그보다 사고나 후천적인 영향으로 장애를 갖게 되는 중도장애인이 더 많다. 보건복지부에서 실시한 「2014 장애인 실태조사」에 따르면 장애발생의 원인은 선천적 원인 5.1%, 출산시 원인 1.6%, 질환이나 사고로 인한 후천적 원인이 87.7%로 가장 높게 나타났다. 따라서 장애발생 이후 자신의 장애를 받아들이고 수용하는 것이 더 어려운 과정이다. 이러한 장애수용의 과정은 장애인이 자신의 정체성을 확립하고 사회에 보다 적응적으로 살아가도록 하는 데 필수적인 절차이다. 장애수용은 장애를 자신의 한 부분으로 받아들이고 장애로 인한 불편을 인정하며 더 나아가 자신의 가치를 평가절하하지 않고 장애를 수용하는 것이다. 또한 자신의 장애를 감추기 위해 긴장과 수치심으로 괴로움을 느끼지 않는 것을 의미한다(박수경, 곽지영, 2011 재인용). 장애인은 비장애인과 다르다는 것 때문에 사회적 시선이나 인식에 민감하다. 따라서 자신의 장애와 자신의 장애를 바라보는 타인의 시선을 어떻게 인식하고 받아들이는가는 개인에 따라 주관적이며, 이는 정서와 행동, 나아가 삶의 전반에 영향을 미친다. 그러므로 진로탐색이나 직업선택에 선행되어야 하는 과제는 바로 자신의 장애를 수용하고 있는가의 문제라고 볼 수 있다. 산재장애인의 경우 장애수용도가 높을수록 직업준비도와 직업을 가질 가능성이 높았고(김미희, 2009; 박수경, 2006; 홍려교, 2001), 중도장애인의 경우에도 취업욕구와 장애수용이 유의미한 관계를 보였다(박성진, 2009). 또한 장애수용과 삶의 만족이 유의미한 정적 상관을 보인 연구(김경숙, 2009; 박수경 등, 2011)를 보아 장애수용과 이를 통한 정체감 형성이 취업의 동기나 의지, 욕구를 높이는 데 효과가 있을 것으로 보인다.

진로결정자

진학이나 취업을 앞둔 장애학생들의 경우 특히 진로결정에 있어 부모가 주도적으로 결정하는 경우가 많다. 자기에 대한 이해부족, 직업에 대한 제한된 정보, 합리적 의사결정력 부족, 갑자기 찾아온 장애를 수용하는 데 시간을 할애하다 보니 진로준비를 하지 못해 부모나 교사가 권유하는 직업이나 진학을 하는 경우가 많다. 따라서 자신의 적성과 흥미, 성격이 전혀 반영되지 않아 진학 또는 직업을 유지하는 데 어려움이 많다. 다음은 진로결정의 어려움을 가진 장애인 내담자를 상담한 사례이다.

자유로운 영혼, 홍진이

홍진이는 지적 장애 경계선에 있는 고3 학생이다. 일반학교 특수학급에서 공부하였고, 2~3달에 한 번씩 장기가출을 한다. 가출을 하면 쉼터를 이용하거나 드라마나 영화촬영 아르바이트를 하기 위해 지방에 내려가는 버스에 탑승하고 숙식을 제공받으며 몇 주간 있다가 돌아오곤 한다. 홍진이 엄마는 홍진이 진로를 걱정하며 제과제빵 기술, 바리스타 기술, 조리사 자격을 얻어 일을 하기를 바랐다. 그래서 홍진이와 함께 학원도 다니고 시험준비도 하였으나 매번 필기시험에서 낙방하였다. 마침 학교에서 장애학생들을 위한 도서관 일자리 체험을 하는 기회가 제공되었고, 6개월간 교육과 함께 꾸준히 참석하면 졸업 후 정규직으로 일할 수 있는 기회가 주어진다는 정보에 반가웠다. 홍진이를 도서관에 데리고 다니면서 열심히 노력했으나 홍진이는 1개월도 못 버티고 다시 장기가출을 하였다. 상담자와 만난 홍진이는 엄마한테 죄송하지만 가만히 앉아서 하는 일이 너무 어렵다고 이야기하였다. 큰 실망감을 토로하는 엄마에 대해 홍진이는 미안하면서도 못난 자신에 대해 자괴감을 가졌다. 또 계속되는 실패(제빵, 조리사 등 자격 필기시험의 낙방)로 진로에 대한 자신감도 점점 없어지고 주위 사람들에게 실망감만 주는 자신에 대해 너무 화가 나고 슬픈 마음을 상담자에게 표현하였다.

진로탐색의 기회 부족

장애학생들은 진로에 대한 자신의 흥미, 가치, 적성, 성격 등 객관적으로 자기를 이해할 수 있는 기회가 부족하다. 비장애학생들도 입시위주의 다양성이 결여된 교육으로 인해 진로에 대한 탐색기회가 부족하다는 것이 항상 문제점으로 대두되는데, 장애학생들은 신체적, 정신적 장애로 인한 제약이 더 심하다 보니 이러한 기회가 더 부족할 수밖에 없다. 장애인고용공단에서 실시하는 직업평가가 있으나 이는 직업활동의 가능여부를 위한 신체장애의 평가에 초점을 두고 있으며 자신을 이해하고 진로를 다양하게 탐색할 수 있는 기회가 제대로 주어지지 못하고 있는 실정이다.

직업세계에 대한 이해 부족

직업세계에 대한 정보는 다양한 직업을 선택할 수 있는 기회가 되며, 자신이 이해한

적성, 홍미, 성격, 직업선호 등의 내용과 매칭해 보고 합리적인 선택을 할 수 있다. 장애인들은 자신의 장애로 인해 제한된 직업정보를 제공받는다. 현재 장애인들을 대상으로 실시되는 직업교육은 대체로 기계, 디자인, 전자, 공예, 인쇄매체, IT분야, 외식산업, 서비스분야가 주를 이루며, 학력과 기술이 뒷받침되지 않으면 대체로 단순노무직으로 취업되어 당장 내일도 보장이 안 되는 불안한 삶을 살아간다. 따라서 장애인의 능력에 대한 선입견에 의해 직업정보를 제공하기보다 그들의 특성과 강점이 잘 활용될 수 있는 직업정보를 다양하게 제시해야 한다.

합리적 의사결정 능력 부족

진로에 관한 합리적 의사결정을 위해서는 먼저 자기 자신에 대한 이해와 직업에 대한 정보가 선행되어야 하며 이를 잘 조합하고 매칭하여 적절한 의사결정을 해야 한다. 그러나 장애인들은 앞서 이야기했지만 자기에 대한 이해나 직업에 대한 이해가 제한적이기 때문에 의사결정이 어렵기도 하고, 장애를 갖게 되면서 부모나 주위 지인들의 적극적인 개입으로 인해 자율적으로 결정하고 판단하기보다 그들에게 의존하는 태도나 습관이 형성되었을 가능성이 많다. 또한 장애를 수용하지 못한 경우 외부정보나 주관적 판단에 있어서 왜곡이나 인지에 오류를 갖게 되므로 합리적 의사결정이 더욱 어려워진다.

고용의 기회 부족과 차별

장애인들이 직업을 갖고 유지하는 과정의 중요성을 알기에 정부는 장애인 고용제도를 마련하고 매년 고용정책 실천과 실업률 완화를 위한 대안들을 고안하고 있다. 그러나 고용과 급여수준이 안정적인 일자리는 적고, 단순노무에 비임금 근로자가 많다 보니 취업의지나 욕구가 점점 감소되고 있다. 또 안정성을 믿고 취업을 하더라도 비장애인과 급여에 있어 차별을 받거나 직장내 동료들의 배타적 분위기로 인해 직장에서 설자리를 잃어 가고 있다. 요즘 같이 자녀가 한둘이고 또 타인에 대한 배려보다 자신이 손해 보지 않으려는 개인주의 경향은 내가 더 배려하고 함께 살아가야 하는 장애인들과의 관계를 더 부담되게 지각하게 할 수 있다.

직업유지의 어려움

장애인들이 직업을 통해 자기를 실현하고 삶의 질을 향상시키고자 함에도 불구하고 취업욕구가 좌절되고 직업을 갖더라도 유지가 어려운 이유는 개인의 심리요인, 사회 문화적 요인에 기인할 수 있다. 직업적 관련특성으로 임금에 대한 만족이 높을수록 (김상욱 등, 2002), 정규직이면서 직무만족이 높을수록(전영환 등, 2010), 본인의 적성이 부합될수록(이채식, 2012) 직업유지에 긍정적 영향을 미친다. 개인의 심리사회적 요인 으로는 장애수용을 할수록(김미희, 2009; 홍려교, 2001), 스트레스를 덜 느낄수록 직업 유지를 하는 것으로 나타났다. 그러나 장애인들은 현실적으로 임금을 받지 못하거 나 받더라도 임금의 차별을 받으며 비정규직이나 단순노무직이 많고 적성보다는 부 모의 결정이나 교육에 노출된 직종에 제한적으로 적응하다 보니 직업유지가 어려울 수밖에 없다. 이러한 환경적인 요인을 심리적 작용을 통해 보다 긍정적으로 받아들 일 수 있다면 좋겠지만 자신의 장애를 수용하도록 돕는 상담기회나 스트레스를 관 리하는 프로그램이 전무한 상태이므로 진로와 관련하여 사면초가의 상태에 놓여 있 다고 해도 과언이 아니다.

장애학생들의 진로요구

장애학생들의 진로영역별 요구사항에 대해 한국직업능력개발원이 운영 중인 '커리어 넷'의 진로상담 자료(2011~2015년)를 분석하여 정리한 결과는 〈표 13.1〉과 같다. 표에 제시된 바와 같이, 장애학생의 진로정보, 진로경로, 학교생활, 학습, 기타분야 에서 다양한 요구사항이 존재하는 것으로 나타났다.

3) 효과적인 진로상담

장애수용 촉진

장애수용은 사회수용으로 향하는 중요한 게이트 역할을 하기 때문에 특히 진로상 담에서 중요하게 다루어져야 할 부분이다. 장애는 한 개인에게 있어 삶의 주요한 외 상에 해당되며 외상을 수용하는 일련의 과정을 이해해야 한다. Tuttle(1984)은 장애 인들이 장애를 수용하는 일련의 과정을 다음과 같이 설명한다.

표 13.1_ 장애학생들의 진로영역별 문제점과 요구

구분	문제점	요구사항
진로 정보	• 장애인 취업 관련 정보 부족 • 제한된 직업정보로 비현실적인 직업포부를 지닐 수 있음	• 취업 가능 직종에 대한 진로정보원 제공 • 취업 후 직무, 보수, 근무여건 등의 구체적인 직업정보 제공
	• 자격증 및 시험제도 관련 정보 부족	• 취업 또는 진학에 도움이 되는 자격증 관련 정보 제공
	• 상급학교 진학 관련 정보 부족 • 비장애 학생에 비해 상급학교로의 진학결정 어려움	• 대학교 입학 장애인 입학전형 및 학과 관련 정보 제공
진로 경로	• 장애인들의 취업 및 진로경로 정보 부족	• 장애인의 진학 및 취업에 대한 진로경로 정보 제공
	• 특수교육대상 학생을 위한 특성화된 진로 프로그램 부족(일반학교 특수학급의 경우 어려움이 더 큼) • 교사 또는 지도자의 일방적인 진로상담 프로그램 전달로 프로그램 효과가 낮음	• 특수교육대상 학생들의 장애특성을 고려한 진로상담 및 프로그램 개발 필요 • 집단상담 기법을 진로지도 프로그램에 활용할 수 있음(상호적인 의사소통 채널을 통해 프로그램 참여 집중도를 높일 수 있음)
	• 다양한 사회적 상황조건(개인별 특성 및 요구, 장애 정도, 직업적응 능력, 고용주의 만족조건, 한정된 직업훈련 직종 등)으로 진로선택 제한 • 진로 미결정 또는 충동적인 진로 결정	• 장애인의 진로선택에 있어 네트워킹은 매우 중요 • 네트워킹을 형성할 수 있는 학습기회 필요 • 학생의 참여와 몰입을 높일 수 있는 프로그램 개발 필요
학교 생활	• 또래관계 형성 및 유지 어려움	• 교우관계개선 프로그램 필요
	• 비특수교육 대상 학생에 비해 직업현장 체험 및 다양한 진로체험 활동 기회 부족	• 장애학생이 참여할 수 있는 학교 내외 진로체험 활동 및 프로그램에 대한 정보 제공 필요
	• 학교생활에서의 부적응 문제 발생	• 학교생활의 적응을 돕는 진로상담(지도) 개입 필요
학습	• 장애로 인한 학업성취의 어려움	• 장애 특성에 맞는 학습지도 필요
	• 비장애 학생과 달리 독립적 생활을 영위하기 위해 필요한 일상생활기술, 적응기술 등 강조	• 일생생활 적응훈련 및 사회적 기술 교육 필요
기타	• 자기이해 부족 • 신체, 정신, 심리, 정서적 결함으로 자신의 진로문제 접근에 혼란	• 특수교육 대상 학생들이 자신을 이해하고 진로탐색을 도울 수 있는 체계 필요 • 장애상황에 기인되는 경험과 특성, 현실적 제한성의 반영 필요 • 진로정보 이용 대상에 학부모 포함 필요
	• 장애로 인한 자기비하적 사고, 당위적 사고, 과일반화, 이분법적 사고, 고정관념 등의 부정적인 생각을 지님	• 부정적이고 비합리적인 사고 수정 • 인지상담이론(인지적 재구성법, 자기교습훈련, 인지적 행동 조정) 등을 적용한 집단 진로지도 프로그램 개발 필요

출처: 특수교육대상학생을 위한 학교진로상담(지도) 매뉴얼. 한국직업능력개발원

- 1단계: 정신적 외상 경험(이게 뭐지? 나에게 왜 이런 일이!)
- 2단계: 충격과 부정(장애를 입은, 신체의 손상에 대한 사실)
- 3단계: 슬픔과 퇴행(자신을 보호하기 위해 방어기제를 동원, 퇴행현상)
- 4단계: 굴복과 우울(어떻게 해도 변하지 않는 현실에 굴복, 우울감)
- 5단계: 재평가와 재확인(장애에 대해 재평가)
- 6단계: 대처와 동원(극복 가능한 방법을 모색하고 자신의 태도를 바꾸기 위한 대처)
- 7단계: 자아수용, 자존감

상담자는 내담자의 현재 상태와 단계를 확인해 보고 장애수용 과정의 미해결 과제를 다루어야 한다. 또한 자신의 장애수용을 위한 감정과 충격을 노출하고 지지받는 자조모임을 활성화하거나 비슷한 경험의 사람들과 외상후 성장 프로그램을 가짐으로써 보편성(나만 이런 문제를 갖고 있는 것은 아니구나!)을 느껴 변화의 동기를 촉진시킬 수 있다.

진로상담의 전문화

장애인 진로 및 직업교육을 활성화하기 위한 교육과정이 법제화되고 실현되고 있다. 그러나 일률적으로 똑같이 교육을 하는 것도 중요하지만 개개인의 개성과 특성을 고려한 진로상담이 보다 확대될 수 있도록 창구가 확대되어야 한다. 이를 위해서 학령기 학생들의 진로탐색과 결정을 돕기 위한 장애인 전문상담사를 학교에 배치해야 한다. 또한 실업자나 구직자들의 취업을 위한 상담도 장애인들에게 제한적인 직업을 알선하는 정도에서 벗어나 적성 및 자기탐색, 구직준비, 잦은 이직에 대한 대안 등 보다 구체적인 내용의 진로상담이 이루어져야 한다. 한국직업능력개발원(2016)에서는 특수교육대상학생들의 진로요구를 중심으로 진로상담 매뉴얼을 개발하여 학교 현장에 배포하였는데, 진로상담의 주요 영역은 다음과 같다(〈그림 13.1〉 참조).

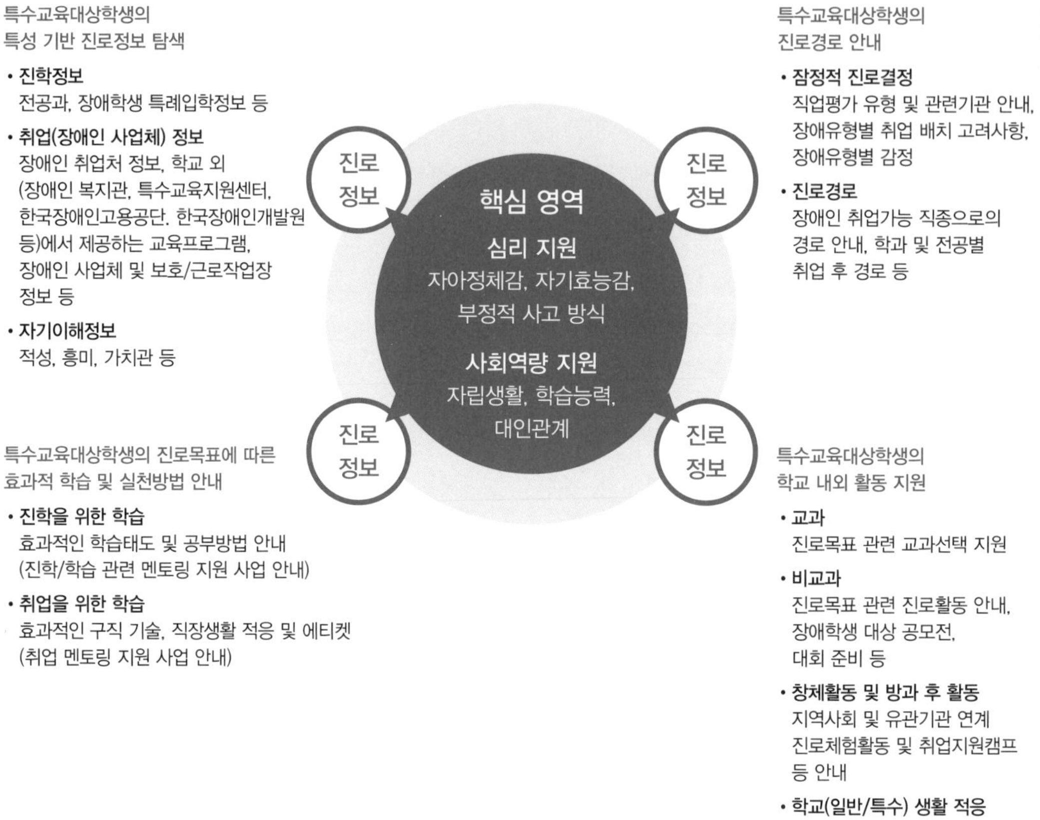

특수교육대상학생의
특성 기반 진로정보 탐색

- **진학정보**
전공과, 장애학생 특례입학정보 등

- **취업(장애인 사업체) 정보**
장애인 취업처 정보, 학교 외
(장애인 복지관, 특수교육지원센터,
한국장애인고용공단, 한국장애인개발원
등)에서 제공하는 교육프로그램,
장애인 사업체 및 보호/근로작업장
정보 등

- **자기이해정보**
적성, 흥미, 가치관 등

특수교육대상학생의
진로경로 안내

- **잠정적 진로결정**
직업평가 유형 및 관련기관 안내,
장애유형별 취업 배치 고려사항,
장애유형별 감정

- **진로경로**
장애인 취업가능 직종으로의
경로 안내, 학과 및 전공별
취업 후 경로 등

핵심 영역

심리 지원
자아정체감, 자기효능감,
부정적 사고 방식

사회역량 지원
자립생활, 학습능력,
대인관계

진로
정보

진로
정보

진로
정보

진로
정보

특수교육대상학생의 진로목표에 따른
효과적 학습 및 실천방법 안내

- **진학을 위한 학습**
효과적인 학습태도 및 공부방법 안내
(진학/학습 관련 멘토링 지원 사업 안내)

- **취업을 위한 학습**
효과적인 구직 기술, 직장생활 적응 및 에티켓
(취업 멘토링 지원 사업 안내)

특수교육대상학생의
학교 내외 활동 지원

- **교과**
진로목표 관련 교과선택 지원

- **비교과**
진로목표 관련 진로활동 안내,
장애학생 대상 공모전,
대회 준비 등

- **창체활동 및 방과 후 활동**
지역사회 및 유관기관 연계
진로체험활동 및 취업지원캠프
등 안내

- **학교(일반/특수) 생활 적응**

그림 13.1_ 장애학생의 진로상담 영역

출처: 특수교육대상학생을 위한 학교진로상담(지도) 매뉴얼. 한국직업능력개발원

장애인 진로상담 인프라 확장

장애인들이 할 수 있는 보다 많고 다양한 직업이 개발되어야 하고, 직업정보 시뮬레
이션, 현장 직업교육을 위한 네트워크 활성화, 직업교육 체험관 운영 등 다양한 방법
과 정보제공을 위한 인프라가 구축되어야 한다.

자율적인 의사결정 훈련

진정한 자립을 위한 자율적 의사결정 훈련을 어릴 때부터 지속적으로 받는 것이 필
요하다. 타인의 도움을 받아야 할 때 받더라도 자신의 삶과 미래에 대한 선택은 적
어도 자신이 스스로 하고 책임질 수 있도록 작은 것부터 연습해 가도록 돕는 것이
필요하다. 이를 위해서는 부모나 교사 등 주위 사람들이 자신의 불안(장애인에 대한,

혹은 실패에 대한)을 잘 통제하면서 잘 할 수 있다는 믿음과 기다림으로 함께 해준다면 보다 효과적으로 도울 수 있다.

2. 여성과 진로상담

1) 여성 진로상담의 필요성

우리나라의 정권이 바뀔 때마다 주요 정책과제로 등장하는 아젠다는 바로 '여성 경제활동 참가율 제고'이다. 국가경제의 안정화와 성장기반 확충의 가장 중요한 인력이 바로 여성이기 때문이다. 최근 저출산과 고령화로 인한 생산가능 인구의 감소로 우수한 능력을 갖춘 여성 인적 자원의 활용이 중요하게 강조되고 있다. 2016년 한국 여성고용률은 56.2%로 OECD국가들과 비교해 뒤에서 일곱 번째로 낮게 나타났다. 고용된 여성들 중 40.3%가 비정규직이고 그 중 47.7%가 시간제 근로자로 고용형태가 매우 불안정하였다. 여성을 경제활동 인구로 참여시키기 위한 다각적인 접근이 필요하며, 안정된 일자리의 확대가 필요하고 진로상담이 보다 활성화되어야 한다.

2) 여성의 진로문제

진로발달이나 상담에 있어 여성에 대한 차별적 개입이 필요한 이유는 다음과 같이 다양하다.

성역할 고정관념

여성의 진로발달과 직업선택에 성(gender) 고정관념이 영향을 미칠 수 있다. 개인이 소속되어 있는 사회문화적 분위기가 남성과 여성을 특징짓고 또 그것에 따른 그들의 역할을 규정하며 이를 내면화하도록 하는 것을 '성역할'이라 한다. 예로부터 남성은 밖에 나가 사냥을 통해 가족의 생계를 유지하는 생산 활동을 하였고 여성은 집에서 자녀를 돌보는 역할을 하였다. 그러다 보니 직업에 있어서도 여성은 좀 더 전통적인 분야에서 더 잘할 것으로 기대하여 여성관련 직종을 선택하는 경향이 있다. 흔히 여성들이 많이 갖는 간호사, 교사, 유치원선생님 등의 직업은 아이들을 돌보고 가르치는 일들이며 전통적인 직업이라 한다. 건축, 기계, IT계열 등의 직업은 여성들이 많이 종사하지 않는 비전통적 직업이다. 이러한 성역할 고정관념이 고용시장에서 여성의 직업을 제한하고 축소시키며 이러한 사회적 분위기는 여성 스스로 자신의 직업을 선택하는 데 적성, 흥미, 관심과 선호보다는 사회에서 기대하는 전통적인 직업으로 선택하도록 영향을 미친다.

여성의 생애주기와 진로

일반적으로 직업을 갖고 사회생활을 하는 개인들은 누구나 일반적인 진로발달 단계를 거치게 된다. 그러나 이러한 진로발달은 개인의 특성, 개인차, 적성, 흥미, 환경적 특성과 문화적 배경 등에 따라 차이가 있기 마련이다. 그러나 이러한 진로발달이론들은 대체로 미국의 중산층 이상의 백인 남성을 주 대상으로 연구되어 여성 및 소수민족에 대한 진로의 발달 단계를 충분히 설명하지 못하고 있다는 비판이 제기되어 오고 있다(Sharf, 2005). 특히 여성은 남성과 생애주기뿐만 아니라 고용시장에서의 조건 또한 다르다. Super 등(1996)의 진로발달이론에 따르면 25~44세에 있는 개인들은 자신이 선택한 직업분야에서 생활의 터전을 잡고 안정화를 이루는 시기로 직업에서 가장 활발한 생산성을 나타내는 시기인데, 여성은 이 시기에 결혼과 출산, 자녀양육과 같은 과업 때문에 진로발달과 유형에 새로운 접근과 설명이 필요해진다. 그래서 Super(1957)는 여성의 진로유형을 별도로 구분하여 제시하였다(〈표 13.2 참조〉).

남성과 달리 여성의 진로발달 유형은 이렇게 다양하며 각 유형에 따른 차별적 접근이 필요하다. 이렇게 여성의 생애주기에 따른 다양한 진로유형은 여성의 욕구나 의사가 반영된 것일 수도 있지만 대부분 여성의 성역할 고정관념에서 파생되어 사회문화적 기대에 부응하고자 하는 현상이며, 한창 직장에서 자리잡고 승진하며 자신의 꿈과 이상을 펼쳐야 하는 중요한 시기에 여성들은 일보다는 출산, 육아를 선택할 수밖에 없는 현실이 여성의 진로발달과 결정의 갈등을 가져오게 된다.

자기효능감

성역할 고정관념이나 생애주기의 차이로 인해 발생하는 여성의 진로문제에서 비교적 환경적 요인의 영향이 크다면, 여성 개인이 경험하는 심리적 어려움에 대해서 구체적

표 13.2_ Super의 여성 진로유형

진로유형	내용
안정된 가정주부형	학교 졸업 후 결혼하고 가사를 전담하는 유형. 직업을 가져 보지 않고 바로 가정생활로 진입
전통적인 진로형	학교 졸업 후 결혼하기 전까지 잠시 직업을 갖다가 결혼과 함께 퇴직하고 가정생활을 하는 유형
안정된 진로형	학교 졸업 후 직업을 가지고 결혼 및 출산, 육아와 상관없이 정년까지 지속적으로 직업을 유지하는 유형
이중 진로형	학교 졸업 후 일을 하다가 결혼을 하고 가정과 직장생활을 병행해 가는 유형
단절 진로형	학교 졸업 후 직장생활을 하다가 결혼 후 직장을 그만두고 출산과 육아에 전념하다 자녀가 어느 정도 성장하면서 자아실현과 사회봉사의 일환으로 다시 사회생활을 하는 유형
불안정한 진로형	학교 졸업 후 결혼 전까지 직장생활을 하다 결혼 후 쉬면서 가사일에 전념했다가 다시 일을 하고 임신과 출산을 하면서 다시 쉬었다가 또 일을 하는 유형
다중시도 진로형	상황에 따라 가정과 직장생활을 그만두고 다시 하는 반복을 하며 진로에 있어서도 일관성 없이 서로 상관없는 여러 직업을 전전하는 유형

으로 살펴봐야 한다. 여성들이 진로발달 및 선택의 과정에서 당면하는 또 다른 어려움 중의 하나는 바로 '자기효능감(self-efficacy)'이다. Bandura가 제시한 자기효능감은 어떤 상황에서 적절한 행동을 할 수 있다는 기대와 신념을 말한다. 자기효능감 이론은 성역할 고정관념에 의해 여성들이 특히 비전통적 직업 즉, 남성들이 많이 종사하는 남성중심 직업에 대해 여성들이 특히 낮은 자기효능감을 보인다고 하였다(Herr, Cramer, & Niles, 2004). 이러한 낮은 자기효능감에도 불구하고 직업을 유지하였으나 출산과 양육으로 인해 경력단절이 생기면 자기효능감은 더 낮아질 것이다. 여성의 진로발달에 미치는 환경적 영향과 더불어 자신의 직업분야에서 잘 할 수 있다는 기대와 신념마저 낮다면 여성의 적극적인 경제활동 참여는 기대하기 어려울 것이다.

직장내 적응

여성의 출산과 육아로 인한 휴직과 퇴직의 사례가 많다 보니, 직장 내에서 업무분장을 할 때 비교적 비중을 적게 두거나 승진기회에서도 남성에 비해 기회가 적은 것이 현실이다. 또한 결혼 후 직장과 가정생활을 병행하는 여성들은 직장 내에서 근무시간 외에 빈번하게 발생하는 회의나 회식 등에 시간을 할애하기가 남성보다 더 어렵고, 중요한 회사 정보나 소식들에서 여성들을 소외시키는 직장분위기 등 경제활동을 하고 있는 여성들의 직장내 적응도 쉽지만은 않다. 여성들이 일과 가정생활을 병행할 수 있도록 사회제도적 지원이나 직장문화의 변화가 필요한데, 아직 우리나라 여성들의 경제활동 참여를 촉진할 수 있는 제반여건은 미흡한 실정이다.

한편 경력단절 여성은 전문직이 아닌 경우 자신이 원하고 적성에 맞으며 선호하는 직장으로의 복귀가 어렵고, 대체로 단순하고 안정성 보장이 어려운 일용직, 가사도우미, 섬유제조, 업무보조 등 비교적 선택의 폭이 좁다 보니 적극 취업전선으로 나서는 여성들이 정체되고 있는 현실이다.

3) 효과적인 진로상담

경제활동 참여의 촉진과 격려

여성의 진로발달 취약점 이면에 성 고정관념의 영향과 사회적 불평등 구조가 더해져 여성들의 경제활동 촉진의 장애요인으로 작용하고 있다. 그러나 이러한 사회구조의 문제, 오랫동안 사회화된 성역할 고정관념은 상담의 과제이기보다는 국가와 사회의 몫이다. 따라서 이러한 구조 내에서 여성 내담자가 합리적으로 자신의 진로를 선택해 나갈 수 있도록 도와야 한다. 경제활동에서 여성으로서 갖게 되는 여러 장애와 난관을 자각하고 이에 대한 현명한 대처와 대안을 함께 모색해 보는 방법도 필요하다. 여성으로서 갖는 한계에만 초점을 둘 것이 아니라 여성으로서 갖는 강점, 직업현장에서 발휘할 수 있는 긍정적인 면들에 눈을 돌려 여성이 갖는 부담을 덜고 나아가 적극적인 사회참여에 용기를 갖도록 격려한다. 다음은 경제활동 참여를 촉진하고 격려하는 진로상담이 필요한 여성상담 사례이다.

갑작스러운 사고로 남편이 죽고, 준비도 없이 취업전선에 뛰어든 경자씨는 결혼전에 대학 졸업후 잠시 영업회사 사무직원으로 일했던 경험이 직장생활의 전부이다. 지금은 직장을 그만둔 지 10년이 지나 다시 취업하기가 너무 두려웠고 또 나이와 경력부족으로 취업이 안 되어 꽤 고생하면서 가까스로 정수기 회사의 사무직원으로 취업하였다. 근무 첫날 경자씨는 출근과 함께 직원들 커피심부름부터 탕비실 청소, 복사와 부장의 개인 심부름을 하기 바빴다.

그러나 경자씨와 함께 입사한 20대 후반의 남자직원은 하루종일 어디론가 사라져 보이지 않았다. 퇴근 무렵 복도에서 마주친 경자씨는 인사하면서 "오늘 뭐했어요?"라고 물었고, "직원교육 받았어요! 아, 정말 힘들었어요"라는 말을 듣고 퇴근하면서 씁쓸함을 감출 수 없었다. 경자씨는 하루종일 자신이 회사에서 한 일을 생각하면서 자존심도 상하고 자괴감이 들어 속상했다. 일을 그만둘 수 있는 상황도 아니고 마음은 괴롭고 내가 그동안 뭐하고 살았나 하는 허망함마저 들었다.

진로유형별 상담전략 수립

상담에서 Super(1990)가 제시한 여성의 진로유형에 따라 생애 전반에 걸친 진로계획과 전략을 수립해 진로설계를 해볼 수 있으며, 여성으로서 경험하는 경력단절의 위기요소들에 대해 미리 생각해 보고 이에 대한 준비를 할 수 있다.

표 13.3_ Super의 여성 진로유형과 위기

진로유형	다루어야 할 위기
안정된 가정주부형	• 직업을 통한 자기실현, 자신의 삶이 없음
전통적인 진로형	• 양육과 가사에 대한 과업이 줄어들면 자신의 역할에 대한 혼란, 존재감 상실 가능성
안정된 진로형	• 가정과 직장에 모두 충실할 수 없는 상황에서의 스트레스, 이중부담
이중 진로형	
단절 진로형	• 재취업을 위해서 여성의 전문성, 기술이 뒷받침되어야 함
불안정한 진로형	• 전문적 기술이 없다면 취업관련 재교육 필요 • 잦은 진로전환으로 안정되고 선호하는 직장으로의 취업이 어려울 수 있음
다중시도 진로형	• 가정과 직장에서 모두 혼란스럽고 방황할 수 있음

자기효능감 증진

상담자는 진로에 대한 고민을 하는 여성 내담자의 자기효능감을 체크해 볼 필요가 있다. 또한 다양한 전략들을 사용해 여성의 자기효능감을 증진시킬 수 있다. 자신이 선호하는 진로와 유사한 다양한 역할과 경험을 시도해 보도록 격려하고 수행에 대한 자신의 잠재력과 능력을 수용하도록 함으로써 자기효능감을 촉진하는 것이다. 이를테면 인턴, 시간제 근무, 자원봉사 등의 경험을 통해서 직무와 자신의 능력에 대한 점검을 해보도록 하고 자신이 미처 발견하지 못했던 잠재력을 발견하거나 직무현장 경험을 통해 자기효능감을 고양할 수 있다.

직업 스트레스 관리

성차별 또는 사회적 불평등으로 인해 여성은 남성보다 완벽하고 빈틈없이 일을 해야 하고 타인을 위한 배려와 헌신으로 직장 내에서 없어서는 안 될 존재로 타인에게 인정받기 위해 과도한 노력을 하게 될 수 있다. 이는 직장 스트레스를 유발하고, 미해결된 스트레스는 자녀와 남편에게 터져 가족갈등이 유발되기도 하며, 심한 스트레스로 인해 심신의 질병을 앓게 되기 쉽다. 최근 대기업을 중심으로 직원복지 서비스의 일환으로 상담실을 설치하고 있다. 상담을 통한 직원들의 스트레스 관리와 우울예방을 통해 기업의 생산성도 높이고, 부서내 갈등도 줄이는 효과를 보면서 상담 서비스를 활성화하고 있다. 또한 서울시청사 내에도 '쉼터'라는 상담센터가 마련되어 서울시 공무원들을 대상으로 직장내 스트레스를 관리하고 해소할 수 있도록 하고 있다. 이때 상담자는 여성 내담자의 스트레스 원을 명료화하고, 호소문제와 증상에 따른 다양한 상담전략을 통해 스스로 스트레스를 관리하도록 돕는다.

3. 다문화인과 진로상담

우리나라는 신자유주의 시장경제의 활성화로 국제화, 개방화를 주장하며 정보와 사람이 국경을 넘나들며 다문화의 시대로 접어들었다. 이러한 사회의 급속한 변화와 함께 1987년 이후 제조업과 건설부문의 인력부족을 계기로 이주노동자가 대거 유입되면서 1990년대 중반부터 국제결혼 이주여성의 비율이 급격히 증가하기 시작했다(김현희, 2007). 최근 통계청(2015) 자료에 의하면, 우리나라에 살고 있는 외국인 수는 136만 4천명으로 전체인구의 2.7%를 나타냈다. 우리나라 구성원으로 자리잡고 살아가는 다양한 국적의 사람들은 문화적 차이로 인해 우리보다 더 많은 진로 어려움을 직면하게 된다. 따라서 다문화인들에 대한 차별적 진로상담과 개입이 시급하지 않을 수 없다. 이 장에서는 다문화인들의 진로문제와 이를 해결하기 위한 진로상담의 과제에 대해 논의하고자 한다.

1) 다문화인 진로상담의 필요성

우리나라에 거주하는 대표적인 다문화인은 외국인 근로자, 국제결혼 이민여성, 탈
북민, 유학생들이다. 이미 직업을 갖고 노동현장에 있는 외국인 근로자를 제외하고
특히 가장 많은 부분은 국제결혼 이민자들이다. 코리안 드림을 꿈꾸며 국경을 넘어
결혼을 선택한 자들이며, 최근 저출산과 고령화로 인구 및 노동력 감소의 심각한 국
가적 위기에서 한국의 며느리를 대신해 가정을 지키는 중요한 역할을 하고 있다(정
현희, 손귀주, 2007). 그러나 이들은 자신의 나라와 전혀 다른 사회, 문화적 환경을 수
용해야 하고, 언어장벽으로 인한 의사소통의 문제는 결혼 이주여성들의 소외감과
외로움을 극대화시키며, 차별과 편견, 급기야 자신의 정체성의 심각한 혼란을 야기
하기도 한다. 이러한 문제들을 적극적으로 지원하고 해결해 주는 기관이나 단체는
매우 적고 단일민족주의와 집단주의의 특성을 보이는 우리나라 사람들과 섞이기란
여간 힘든 일이 아니다.

이러한 문제들에 대해 정부 및 관련 기관의 도움으로 우리나라와 출신국가의 문
화 격차를 해소하고 언어교육을 통해 국내 적응과 자녀양육시 어려움이 없도록 도
와야 하는데, 인구대비 이러한 지원기관이 턱없이 부족하고, 이 여성들은 지속적으
로 차별과 편견, 육아의 어려움, 보육 및 교육문제, 취업의 어려움, 경제적 빈곤, 자
녀의 학교부적응, 부부갈등, 가정폭력, 고부갈등 등의 심각하고도 복잡한 문제들
에 노출되어 있다. 더 이상 그들이 꿈꾸었던 코리안 드림은 없고, 소외감과 우울, 존
재감 부재에 심리적 어려움이 이들을 괴롭게 할 것이다. 특히 이들의 부적응의 큰 원
인은 바로 사회의 구성원으로서 존재감이 없고 경제활동 참여가 제한적이라는 점이
다. 취업을 원하는 많은 다문화인들은 구직욕구는 강하지만 언어, 기술, 문화, 정보
에 대한 이해가 없고 사회문화적 적응이 선행되어야 하는 데 혼란 가운데 소득은 적
고, 취업은 되지 않는 매우 어려운 상황에 있다.

한편, 국내 체류 외국인이 저지른 범죄는 2014년에 3만 684건으로 2013년보다
4천 여 건이 증가하였고 폭력사범이 가장 많았다(2015. 8. 25, 한국일보). 이는 다문화
인들이 우리나라에 잘 정착하지 못함을 말해 주며 향후 대책마련이 되지 않는다면
우리나라의 범죄로 인한 사회비용 증가가 더욱 심각해질 것이다. 다문화인들이 자
신의 건강한 땀으로 소득을 만들고 사회구성원으로서 소속감과 성취감이 생긴다면
우리나라의 산업일선을 지키는 소중한 인적자원으로 더욱 자리매김할 수 있다. 이

들이 사회구성원으로 잘 적응하기 위한 진로상담 목표는 개인과 그들의 자녀가 우리나라 문화와 정서에 맞는 진로의식을 형성하고 자기를 이해하며 직업세계 정보를 파악하고 의사결정을 하도록 도와 구직행동과 직업적응을 하는 과정에서 차별과 유린을 당하지 않도록 하며, 이러한 사회적 분위기를 형성해 나가는 것이다(김봉환 등, 2013).

2) 다문화인의 진로문제

문화적 소외로 인한 정체성 문제

다문화인들은 여러 사정에 의해 우리나라에 왔지만 언어장벽으로 인한 의사소통의 어려움, 문화적 차이로 인한 사고방식의 차이, 가족으로 살면서 두 나라의 문화가 공존하는 데서 오는 갈등과 비난은 이들의 소외감을 가중시키고, 자신의 정체성이 무엇인지 혼란으로 빠뜨린다. 또한 자신도 혼란스러운데 자녀가 태어나고 양육하는 데 있어 어떻게 해야 할지 몰라 자신의 정체성 혼란을 자녀에게 그대로 되물림하게 된다.

Atkinson, Morten과 Sue(1993)는 다문화인들이 다른 나라에 정착하는 과정에서 나타나는 정체성의 발달을 네 가지의 단계로 설명하였다. 먼저 순응 단계는 자신이 속한 주류문화와 가치를 동일시하고 자기를 부인하는 단계이다. 부조화 단계는 자신이 추구하고 동일시했던 주류문화에 대한 갈등을 경험하고 문화적 혼돈상태에 직면하는 단계이다. 세 번째 단계는 저항과 몰입 단계로 자신을 부인하고 따랐던 주류문화에 저항하고 자신이 속했던 문화의 가치를 주류사회의 가치보다 더 인정하고 몰입하게 되는 과정이다. 그러면서 개인은 주류사회에 대한 자신의 태도를 성찰하면서 정체성을 발달시켜 간다. 상담자는 다문화인들이 경험하는 정체성의 발달 단계에 따라 상담에서 이들이 자신을 제대로 이해하고 통합해 갈 수 있도록 도와야 한다. 진로탐색과 결정의 선행요인은 바로 자기 자신에 대한 정확한 이해에서 출발하기 때문이다. 따라서 이들이 자신에 대한 혼란을 먼저 다루어야 진로상담으로 초대할 수 있다.

제한적 직업과 진로선택의 불평등

다문화인들이 한국 사회에 안정적으로 정착하기 위해서는 사회문화적 적응 이외에도 진정한 사회구성원으로 생활 가능한 경제적 능력, 직업으로서의 기술과 능력을 갖는 일은 매우 중요하다. 그러나 이들이 꿈꾸는 진로포부에 비해 알고 있는 진로정보가 매우 제한적이고 또 이들이 주로 종사하는 분야는 한국인들도 기피하는 3D 산업현장이나 공장이 대부분이며 이전 국가에서 취득한 학위나 자격기술이 호환되지 못해 단순노무직이나 일용직에 취업하여 낮은 임금으로 저소득층을 벗어나기 힘들다. 이들이 우리나라에서 진로선택을 하는 것은 매우 제한적이고 이들이 취업 가능한 직업 또한 좁은 문에 해당되기 때문에 향후 이들에 대한 진로정책 개선이 매우 시급하다.

다문화인을 위한 직업교육 부재

다문화인들을 지원하는 기관은 여성가족부 산하 '다문화가족지원센터'이다. 전국에 200여 개의 기관이 지역별로 있어 지역내 다문화인들의 한국어교육, 학력인정 교육지원, 진로 및 취업지원, 심리정서지원, 사회통합지원사업을 활발히 펼치고 있다. 그러나 100만의 다문화인을 지원하는 데 217개의 기관은 매우 열악한 실정이다. 임경택 등(2006)의 연구에서 취업교육이나 훈련을 받은 다문화인은 7%로 매우 낮았으며, 이들이 필요로 하는 다양한 취업교육이 지원되지 못하고 있는 실정이었다. 이러한 기관이 있어도 몰라서 지원받지 못하는 다문화인이 있는가 하면 있어도 자신의 취업을 위해 정작 받아야 하는 교육이 제대로 이루어지지 못하는 상황이다.

다문화인의 심리적 지원 부족

다문화인들은 부모나 친척, 학연, 지연 등으로 연결된 사회 지지체계가 없다. 심리적으로 소외되고 힘들고 어려울 때 이러한 사회 지지체계는 스트레스 해소의 창구가 되고 지지와 격려를 받는 통로가 된다. 그러나 이들에게 이러한 지지체계는 전무하고 이들이 경험하는 심리적 어려움들은 고스란히 억압되거나 자녀에게 영향을 미치기 쉽다. 이들이 우리나라에 정착해 가면서 가장 당황스럽고 적응이 어려운 시기가 초기임에도 한국어가 서툴러 상담을 받고 싶어도 언어적 어려움으로 신청이 쉽지 않다. 다문화가족지원센터에 다문화 언어로 상담이 가능한 인력이 준비되어 있다면 좋겠지만 그렇지 못하기에 이들의 심리정서적 어려움은 곧 방치로 이어진다.

3) 효과적인 진로상담

상담자의 태도

상담을 진행하기 전 상담자와 내담자 간에 발생할 수 있는 잠재적 문제들에 대해 상담자는 꼼꼼히 점검하고 내담자와 확인해 가면서 신뢰관계를 형성해야 한다. 내담자와 문화적, 인종적 차이가 있기 때문에 내담자의 문화, 세계관, 사고와 감정 등에 대한 상담자의 제한된 경험과 이해에 대해서 솔직하게 인정하고, 최선을 다해 이해, 경청, 공감으로 상담을 진행하겠다는 진지하고 존중하는 태도가 매우 중요할 것이다. 내담자가 그간 경험한 한국인에 대한 인식과 이미지가 상담자를 대하는 태도에서 나타날 수 있으며, 내담자가 경계를 풀 수 있도록 내담자와 다른 문화를 가진 상담자와 상담하는 것에 대해 어떻게 생각하는지 확인해 볼 필요가 있다. 또한 내담자의 문화와 개인적 욕구를 존중한 상담 목표와 과제를 선정하고 상담자에 대한 기대가 어떠한지 살펴야 한다.

Coleman과 Wampold와 Casali(1995)는 문화적, 인종적, 민족적으로 상담자와 다른 내담자가 상담결과를 어떻게 지각하는지 살펴본 결과 내담자들은 한결같이 인종 혹은 문화적 유사성보다는 상담자의 역량과 전문성을 중요하게 생각했으며 이러한 상담자의 역량과 전문성이 상담성과와 유의한 상관이 있었다. 따라서 상담자가 내담자와 문화와 인종, 민족이 다르다는 것을 과도하게 신경 쓰기보다 자신의 상담적 전문성만 있다면 다문화인들과의 상담을 성공적으로 이끌 수 있다.

내담자에 대한 평가

상담자는 초기면접과정에서 내담자의 세계관을 먼저 이해해야 한다. 내담자가 어떠한 생각, 가치관을 갖고 살아왔고, 현재 어떠한 좌절과 어려움이 있으며, 미래에 대한 어떠한 기대와 준비를 하고 있는지 전반적인 평가를 면접을 통해 확인한다. 그리고 구체적으로 내담자의 진로와 관련한 성격, 가치, 흥미, 적성, 능력에 대해 평가하는 작업이 필요하다. 보통 이러한 진로영역에 대해서 표준화된 심리검사를 통해 평가하는데, 다문화인들은 이러한 검사의 실시와 사용 시 신중해야 한다. 우리와 다른 언어와 정서로 인해 심리검사를 실시할 때 달리 이해하여 응답했을 경우 그 검사결과의 신뢰도가 낮아질 수 있기 때문이다. 따라서 상담자가 내담자의 세계관과 문화를 파악하고 이해한 후 시기와 방법에 대해 고민해 보고 사용하는 것이 바람직하다.

사회적 지지체계 및 네트워크 구성

내담자가 지금까지 우리나라에 와서 지속적으로 관계를 맺고 지지를 받았던 사람이 있는지 확인하고 새로운 내담자의 지지체계를 형성할 수 있도록 돕는 것이 필요하다. 예를 들면 자신과 유사한 상황에서 잘 대처하고 적응해 현재 자립적으로 생활하고 있는 모델링할 수 있는 대상을 찾도록 하고 멘토링이나 교육 혹은 자조모임을 통해 서로의 아픔과 소외감, 어려움을 나누며 자신의 극복과 성장의 과정을 나누는 가운데 자기효능감을 향상시키도록 한다. 외상후 성장 이론에서는 자신이 감당하고 소화하기 힘든 강력한 스트레스 사건이나 외상경험을 타인에게 개방하고 이에 대한 지지와 격려의 과정을 통해 점차 성숙한 생각이 자리잡으면서 심리적 성장이 도모된다고 한다. 이처럼 우리나라에 부푼 꿈을 안고 찾아온 외국인들이 자신의 기대와 다른 차별과 냉대, 소외와 부적응으로 인한 심리적 충격에서 벗어나 우리 문화에 잘 적응하고 성장하도록 돕는 과정에서 필수적인 것이 주변의 따뜻한 관심과 지지인 것이다. 따라서 상담의 과정에서 이러한 빈약할 수밖에 없는 지지체계를 만들수 있도록 돕는 것은 현실적으로 다문화인들의 상담에서 중요할 것이다.

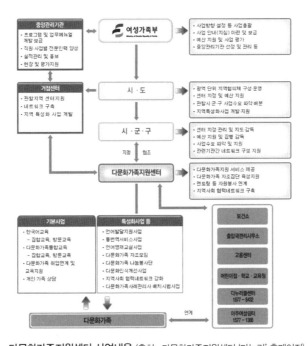

그림 13.2_ 다문화가족지원센터 사업내용 (출처: 다문화가족지원센터 '다누리' 홈페이지)

또한 이들을 돕는 지역사회 무료 기관, 단체, 인력풀에 대한 정보를 조사하여 이들이 필요로 하는 정보나 교육, 욕구에 부합하는 서비스가 닿을 수 있도록 코디네이터 역할도 필요하다. 우리나라의 다문화가족지원센터의 사업내용은 〈그림 13.2〉와 같다.

내담자의 자원 발견

다문화 내담자들은 우리나라에 정착하면서 가장 먼저 자신의 생각, 가치, 사고 등 자신의 역사와 뿌리를 제거하려는 노력을 한다. 상담에서도 부적응의 행동과 사고, 그에 따른 부정적 감정을 다루고 초점화하기 쉽다. 물론 이러한 문제영역을 다루어야 하지만 너무 이 주제에만 집착하여 정작 내담자가 갖고 있는 고유의 강점과 자원들은 보지 못하고 또 내담자가 잘 할 수 있는 것들을 찾아 북돋아 자기효능감을 높일 수 있는 기회를 상실하게 된다. 진로탐색과 결정 및 활동에 자기효능감이 매우 중요한 동기가 되기 때문에 내담자가 갖고 있는 장점과 자원이 있다면 이를 발견하여 촉진시켜야 한다.

다문화인들의 직업적응 프로그램 개발 활성화

다문화인들의 취업 및 직업적응의 개별적 상담이나 지원이 턱없이 부족한 인력으로 원활하게 지원되지 못하는 현실에서 이들을 지원하는 집단상담 프로그램이 개발되고 활성화되면 더 효과적일 것으로 보인다. 〈표 13.4〉는 김병숙, 안윤정, 송혜령 (2010)의 결혼이주 여성의 직업적응 프로그램의 내용이다.

표 13.4_ **직업적응 프로그램**

회기	영역	제목	내용
1	같은 마음, 다른 모습	내 짝꿍은요?	구성원 소개를 통해 첫만남의 어색함 해소, 서로에 대한 긍정적 관심
		같은 마음! 다른 모습	각 나라의 문화소개, 자신의 다른 문화에 대한 이해와 편견 전환
		입장 바꿔 생각해요	한국에서 갈등을 유발하는 상황을 제시하고 역할극, 토론으로 해결
		한국에만 있다!	각자가 겪은 한국에서의 에피소드, 신기한 경험 공유

2	더 나은 삶을 위하여	얼마예요?	게임으로 기초적인 생활용품의 물가 알아보기, 경제적 관심 유도
		엄마는 고민이 많아요	가정경제의 의미, 합리적 가게 운영을 위한 현명한 지출을 위한 방법 모색
		돈을 어떻게 쓸까요?	가계부 항목에 따라 예산을 세워 보고 소비의 우선순위, 돈의 적절한 배분, 가정 경제에 대해 생각해 보기
		싹을 틔우고 꽃을 피우려면?	가정경제의 의미, 물가, 소비의 우선순위, 예산 세우기를 경험한 참가자들에게 한국가정에서 부부가 차지하는 경제적 역할과 책임 인식하기
		또 다른 기쁨	나눔의 즐거움, 소유 안에서 나눌 때 진정한 기쁨을 얻음
3	세상 속으로	직업이란 무엇일까?	한국의 직업과 노동시장에 대한 이해, 직업의 의미, 직업의 필수조건
		한국사회 산업과 직업 세계의 변화	한국 산업의 변화추이, 산업구조의 변화에 따른 생성, 성장, 쇠퇴, 소멸을 거듭하는 직업세계에 대한 이해와 미래사회의 안목 갖기
		브랜드 파워!	노동시장에서 개인에게 요구하는 역량의 추세 파악, 직업인의 마음가짐 알아보기
		일을 할 때 알아야 할 열한 고개	취업 전후에 알고 있어야 하는 기본적인 사항을 게임형식으로 알아보기
4	나를 찾아서	흥미 찾는 마술자석	자신의 직업적 흥미 영역을 알아보고 희망직업과 흥미의 일치도 파악
		성격! 알아볼까요?	간편한 진단으로 성격검사, 진로결정시 자신의 성격과 적합성확인
		내가 가는 길에는	직업인으로 성장해 가는 길의 목표, 강점, 지지체계, 걸림돌에 대해 생각해 보기
5	프로를 꿈꾸며	일이 내게 주는 기쁨	직업가치를 확인해 보고 일의 만족도와의 관계 인식
		프로직장인 마인드 (OX 퀴즈)	직업관과 직업윤리 등 추상적 개념을 퀴즈로 알아보기
		인기 있는 매너퀸 되기	직장예절에 관한 내용과 의견 나누기
		'나 전달법'으로 대화하기	가정내, 직장내 의사소통 증진을 위한 훈련
6	멋진 나를 사랑해요	꿈꾸는 나를 사랑해요	생애 시간전망을 통해 진로계획 수립, 긍정적 동기 부여
		명함 만들기	한국에서 자신의 진로목표를 가시화하는 작업, 원하는 직장의 자기명함 만들어 보기

4. 노인과 진로상담

UN에서는 전체인구의 65에 이상 인구가 7% 이상이면 고령화사회, 14% 이상이면 고령사회, 20% 이상이면 초고령사회로 분류하였는데, 통계청(2017)의 인구동향 조사에 따르면 2005년 노인인구 7%가 넘어가면서 우리나라는 고령화사회로 진입하였고, 2017년은 13.8%로 고령사회에 진입하고 있다. 이렇게 의학과 기술의 발전으로 인간수명 100세 시대에 접어들었지만 4차 산업혁명시대에 빠른 노동시장의 변화와 노인부양 부담으로 인해 가족갈등이 심화되고, 급격히 늘어나는 노인인구에 사회보장제도나 장기요양보호제도들의 지원이 제대로 정비되지 못해 노인들이 겪는 소외감, 상실감, 무력감은 날로 심각해지고 있으며, OECD국가 중 노인자살 사망률 1위(2014)의 불명예를 안게 되었다. 따라서 맞이할 수밖에 없는 초고령화 사회를 잘 준비하고 행복한 노인들의 자립적 경제생활과 의미 있는 노후생활을 위한 진로설계는 매우 중요한 화두이다.

1) 노인 진로상담의 필요성

초고령화 사회로의 빠른 진입에 대처하지 못해 발생되는 여러 사회적인 문제들은 노인들의 심리적 고통을 야기한다. 수명은 길고 할 일은 없고(무위고), 경제활동에서 배제된 노인들은 가난과 빈곤의 악순환속에 살아간다(빈고). 노화로 인해 여기저기 몸은 아프고(병고), 아파도 제대로 돌봐줄 가족도 없이 주위 지인들은 하나둘 세상을 떠나(고독고) 지금까지 맺어 왔던 사회적 유대가 점차 약화되면서 상실감과 고독감이 극화된다. Erickson(1963)은 노년기에 발달과업이 자신의 지난 삶을 되돌아보고 의미와 가치를 발견함으로써 유한한 삶에 대해 수용하고 죽음을 안정감 있게 받아들이며 삶을 조화롭게 통합하게 한다고 하였다. 그러나 자신의 삶에 후회와 불만족한 상태는 죽음에 대한 불안을 고조시키고 절망감을 느끼게 한다고 말한다. 통합된 노년의 삶에서 '지혜'를 얻고 노년의 4가지 고통으로부터 벗어나기 위해서는 노년의 삶을 재조명하고 대처방안에 대해 탐색해 볼 수 있는 상담활동이 매우 필요하다.

Super(1990)의 진로발달 단계로 보면 노인은 은퇴 단계(65세 이후)에 해당하며 이 시기에는 개인의 정신적·육체적 기능이 쇠퇴함에 따라 직업전선에서 은퇴하게 되는 시기로, 다른 새로운 역할과 활동을 찾게 된다. 조순점(2010)에 의하면 우리나라 근로자들은 평균 56세에 정년하는 것으로 나타났다. 은퇴 혹은 실직 이후 고령자는 경제적 여건이 허락되면 자영업으로 취업하는 경우가 높지만, 전문직을 제외하고는 저임금의 직종에 시간제(예를 들어, 주유소 주유원, 아이돌보미 등) 혹은 계약직(예를 들어, 경비, 건물 관리인 등)으로 종사하는 경우가 많다. 노인도 여러 제약들이 많아 직업선택에 있어 제한적이다. 또 자신의 경력을 살려 재취업을 시도하지만 청년들도 실업률이 높아지는 이 시대에 일자리를 잡기는 쉽지 않다.

노년기는 인생의 새로운 의미를 발견하고 보다 넓은 시각에서 인생을 바라볼 수 있는 시기이다. 노인 개인이 자신의 진로욕구와 문제를 발견하고 자신을 객관적으로 이해하며, 삶의 목표나 진로계획을 바르게 세우고 더 바람직한 생활로 연결할 수 있도록 돕는 것이 매우 필요하다.

노인상담은 일반상담과 다른 특징을 갖고 있다. 첫째, 노인은 신체적, 정서적, 사회심리적으로 노화를 겪고 있는 사람이다. 여러 기능이 쇠퇴하면서 타인과의 의사소통에 있어서 표현력이 떨어지고 공감능력이 부족해지면서 대화에 더욱 많은 인내심과 기술을 요한다. 둘째, 상담에서 노인이 지니고 있는 사고나 감정변화에 초점을 두기보다는 지지적 상담을 통해 '지금 – 여기'에서의 생활 변화에 더욱 관심을 둔다. 즉, 강한 감정을 불러일으키는 통찰 지향적인 개입보다는 단기간에 즉각적인 변화를 목적으로 하는 치료적 개입방법이 더 유용하다. 셋째, 노화가 가져온 여러 부작용들로 체면이나 자존심 손상의 경험을 한 노인들을 상담할 때 직면이나 도전 등 직접적인 방법을 사용하는 것보다 경청, 공감, 지지 등의 방법을 사용하는 것이 더 좋다. 넷째, 특히 노인에게 적합하다고 권장되는 '회상요법'은 노인들이 과거의 긍정적 자아상과 현재의 삶을 동일시함으로써 상실감이나 우울, 죄책감 등을 감소시키고 그 결과 자아성취감이나 자아통합을 획득할 수 있도록 돕는 방법이다. 다섯째, 상담종결에 더 세심한 배려가 필요하다. 노인과 그 가족에게 변화에 대한 불안감을 정상적인 과정으로 인식시켜 주고 안도감을 느끼도록 배려하며, 불안이나 의존심 증가 등으로 나타나는 종결의 반응을 이해함으로써 종결 이후에도 추수상담을 통해 점검하는 작업이 필요하다.

이러한 노인상담에서의 특징을 잘 염두해 두고 진로상담에서 노인의 발달적 욕구 이해와 노화로 인한 질병이나 역할상실은 정상적인 발달과정상의 문제라는 인식을 바탕으로 하고 '성공적 노화', '건강한 노화'를 위한 노력을 해야 한다.

2) 노인의 진로문제

은퇴

노인기는 이른바 상실의 시대이다. 나이가 들면서 배우자나 가족, 친구 등의 유대 관계, 건강, 경제력 등 삶의 많은 영역에서 상실의 경험을 하게 된다. 이 중에서 가장 큰 상실은 아마도 사회역할, 즉 직업의 상실일 것이다. 직업은 많은 시간 사회의 구성원으로 또 자신의 존재감, 유능감을 확인할 수 있는 통로였으며, 직장에서의 직위와 처우는 개인의 명예와 능력을 확인받는 중요한 수단이었기 때문에 직업을 상실하는 것은 사회에서 내 자리가 없어진 것과도 다름없는 충격이다. 인간은 사회적 동물이라 했는데, 이러한 사회에서 나의 존재감이 사라진다는 것은 불안과 고독감, 소외감 등 정서적으로도 매우 큰 혼란을 야기한다. 그러나 가족들이 은퇴한 노인의 이러한 감정적 변화와 상실감을 잘 보듬고 배려해야 하는 데 인식하지 못하는 경우도 많고, 가장 중요한 것은 자신조차 이러한 상황에 대해 예측하지 못한다는 사실이다.

재취업

경기 난조로 청년실업률이 점차 늘고 있는 마당에 고령 노인들의 재취업은 어렵다. 그러다 보니 상당수의 노인들이 저임금의 일용직, 시간제, 계약직에 종사하고 있으며 적성이나 능력, 흥미와 같은 특성들을 살려서 취업을 하기는 더 어렵다. 여기에 건강의 문제까지 있다면 더욱 취업의 기회는 좁아지고 빈곤계층에 속하기 쉽다. 때문에 퇴직 후에도 끊임없는 자기개발과 평생교육을 통해 자기개발을 해야 한다.

상실의 경험을 통한 정서위기

노화를 맞으면서 자신에게 닥치는 여러 경험과 상황을 통합적으로 지혜롭게 수용해야 하는데, 마음의 준비를 하기도 전에 사회에서, 가정에서 소중한 의미 있는 것들이 사라지기 시작한다. 공기속에서 숨을 쉴 때는 모르지만 공기가 사라지면 그 의미를 절실히 느끼듯이 직업과 경제력이 그리고 사람들의 지지와 관심이 얼마나 자신을 지탱하고 버티게 해주었는지 여실히 느끼게 된다. 이러한 상실의 경험은 노인들의 정서에 위기를 가져오고 사회와 가족 내에서 작아진 자신의 역할과 위치에 적응하지 못할 때 우울과 불안 등의 정서문제로 나타난다.

3) 효과적인 상담전략

상담자의 자세

먼저 노인상담자는 노인의 발달적 특성에 대해 잘 알고 있어야 하며 노인에 대해 긍정적인 시각을 갖고 이해하려는 기본적인 마음을 갖고 있어야 한다. 또한 노인들은 자신에 대한 무가치감이나 낮은 자존감을 갖고 있으므로 격려, 지지하는 분위기를 조성하도록 노력해야 한다. 둘째, 노인은 청력장애, 지적 능력의 저하 등으로 의사소통하는 능력이 감퇴되어 있으므로 비언어적 의사소통을 잘 이용할 필요가 있다. 노인의 눈높이에 맞는 어휘와 사례를 이용하여 의사소통을 원활히 하도록 노력해야 한다. 셋째, 노인의 잠재적인 자원을 발견하여 이를 활용하고 스스로 자기문제를 해결할 수 있도록 독려하며 노인의 발달과업을 성취할 수 있도록 도와줘야 한다. 넷째, 상담자가 노인들의 문제와 요구에 전적으로 책임을 지거나 필요 이상의 개입을 하여 노인의 자율성을 방해하고 독립성을 저해하지 않도록 주의한다. 다섯째, 내담자가 필요로 하는 적절한 정보를 제공할 수 있도록 노인관련 지식, 정보 등을 습득하고 어려운 사례의 경우 적절한 기관이나 전문가에게 연결시킬 수 있는 기본적 지식과 순발력, 융통성을 소유하고 있어야 한다. 특히 노인문제는 단순히 한 가지 문제적 접근이 아닌 건강, 경제적 지원, 심리지원, 병원 연계 등 다양한 서비스를 복합적으로 지원해야 하는 경우가 많다.

직무수행의 최적화

노화되면서 어떠한 직무능력은 감퇴하고 어떠한 직무능력은 증진되기도 한다. 예를 들면 빠른 속도로 발달을 거듭하는 컴퓨터나 노트북의 사용에 있어서 노인들은 수행능력이 떨어진다. 또한 일의 속도가 중요한 능력도 저하될 수밖에 없다. 그러나 상담자와 같이 나이가 들면서 더 전문성이 깊어진다고 인식되는 능력은 나이가 들어도 직무수행에 큰 어려움이 없다. 따라서 현재 노인 내담자의 직무수행 능력에 대한 확인과 함께 내담자의 욕구와 부합하는 직무수행에 있어 교육과 훈련으로 능력을 생성, 유지할 수 있다면 성공적인 재취업을 꿈꿀 수 있다. Baltes와 Baltes(1990)

는 성공적으로 나이를 먹는 사람들은 자신에게 가장 가치 있는 일을 '선택(Selection)'하고 그 일에 집중함으로써 상황을 '최적화(Optimization)'하고, 능력을 극대화해 상실한 다른 능력을 '보상(Compensation)'받는 '선택, 최적화, 보상(SOC)' 모델을 제안했다.

선택전략은 임의적 선택과 상실에 기초한 선택으로 나뉘는데, 임의적 선택은 내담자가 원하는 상태에 목표를 맞추는 것이고 상실에 기초한 선택은 가장 중요한 목표에 초점을 두거나 목표의 위계를 재구조화하여 새로운 목표를 찾는 것을 의미한다. 최적화는 최적의 기능을 발휘하고 원하는 결과를 얻어내기 위한 수단을 의미하는데, 노인 주변의 자원을 적절한 곳에 할당하는 것이 주요 역할이다. 보상은 수단을 대체하거나 기능을 유지하기 위해 다른 수단을 선택하는 것을 말한다(〈표 13.5〉 참조).

표 13.5_ 생애관리 전략으로서 SOC 모델의 행동-이론적 틀

선택(Selection) 목표 선택	최적화(Optimization) 목표실현 수단	보상(Compensation) 대응수단
• 임의적 선택 　목표의 진술 　목표의 위계적 체계 　목표에 대한 몰입 • 상실에 기초한 선택 　가장 중요한 목표에 집중 　목표 위계 재조정 　기준 적용 　새로운 목표 탐색	• 주요 목표에 집중 • 적절한 순간 포착 • 지속하기 • 새로운 기술과 자원 획득 • 기술 연마 • 자원(노력, 시간 등) 할당 • 성공사례자 모델링	• 수단의 대체 • 외부원조 및 타인 도움 요청 • 치료적 개입 요청 • 새로운 기술과 자원 획득 • 자원 할당의 조정 • 부족분을 보상할 수 있는 성공 　사례자 모델링 • 다른 수단의 최적화 노력 감소

재취업상담 전략

노인을 위한 재취업상담을 위한 상담의 과정은 몇 가지 단계로 나뉘는데, 먼저 이전 직업생활에 대한 경험을 탐색하고, 현재 활용 가능한 능력과 기술을 파악한다. 능력 이외에 흥미와 가치, 성격에 대한 요소도 상담을 확인한 후 재취업을 위한 목표를 설정한다. 노인 내담자가 설정한 목표의 직업에 도전할 수 있으면 문제가 없겠지만 대체로 취업관련 교육이나 기술교육을 필요로 한다. 목표하는 직업과 관련한 교육정보를 제공하고 타임 테이블을 통해 진로계획을 수립하며 진로준비활동 촉진을 위해 동기부여를 해야 한다.

노인상담의 기법

노인상담에서 가장 많이 활용되고 있는 기법이 '회상기법'이다. 자신의 과거를 돌아보며 생각하고 그런대로 만족하고 최선을 다해 노력해 온 의미 있는 일생이었다는 느낌을 가지고 통합적으로 삶을 바라보게 하여 문제를 스스로 자각하고 해결하며 효과적인 대인관계와 정서적 지지를 통해 자존감을 향상시키는 방법을 말한다. 회상기법의 긍정적 결과는 개인의 내적 갈등을 해결하고, 가족관계의 화해를 도모하며, 지식과 가치의 전달, 정상적인 발달로 이끈다. 그러나 이러한 회상기법은 과거를 떠올리면서 여러 복잡한 감정들, 예를 들어 걱정, 후회, 슬픔, 공황, 강한 죄의식, 극심한 우울 등을 느끼고 이러한 감정에 압도되어 오히려 역효과가 날 수 있다. 따라서 노인 혼자 회상하는 것보다는 상담자와 함께 하거나 혹은 집단상담에서 다른 사람과 함께 작업을 하면 더 효과적일 수 있다. 회상기법을 활용한 프로그램은 다음과 같다(〈표 13.6〉 참조).

표 13.6_ **회상기법**

프로그램	내용
도입 단계	• 프로그램 소개 • 자기소개(프로그램 목적, 과정이해, 친밀감 형성)
신뢰감 형성 단계	• 긍정적 측면 자기개방 단계(공감대 형성, 신뢰감 쌓기) • 우리 집 자랑 등
회상기법 활용 단계	• 지나온 삶의 의미 찾기 • 현실적 소망다짐 단계(사건이나 물건을 통한 기억 떠올리기, 그것에 얽힌 사연, 의미를 집단원과 경험 나누기, 10세 단위로 좋았던 때와 힘들었던 때를 구분하고 남은 여생소망 나누기)
마무리 단계	• 느낀 점, 새롭게 알게 된 점, 생활시 도움을 얻게 된 점, 서로에게 해주고 싶은 점을 나눈다.

진로상담에서 회상기법을 활용하면 자신의 이전 직업탐색이나 자신의 흥미, 가치, 성격 등에 대한 이해를 하고자 할 때 도움이 된다. 예를 들어, 자신의 경제활동 시 가졌던 직업을 떠올려 가장 의미 있었던 기억, 사연, 희로애락의 감정을 떠올려 말하도록 한다. 자연스럽게 이전의 직업도 탐색되고 내담자가 가장 가치 있고 의미 있게 여기는 것이 무엇인지 알 수 있다.

참고문헌

국내문헌

강영배(2013). 청소년 진로교육 및 상담론. 서울: 양서원.

강재연(2009). 한국 대학생의 진로타협과 진로관련 심리적 변인과의 관계. 한양대학교 대학원 박사
학위논문.

고용노동부(2010). 사이버 진로 · 직업 상담노트: 사례와 가이드. 서울: 한국고용정보원.

고지영(2005). 청년실업자의 진로타협 요인분석. 경기대학교 대학원 석사학위논문.

고홍월, 김은하(2009). 진로의사결정에서의 타협 우선순위에 대한 고찰. 상담학연구, 10(4),
2207-2224.

교육부(2015). 고등학교 교양교과 교육과정. 교육부 고시 제2015-74호(별책 19).

교육부(2015). 중학교 선택교과 교육과정. 교육부 고시 제2015-74호(별책 18).

교육부(2015). 창의적 체험활동 교육과정. 교육부 고시 제2015-74호(별책 42).

교육부(2016). 특수교육대상학생을 위한 학교진로상담(지도) 운영매뉴얼. 서울: 한국직업능력개
발원.

교육부(2016). 2015 특수교육통계.

교육과학기술부(2012). 2012 특수교육통계.

교육과학기술부(2013). 2013 특수교육통계.

교육인적자원부(2006). 미래의 직업세계 2007. 서울: 한국직업능력개발원.

국가직무능력표준. http://ncs.go.kr

국립특수교육원(2007). 특수교육기관 진로, 직업교육 실태 및 요구조사.

권대봉, 허선주, 김소이(2008). 사범대학 재학생을 위한 경력개발 프로그램 요구 분석-K대학
을 중심으로. 한국교육학연구, 14(1), 225-245.

김경숙(2009). 뇌졸중 후 편마비인의 체육활동과 장애수용, 자아존중감, 생활만족도의 관계.
한국특수체육학회, 17(4), 1-18.

김계현(1995). 상담심리학. 서울: 학지사.

김계현, 김봉환(1997). 대학생의 진로결정수준과 진로준비행동의 발달 및 이차원적 유형화. 한
국심리학회지: 상담 및 심리치료, 9, 311-333.

김남성(2000). 인지적 행동수정. 서울: 교육과학사.

김동환(2008). 노인복지상담의 현황과 전망. 복지상담학연구, 3(1), 55-72.

김미연, 방희정(2005). 진로타협과정에서의 성별과 출생순위에 따른 선호도 차이. 한국심리학
회지: 여성, 10, 173-188.

김미진(2012). 노인자살 원인으로서의 소외에 대한 분석과 소외 극복을 위한 기독교상담. 계명대학교
대학원 박사학위논문.

김미희(2009). 편마비 노인과 편마비 청장년의 장애수용과 관련요인. 성인간호학회지, 21(5), 547-558.

김병숙, 안윤정, 송혜령(2010). 결혼이주여성의 직업적응 프로그램 개발 및 효과. 한국심리학회지: 여성, 15(2), 235-258.

김병진(2008). 홀랜드식 검사에 의한 직업유형 일치정도와 직무만족 및 직무성취와의 관계. 충남대학교 대학원 박사학위논문.

김봉환(1997). 대학생의 진로결정 수준 및 진로준비행동의 발달 및 이차원적 유형화. 서울대학교 대학원 박사학위논문.

김봉환(2010). 진로상담의 실제. 서울: 학지사.

김봉환, 이제경, 유현실, 황매향, 공윤정(2010). 진로상담이론. 서울: 학지사.

김봉환(2011). 진로교육에서 직업카드 활용의 현황과 과제. 열린교육연구, 19(1), 175-196.

김봉환, 강은희, 강혜영, 공윤정, 김영빈, 김희수, 선혜연, 손은령, 송재홍, 유현실, 이제경, 임은미, 황매향(2013). 진로상담(한국상담학회 상담학총서 6). 서울: 학지사.

김봉환, 김병석, 정철영(2000). 학교진로상담. 서울: 학지사.

김봉환, 정철영, 김병석(2006). 학교진로상담. 서울: 학지사.

김상욱, 유홍준(2002). 직무만족과 이직의사의 형태학적 결정요인. 한국사회학. 35(1), 51-81.

김선희(2006). 역할지향성과 타협상황에 따른 여성의 진로선택: 타협요인의 선호도 비교. 아주대학교 대학원 박사학위논문.

김수리(2005). 부모 지지, 진로결정 자기 효능감 및 역기능적 진로사고가 청소년의 진로발달에 미치는 영향. 홍익대학교 대학원 박사학위논문.

김수리, 박미진(2008). 대졸자의 구직성과에 영향을 미치는 요소에 관한 연구. 고용과 직업연구, 11, 209-233.

김수정(2012). 문화적 자기, 성격유형, 직업가치유형에 따른 진로적응성 분석. 경기대학교 대학원 박사학위논문.

김원호(2011). 항공교통관제사 적성검사에 관한 연구. 한국항공대학교 대학원 박사학위논문.

김윤승, 정솔(2012). 장애인의 사회적 자본이 취업 및 경제활동에 미치는 영향에 관한 연구. 장애와 고용, 22(1), 55-86.

김은주(2008). 한국 대학생 진로준비유형검사의 개발. 서울여자대학교 대학원 박사학위논문.

김이지, 정선영, 김지혜, 김지윤, 이동귀(2011). 성인구직자의 진로스트레스 대처전략과 진로결정수준 간의 관계에서 진로결정 자기효능감의 매개효과. 한국심리학회지: 상담 및 심리치료, 23, 971-993.

김인규, 임은미(2007). 초, 중, 고등학생의 진로발달과업에 대한 일반인의 암묵적 탐색. 아시아교육연구, 8(3), 223-245.

김인수(1984). 대학진학지도에 있어서 적성검사의 효과적 적용에 관한 고찰. 학생생활연구, 7,

37-52.

김장회(2009). 진로의사결정상황에 따른 타협과정의 차이. 서울대학교 대학원 박사학위논문.

김창대(2002). 몰입(Flow)이론을 적용한 진로상담 모형. 청소년상담연구, 10(1), 5-30.

김충기(1998). 생활지도, 상담, 진로지도. 서울: 교육과학사.

김충기(2000). 진로교육과 진로상담. 서울: 동문사.

김충기, 김현옥(1993). 진로교육과 진로상담. 서울: 건국대학교출판부.

김충기, 김희수(2003). 진로상담기술. 서울: 시그마프레스.

김현희(2007). 다문화복지 아동, 청소년의 실태와 과제. 청소년보호지도학회, 11, 75-92.

김형로(2009). 경력개발 특성이 조직유효성에 미치는 영향에 관한 연구: 중소벤처기업을 대상으로. 호서대학교 대학원 석사학위논문.

김혜경(2012). 보육교사 적성검사 도구개발. 경희대학교 대학원 박사학위논문.

김흥국(2000). 경력개발의 이론과 실제. 서울: 다산출판사.

남미숙(2001). 초등진로교육의 이해와 실천. 서울특별시교육연수원 1정연수 지도자료. 서울: 서울특별시 교육연수원.

노동부 중앙고용정보관리소(1999). 한국직업전망서. 서울: 노동부 중앙고용정보관리소.

노안영(2010). 상담심리학의 이론과 실제. 서울: 학지사.

박경애, 이명우, 권해수, 김동일(1997). 천재들의 삶과 꿈. 서울: 청소년대화의 광장.

박관성(2008). 한국남자대학생의 성역할과 진로타협. 단국대학교 대학원 박사학위논문.

박성진(2009). 중도장애인의 장애수용도와 취업욕구에 관한 상관연구. 대구대학교 대학원 석사학위논문.

박소희(2011). 진로태도성숙과 심리적 변인들과의 관계: 자기효능감, 직업가치, 주도성을 중심으로. 직업능력개발연구, 14(3), 307-331.

박수경(2006). 지체장애인의 장애수용과 영향요인. 사회보장연구, 22(1), 265-286.

박수경, 곽지영(2011). 시각장애인의 취업실태와 영향요인 분석. 재활복지, 7(2), 1-15.

박윤희(2010). 중고령자의 고용 및 직업능력개발 요구분석. HRD연구, 12(3), 83-111.

박정란(2006). 여성 새터민의 직업가치와 진로의사결정 과정 연구. 이화여자대학교 박사학위논문.

방언희(2013). 성인용 구직준비 프로그램 개발. 경북대학교 대학원 박사학위논문.

보건복지부(2014). 노인실태조사.

서울시교육과학연구원(2002). 교과와 함께하는 진로교육프로그램. 서울: 서울시교육과학연구원.

서정희(2002). 한국의 청년실업 대책에 관한 연구. 숙명여자대학교 정책대학원 석사학위논문.

손의성(2011). 한국노인의 성공적 노화 전략으로서의 선택, 최적화, 보상 척도 개발에 관한 연구. 한국노인학, 31(2), 381-400.

송소현, 유애란(2011). 정신지체, 자폐성장애 학생의 진로 및 직업교육 관련 연구동향 분석. 지적장애연구, 13(2), 221-248.

송인섭, 김봉환, 조대현, 임언(2006). 교과통합형 진로지도 모형개발과 적용. 서울: 한국직업능력개발원.

신철우(2003). 인적자원관리. 서울: 삼영사.

안수영(2016년 4월 25일). 신나는 진로탐구 보드게임 '커리어코드'. IT동아. 2017년 7월 30일 검색, http://it.donga.com/24144

안창규(1996). 진로 및 적성탐색검사의 해석과 활용. 서울: 한국가이던스.

연문희, 강진령(2002). 학교상담: 21세기의 학생생활지도. 서울: 양서원.

원상희(2013). 청소년의 부모애착과 진로성숙도의 발달궤적 : 자기통제의 종단적 매개효과. 한양대학교 대학원 박사학위논문.

유현실(1998). 재능의 발달 과정에 관한 연구: 체육 재능을 중심으로. 서울대학교 대학원 석사학위논문.

유현실, 김창대(2011). 진로상담전문가의 역량모형 개발을 위한 탐색적 연구. 아시아교육연구, 12(2), 241-268.

윤정향, 류만희(2005). 비정규 노동자를 위한 사회권 확립방안에 관한 소고: 비판과 대안을 위한. 사회복지학회 학술대회발표논문집.

이기학(2005). 진로선택타협과정에서 보이는 선호도에 대한 생물학적 성과 성역할 특성의 상호작용효과연구. 상담학연구, 6(3), 849-859.

이기학, 조미랑(2003). 인문계 고등학생의 진로의사결정 타협과정에서 보이는 남녀간 선호도 차이. 한국심리학회지: 여성, 8, 1-13.

이기학, 한종철(1998). 고등학생의 진로태도 성숙과 개인적 특성 및 심리적 변인들과의 관계. 한국심리학회지: 상담 및 심리치료, 10(1), 167-190.

이동혁, 황매향, 임은미(2013). 진로상담의 과정과 기법. 서울: 학지사.

이성진, 윤경희, 임은미, 김인규, 임진영, 여태철, 황매향(2008). 우리나라 성인의 진로발달과업에 대한 암묵지 탐색. 진로교육연구, 21(1), 1-17.

이원정(2013). 대졸 초기경력자의 경력개발지원 인식과 조직몰입이 이직의도에 미치는 영향. 한양대학교 교육대학원 석사학위논문.

이장호, 금명자(2008). 상담연습교본. 서울: 법문사.

이재창(2005). 생활지도와 상담. 서울: 문음사.

이재창, 박미진, 최인화(2003). 진로사고검사의 한국 표준화 연구. 한국심리학회지: 상담 및 심리치료, 15(3), 529-550.

이재창, 최인화, 박미진(2004). 진로사고검사. 서울: 한국가이던스.

이재창, 최인화, 박미진(2004). 진로사고검사 Workbook. 서울: 한국가이던스.

이재창, 최인화, 박미진(2008). CTI 진로사고검사 검사요강. 서울: 한국가이던스.

이제경(2004). 한국 성인 구직자의 취업준비행동: 심리적 특성 및 개인배경변인을 중심으로. 서울대학교 대학원 박사학위논문.

이제경, 임은미, 황매향(2013). 진로상담. 서울: 학지사.

이종범, 최동선, 고재성, 이혜숙(2010). 진로·진학상담교사 양성을 위한 표준교육과정 개발 연구. 서울: 교육과학기술부.

이지연(2006). 청소년이 인식하는 일 가치의 변화, 직업교육연구, 25(3), 163-181.

이진영(2013). 출생연도별 한국 여성의 경제활동참가율 현황 및 시사점. KERI Brief, 13-28.

이채식(2012). 근로장애인의 직무만족도에 영향을 주는 심리사회적 변인에 관한 연구. 장애와 고용, 22(1), 29-54.

이학희(2004). 인적자원 관리론. 대구: 대명.

이현림(2007). 진로상담. 경기: 양서원.

이현림, 김영숙, 박혜경(1999). 여성 진로상담에 대한 이론적 고찰. 한국진로상담학회지, 4(1), 1-19.

이혜진(2005). 성격과 직업적 흥미와의 관계에서 사회인지적 능력의 매개효과. 성신여자대학교 대학원 박사학위논문.

이효남(2015). 한국 성인의 지능, 흥미, 성격요인을 결합한 특성복합체의 직업선택 및 직무수행에 대한 타당성 연구. 숙명여자대학교 박사학위논문.

임경택, 설동훈(2006). 일본의 결혼이민자 복지정책. 지역사회학, 7(2), 5-68.

장대운, 김충기, 박경애, 김진희(1996). 청소년진로상담. 서울: 청소년대화의 광장.

장보인(2003). 진로타협과정에 영향을 미치는 요소들의 남녀 차이 비교: Gottfredson 모델 중심으로. 이화여자대학교 대학원 석사학위논문.

장한별(2010). 기업교육강사의 강의 전문성발달 연구. 숙명여자대학교 대학원 석사학위논문.

전국매일신문(2013. 10. 18.) 국내 체류 외국인 강력범죄 증가율.

전영환, 남용현, 류정진(2010). 장애인근로자의 건강실태분석. 경기: 한국장애인고용공단 고용개발원.

정민선(2012). 장애인의 생활만족도와 취업욕구의 관계에서 장애수용의 매개효과 검증. 장애와 고용, 22(4), 169-185.

정영희(2002). 흥미 유형 및 성역할 정체감에 따른 진로 의사결정의 타협과정 연구. 연세대학교 대학원 석사학위논문.

정윤경, 김나라, 방혜진, 이윤진, 김가연(2016). 2015 학교 진로교육 목표와 성취기준. 서울: 교육부.

정윤경, 이지연, 이종범, 박윤희, 정진철, 한상근, 강혜영, 심혜숙, 윤미숙, 최수정, 유희복(2010). 진로진학상담교사 역량개발. 서울: 교육과학기술부.

정의석(2013). 진로상담의 이론과 실제. 서울: 시그마프레스.

정주리, 이기학(2007). 성별과 성역할 고정관념에 따른 진로타협 과정에서 선호도 차이. 한국
심리학회지: 여성, 12(2), 161-174.

정현희, 손귀주(2007). 집단미술치료에 의한 외국인 노동자의 자아개방 사례. 미술치료연구,
14(4), 767-785.

조붕환, 김봉환, 임경희, 이종범(2014). 초·중·고 연계 맞춤형 진로지도 프로그램 개발. 대전: 대
전광역시교육청.

조붕환, 박미진(2013). 진로발달그림검사. 서울: 한국가이던스.

조붕환, 임경희(2013). 교사를 위한 생활지도와 학교상담. 서울: 아카데미프레스.

조순점(2010). 고령자 구직활동 실태 및 취업결정요인에 관한 연구. 한영신학대학교 대학원 박사
학위논문.

조영달(2006). 다문화가정의 자녀교육 실태조사. 서울: 교육인적자원부.

조주연, 백순근, 임진영, 여태철, 최지은(2004). 초등 교직적성검사 모형개발 연구. 교육심리연
구, 18(3), 231-247.

주용국(2009). '노인다움' 노화 지원을 위한 상담, 교육 모형의 개발. 상담학연구, 10(1), 17-42.

지용근(2005). 진로상담의 이해. 서울: 동문사.

지용근, 김옥희, 양종국(2005). 진로상담의 이해. 서울: 동문사.

진미석, 이현경, 서유정, 허정희, 남미숙, 황윤록, 이혜숙, 최은숙(2012). 학교 진로교육 목표와
성취기준. 서울: 교육과학기술부.

최명균(2011). 노인상담에서 상담자의 역전이 경험. 백석대학교 대학원 박사학위논문.

최병권(2005). 경력개발제도의 설계 및 운영방안. 임금연구, 13(3), 63-79.

최성열(2006). 성인용 직업적성검사를 활용한 검사점수 연계화 방법의 상대적 적절성 비교. 계명대학
교 대학원 박사학위논문.

최영숙(2004). 진로장벽에 직면한 직업복귀 여성의 진로타협 유형 분석. 경기대학교 대학원 석사학
위논문.

최윤정, 안후남, 이지은, 최정순, 박선주(2013). 여성 진로 발달 및 상담에 관한 국내 연구 동
향. 상담학연구, 14(2), 1285-1308.

최윤희(2011). 중학생의 직업흥미유형과 성격 및 지적능력간의 관계. 충남대학교 대학원 박사학위
논문.

최윤희, 김순자(2011). 국제결혼가정 자녀의 자아정체감이 진로성숙도에 미치는 영향. 한국심
리학회지: 일반, 30(3), 743-762.

탁진국(1995). 한국대학생의 직업에 대한 성 고정관념: 성별, 성역할유형 및 문화에 따른 차이.
한국심리학회지: 산업 및 조직, 8(1), 161-174.

통계청(2012). 인구동향조사.

통계청(2013). 외국인 체류현황.

통계청(2015). 인구동향조사.

통계청(2016). 2015년 다문화 인구동태 통계.

하창순(2004). 한국판 자기통제력척도 타당화 연구. 단국대학교 대학원 박사학위논문.

한국고용정보원(2005). 성인용직업가치관검사. 서울: 한국고용정보원.

한국고용정보원(2008). 직업선호도 검사 개정 연구 보고서(1차년도). 서울: 한국고용정보원.

한국장애인고용공단(2016). 2016 장애인 통계.

한국장애인고용촉진공단(2013). 2012 장애인 통계.

한국직업능력개발원(1998). 직업상담사 직무분석. 서울: 한국직업능력개발원.

한국직업능력개발원(2006). 우리나라 대표직업의 특성에 관한 조사. 서울: 한국직업능력개발원.

한국진로교육학회(2011). 선진 패러다임을 위한 진로교육의 이론과 실제. 서울: 교육과학사.

한국청소년활동진흥원(2012). 2012 청소년활동 및 생활요구조사: 진로에 대한 청소년 의식조사.

홍려교(2001). 스포츠참여가 지체장애인의 장애수용과 신체상에 미치는 영향. 이화여자대학교 박사
학위논문.

홍인식(2008). 장애인의 직업재활 개선방안에 관한 연구-서비스전달체계 개선을 중심으로-. 단국대
학교 석사학위논문.

황매향(2002). 진로의사결정에서 나타나는 타협과정: 대학 및 학과선택을 중심으로. 서울대학교 대
학원 박사학위논문.

황매향, 김계현(2001). 진로의사결정에서의 타협 과정에 대한 연구동향. 한국심리학회지: 상담
및 심리치료, 13(1), 111-124.

황매향, 김연진, 이승주, 전방연(2011). 진로탐색과 생애설계. 서울: 학지사.

외국문헌

Allport, G. W. (1961). *Personality: A psychological interpretation*. New York: Holt.

Amundson, N. E., & Penner, K. (1998). Parent involved career exploration. *The Career Development Quarterly, 47*, 135-144.

Amundson, N. E., Harris-Bowlsbey, J., & Niles, S. G. (2005). *Essential elements of career counseling: Processes and Techniques*. Upper Saddle River, NJ: Pearson Merrill Prentice Hall.

Amundson, N. E., Harris-Bowlsbey, J., & Niles, S. G.(2009). Essential elements of career counseling: Processes and Techinques. 이동혁, 황매향, 임은미 역(2013). 진로상담 과정과 기법. 서울: 학지사.

Atkinson, D. R., Morten, G., & Sue, D. W. (1993). *Counseling american minorities: A cross-cultural perspective* (5th ed.). Dubuque, IA: McGraw-Hill.

Baltes, P. B., & Baltes, M. M. (1990). Psychological perspectives on successful aging: The model of selective optimization with compensation. In P. B. Baltes & M. M. Baltes (Eds.), *Successful aging: Perspectives from the behavioral sciences*(pp. 1-34). Cambridge, UK: Cambridge University Press.

Bandura, A. (1982). Self-efficacy mechanism in human agency. *American Psychologist, 37*(2), 122-147.

Bandura, A. (1986). *Social foundations of thought and action: A social cognitive theory.* Englewood Cliffs, NJ: Prentice Hall.

Bandura, A. (1989). A social cognitive theory of action. In J. P. Forgas & M. J. Innes (Eds.), *Recent advances in social psychology: An international perspective* (pp. 127-138). North Holland: Elsevier.

Bandura, A. (1997). *Self-efficacy: The exercise of control.* San Francisco: W. H. Freeman.

Bandura, A. (2000). Social cognitive theory: An agentic perspective. *Annual Review of Psychology, 52*, 1-26.

Bandura, A. (2002). Social cognitive theory in cultural context. *Applied Psychology: An International Review, 51*, 269-290.

Baurch, Y., & Rosenstein, E. (1992). Human resource management in Israeli firms: Planning and managing careers in high-technology organizations. *The International Journal of Human Resource Management, 3*(3), 477-495.

Betsworth, D. G., & Hansen, J. C. (1996). The categorization of serendipitous career development events. *Journal of Career Assessment, 4*, 91-98.

Bikos, L., O'Brien, K. M., & Heppner, M. J. (1995). *Therapeutic alliance as a component of career counseling: A comparison and outcome study.* Unpublished manuscript, University of Kansas-Lawrence.

Bingham, R. P. (2002). The issue may be the integration of personal and career issues. *The Counseling Psychologist, 30*, 885-890.

Blandchard, C. A., & Lichtenberg, J. W. (2003). Compromise in career decision making: A test of Gottfredson's theory. *Journal of Vocational Behavior, 62*, 250-271.

Bohart, A. C., & Tallman, K. (1999). *How client make therapy work: The process of active self-healing.* Washington, DC: American Psychological Association.

Boyd, C. U., & Cramer, S. H. (1995). Relationship between Holland high point code and client preference for selected vocation counseling strategies. *Journal of Career Development, 21*, 213-221.

Brott, P. E. (2001). The storied approach: A postmodern perspective for career counseling.

Career Development Quarterly, 49, 304-313.

Brott, P. E. (2004). Constructivist assessment in career counseling. *Journal of Career Development, 30*(3), 189-200.

Brown, D., & Brooks, L. (1991). Career counseling techniques. 김충기, 김희수 공역(2003). 진로상담의 기술. 서울: 시그마프레스.

Brown, S. D., & Krane, N. E. R. (2000). Four(or Five) sessions and a cloud of dust: Old assumptions and new observations about career counseling. In S. B. Brown & R. W. Lent (Eds.), *Handbook of counseling psychology*(3rd ed.) (pp. 740-766). New York: John Wiley.

Brown, S. D., & Lent, R. W. (1996). A social cognitive framework for career choice counseling. *The Career Development Quarterly, 44*, 354-366.

Brown, S. D., Lent, R. W., & Gore, P. A. (2000). Self-rated abilities and self-efficacy beliefs: Are they empirically distinct? *Journal of Career Assessment, 8*, 223-235.

Bujold, C. (2004). Constructing career through narrative. *Journal of Vocational Behavior, 64*, 470-484.

Caplan, R. D. (1987). Person-Environment fit theory and organizations Commensurate dimensions, time perspectives, and mechanisms. *Journal of Vocational Behavior, 31*, 248-267.

Chartrand, J. M. (2001). The evolution of trait-and-factor career counseling: A person × environment fit approach. *Journal of Counseling & Development, 69*, 518-524.

Chartrand, J. M., Martin, W. F., Robbins, S. B., Mcauliffe, G. J., Pickering, J. W., & Calliotte, A. A. (1994). Testing a level versus an interactional view of career indecision. *Journal of Career Assessment, 2*, 55-69.

Chope, R. (2008). Practice and research in career counseling and development-2007. *The Career Development Quarterly, 57*, 98-173.

Cochran, L. (1997). *Career counseling: A narrative approach.* Newbury Park, CA: Sage Publications.

Cohen, L., Duberley, J., & Mallon, M. (2004). Social constructionism in the study of career: Accessing the parts that other approaches cannot reach. *Journal of Vocational Behavior, 64*, 407-422.

Coleman, H. L. K., Wampold, B. E., & Casali, S. L. (1995). Ethnic minorities rating of ethnically similar and European American counselors: A meta-analysis. *Journal of Counseling Psychology, 42*, 55-64.

Costa, P. T., & McCare, R. (1992). *NEO-PI-R professional manual.* Odessa, FL, CA: Brooks/Cole.

Crites, J. O. (1969). *Vocational psychology*. New York: McGraw-Hill.

Csikszentmihalyi, M., Rathunde, K., & Wahlen, S. (1993). *Talented teenagers: The roots of success and failure*. Cambridge, UK: Cambridge University Press.

Dagley, J. (1984). *A vocational genogram*. (Mimeographed.). Athens, GA: School of Education, University of Georgia.

Dawis, R. V., & Lofquist, L. H.(1984). *A psychological theory of work adjustment: An individual differences model and its applications*. Minneapolis: University of Minnesota Press.

Deci, E. L., & Ryan, R. M. (2000). The "what" and "why" of goal pursuits: Human needs and the Self-determination of behavior. *Psychological Inquiry, 11*, 227-268.

Drummond, R. J., & Ryan, C. W. (1995). *Career counseling: A development approach*. Boston: Allyn & Bacon.

Edwards, J. R. (1994). The study of congruence in organizational behavior research: Critique and a proposed alternative. *Organizational Behavior and Human Decision Processes, 58*, 51-100.

Egan, G. (2002). *The skilled helper: A problem management and opportunity-development approach to counseling* (7th ed.). Pacific Grove. CA: Brooks/Cole.

Emmett, J. (2001). A constructivist approach to the teaching of career counseling. In K. Eriksen & G. McAuliffe (Eds.), *Teaching counselors and therapists* (pp. 139-167). Westport, CT: Bergin & Garvey.

Erikson, E. H. (1963). *Childhood and society*(2nd ed.). New York: Norton.

Foster, J. F. (1992). Eliciting personal constructs and articulating goals. *Journal of Career Development, 18*, 175-185.

Friedman, T. H. (2005). *The world is flat: A brief history of the 21st century*. New York: Farrar, Straus, and Giroux.

Gardner, H. (2006). Multiple Intelligences new horizons, 문용린, 유경재 역 (2007). 다중 지능. 서울: 웅진지식하우스.

Gati, I. (1993). Career compromises. *Journal of Counseling Psychology, 40*, 416-424.

Ginzberg, E. (1972). Restatement of the theory of occupational choice. *Vocational Guidance Quaterly, 20*, 169-176.

Ginzberg, E. (1984). Career development. In D. Brown, & L. Brooks(Eds), *Career choice and development: Applying contemporary theories to practice*(pp. 169-191). San Francisco: Jossey-Bass.

Ginzberg, E., Ginsburg, S. W., Axelrad, S., & Herma, J. L. (1951). *Occupational choices*. New

York: Columbia University Press.

Glasersfeld, E. (1995). *Radical constructivism: A way of knowing and learning.* London & Washington: The Falmer Press.

Goffman, E. (1961). *Asylums: Essays on the social situation of mental patients and other inmates.* New York, NY: Doubleday.

Goodman, J., Schlossberg, N., & Anderson, M. L. (2006). *Counseling adults in transition.* New York: Springer Publishing Company.

Gottfredson, L. S. (1981). Circumscription and comprise: A developmental theory of occupational aspirations. *Journal of Counseling Psychology, 28,* 545-579.

Gottfredson, L. S. (1996). Gottfredson's theory of circumscription and compromise. In D. Brown & L. Brooks (Eds), *Career choice and development*(3th ed., 179-232). Sanfrancisco: Jossey-Bass.

Gottfredson, L. S. (2002). Gottfredson's theory of circumscription, compromise, and self-creation. In D. Brown & L. Brooks (Eds), *Career choice and development*(4th ed., 85-148). Sanfrancisco: Jossey-Bass.

Gottfredson, L. S., & Lapan, R. T. (1997). Assessing gender-based circumscription of occupational aspirations. *Journal of Career Assessment, 5*(4), 419-441.

Gottfredson, M. R., & Hirschi, T. (1990). *A general theory of crime.* CA: Stanford University Press.

Griffin, B., & Hesketh, B. (2005). Counseling for work adjustment. In S. D. Brown & R. W. Lent (Eds), *Career development and counseling: Putting theory and research to work* (pp. 483-505). Hoboken, NJ: Wiley & Sons.

Guay, R., Senecal, C., Gauthier, L., & Fernet, C. (2003). Predicting career indecision: A self-determination theory perspective. *Journal of Counseling Psychology, 50,* 162-177.

Guindon, M. H., & Smith, B. (2002). Emotional barriers to successful reemployment: Implications for counselors. *Journal Employment Counseling, 39,* 78-82.

Gysbers, N. C. (2006). Using qualitative career assessments in career counseling with adults. *International Journal of Educational and Vocational Guidance, 6,* 95-108.

Gysbers, N. C., Heppner, M. J., & Johnston, J. A. (1997). Career counseling: process, issues, and techniques. 김봉환 역(2003). 진로상담의 실제. 서울: 학지사.

Gysbers, N. C., Heppner, M. J., & Johnston, J. A. (2003). *Career counseling: Process, issues, and techniques* (2nd ed.). Boston: Allyn & Bacon.

Gysbers, N. G., & Moore, E. J. (1987). *Career counseling: Skills and techniques for practions.* Englewood Cliffs, NJ: Prentice Hall.

Hackett, G., & Betz, N. (1981). A self-efficacy approach to the career development of women. *Journal of Vocational Behavior, 18*, 326-339.

Hall, A. S., Kelly. K. R., & Buren, J. B. V. (1995). Effects of grade level, community of residence, and sex on adolescent career interests in the zone of acceptable alternatives. *Journal of Career Development, 21*(3), 223-232.

Hall, D. T. (1986). *Career development in organization*. San Francisco CA: Jossey-Bass.

Hanisch, K. A. (1994). Reasons people retire and their relations to attitudinal and behavioral correlates in retirement. *Journal of Vocational Behavior, 45*, 1-16.

Hansen, S. (2002). *Creating my own Circle of Life*. Unpublished manuscript, University of Minnesota-Twin Cities.

Harren, V. H. (1984). *Assessment of career decision making*. LA: Western Psychological Service.

Harris-Bowlsbey, J., Riley Dikel, M., & Sampson, J. P., Jr. (2002). *The internet: A tool for career planning* (2nd ed). Tulsa, OK: National Career Development Association.

Hartung, P. J. (2010). Practice and research in career counseling and development-2009. *The Career Development Quarterly, 59*, 98-142.

Heaton, J. A. (1998). *Building basic therapeutic skills: A practical guide for current mental health practice*. San Francisco: Jossey-Bass.

Heppner, M. J., & Hendricks, F. (1995). A process and outcome study examining career indecision and indecisiveness. *Journal of Counseling and Development, 73*, 426-437.

Herr, E. L. (2013). Trends in the history of vocational guidance. *The Career Development Quarterly. 61*, 277-282.

Herr, E. L., Cramer, S. H., & Niles, S. G. (2004). *Career guidance and counseling through the lifespan: Systemic approaches*(6th ed.). Boston: Allyn & Bacon.

Herr, E. L., & Cramer S. H. (1996). *Career guidance and counseling through the life span*. New York: Harper Collins College Publishers.

Hershenson, D. B. (1996). Career counseling. In Dell Orto, A, E., & Marinelli, R. P. (Eds.), *Encyclopedia of disability and rehabilitation* (pp. 140-146). New York: Simon & Schuster.

Hesketh, B., & McLachlan, K. (1991). Career compromise and adjustment among graduates in the banking industry. *British Journal of Guidance & Counselling, 19*(2), 191-208.

Hesketh, B., Durant, C., & Pryor, R. (1990). Career compromise: A test of Gottfredson's theory. *Journal of Vocational Behavior, 36*, 97-108.

Hesketh, B., Elmslie, S., & Kaldor, W. (1990). Career compromise: An alternative account to Gottfredson's 1981 theory. *Journal of Counseling Psychology, 37*(1), 49-56.

Holland, J. L. (1992). *Making vocational choices: A theory of vocational personalities and work environments* (2rd ed.). Odessa, FL: Psychological Assessment Resources.

Holland, J. L. (1994). Making vocational choices. 안창규, 안현의 역(1997). 홀랜드 직업선택이론. 서울: 한국가이던스.

Holland, J. L. (1994a). *The occupations finder*. Odessa, FL: Psychological Assessment Resources.

Holland, J. L. (l994b). *Self-directed search*. Odessa, FL: Psychological Assessment Resources.

Holland, J. L. (1997). *Making vocational choices: A theory of vocational personalities and work environments* (3rd ed.). Odessa, FL: Psychological Assessment Resources.

Holt, P. A. (1989). Differential effect of status and interest in the process of compromise. *Journal of Counseling Psychology, 36*, 42-47.

Hoppock, R. (1976). *Occupational information*. New York: McGraw-Hill.

Hopson, B., & Adams, J. D. (1997). Towards an understanding of transitions: Defining some boundaries of transition. In J. Adams, J. Hayes, & B. Hopson (Eds.), *Transition: Understanding and managing personal change* (pp. 1-19). Montclair, NJ: Allenheld & Osmun.

Jonnson, H., Josephsson, S., & Kielhofner, G. (2001). Narratives and experience in an occupational transition: A longitudinal study of the retirement process. *American Journal of Occupational Therapy, 55*, 424-434.

Joseph, L. M., & Greenberg, M. A. (2001). The effects of a career transition program on reemployment success in laid off professionals. *Cousulting Psychology Journal, 53*, 169-181.

Klein, K. L., & Weiner, Y. (1977). Interest congruency as a moderator of the relationship between job tenure and job satisfaction and mental health. *Journal of Vocational Behavior, 10*, 91-98.

Krumboltz, J. D. (1966). A learning theory of career counseling. In M. L. Savickas & W. B. Walsh (Eds.), *Handbook of career counseling theory and practice* (pp. 55-80). Palo Alto, CA: Davies-Black.

Krumboltz, J. D. (1991). *The career beliefs inventory*. Palo Alto, CA: Consulting Psychologists Press.

Krumboltz, J. D. (1992). The wisdom of indecision. *Journal of Vocational Behavior, 41*(3), 239-244.

Krumboltz, J. D. (1993). Integrating career and personal counseling. *The Career Development Quarterly, 42*, 143-148.

Krumboltz, J. D. (1996). A Learning theory of career counseling. In M. L. Savickas & W. B. Walsh (Eds.), *Handbook of career counseling theory and practice* (pp. 55-80). Palo Alto, CA: Consulting Psychologists Press.

Krumboltz, J. D. (2009). The happenstance learning theory. *Journal of Career Assessment, 17*(2), 135-154.

Krumboltz, J. D., & Baker, R. (1973). Behavioral counseling for vocational decisions. In H. Borow(Ed.), *Career guidance for a new age* (pp. 235-284). Boston: Houghton Mifflin.

Krumboltz, J. D., & Henderson, S. J. (2002). A learning theory for career counselors. In S. G. Niles (Ed.), *Adult career development: Concepts, issues, and practices* (3rd ed., pp. 39-56). Columbus, OH: National Career Development Association.

Krumboltz, J. D., & Levin, A. S. (2004). *Luck is no accident: Making the most of happenstance in your life and career.* Atascadero, CA: Impact.

Lent, R. W., & Brown, S. D. (2002). Social cognitive career theory and adult career development. In S. G. Niles (Ed.), *Adult career development concepts, issues, and practices* (3rd ed., pp. 78-97). Columbus, OH: National Career Development Association.

Lent, R. W., & Brown, S. D. (2008). Social cognitive career theory and subjective well-being in the context of work. *Journal of Career Assessment, 16*(1), 6-21.

Lent, R. W., & Brown, S. D. (2013). Social cognitive model of career self-management: Toward a unifying view of adaptive career behavior across the life span. *Journal of Counseling Psychology, 60*(4), 557-568.

Lent, R. W., Brown, S. D., & Hackett, G. (1994). Toward a unified social cognitive theory of career and academic interest, choice, and performance. *Journal of Vocational Behavior, 45,* 79-122.

Lent, R. W., Brown, S. D., & Hackett, G. (2000). Contextual supports and barriers to career choice: A social cognitive analysis. *Journal of Counseling Psychology, 47,* 36-49.

Lent, R. W., Brown, S. D., & Hackett, G. (2002). Social cognitive career theory. In D. Brown & Associates (Eds.), *Career choice and development* (4th ed., pp. 255-312). San Francisco: Jossey-Bass.

Lent, R. W., Brown, S. D., & Larkin, K. C. (1986). Self-efficacy in the prediction of academic performance and perceived career options. *Journal of Counseling Psychology, 33,* 165-169.

Lent, R. W., Nota, L., Soresi, S., Ginevra, M. C., Duffy, R. D., & Brown, S. D. (2011). Predicting the job and life satisfaction of Italian teachers: Test of a social cognitive model. *Journal of Vocational Behavior, 79,* 91-97.

Leung, S. A. (1993). Circumscription and compromise: A replication study with Asian Americans. *Journal of Counseling Psychology, 40*(2), 188-193.

Leung, S. A., & Harmon, L. W. (1990). Individual and sex differences in the zone of acceptable alternatives. *Journal of Counseling Psychology, 37*(2), 153-159.

Leung, S. A., & Plake, B. S. (1990). A choice dilemma approach for examining in relative importance of sex type and prestige preferences in the process of career choice compromise. *Journal of Counseling Psychology, 37*(4), 399-406.

Liptak, J. L. (2001). *Treatment planning in career counseling.* Pacific Grove, CA: Boorks/Cole.

Meara, N. M., & Patton, M. J. (1994). Contributions of the working alliance in practice of career counseling. *The Career Development Quarterly, 43*, 161-177.

Meir, E. I. (1988). The need for congruence between within-occupation interrests and specialty in mid-career. *The Career Development Quarterly, 37*, 63-69.

Mitchell, K. E., Levin, A. S., & Krumboltz, J. D. (1999). Planned happenstance: Constructing unexpected career opportunities. *Journal of Counseling and Development. 77*, 115-124.

Mitchell, L. K., & Krumboltz, J. D. (1990). Social learning approach to career decision making: Krumboltz's theory. In D. Brown, L. Brooks, & Associates (Eds.), *Career choice and development: Applying contemporary theories to practice* (2nd ed., pp. 145-196). San Francisco: Jossey-Bass.

Mitchell, L. K., & Krumboltz, J. D. (1996). Krumboltz's learning theory of career choice and counseling. In D. Brown, L. Brooks, & Associates (Eds), *Career choice and development* (3rd ed., pp. 233-280). San Francisco: Jossey-Bass.

Montgomery, D. J. (1984). Contractual arrangements. in H. D. Burck & C. Reardon (Eds.), *Career development interventions* (pp. 108-123). Springfield, IL: Charles C Thomas.

Morgan, M. A., Hall, D. T., & Martier, A. (1979). Career development strategies in industry- Where are we and where should we be? *Personnel, 56*, 13-30.

Moss, M. K., & Frieze, I. H. (1993). Job preferences in the anticipatory socialization phase: a comparison of two matching models. *Journal of Vocational Behavior, 42*, 282-297.

Nation Career Development Association (1991). *The professional practice of career counseling and counsultation: A resource document.* Alexandria, VA: National Career Development Association.

National Career Development Association (1997). *Career counseling competencies.* Columbus, OH: Author.

National Career Development Association (2003). *The professional practice of career counseling and consultation: A resource document.* Tulsa, OK: Author.

National Vocational Guidance Association (1973). *Position paper on career development.* Washington, DC: National Vocational Guidance Association.

Neimeyer, G. (1992). *Constructivist assessment: A casebook.* Newbury Park, CA: Sage.

Niles, S. G., & Harris-Bowlsbey, J. (2002). *Career development interventions in the 21st century.* Upper Saddle River, NJ: Merrill Prentice Hall.

Niles, S. G., & Harris-Bowlsbey, J. (2013). *Career development interventions in the 21st century*(4th ed). NJ: Pearson Education, Inc.

Niles, S. G., & Hartung, P. J. (2000). Emerging career theories. In D. A. Luzzo(Ed.), *Career counseling of college students: An empirical guide to strategies that work.* Washington, DC: American Psychological Association.

Okiishi, R. W. (1987). The genogram as a tool on career counseling. *Journal of Counseling ad Development 66*, 139-143.

Osipow, S. H., & Fitzgerald, L. F. (1996). *Theories of career development* (4th ed.). Needham, MA: Allyn & Bacon.

Parsons, F. (1909). *Choosing a vocation.* Boston: Houghton Mifflin.

Peavy, R. V. (1992). A constructivist model of training for career counselors. *Journal of Career Development, 18*, 215-228.

Peavy, R. V. (1996). A constructive framework for career counseling. In T. L. Sexton & G. L. Griffin (Eds), *Constructivist thinking in counseling practice, research, and training* (pp. 122-140). New York: Teachers College Press.

Penick, N. I., & Jepsen, D. A. (1992). Family functioning and adolescent career development. *Career Development Quarterly, 40*, 208-222.

Peterson, G. W., Sampson, J. P., & Reardon, R. C. (1991). *Career development and service: A cognitive approach.* Pacific Grove, CA: Brooks/Cole.

Peterson, G. W., Sampson, J. P., Jr., Lenz, J. G., & Reardon, R. C. (2002). becoming career problem solvers and decision makers: A cognitive information processing approach. In D. Brown & L. Brooks(Eds.), *Career choice and development* (4rd ed.)(pp. 312-369). San Francisco: Jossey-Bass.

Peterson, G. W., Sampson, J. P., Jr., Reardon, R. C., & Lenz, J. G. (1996). Becoming career problem solvers and decision makers: A cognitive information processing approach. In D. Brown & L. Brooks(Eds.), *Career choice and development* (3rd ed.)(pp. 423-475). San Francisco: Jossey-Bass.

Peterson, N., & Gonzalez, R. C. (2000). *Career counseling for adults: career transition. In the role of work in people's lives.* California: Brooks & Cole.

Phillips, W. E. (1999). *The effectiveness of a cognitive behavioral stress reduction program in outplacement counseling* (Doctoral dissertation, University of New Orleans, 1999). Dissertation Abstracts International: Section A: Humanities and Social Sciences, 59/8-A, 2871.

Power, S. J., & Rothausen, T. J. (2003). The work-oriented midcareer development model: An extension of Super's maintenance stage. *The Counseling Psychologist, 31*, 157-197.

Prochaska, J. O., Norcross, J. C., & DiClemennte, C. C. (1994). *Changeing for good.* New York: William Morrow & Co.

Pryor, R. G. L. (1987). Compromise: The forgotten dimension of career decision-making. *British Journal of Guidance and Counseling, 15*, 158-168.

Pryor, R. G. L., & Taylor, N. B. (1986). What would I do if I couldn't do what I anted to do? Investigating career compromise strategies. *Australian Psychologist, 21*, 363-376.

Pulakos, E. D., Arad, S., Donovan, M. A., & Plamondon, K. E. (2000). Adaptability in the workplace: Development of a taxonomy of adaptive performance. *Journal of Applied Psychology, 85*(4), 612-624.

Rappaport, J. (2003, Winter). Community narratives, personal stories, and social change: Understanding the human experience. *University of Illinois at Urbana-Champaign Psychology Times,* 1-4.

Rehfuss, M. (2009). The future career autobiography: A narrative measure of career intervention effectiveness. *The Career Development Quarterly, 58*, 82-90.

Richardson, M. S., Meade, P., Rosbruch, N., Vescio, C., Price, L., & Cordero, A. (2009). Intentional and identity processes: A social constructionist investigation using student journals. *Journal of Vocational Behavior, 74*, 63-74.

Rogers, C. R. (1951). *Client-centered therapy.* Boston: Houghton Mifflin.

Rogers, C. R. (1961). *On becoming a person.* Boston: Houghton Mifflin.

Rogers, C. R. (1989). A client-centered/prson-centered approach to therapy. In H. Kirschenbaum & V. L. Henderson (Eds), *The Carl Rogers veader.* (pp. 135-152). Boston: Houghton Mifflin(Original work published 1986)

Rosenberg, M. (1957). *Occupations and values.* Glencoe, IL; The Free Press.

Rounds, J. B., & Tracey, T. J. (1990). From trait-and-factor to person-environment fit counseling: Theory and process. In W. B. Walsh & S. H. Osipow (Eds), *Career counseling: Contemporary topics in vocational psychology* (pp. 1-44). Hillsdale, NJ: Lawrence Erlbaum.

Russell, J. E. L. (2005). Work performance and careers. In S. D. Brown & R. W. Lent (Eds.),

Career development and counseling: Putting theory and research to work (pp. 203-224). Hoboken, NJ: Wiley & Sons.

Ryan, R. M., & Solky, J. A. (1996). What is supportive about social support? : On the psychological needs for autonomy and relatedness. In Gregory R. Pierce, Barbara R. Sarason, & Irwin G. Sarason (Eds). *Handbook of social support and the family* (pp. 249-268). NY: Plenum Press.

Ryan, N. E. (1999). *Career counseling and career choice goal attainment: A meta-analytically derived model for career counseling practice* (Doctoral dissertation, Loyola University of Chicago, 1999). Dissertation Abstracts International, 05A, 1464.

Sagie, A., Elizur, D., & Koslowsky, M. (1996). Work values: A theoretical overview and a model of their effects. *Journal of Organizational Behavior, 17,* 503-514.

Salomone, P. R. (1996). Tracing Super's theory of vocational development: A 40-Year retrospective. *Journal of Career Development, 22,* 167-184.

Sampson, J. P., Jr., Carr, D. L., Panke, J., Arkin, S., Minville, M., & Vernick, S. H. (2001). *Design strategies for need-based Internet Web sites in counseling* (technical report no. 28). Tallahassee, FL: Florida State University, Center for the Study of Technology in Counseling and Career Development(Online).

Sampson, J. P., Jr., Peterson, G. W., Lenz, J. G., & Reardon, R. C. (1992). A cognitive approach to career services: Translating concepts into practice. *Career Development Quarterly, 41,* 67-74.

Sampson, J. P., Jr., Peterson, G. W., Lenz, J. G., Reardon, R. C,. & Saunders, D. E. (1998). The design and use of a measure of dysfunctional career thoughts among adults, college students, and high school students: The Career Thoughts Inventory. *Journal of Career Assessment, 6,* 115-134.

Sampson, J. P., Jr., Peterson, G. W., Lenz, J. G., Reardon, R. C., & Saunders, D. E. (1996a). *Career Thoughts Inventory.* Odessa, FL: Psychological Assessment Resources.

Sampson, J. P., Jr., Peterson, G. W., Lenz, J. G., Reardon, R. C., & Saunders, D. E. (1996b). *Career Thoughts Inventory: Professional manual.* Odessa, FL: Psychological Assessment Resources.

Sampson, J. P., Jr., Peterson, G. W., Lenz, J. G., Reardon, R. C., & Saunders, D. E. (1996c). *Career Thoughts Inventory workbook.* Odessa, FL: Psychological Assessment Resources.

Sampson, J. P., Jr., Reardon, R. C., Peterson, G. W., & Lenz, J. G. (2004). *Career counseling & services: A cognitive information processing approach.* Belmont, CA: Brooks/Cole.

Sampson, J. P., Jr., Reardon, R. C., Peterson, G. W., & Lenz, J. G. (2003). Career counseling and services: A cognitive information processing approach. 이재창, 최인화, 박미진, 최정인 역(2009). 인지적 정보처리 이론과 실제: 진로상담과 서비스. 서울: 한국가이던스(원전 2003년 출판).

Savickas, M. L. (1989). Career-style assessment and counseling. In T. Sweeney (Ed.), *Adlerian counseling: A practical approach for a new decade* (3rd ed., pp. 289-320). Muncie, IN: Accelerated Development Press.

Savickas, M. L. (1991). Improving career time perspective. In D. Brown & L. Brooks (Eds.), *Techniques of career counseling* (pp. 236-249). Boston: Allyn & Bacon.

Savickas, M. L. (1995). Constructivist counseling for career indecision. *The Career Development Quarterly. 43,* 363-373.

Savickas, M. L. (1997). Career adaptability: An integrative construct for life-span, life-space theory. *The Career Development Quarterly, 45,* 247-259.

Savickas, M. L. (2001). Toward a comprehensive theory of careers: Dispositions, concerns and narratives. In F. T. Leong & A. Barak (Eds.), *Contemporary models in vacational psychology: A volume in honor of Samuel H. Osipow.* Mahway, NJ: Erlbaum.

Savickas, M. L. (2002). Career construction: A developmental theory of vocational behavior. In D. Brown & Associates (Eds.), *Career choice and development* (4th ed., pp. 149-205). San Francisco: Jossey-Bass.

Savickas, M. L. (2005). The theory and practice of career construction. In S. D. Brown & R. W. Lent (Eds.), *Career development and counseling: Putting research and theory to work* (pp. 42-70). Hoboken, NJ: John Wiley & Sons.

Savickas, M. L., Nota, L., Rossier, J., Dauwalder, J. P, Duarte, M. E., Guichard, J., Soresi, S., Esbroeck, R. V., & Vianen, A. E. M. (2009). Life designing : A paradigm for career construction in the 21st century. *Journal of Vocational Behavior, 73*(3), 239-250.

Schlossberg, N. K. (1994). *Overwhelmed: Coping with life's ups and downs.* New Lexington Press.

Schlossberg, N. K., Waters, E. B., & Goodman, J. (1995). *Counseling adults in transition.* New York: Springer Publshing Company.

Schneider, W. J., & McGrew, K. S. (2012). The Cattell–Horn–Carroll model of intelligence. In D. Flanagan, & P. Harrison(Eds.), *Contemporary intellectual assessment: Theories, tests, and issues*(pp. 99–144). New York: Guilford.

Scott, D. F., & Church, A. T. (2001). Separation/attachment theory and career decidedness and commitment: Effects of parental divorce. *Journal of Vocational Behavior, 58,* 328-347.

Sears, S. (1982). A definition of career guidance terms: A National Vocational Guidance Association perspective. *Vocational Guidance Quarterly, 31,* 137-143.

Segal, D. L., Qualls, S. H., & Smyer, M. A. (2011). Aging and Mental Health(2nd ed.). 홍주연 역 (2016). 노인정신건강과 노인상담. 서울: 학지사.

Sharf, R. S. (1984). Vocational information-seeking behavior: Another view. *Vocational Guidance Quarterly, 33,* 120-129.

Sharf, R. S. (2002). *Applying career development theory to counseling.* Pacific Grove, CA, Brooks/Cole.

Sharf, R. S. (2004). *Applying career development theory and counseling*(3th ed.). Pacific Grove, CA: Brooks/Cole.

Sharf, R. S. (2006). Applying career development theory to counseling (4th ed.). 이재창, 조봉환, 안희정, 황미구, 임경희, 박미진, 김진희, 최정인, 김수리 역(2008). 진로발달이론을 적용한 진로상담. 서울: 아카데미프레스.

Skaff, M. M., Mullan, J. T., Fischer, L., & Chesla, C. A. (2003). A contextual model of control beliefs, behavior, and health: Latino and European Americans with type 2 diabetes. *Psychology and Health, 18*(3). 295-312.

Sueyoshi, L. A., Rivera, L., & Ponterotto, J. G. (2001). The family genogram as tool in multicultural career counseling. In J. G. Ponterotto, F. M. Casas, L. A. Suzuki, & C. M. Alexander (Eds.). *Handbook of multicultural counseling*(2nd ed., pp. 655-671). Thousand Oaks, CA: Sage Publication.

Super, D. E. (1957). *The psychology of careers.* New York: Harper & Row.

Super, D. E. (1965). The preliminary appraisal in vocational counseling. *The personnel and Guidance Journal, 36,* 154-161.

Super, D. E. (1970). *Manual for the work value inventory.* Boston: Houghton-Mifflin.

Super, D. E. (1976). *Career education and the meaning of work.* Washington, DC: Office of Education.

Super, D. E. (1980). A life-span, life-space approach to career development. *Journal Vocational Behavior, 16,* 282-298.

Super, D. E. (1990). A life-span, life-space approach to career development. In D. Brown, L. Brooks, & Associate (Eds). *Career choice and development: Applying contemporary theories to practice*(2nd. pp. 197-261). San Francisco: Jossey-Bass.

Super, D. E., & Knasel, E. G. (1981). Career Development in adulthood: Some theoretical problems and a possible solution. *British Journal of Guidance and Counseling, 9,* 194-201.

Super, D. E., Savickas, M. L., & Super, C. M. (1996). The life-span, life-space approach to careers. in D. Brown, & Associate (Eds.). *Career choice and development: Applying contemporary theories to practice*(3rd, pp. 121-178). San Francisco; Jossey-Bass.

Super, D. E., Thompson, A. S., & Lindeman, R. H. (1988). *Adult Career Concerns Inventory: Manual for research and exploratory use in counseling*. Palo Alto, CA: Consulting Psychologists Press.

Super, D., Starishevsky, R., Matlin, N., & Jordaan, J. P. (Eds.) (1963). *Career development: Self-concept theory*. New York: College Entrance Examination Board.

Swanson, J. L. (1995). The process and outcome of career counseling. In W. B. Walsh & S. H. Osipow (Eds.), *Handbook of vocational psychology* (2nd ed., pp. 217-259). NJ: Lawrence Erlbaum Associates.

Swanson, J. L. (1996). The theory is the practice: Trait-and-factor/person-environment fit counseling. In M. L. Savickas & W. B. Walsh (Eds), *Handbook of career counseling theory and practice* (pp. 93-109). Palo Alto, CA: Davies-Black Publishing.

Swanson, J. L., & Fouad, N. A. (1999). *Career theory and practice: Learning through case studies*. CA: SAGE Publications, Inc.

Swanson, J. L., & Tokar, D. M. (1991). Development and initial validation of the career barriers inventory. *Journal of Vocational Behavior, 39*, 344-361.

Taylor, N. B., & Pryor, R. G. L. (1985). Exploring the process of compromise in career decision making. *Journal of Vocational Behavior, 27*, 171-190.

Tracey, T. J. (2002). Development of interest and competency beliefs: A 1year longitudinal study of fifth to eighth-grade student using the ICA-R and structural equation modeling. *Journal of Counseling Psychology, 49*, 148-163.

Tracey, T. J., & Hopkins, N. (2001). Correspondence of interests and abilities with occupational choice. *Journal of Counseling Psychology, 48*, 178-189.

Tsaousides. T., & Jome. L. (2008). Perceived career compromise, affect and work-related satisfaction in college students. *Journal of Vocational Behavior, 73*, 185-194.

Thoresen, C. J., Kaplan, S. A., Barsky, A. P., Warren, C. R., & de Chermont, K. (2003). The affective underpinnings of job perceptions and attitudes: A meta-analytic review and integration. *Psychological Bulletin, 129*, 914-945.

Tuckman, B. W. (1974). An age-graded model for career development education. *Journal of Vocational Behavior, 4*(2), 193-212.

Tuttle, D. W. (1984). Self-esteem and adjusting with blindness: The process of responding to life's demands. Springfield, IL: Thomas.

Tyler, L. E. (1961). Research explorations in the realm of choice. *Journal of Counseling*

Psychology 8(3), 195-202.

Walter, J. L., & Peller, J. E. (1992). Becoming solution-focused in brief therapy. New York: Brunner/Mazel.

Watts, A. G. (1996). Careers guidance and public policy. In Watts, A. G., Law, B., Killeen, J., Kidd, J. M. & Hawthorn, R. *Rethinking careers education and guidance: Theory, policy and practice*, (pp.380-391). London: Routledge.

White, M., & Epston, D. (1990). *Narrative means to therapeutic ends.* New York: Norton.

Williams, D. (1999). *Life events and career change: Transition psychology in practice.* British Psychological Society's Occupational Psychology Conference, January, 1999.

Williamson, E. G. (1939). How to counsel students. New York: McGraw-Hill.

Williamson, E. G. (1950). *Counseling adolescents: A manual of techniques for clinical counselors.* New York: McGraw-Hill.

Williamson, E. G. (1972). Traint-and-factor theory and individual differences, In B. Stefflre & W. H. Grant(Eds.), *Theories of counseling* (2nd ed., pp. 136-176). New York: McGraw-Hill.

Wollack, S., Goodale, J. G., Wijting, J. P., & Smith, P. C. (1971). Development of the survey of work values, *Journal of Applied Psychology, 55*, 331-338.

Young, R. A., & Collin, A. (2004). Introduction: Constructivism and social constructionism in the career field. *Journal of Vocational Behavior, 64*, 373-388.

Zunker. V. G. (2002). Career counseling : Applied concepts of life planning(6th ed). 김완석, 김선희 역(2011). 커리어상담: 생애설계의 응용개념. 서울: Cengage Learning Korea.

Zunker, V. G. (2005). Career counseling: A holistic approach (7th ed.). Belmont, CA: Thomson Brooks/Cole.

찾아보기

저자 소개
　　　　　　　이재창
University of Florida 상담심리학 박사
전) 홍익대학교 교육학과 교수

조붕환
홍익대학교 교육학 박사(상담심리전공)
현) 공주교육대학교 교육학과 교수

최인화
홍익대학교 교육학 박사(상담심리전공)
현) 한신대학교 교육대학원 겸임교수
　　서울필심리상담연구소 소장

임경희
홍익대학교 교육학 박사(상담심리전공)
현) 순천대학교 교직과 교수

박미진
홍익대학교 교육학 박사(상담심리전공)
현) 공주교육대학교 교육학과 겸임교수

김진희
홍익대학교 교육학 박사(상담심리전공)
현) 안양대학교 교육대학원 청소년상담교육전공 교수

정민선
홍익대학교 교육학 박사(상담심리전공)
현) 서울한영대학교 재활상담심리학과 교수

최정인
홍익대학교 교육학 박사(상담심리전공)
현) 서울시청소년상담복지센터 부장

김수리
홍익대학교 교육학 박사(상담심리전공)
현) 국민대학교 교육대학원 겸임교수

2판
상담전문가를 위한
진로상담의 이론과 실제

발행일 2017년 9월 4일 초판 발행
저자 이재창, 조붕환, 최인화, 임경희, 박미진, 김진희, 정민선, 최정인, 김수리
발행인 홍진기 │ **발행처** 아카데미프레스
주소 413-756 경기도 파주시 문발동 출판정보산업단지 507-9
전화 031-947-7389 │ **팩스** 031-947-7698 │ **이메일** info@academypress.co.kr
웹사이트 www.academypress.co.kr │ **출판등록** 2003. 6. 18 제406-2011-000131호

ISBN 979-11-6136-004-1 93370

값 20,000원